高职高专教改系列教材

道路建筑材料与检测

主　编　张思梅　叶明林
副主编　王丽娟　倪桂玲　慕　欣　蒋　红
主　审　陈送财

中国水利水电出版社
www.waterpub.com.cn

内 容 提 要

本书是按照“道路建筑材料与检测”课程的教学基本要求及最新的有关国家规范和行业标准编写的，介绍了常用道路桥梁工程、市政工程材料的原料及生产工艺、技术性质、应用、性能检测等基本理论及应用技术。全书共分8章，内容包括砂石材料，石灰、水泥与无机结合料稳定材料，水泥混凝土与砂浆，沥青材料，沥青混合料，建筑钢材，工程高分子聚合物材料，道路建筑材料检测等。

本书注重理论与实际相结合，加大了实践运用力度，其具体内容具有针对性、实用性，满足专业的特点和要求。

本书可作为高职高专学校道路桥梁工程技术、市政工程技术、城市轨道交通工程技术等专业的教学用书，也可供从事土建工程有关专业的技术人员与相关人员参考使用。

图书在版编目（CIP）数据

道路建筑材料与检测 / 张思梅，叶明林主编. -- 北京：中国水利水电出版社，2013.7(2022.7重印)
高职高专教改系列教材
ISBN 978-7-5170-1106-4

Ⅰ. ①道… Ⅱ. ①张… ②叶… Ⅲ. ①道路工程－建筑材料－高等职业教育－教材 Ⅳ. ①U414

中国版本图书馆CIP数据核字(2013)第172905号

书　　名	高职高专教改系列教材 **道路建筑材料与检测**
作　　者	主编　张思梅　叶明林
出版发行	中国水利水电出版社 （北京市海淀区玉渊潭南路1号D座　100038） 网址：www.waterpub.com.cn E-mail：sales@mwr.gov.cn 电话：（010）68545888（营销中心）
经　　售	北京科水图书销售有限公司 电话：（010）68545874、63202643 全国各地新华书店和相关出版物销售网点
排　　版	中国水利水电出版社微机排版中心
印　　刷	天津嘉恒印务有限公司
规　　格	184mm×260mm　16开本　19印张　451千字
版　　次	2013年7月第1版　2022年7月第2次印刷
印　　数	3001—4500册
定　　价	**52.00**元

前 言

本书是安徽省财政支持“市政类专业群”的专业建设与课程改革的重要成果，是“教、学、做一体化”的特色教材。

随着我国经济社会的快速发展，我国的公路交通建设将仍然保持高速发展的趋势。在这种新形势下，国家对公路桥梁建设和道路建筑材料的技术标准和技术要求也越来越高，对公路工程、市政工程人才培养和培训的高职教育也提出了更高、更明确的要求。

本书是高职高专学校道路桥梁工程技术、市政工程技术等专业系列教材之一，是根据教育部对高职高专人才培养目标、培养规格、培养模式以及与之相适应的基本知识、关键技能和素质结构的要求，同时也结合了编者多年从事教学、科研和参加校企合作的实践经验而进行编写的。在编写中力求做到理论联系实际，注重科学性、实用性和针对性，能及时反应道路建筑材料的新技术、新标准，并能紧密结合工程实际，突出学生应用能力的培养。

本书具体编写分工如下：安徽水利水电职业技术学院张思梅编写绪论；安徽水利水电职业技术学院慕欣、合肥市滨湖新区建设投资有限公司葛军编写第1章；安徽水利水电职业技术学院王丽娟编写第2章；张思梅、安徽水利开发股份有限公司叶明林、安徽水利水电职业技术学院王涛编写第3章；安徽水利水电职业技术学院闫超君、合肥市重点工程建设管理局林平编写第4章；安徽水利水电职业技术学院唐鹏、中铁南方投资发展公司冯海珍编写第5章；安徽水利水电职业技术学院张晓战编写第6章；安徽水利水电职业技术学院蒋红编写第7章；安徽水利水电职业技术学院倪桂玲、艾思平、张志、赵慧敏编写第8章。本书由张思梅、叶明林担任主编，并由张思梅负责全书的统稿工作。

本书由安徽水利水电职业技术学院陈送财教授主审。在教材的编写过程中得到了中国水利水电出版社及编者所在单位的大力支持，在此一并表示感谢。

限于编者水平，不足之处在所难免，敬请读者提出宝贵意见。

编者

2013年3月

目 录

绪　论

学习目标：理解道路建筑材料质量的标准化和技术标准；了解道路建筑材料的发展。

道路建筑材料是研究道路与桥梁建筑用各种材料组成、生产、性能和应用的一门课程。随着道路与桥梁工程技术的发展，用于道路与桥梁工程建筑的材料不仅在品种上日益增多，同时对其性能和质量也不断提出更高的要求。

1. 道路建筑材料与路桥工程的关系

任何建筑物、构筑物都是由各种建筑材料组成的，材料是工程结构物的物质基础，道路建筑材料是道路、桥梁等工程结构物的物质基础。材料质量的优劣、配制是否合理、选用是否适当等，均直接影响结构物的质量。路桥工程结构物裸露于大自然中，承受瞬时、反复动荷载的作用，材料的性能和质量将会对结构物的使用性能产生很大的影响。近年来由于交通量的快速增长和车辆行驶的渠化，许多高等级路面、桥面出现较严重的波浪、车辙等现象，与材料的性质都有一定的关系。

道路建筑材料和路桥的结构、施工相互依存、相互促进。新型建筑材料的出现，必将促进路桥结构设计及施工技术的革新与发展。

2. 道路建筑材料的主要内容

（1）砂石材料。砂石材料可以是自然风化得到的天然砂砾，也可以是人工开采或再经轧制得到的碎石和石屑。其可以直接用于铺筑路面或砌筑各种结构物，更重要的是可作为配制水泥混凝土或沥青混合料的矿质集料。

（2）无机胶结料及其制品。在道路与桥梁建筑中最常用到的无机结合料主要是石灰和水泥。水泥是路桥建筑中水泥混凝土和预应力混凝土结构的主要材料。石灰广泛应用于路面基层，成为半刚性基层的重要组成材料。另外，水泥砂浆是砌筑各种桥梁构筑物、圬工结构的重要结合料。

（3）有机结合料及其混合料。有机结合料主要是指沥青类材料，如石油沥青、煤沥青等。这些材料与不同粒径的集料搭配，可以铺筑成各种类型的沥青路面。现代高速公路和重型交通的路面，绝大部分是采用沥青混合料铺筑的，所以沥青混合料是现代路面建筑中极为重要的一种材料。

（4）建筑钢材。建筑钢材是桥梁钢结构及钢筋混凝土结构或预应力钢筋混凝土结构的重要材料。

（5）复合材料。除上述这些常用材料外，随着现代科学技术的进步，又研发了许多新型的复合材料，其可以克服单一材料的弱点，而发挥其综合性能。

3. 道路建筑材料应具备的工程性质

道路与桥梁建筑物，既受到车辆荷载的机械作用，又受到各种复杂的自然因素的影响。故用于路桥结构物的材料，不仅要具备一定的力学性能，还应具备抵抗各种环境因素作用的能力。为了保证路桥建筑用建筑材料的综合力学强度和稳定性，要求道路建筑材料具备以下方面的性质：

（1）物理性质。常用的物理性能指标有物理常数（密度、毛体积密度、孔隙率、空隙率）和与水、温度有关的性质。这些物理常数与力学性质之间有一定的相关性，可以一定程度地用于推断材料的力学性能。

（2）力学性质。力学性质是指材料抵抗车辆荷载复杂力系综合作用的能力。目前对道路建筑材料力学性能的测定，主要是测定各种静态的强度，如抗压、拉、弯、剪等强度，还可通过磨耗、磨光、冲击韧性等经验指标来反映。

（3）化学性质。化学性质是材料抵抗各种周围环境对其化学作用的能力。道路与桥梁用材料除了受到周围介质或者其他物质侵蚀外，通常还受到大气因素的综合作用，引起材料的“老化”，各种有机材料（如沥青材料等）对此表现更为显著。

（4）工艺性质。工艺性质是材料适于按照一定工艺流程加工的性能。如水泥混凝土在成形之前应具有一定的流动性，以便制作一定形状的构件。

4. 道路建筑材料质量的标准化与技术标准

材料的技术标准，是产品质量的技术依据。对于生产部门，必须按标准生产合格的产品，同时它可促进企业改善管理、提高生产率、实现生产过程合理化。对于使用部门，则应按标准选用材料，可使设计和施工标准化，从而可加速施工进度，降低工程造价。同时，技术标准又是供需双方对产品质量验收的依据，是保证工程质量的先决条件。

道路建筑材料的技术标准可分为国家标准、行业标准、地方标准和企业标准，各级标准分别由相应的标准化管理部门批准并颁布。对需要在全国范围内统一的技术要求，应当制定国家标准，国家标准由国务院标准化行政部门制定。对没有国家标准而又需要在全国某行业范围内统一的技术要求，可以制定行业标准。此外，对没有国家标准和行业标准，又需在省、自治区、直辖市范围内统一要求的，可以制定地方标准。企业生产的产品没有国家标准和行业标准的，应当制定企业标准，作为组织生产的依据。

国家标准和行业标准表示方法如下：

（1）国家标准表示方法。国家标准由国家标准代号、编号、制定或修订年份、标准名称四个部分组成，现以普通硅酸盐水泥为例，其表示方法如图 0.1 所示。

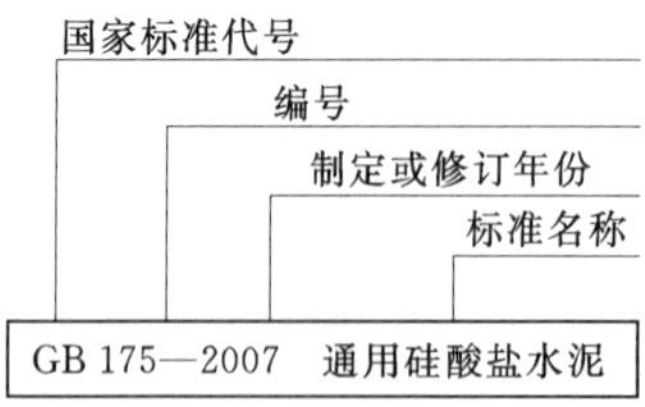

图 0.1　国家标准的表示方法

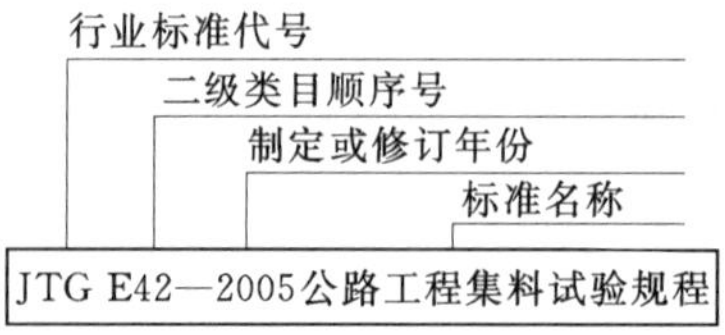

图 0.2　行业标准的表示方法

强制性国家标准代号为 GB，推荐性国家标准在 GB 后加“T”。例如：GB/T 50080—2002《普通混凝土拌和物性能试验方法标准》。

（2）行业标准表示方法。行业标准由行业标准代号、编号、制定或修订年份、标准名称等部分组成。其表示方法如图 0.2 所示。

推荐性行业标准，同样在行业标准后加“T”。

我国国家标准及与建筑材料有关的行业标准代号主要有：GB——国家标准、GBJ——建筑工程国家标准、JC——国家建材行业标准、JT——国家交通行业标准。

5. 道路建筑材料的发展趋势

目前，路桥工程中许多技术问题的突破，往往依赖于建筑材料问题的解决；同时，由于新型材料的出现，又促使结构设计及施工技术的革新。因此，新型建筑材料的研制与应用具有十分重要的意义。为了适应我国经济建设的发展需要、建筑工程的功能需要，今后建筑材料的发展将具有以下趋势：

（1）综合性能材料的研制。轻质、高强、耐久、高效等具有优良综合性能的建筑材料，是今后研制和发展的主要方向。

（2）节约能源。优先开发、生产低能耗的建筑材料。

（3）充分利用地方材料。随着人们环境保护意识的增强，合理开发利用工业废料，也是建筑材料的一种发展趋势。

（4）发展合成材料。

6. 学习本课程的目的和方法

道路建筑材料是路桥、市政类专业的一门重要的专业基础课，又是一门实践性很强的应用型学科；它为学习路基路面、桥梁工程等专业课程提供必要的建材知识，同时为今后从事工程实践打下重要的基础。学习本课程的目的是让学生掌握常用道路建筑材料的基本性能和特点，能够根据工程实际条件合理选用各种材料；掌握主要材料的验收、储存、保管等方面的基本知识与方法，并具备独立进行材料性能检验和质量评定的基本技能。

除了基本理论知识的学习之外，实验课是本课程的重要教学环节。通过实验，一方面要学会主要道路建筑材料的性能检验方法，能进行合格性判断与验收；另一方面要提高实验技能和动手能力，能对实验数据、实验结果进行正确的分析和判别，培养认真的学习态度和严谨的工作作风。

第1章　砂　石　材　料

学习目标： 掌握石料和集料的技术性质和技术标准；理解级配理论和组成设计方法；了解岩石制品、矿粉和工业废渣的主要性能。

砂石材料是道路与桥梁工程中一种很重要的材料，用量最大。它是形成道路与桥梁工程圬工材料的主要骨架结构物质，尤其是水泥混凝土和沥青混合料的主要组成材料。它包括岩石、人工轧制的集料和工业冶金矿渣等，也是矿粉的主要来源。所以，砂石材料的技术性质直接影响道路与桥梁工程的质量。

1.1　石料的技术性质与技术标准

在路桥、建筑结构工程中所使用的石料，通常指由天然岩石经机械加工制成的，或者由直接开采得到的具有一定形状和尺寸的石料制品。

岩石是在各种地质作用下按一定的方式结合而成的矿质集合体，不同岩石的矿物成分和组成方式均不相同，从而它们的性质也存在很大差异。为保证工程质量，在使用前必须对其进行检验。

1.1.1　石料的技术性质

石料的技术性质包括物理性质、力学性质和化学性质三个方面。

1.1.1.1　石料的物理性质

石料的物理性质包括物理常数（如密度、毛体积密度和孔隙率）、吸水性（如吸水率、饱水率和含水率）和耐候性（如抗冻性、坚固性）。

1. 物理常数

石料的物理常数是石料的矿物组成结构状态的反映，由于石料在组成结构上或多或少地存在孔隙，而孔隙又分为与外界连通的开口孔隙和与外界不连通的闭口孔隙（图1.1），所以石料（包括集料）的密度就有数种不同形式。最常用的物理参数是密度、毛体积密度和孔隙率。

（1）密度（真实密度）。密度定义为在规定条件［（105±5）℃烘干至恒重］下，石料矿质实体（不含孔隙）单位体积的质量，按照式（1.1）计算：

$$\rho_t=\frac{m_s}{V_s} \tag{1.1}$$

式中　ρ_t——石料的密度，g/cm^3；

m_s——石料矿质实体的质量，g；

V_s——石料矿质实体的体积，cm^3。

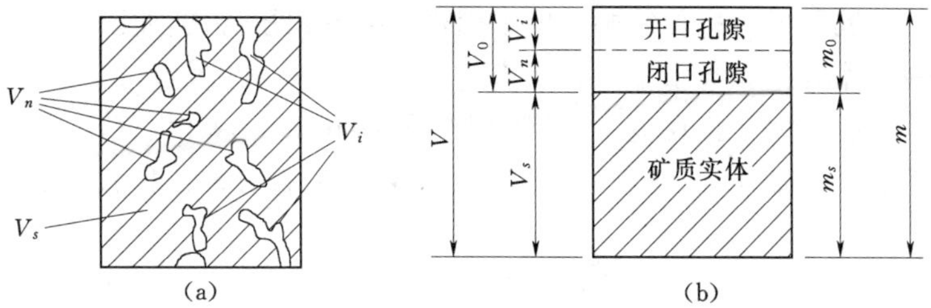

图 1.1 石料组成部分的质量与体积关系示意图

(a) 石料结构剖面图；(b) 石料的体积与质量的关系

按照 JTG E41—2005《公路工程岩石试验规程》规定，石料的密度用密度瓶法测定。将石料粉碎磨细后，在 105～110℃烘干至恒重，称得其质量。然后在密度瓶中加水经煮沸后，使水分进入闭口孔隙中，通过“置换法”测定其真实体积。

(2) 毛体积密度。毛体积密度是指在规定条件下，烘干石料矿质实体包括孔隙（闭口、开口孔隙）体积在内的单位毛体积的质量，由式（1.2）计算：

$$\rho_d=\frac{m_s}{V_s+V_n+V_i} \tag{1.2}$$

式中 ρ_d——石料的毛体积密度，g/cm^3；

m_s——石料矿质实体的质量，g；

V_s——石料矿质实体的体积，cm^3；

V_n——石料矿质实体中闭口孔隙的体积，cm^3；

V_i——石料矿质实体中开口孔隙的体积，cm^3。

按照 JTG E41—2005 规定，石料毛体积密度的测定可以采用量积法、水中称重法和蜡封法。量积法适用于能制备成规则试件的各类石料；水中称重法适用于除遇水崩解、溶解和干缩湿胀外的其他各类石料；蜡封法适用于不能用前两者进行试验的石料。

(3) 孔隙率。孔隙率是指石料孔隙体积占石料总体积（包括开口孔隙和闭口孔隙体积）的百分率，由式（1.3）计算：

$$n=\frac{V_0}{V} \tag{1.3}$$

式中 n——石料的孔隙率，%；

V_0——石料孔隙体积（包括开口孔隙和闭口孔隙），cm^3；

V——石料的总体积（含矿质实体、开口孔隙和闭口孔隙体积），cm^3。

将式（1.1）和式（1.2）代入式（1.3），即可得到采用石料的密度和毛体积密度计算孔隙率公式（1.4）：

$$n=\left(1-\frac{\rho_d}{\rho_t}\right)\times 100\% \tag{1.4}$$

石料的孔隙率大小以及密度、毛体积密度等指标是石料孔隙特征的真实反映，它们直接影响石料的物理性能（吸水状态、抗冻性等）和力学性能（相同矿物组成的石料，孔隙率越大，强度越低）。

2. 吸水性

石料遇水后，会很快湿润，随着环境水分的增加，继而达到含水饱和。在这个过程中，由于石料的矿物组成、孔隙结构等的不同，会表现出不同的性能。表征石料含水状态的指标主要有吸水率、饱和吸水率和含水率。

（1）吸水率。吸水率是指在室温［(20±2)℃］和1个标准大气压条件下，石料最大吸水质量占烘干试样质量［(105±5)℃烘干至恒重］的百分率。按式（1.5）计算：

$$\omega_a=\frac{m_1-m}{m}\times100\% \tag{1.5}$$

式中 ω_a——石料试样的吸水率或饱水率，%；

m——烘干至恒重时试样的质量，g；

m_1——吸水（或饱水）至恒重时试样的质量，g。

（2）饱和吸水率。饱和吸水率是石料在强制饱水条件下，最大吸水质量占干燥试样质量的百分率。计算式同式（1.5）。显然饱和吸水率往往要大于吸水率。

吸水率与饱和吸水率之比称为饱水系数，是评价岩石抗冻性的一种指标，用 K_W 表示。饱水系数越大，说明常压下吸水后留余的空间越小，石料越容易冻胀破坏，因而其抗冻性越差。

（3）含水率。含水率是石料在自然状态下与空气湿度达到干湿平衡时含水率的大小，计算式同式（1.5）。

3. 耐候性

道桥工程因受干湿交替、冷热交替、冻融循环等外界条件的影响，会逐渐出现强度降低、外观变化，这个过程会因为材料的矿物组成和结构状态不同而不同。耐候性就是指材料抵抗这些自然因素作用的性能。对于石料主要承受：一是温度升降引起的温度应力，二是冻融循环作用引起的冻胀破坏。这两种因素究竟何者为主，需根据气候条件决定。大多数地区后者占主导地位。

目前，已列入JTG 41—2005的方法有抗冻性和坚固性。

（1）抗冻性。抗冻性是指石料在饱水状态下，能够经受反复冻结和融化而不破坏，并不严重降低强度的能力。利用低温时结冰产生的冻胀来考验石料的抗冻性。

按照JTG E41—2005规定，采用直接冻融法测定岩石抗冻性。该方法是加工为规则的块状试件，进行烘干，然后在室温［(20±2)℃］使开口孔隙饱水，取出试件擦去表面水分，再置于－15℃的冰箱中冻结4h，取出试件，放入(20±5)℃的水中溶解4h，如此为一个循环，反复冻融至规定次数为止。达规定冻融循环次数后，详细检查试件有无剥落、裂缝、分层及掉角等现象，并记录检查情况。

石料在经受一定的冻融循环后，主要从抗压强度和质量损失两方面来衡量石料的抗冻性。质量损失率小于2%、冻融系数大于75%为抗冻性合格。

质量损失率按式（1.6）计算：

$$L=\frac{m_s-m_f}{m_s}\times100\% \tag{1.6}$$

式中 L——冻融后的质量损失率，%；

m_s——试验前烘干试件的质量，g；

m_f——试验后烘干试件的质量，g。

冻融系数按式（1.7）计算：

$$K_f=\frac{R_f}{R_s} \tag{1.7}$$

式中 K_f——冻融系数；

R_f——经若干次冻融循环试验后的试件饱水抗压强度，MPa；

R_s——未经冻融循环试验的试件饱水抗压强度，MPa。

对于桥涵建筑用岩石，对1月平均气温低于－10℃的地区（除气候干旱地区的不受冰冻部位外），应符合抗冻性要求，见表1.1。

表1.1　桥涵用岩石抗冻性指标

结构物部位	冻融循环次数	
	大、中桥	小桥及涵洞
镶面的或表面的岩石	50	25

（2）坚固性。按照JTG E41—2005规定，岩石的坚固性采用“硫酸钠侵蚀法”来测定。利用饱和硫酸钠溶液进入石料孔隙后从液态离子状态转变为固体结晶状态产生的晶胀来考验石料的抗冻性，反复浸烘5次，用蒸馏水煮沸洗净，计算其质量损失。比冻融循环更为显著一些，是测定石料耐候性的一种简易、快捷的方法。有设备条件的单位应尽量采用直接冻融法试验。

1.1.1.2 石料的力学性质

所谓石料的力学性质，是指在工程应用中，石料所表现出的抗压、抗剪、抗弯、抗拉强度的能力，以及抵抗荷载冲击、剪切和摩擦作用的能力，常用力学指标如抗磨光性、抗冲击性、抗磨耗性等。由于道路用岩石多扎制成集料用，所以主要介绍石料的（单轴）抗压强度，其他力学指标将在集料的力学性质中进行讨论。

按照JTG E41—2005规定，道路建筑用试件采用边长为70mm±2mm立方体（或直径和高度均为50mm的圆柱体或直径为50mm、高径比为2∶1的圆柱体），经吸水饱和后，在规定的加载条件下单轴受压，达到极限破坏时的强度，按式（1.8）来计算：

$$R=\frac{P}{A} \tag{1.8}$$

式中 R——石料的抗压强度，MPa；

P——试件破坏时的荷载，N；

A——试件的截面积，mm^2。

石料的（单轴）抗压强度受多种因素的影响，其中包括矿物组成、结构及其孔隙构造，以及石料试件的尺寸、加载速度、温度和湿度等。如石料结构疏松及孔隙率较大，其质点间的联系较弱，有效面积较小，故强度值较低；试件尺寸较小时，强度值较高；当岩石的孔隙裂隙较大、含较多亲水矿物或较多可溶矿物时，饱水时的强度会有明显降低。石料饱水状态下的单轴抗压强度与其干燥状态下的单轴抗压强度之比称为软化系数，用 K_p 表示，软化系数可用来评定岩石的抗冻性。通常吸水率小于0.5%，软化系数大于0.75以及饱水系数小于0.8的岩石，具有较强的抗冻能力。

1.1.1.3 石料的化学性质

在道路与桥梁建筑中，各种矿质集料与结合料（水泥或沥青）组成混合料而用于结构物中。早年的研究认为，矿质集料是一种惰性材料，它在混合料中只起物理作用。随着近代研究的发展，认为矿质集料在混合料中与结合料起着复杂的物理-化学作用，矿质集料的化学性质很大程度地影响着混合料的物理-化学性质。特别是在沥青混合料中，在其他条件完全相同的情况下，岩石的酸碱性不同将直接影响其与沥青的黏附性。所以在沥青混合料中，选择与沥青结合的岩石时，因碱性岩石与沥青的黏附性好，所以应尽量选用碱性岩石，当地缺乏碱性岩石时，可采用掺加各种抗剥离剂以提高其黏附性。

根据试验研究，按 SiO_2 质量分数的多少将石料分为酸性、碱性和中性：当 ω（SiO_2）>65%时，属酸性石料；当 ω（SiO_2）<52%时，属碱性石料；当 ω（SiO_2）=52%～65%时，属中性石料。岩石化学成分的确定较麻烦，在道路工程中常用简易的“水煮（水浸）法”来确定石料和沥青的黏附性。

1.1.2 石料的技术标准

道路建筑中所采用的石料必须满足一定的技术要求，即石料的技术标准。

根据石料所属岩石类型，将石料分成四大类：岩浆岩、石灰岩、砂岩或片麻岩以及砾岩；再依据石料的抗压强度和磨耗率将每种类型岩石划分成四个等级：Ⅰ级（最坚强的岩石）；Ⅱ级（坚强的岩石）；Ⅲ级（中等强度的岩石）；Ⅳ级（较软的岩石）。

1.1.3 道路与桥梁建筑用石料制品

1.1.3.1 道路建筑用石料制品

道路建筑用石料制品，包括直接铺砌路面面层用的整齐块石、半整齐块石和不整齐块石三类，用作路面基层用的锥形块石、片石等。各种石料制品的技术要求和规格简述如下。

1. 高级铺砌用整齐块石

整齐块石由高强、硬质、耐磨的岩石经精凿加工而成，其加工费用高昂。用于特重交通以及履带车行驶的路面。

整齐块石的尺寸一般可按设计要求确定，大方块石为 300mm×300mm×(120～150) mm；小方块石为 120mm×120mm×250mm。单轴抗压强度不低于 100MPa。

2. 路面铺砌用半整齐块石

半整齐块石是经过粗凿而成的方块石或长方体条石。顶面与底面平行，顶面积与底面积之比不小于 40%。半整齐块石通常顶面不加工，因此顶面平整性较差，一般只在特殊路段，如土基尚未沉实稳定的桥头引道及干道、铁轮履带车辆经常通过的地段等使用。

3. 铺砌用不整齐块石

不整齐块石又称拳石、大块石，是由粗打加工而得到的块石，要求顶面为一平面，底面与顶面基本平行，顶面积与底面积之比大于 40%。优点是造价不高，可晴雨行车，经久耐用；缺点是不平整，行车振动大，故目前应用较少，只在富产石料的地区因地制宜选用。

1.1.3.2 桥梁建筑用石料制品

桥梁建筑用石料制品有片石、块石、方块石、粗料石、细料石、镶面石等。

1. 片石

片石由打眼放炮采得的石料，其形状不受限制，但薄片者不得使用。除了为节约砌筑砂浆配搭使用部分小片石外，一般片石其中部最小尺寸不小于 15mm，体积不小于 0.01m^3，每块质量在 30kg 以上。用于圬工结构主体的片石，其单轴抗压强度应不小于 30MPa；用于附属圬工结构的片石，其单轴抗压强度应不小于 20MPa。如附近有较好石料时，应尽量优先采用较坚硬的石料。

2. 块石

块石由成层岩中打眼放炮开采获得，或用楔子打入成层岩的明缝或暗缝中劈出的石料。块石形状大致方正、无尖角，有两个较大的平行面，边角可不加工。其厚度应不小于 20cm，宽度为厚度的 1.5～2.0 倍，长度为厚度的 1.5～3.0 倍。砌缝宽度一般不大于 20mm，个别边角砌缝宽度可达 30～35cm。石料单轴抗压强度应符合设计文件的规定。

3. 方块石

方块石是在块石中选择形状比较整齐者稍加修正，使石料大致方正，厚度不小于 20cm，宽度为厚度的 1.5～2.0 倍，长度为厚度的 1.5～4.0 倍的石料。砌缝宽度不大于 20mm。石料单轴抗压强度应符合设计文件的规定。

4. 粗料石

粗料石形状尺寸和单轴抗压强度应符合设计文件的规定，其表面凹凸相差不大于 10mm，砌缝宽度小于 20mm。

5. 细料石

细料石形状尺寸和单轴抗压强度应符合设计文件的规定，其表面凹凸相差不大于 5mm，砌缝宽度小于 15mm。

6. 镶面石

镶面石受气候因素（晴、雨、冻融）的影响，损坏较快，一般应选用较好的、较坚硬的石料。如仅限于石料来源，也可用墩台本体一样的石料。石料的外露面可沿四周琢成 2cm 的边，中间部分仍保持原来的天然石面。石料上、下和两侧均加工粗琢成剁口，剁口的宽度不小于 10cm，琢面应垂直于外露面。

1.2 集料的技术性质

笼统地说，集料就是粒状石质材料，在混合料中起骨架和填充作用，包括石屑、自然风化而成的砾石（卵石）、砂及经人工轧制的各种尺寸的碎石，另外还有工业冶金矿渣。

根据粒径大小，集料分为粗集料和细集料。在沥青混合料中，粒径大于 2.36mm 者称为粗集料；粒径小于 2.36mm 者称为细集料。在水泥混凝土中，粒径大于 4.75mm 者称为粗集料；粒径小于 4.75mm 者称为细集料。

集料的技术性质对沥青混合料和水泥混凝土影响很大，现分述如下。

1.2.1 粗集料的技术性质

1.2.1.1 粗集料的物理性质

1. 物理常数

计算集料的物理常数时，不仅要考虑集料的孔隙（开口孔隙和闭口孔隙），还要考虑颗粒之间的空隙。集料的体积和质量的关系如图 1.2 所示。考虑到集料颗粒自身的孔隙和颗粒之间的空隙，集料的密度也有几种不同形式。

（1）粗集料的密度。

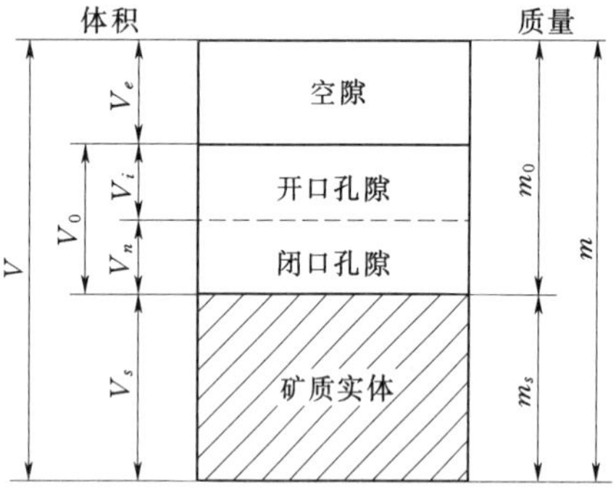

图 1.2 集料的体积与质量关系示意图

1）表观密度（视密度）。表观密度是指在规定条件下［(105±5)℃烘干至恒重］，单位体积（包括矿质实体和闭口孔隙）的质量。

由图 1.2 可知，集料的表观密度为：

$$\rho_a=\frac{m_s}{V_s+V_n} \tag{1.9}$$

式中 ρ_a——集料的表观密度，g/cm^3；

m_s——集料矿质实体的质量，g；

V_s——集料矿质实体的体积，cm^3；

V_n——集料矿质实体中闭口孔隙体积，cm^3。

按照 JTG E42—2005《公路工程集料试验规程》规定，粗集料表观密度的测定采用网篮法。将已知质量的干燥粗集料装在金属吊篮中浸水 24h，使开口孔隙吸水饱和，然后在静水天平上称出饱水后的粗集料在水中的质量，按排水法可以计算出包括闭口孔隙在内的体积，从而可以计算出集料的表观密度。

2）毛体积密度。集料毛体积密度与石料相应密度在概念上相同，仅在实际的密度测定方法上有所区别。按照 JTG E42—2005 规定，粗集料毛体积密度的测定采用网篮法。将已知质量浸水饱和面干集料放入静水天平中，称出饱和面干集料在水中的质量，按排水法可计算出包括闭口孔隙、开口孔隙和矿质实体在内的总体积，从而可以计算集料的毛体积密度。

3）堆积密度。堆积密度是指集料堆积状态单位体积（含矿质实体、开口孔隙、闭口孔隙和空隙）的质量，可按式（1.10）计算：

$$\rho=\frac{m_s}{V_s+V_n+V_i+V_e} \tag{1.10}$$

式中 ρ——矿质集料的堆积密度，g/cm^3；

V_s——集料矿质实体的体积，cm^3；

V_i——集料颗粒矿质实体中开口孔隙的体积，cm^3；

V_n——集料颗粒矿质实体中闭口孔隙的体积，cm^3；

V_e——集料颗粒间的空隙体积，cm^3。

集料根据装样方法的不同，可分为自然堆积状态、振实堆积状态和捣实堆积状态。

集料堆积密度的测定按照 JTG E42—2005 的规定进行。

4）空隙率。空隙率是指集料在某种堆积状态下的空隙体积（含开口孔隙）占装填总体积的百分率，按式（1.11）计算：

$$V_c=\frac{V_e}{V}\times100\%=\left(1-\frac{\rho}{\rho_a}\right)\times100\% \tag{1.11}$$

式中 V_c——集料的空隙率，%；

V——集料颗粒的装填体积，cm^3；

其他符号意义同前。

(2) 粗集料的级配。粗集料中各组成颗粒的分级和搭配称为级配，级配的好坏是通过筛分试验确定的。对水泥混凝土用粗集料可采用干筛法筛分试验，对沥青混合料及基层用粗集料必须采用水洗法筛分试验。其标准筛的孔径为 2.36mm、4.75mm、9.50mm、13.2mm、16mm、19mm、26.5mm、31.5mm、37.5mm、53mm、63mm、75mm、90mm 等，测出存留在各个筛上的集料质量，根据集料试样的质量与存留在各筛孔上的集料质量，就可求得一系列与集料级配有关的参数：①分计筛余百分率；②累计筛余百分率；③通过百分率。粗集料的这些参数计算方法与细集料相同，通过计算可判断级配是否符合要求。

粗集料级配有连续级配和间断级配两种。连续级配是从最大粒径开始，由大到小各粒级相连，每一粒级都占有适当的比例，这种级配可以最大限度地发挥骨料的骨架作用与稳定作用，减少水泥用量，在实际工程中被广泛采用。间断级配是由单粒粒级组成的颗粒级配，它是用小颗粒的粒级直接与大颗粒的粒级相互搭配组成的粗集料，由于缺少中间粒级而为不连续的级配，间断级配能减小骨料的空隙率，故能节约水泥，但容易使混凝土拌和物产生离析现象，所以工程中较少采用。

选择骨料级配时，应从实际出发，将试验所选的最优级配与料场中骨料的天然级配结合起来考虑，对各级骨料用量进行必要的调整与平衡，确定实际使用的级配。这样做的目的是减少弃料，避免浪费。

2. 粗集料针片状颗粒含量

理想的集料颗粒形状是球状或立方体，而扁平、薄片、细长状的颗粒不仅增加集料的空隙率，还对施工的和易性和混凝土强度造成不利影响。沥青混合料中的针片状颗粒是指最大长度与厚度之比大于 3 的颗粒，用游标卡尺测定；水泥混凝土中针状颗粒是指长度大于平均粒径（指该粒级上下粒径的平均值）2.4 倍的颗粒，片状颗粒是指颗粒厚度小于平均粒径 0.4 倍的颗粒，用规准仪测定。

3. 坚固性

对于已经轧制的碎石或天然卵石，同石料一样，也可用规定级配的各粒级集料，选取规定数量，分别装在金属网篮中，按 JTG E42—2005 规定浸入饱和硫酸钠溶液中进行干湿循环试验。经一定的循环次数后，观察其表面破坏状况，并用质量损失百分率来计算其坚固性。

4. 含泥量和泥块含量

存在于集料中或包裹在集料颗粒表面的泥土会降低水泥的水化反应速度，也会妨碍集料与水泥（或沥青）间的黏结能力，显著影响混合料的整体强度与耐久性，应对其含量加以限制。泥是指砂中粒径小于 0.075mm 的颗粒，泥块是指粗集料原尺寸大于 4.75mm（或细集料大于 1.18mm），但经水浸洗、手捏后小于 2.36mm（细集料小于 0.6mm）的颗粒含量。

1.2.1.2 粗集料的力学性质

在结构层或混合料中，粗集料起骨架作用，应具备一定的强度、耐磨、抗磨耗和抗冲击性能等，这些性能用压碎值、磨光值、冲击值和磨耗值等指标表示。

1. 压碎值

压碎值是指按规定的方法测得石料抵抗压碎的能力，也是集料强度的相对指标，用以鉴定集料品质。

JTG E42—2005 规定，压碎值是将 9.5～13.2 mm 集料试样 3000g 装入压碎值测定仪的钢制圆筒内，放在压力机上，在 10min 左右的时间内加荷至 400kN，稳压 5s，卸载，称其通过 2.36mm 筛的筛余量。压碎值按式（1.12）计算：

$$Q_a' = \frac{m_1}{m_0} \times 100\% \tag{1.12}$$

式中 Q_a'——压碎值，%；

m_0——试验前试样质量，g；

m_1——试验后通过 2.36mm 筛孔的试样质量，g。

2. 磨光值（*PSV*）

现代高速交通的行车条件对路面的抗滑性提出了更高的要求。磨光值是反映石料抵抗轮胎磨光作用能力的指标，用高磨光值的石料来铺筑道路路面表层，可以提高路表的抗滑能力，保障车辆的安全行驶。试验测出的磨光值以 *PSV* 表示，该值越大，表明集料的抗磨光性能越好。

JTG E42—2005 规定，集料磨光值的测定方法是：选取 9.5～13.2mm 集料试样，密排于试模中，先用砂填密集料间空隙，然后再用环氧树脂砂浆固结，经养护后制成试件；将制备好的试件安装于加速磨光机的道路轮上加以磨耗，再用摆式摩擦系数仪测定试件的摩擦系数，确定集料的磨光值。

3. 冲击值（*AIV*）

冲击值反映石料抵抗冲击荷载的能力。由于路表集料直接承受车轮荷载的冲击作用，这一指标对道路表层用集料非常重要。试验测出的冲击值以 *AIV* 表示，该值越小，表明集料的抗冲击性能越好。

JTG E42—2005 规定，集料冲击值的测定方法是：选取 9.5～13.2mm 集料试样，用金属筒分 3 次捣实，确定试验用集料数量；将集料装入冲击值试验仪的盛样器中，用捣实杆捣实 25 次，使其初步压实；然后用质量为 13.62kg±0.05kg 的冲击锤，沿捣杆自(380±5)mm 处自由落下锤击集料，连续锤击 25 次，每次锤击时间间隔不少于 1s，将试验后的集料过筛，称其通过 2.36mm 筛的筛余量。冲击值按式（1.13）计算：

$$AIV = \frac{m_2}{m_1} \times 100\% \tag{1.13}$$

式中 AIV——集料的冲击值，%；

m_1——试样总质量，g；

m_2——试验后通过 2.36mm 筛孔的试样质量，g。

4. 磨耗值

磨耗值用于确定石料抵抗表面磨损的能力，适用于对路面抗滑表层所用集料抵抗车轮磨耗的能力。

(1) 道端磨耗值 (*AAV*)。JTG E42—2005 规定，采用道端磨耗试验机来测定集料磨耗值。试验测出的磨耗值以 *AAV* 表示，该值越小，表明集料的抗磨耗能力越好。

道端磨耗值测定方法是：选取 9.5～13.2 mm 的洗净、烘干的集料试样，单层紧排于两个试模内（不少于 24 粒）；排砂并用环氧树脂砂浆填充密实，养护 24h 后拆模，取出试件，刷清残砂，称其质量 m_0；然后将试件安装于道端磨耗机上，以 28～30r/min 的转速加以磨耗；磨 500 圈后，取出试件，刷净残砂，准确称取试件质量 m_1。每块试件的磨耗值为：

$$AAV=\frac{3(m_1-m_2)}{\rho_s} \tag{1.14}$$

式中 AAV——集料的道端磨耗值；

m_1——磨耗前试件的质量，g；

m_2——磨耗后试件的质量，g；

ρ_s——集料的表干密度，g/cm^3。

集料磨耗值越高，表示耐磨性越差。高速公路、一级公路抗滑层用的 *AAV* 值应不大于 14。

(2) 洛杉矶磨耗。洛杉矶磨耗又称搁板磨耗。试验机是由一个圆鼓和鼓中的一块搁板所组成。试验时将规定质量具有一定级配的集料试样和一定质量的钢球置于试验机中。磨耗鼓以 30～33r/min 的转速旋转。在旋转时，由于搁板的作用，可将集料和铜球带到高处落下。经旋转至要求次数后，将集料试样取出，用 1.7mm 筛筛去石屑，洗净烘干，称其质量。按式 (1.15) 进行处理：

$$Q=\frac{m_1-m_2}{m_1}\times 100\% \tag{1.15}$$

式中 Q——洛杉矶磨耗损失，%；

m_1——装入圆筒中试样质量，g；

m_2——试验后在 1.7mm 筛上洗净烘干的试样质量，g。

粗集料的洛杉矶磨耗损失是集料性能的重要指标，尤其是沥青路面各层用集料，它与沥青路面的抗车辙能力、耐磨性、耐久性密切相关，一般磨耗损失小的集料坚硬、耐久。洛杉矶磨耗是优选石料的一个重要手段。

1.2.2 细集料的技术性质

细集料的技术性质和粗集料基本相同，但由于颗粒细度不同，也有不同之处。

1.2.2.1 物理常数

(1) 表观密度 (视密度)。细集料的表观密度定义和粗集料完全相同，依据 JTG E42—2005 的规定，采用容量瓶法进行检验。细集料的表观密度与其矿物成分有关，一般为 2.6～2.7g/cm^3。

(2) 堆积密度。细集料的堆积密度定义与粗集料基本相同，是反映细集料棱角性的主要指标，依据 JTG E42—2005 的规定，采用容量筒法进行检验。细集料在自然状态下的松散堆积密度为 1.35～1.65g/m^3。

(3) 空隙率。细集料空隙率的含义与粗集料完全相同，其值与细集料颗粒形状、颗粒级配、湿度以及堆积密实程度有关。细集料在干燥松散状态下的空隙率为35%～45%，级配好的可减至35%～37%。

（4）含水率。细集料的含水率与岩石含水率的含义、测定方法完全相同。

1.2.2.2 级配与粗度

1. 级配

级配是指集料中各种粒径颗粒的分级和搭配。集料的级配可通过筛分试验确定。水泥混凝土用细集料可采用干筛法，如果需要也可采用水筛法；对于沥青混凝土及基层用细集料，必须用水筛法筛分。按照JTG E42—2005的规定，将集料通过一系列规定尺寸的标准筛，测定出存留在各个筛上的集料质量，根据集料试验的总质量与各个筛上的存留质量，就可求得一系列与级配有关的参数。

细集料的级配可通过砂的筛分试验确定，取试样500g，在一整套标准筛上进行筛分，分别求出试样存留在各筛上的质量，然后计算与级配有关的参数。

（1）集料的最大粒径。指集料100%都要求通过的最小标准筛筛孔尺寸。

（2）集料公称最大粒径。指集料可能全部通过或允许有少量不通过（一般容许筛余不超过10%）的最小标准筛筛孔尺寸。

（3）标准筛。对颗粒材料进行筛分试验应用符合标准形状和尺寸规格要求的系列样品筛。标准筛（方孔）筛孔尺寸依次为9.5mm、4.75mm、2.36mm、1.18mm、0.6mm、0.3mm、0.15mm。

（4）分计筛余百分率。分计筛余百分率就是在某号筛上的筛余质量占试样总质量的百分率。按式（1.16）计算：

$$a_i = \frac{m_i}{M} \times 100\% \tag{1.16}$$

式中 a_i——某号筛的分计筛余百分率，%；

m_i——存留在某号筛上的试样质量，g；

M——集料风干试样的总质量，g。

（5）累计筛余百分率。累计筛余百分率是指某号筛的分计筛余百分率和大于该号筛的各号筛的分计筛余百分率的总和。可按式（1.17）进行计算：

$$A_i = a_1 + a_2 + \cdots + a_i \tag{1.17}$$

式中 a_i——某号筛的分计筛余百分率，%；

A_i——某号筛的累计筛余百分率，%。

（6）通过百分率。通过百分率是通过某筛的试样质量占试样总质量的百分率。按式（1.18）进行计算：

$$P_i = 100 - A_i \tag{1.18}$$

式中 A_i——某号筛的累计筛余百分率，%；

P_i——某号筛的通过百分率，%。

综上所述，分计筛余百分率、累计筛余百分率和通过百分率三者的关系见表1.2。

表 1.2　　分计筛余百分率、累计筛余百分率和通过百分率的关系

筛孔尺寸 (mm)	分计筛余百分率 (%)	累计筛余百分率 (%)	通过百分率 (%)
4.75	a_1	$A_1=a_1$	$100-A_1$
2.36	a_2	$A_2=a_1+a_2$	$100-A_2$
1.18	a_3	$A_3=a_1+a_2+a_3$	$100-A_3$
0.6	a_4	$A_4=a_1+a_2+a_3+a_4$	$100-A_4$
0.3	a_5	$A_5=a_1+a_2+a_3+a_4+a_5$	$100-A_5$
0.15	a_6	$A_6=a_1+a_2+a_3+a_4+a_5+a_6$	$100-A_6$

2. 粗度

粗度是评价砂粗细程度的指标，用细度模数表示。按下式进行计算。

$$M_x=\frac{A_{0.15}+A_{0.3}+A_{0.6}+A_{1.18}+A_{2.36}-5A_{4.75}}{100-A_{4.75}} \tag{1.19}$$

式中　M_x——砂的细度模数；

$A_{4.75}$、$A_{2.36}$、$A_{1.18}$、…、$A_{0.15}$——4.75mm、2.36mm、1.18mm、…、0.15mm 各号筛的累计筛余百分率，%。

细度模数越大，表示细集料越粗，砂的粗度按细度模数一般可分为三级：$M_x=3.7\sim3.1$ 为粗砂；$M_x=3.0\sim2.3$ 为中砂；$M_x=2.2\sim1.6$ 为细砂。

细度模数虽能表示砂的粗细程度，但不能完全反映出砂的颗粒级配情况，因为相同细度模数的砂可能有不同的颗粒级配。因此，要全面反映砂的颗粒性质，应同时使用细度模数和颗粒级配两个指标。

【例 1-1】 从工地取回烘干砂样 500g 做筛析试验，筛分结果列于表 1.3，求该砂样的分计筛余百分率、累计筛余百分率、通过百分率并确定该砂样的粗度，判定其级配是否符合技术要求。

表 1.3　　砂样的筛分结果

筛孔尺寸 (mm)	9.5	4.75	2.36	1.18	0.6	0.3	0.15	<0.15
各筛存留量 (g)	0	25	35	90	125	125	75	25
要求通过范围 (%)	100	90～100	75～100	50～90	30～59	8～30	0～10	—

解

(1) 按题目所给的筛分结果分别计算分计筛余百分率、累计筛余百分率和通过百分率，见表 1.4。

表 1.4　　砂样的分计筛余百分率、累计筛余百分率和通过百分率

筛孔尺寸 (mm)	9.5	4.75	2.36	1.18	0.6	0.3	0.15	<0.15
分计筛余百分率 (%)	0	5	7	18	25	25	15	5
累计筛余百分率 (%)	0	5	12	30	55	80	95	100
通过百分率 (%)	100	95	88	70	45	20	5	0

（2）计算细度模数。将计算结果代入式（1.19），得：

$$M_x=\frac{(12+30+55+80+95)-5\times5}{100-5}=2.6$$

属于中砂。

（3）级配评定。根据各筛孔尺寸通过百分率的计算结果，都落在要求通过的范围之间，说明该砂的级配是良好的。也可依据砂的颗粒级配区范围（详见本书第3章）进行评定，结论是相同的。

1.3 工 业 废 渣

工业废渣包括粉煤灰、煤渣、粒化高炉矿渣、钢渣、冶金矿渣及煤矸石等，其中粉煤灰、粒化高炉矿渣、煤矸石称为三大工业废渣。目前公路工程中常用的是粉煤灰、粒化高炉矿渣和煤矸石等。

1.3.1 粉煤灰

1. 粉煤灰的化学成分

粉煤灰是燃烧煤粉后收集到的灰粒，亦称飞灰，是灰色或浅灰色粉末。其主要成分是活性 SiO_2、Al_2O_3，还含有少量的 Fe_2O_3、CaO 和 MgO 等氧化物。

SiO_2、Al_2O_3、Fe_2O_3 的含量是评定粉煤灰技术性质的主要指标，它们三者占总量的70%以上。它们与 $Ca(OH)_2$ 在常温下发生反应生成稳定的水化硅酸钙、水化铝酸钙等，这些成分决定了混合料硬化以后的强度。因此，粉煤灰的活性越强，组成混合料的抗压强度越大。

2. 粉煤灰的技术性质和技术要求

（1）细度。粉煤灰细度对强度的形成有一定的影响，细度越大，比表面积越大，活性越大，强度越高。细度一般用 $45\mu m$ 方孔筛的筛余量来表示。

（2）需水量比。需水量比是指在相同流动度下，粉煤灰的需水量和硅酸盐水泥的需水量之比。需水量小的粉煤灰掺入混凝土中，可增加其流动性，改善工作性能，提高强度。

（3）烧失量。烧失量是指粉煤灰中未烧尽的炭粉含量。未烧尽的炭粉含量大，活性 SiO_2、Al_2O_3 等有效成分含量少，所形成混合料强度较低，粉煤灰需水量也会增加。因此，烧失量越小越好。

（4）密度。粉煤灰密度越大，质量越好。粉煤灰的密度与其颗粒形状、化学成分有关。球形颗粒含量越多，粉煤灰密度越大，成分中 MgO 含量越多，密度越大；炭粒含量越多，密度越小。粉煤灰的密度比相同成分的其他矿物要小，一般为 $1.77\sim2.43g/cm^3$。

粉煤灰依其品质可分为Ⅰ、Ⅱ、Ⅲ个等级，见表1.5。

3. 粉煤灰的工程应用

粉煤灰可以用在路面的底基层、基层、面层，还可以填筑路堤。主要应用如下：

（1）在硅酸盐水泥中加入适量的粉煤灰可以制成粉煤灰硅酸盐水泥。

（2）用作水泥混凝土的掺和料，可以节约水泥，改善混凝土的工作性能。

（3）用作沥青混凝土的填料。

表 1.5 粉煤灰的分级及质量等级

序号	指标 \ 质量等级		Ⅰ	Ⅱ	Ⅲ
1	细度（45μm 方孔筛筛余量）（%）	不大于	12	20	45
2	需水量比（%）	不大于	95	105	115
3	烧失量（%）	不大于	5	8	15
4	含水量（%）	不大于	1	1	不规定
5	SO_3 含量（%）	不大于	3	3	3

注 含量均指质量百分率。

（4）用粉煤灰加水泥或石灰稳定土做路面基层、底基层或垫层。

（5）代替部分石灰拌制建筑砂浆，效果较好。

（6）代替部分黏土烧结粉煤灰砖，可节省黏土资源。

（7）适用于化学侵蚀环境中的水泥混凝土、灌浆、泵送混凝土等工程中。

1.3.2 冶金矿渣集料

冶金矿渣是在冶金生产过程中，由矿石、燃料及助熔剂中易熔硅酸盐化合而成的副产物。这些冶金矿渣从熔炉排出后，在空气中自然冷却，形成坚硬的材料，是一种很好的路用人工石材。它可作为基层材料，又可作为修筑水泥混凝土或沥青混凝土路面的集料。

1. *矿渣的化学成分和矿物成分*

矿渣的化学成分随矿物成分、燃烧、助熔剂及熔化金属的化学成分不同而异，大部分矿渣成分中包含 SiO_2、Al_2O_3、CaO，并混有 MgO、CaO、FeO、MnO 等。

矿渣中常见的矿物成分有：黄长石、假硅灰石、辉石、橄榄石及少量的硫化物。在 CaO 含量最高的重矿渣中，还含有一定的硅酸二钙。

2. *矿渣的物理、力学性质*

矿渣的相对密度与其矿物成分有关。矿渣的相对密度一般较岩石大，为 2.97～3.32g/cm^3。矿渣堆积密度约为 1900kg/m^3，空隙率大多在 35%以下，矿渣的耐冻性（或坚固性）通常均能符合路用要求。

矿渣的力学强度一般均较高，其强度与孔隙率有关，通常极限抗压强度 50MPa 以上，高者可达 150MPa，相当于石灰岩、花岗岩的强度。其他性能，如压碎值、磨光值和磨耗值等均能符合筑路石材的要求。因此，冶金矿渣只要稳定性合格，其力学性能均能满足路用要求。但是，对新料源的矿渣必须通过试验使用。

1.3.3 煤矸石

煤矸石是采煤和洗煤的副产品，是无机质和少量有机质的混合物，主要以硅、铝为主，其次是硫、铁、钙、镁、钠、磷、钛等元素，成分类似于黏土。

我国不仅是世界产煤大国，也是煤炭消费大国。年排矸量近 2 亿 t，今后煤炭产量还将逐年增长，排矸量也在逐年增加，加上以往积存的煤矸石，其数量相当巨大。

煤矸石易用碱性材料（如火山灰质材料）加以稳定，通常可作二级及二级以下公路的基层和底基层。

1.4 矿质混合料的组成设计

所谓的矿质混合料，就是能够满足级配要求的各种粒径材料的集合体，简称矿料。

在水泥混凝土或沥青混合料中，所用集料颗粒的粒径尺寸范围较大，而天然或人工轧制的一种集料往往仅由几种粒径尺寸的颗粒组成，难以满足工程对某一混合料的目标设计级配范围的要求，因此需要将两种或两种以上的集料配合使用。确定几种集料混合时各自比例的过程就是矿料的组成设计。进行矿料组成设计，必须首先明确目标级配范围，为此首先应掌握级配组成对矿料技术性能的影响。

矿料的组成设计应使所配制的矿料满足最小空隙率和最大摩擦力两大基本要求。为了实现这两大要求，对矿料必须进行组成设计，其内容包括级配理论和级配范围的确定、基本组成的设计方法。

1.4.1 矿料的级配理论和级配范围

1.4.1.1 矿料的级配理论

1. 集料的级配曲线

(1) 级配曲线的绘制。为了直观形象地表示矿料各粒径的颗粒分布状况，常常采用级配曲线的方式来描述矿料级配。具体做法是：以通过量的百分率为纵坐标，筛孔尺寸（也表示矿料不同颗粒的粒径）为横坐标，将各筛上的通过量绘制在坐标图中，然后用曲线将各点连接起来，成为所谓的级配曲线，如图 1.3 (a) 所示。

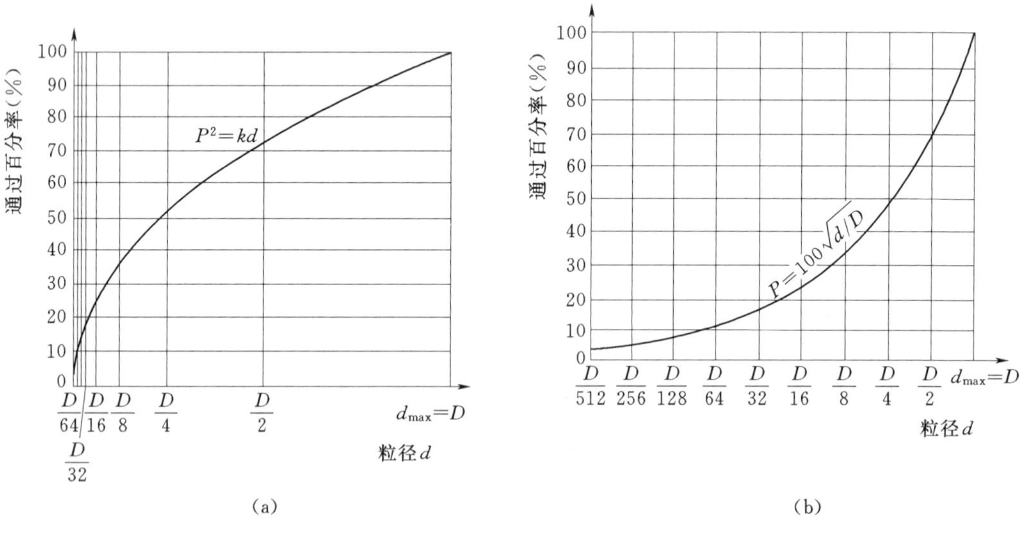

图 1.3 集料级配曲线示意图

(a) 常数坐标；(b) 半对数坐标

由于标准套筛的筛孔分布是按 1/2 递减的方式设置，在描绘横坐标的筛孔位置时，造成曲线出现前疏后密的问题，以至到小孔径时很难清楚地将其位置确定。所以在绘制级配曲线的横坐标时采用对数坐标（而相应纵坐标上的通过量仍采用常坐标），以方便级配曲线图的绘制，如图 1.3（b）所示。

（2）级配曲线类型。不同粒径的矿料颗粒按照一定的比例组合搭配在一起，以达到较高的密实程度，根据搭配组成的结果，可得到以下几种不同级配形式：

1）连续级配。连续级配是某一矿料在标准套筛中进行筛分后，矿料的颗粒由大到小连续分布，每一级都占有适当的比例。这种由大到小逐级粒径都有，并按比例互相搭配组成的矿料，称为连续级配混合料。

2）间断级配。在矿料颗粒分布的整个区间里，从中间剔除一个或连续几个粒级，形成一种不连续的级配，成为所谓的间断级配。

不同级配类型的级配曲线如图 1.4 所示。

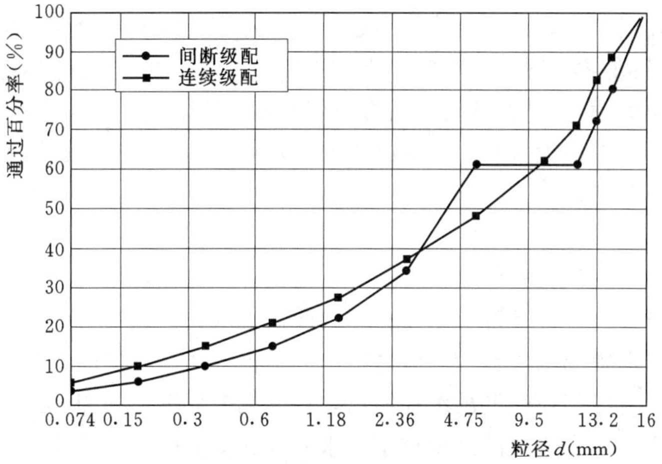

图 1.4 连续级配和间断级配曲线

2. 级配理论

矿料的级配组成直接决定矿料的两大特点：矿料密实度和矿料颗粒间内摩阻力。从而影响水泥混凝土或沥青混合料的强度、耐久性和施工和易性。若各粒级集料颗粒在相互排列时，能够互相嵌锁又不互相干涉，形成紧密多级嵌挤的空间骨架结构，则集料颗粒间将具有最大的内摩阻力。目前常用的级配理论主要有最大密度曲线理论和粒子干涉理论。实践中针对连续级配各级粒径矿料数量的计算，大多采用最大密度曲线理论，本节主要介绍最大密度曲线理论，包括富勒理论和泰波公式。

（1）富勒理论。富勒理论认为当矿料的颗粒级配曲线越接近抛物线，则其密度越大。根据该理论，当矿料的级配曲线为抛物线时，最大密度理想曲线可用颗粒粒径与通过量按式（1.20）表示：

$$P^2 = kd \tag{1.20}$$

式中 P——各级颗粒粒径集料的通过量，%；

d——矿料各级颗粒粒径，mm；

k——常数。

当颗粒粒径 d 等于最大粒径 D 时，则通过量 100%，$k=100^2\dfrac{1}{D}$。所以：

$$P=100\left(\frac{d}{D}\right)^{0.5} \tag{1.21}$$

式（1.21）是最大密度理想曲线的级配组成计算公式，根据此公式可以计算出某矿料达到最大密度时各级颗粒粒径的通过量。

（2）泰波公式。泰波认为，富勒曲线是一种理想曲线，实际矿料应允许有一定的波动范围，故将富勒的最大密度曲线改为 n 次幂的通式，即：

$$P=100\left(\frac{d}{D}\right)^{n} \tag{1.22}$$

式中 n——试验指数。

从式（1.22）可以看出，当 $n=1/2$ 时，P 的曲线为抛物线，即富勒曲线。

但在实际应用过程中，这一公式的指数并不一定固定为 0.5。对于沥青混合料，当指数是 0.45 时的密度最大；对于水泥混凝土，指数为 0.25～0.45 时工作性能更好。泰波根据试验认为，当指数为 0.3～0.6 时，具有较好的密实度。

所以当某一矿料的最大粒径、相应的指数确定时，则该矿料在各级上的颗粒数量就可通过此公式计算得到。

1.4.1.2 矿料的级配范围

由于矿料在轧制生产过程中的不均匀性，以及混合料在配制时的波动误差等原因，使所配制的混合料难以与理论级配完全吻合。因此，必须允许配料时的合成级配可以在一定的范围内波动，从而提出级配范围的概念。即分别根据两个不同的指数 n_1 和 n_2 所确定的级配结果，以及由各级配所绘制的级配曲线，构成级配范围，如图 1.5 所示。实际级配合成操作时，只要得出的合成级配结果位于要求的级配范围内，则认为该合成级配基本满足设计级配的要求。

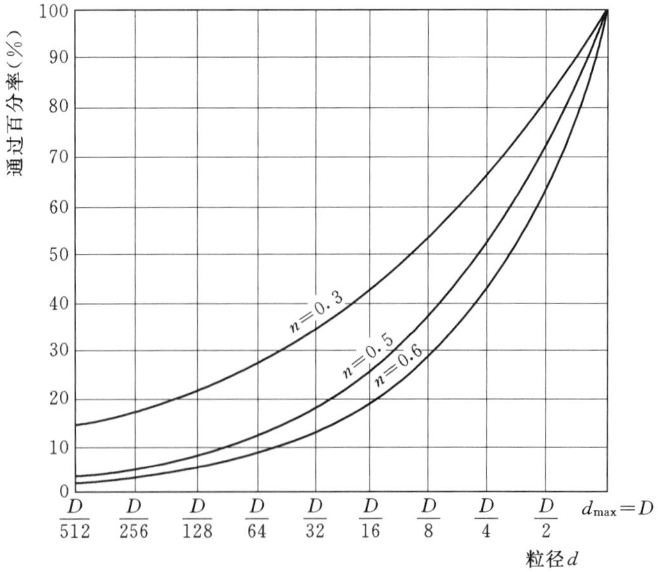

图 1.5 级配范围曲线

1.4.2 矿料配合比设计方法

天然或人工轧制的一种集料的级配往往很难完全符合某一级配范围的要求，必须用两种或两种以上的集料配合才能符合级配范围的要求。矿料配合比设计就是根据实际工程中现有的各种集料的级配参数（即筛分结果），针对设计要求或技术规范要求，采用一定的方法确定各规格集料在合成矿料中所占比例的操作过程。

常用的矿料配合比设计方法有试算法和图解法。两种方法各有特点，前者操作简便、快捷，但要熟练掌握级配参数的含义，对三种以内的矿料设计较适宜；后者简单、易掌握，适合多种矿料操作，但操作稍麻烦。

1.4.2.1 试算法

1. 基本原理

设有几种集料在某一筛孔上均有分计筛余百分率，预配制矿料有目标配合比，混合料在相应筛孔上的分计筛余百分率即为几种集料按一定比例混合筛余的结果，利用加权平均的方法即可得到各种集料的比例，即所要求配合比。

在决定各组成集料在混合料中的比例时，先假定混合料中某种粒径的颗粒是由某一种对该粒径占优势的集料所组成，而其他集料不含这种粒径。如此，根据各个主要粒径去试算各种集料在混合料中的大致比例。如果比例不合适，则稍加调整，逐步渐进，最终达到符合混合料级配要求的各集料配合比例。

2. 计算方法

设有 A、B、C 三种集料，欲配制成为级配为 M 的矿料，求出 A、B、C 三种集料在混合料中的比例，即配合比。

（1）假设条件。

1）设 A、B、C 三种集料在混合料 M 中的用量比例为 x、y、z，则：

$$x+y+z=100\% \tag{1.23}$$

2）设混合料 M 中某一粒径要求含量为 $a_{M(i)}$，A、B、C 三种集料在该粒径的含量为 $a_{A(i)}$、$a_{B(i)}$、$a_{C(i)}$，则：

$$a_{A(i)}x+a_{B(i)}y+a_{C(i)}z=a_{M(i)} \tag{1.24}$$

（2）计算步骤。在上述两点假设的前提下，按下列步骤求 A、B、C 三种集料在混合料 M 中的用量比例。

1）计算 A 集料在混合料中的用量。在计算 A 集料在混合料中的用量时，按 A 集料占优势含量的某一粒径计算（即混合料 M 中某一级粒径主要由 A 集料提供，A 集料占优势），而忽略其他集料在此粒径中的含量。所以：

$$a_{A(i)}x = a_{M(i)} \tag{1.25}$$

则
$$x = \frac{a_{M(i)}}{a_{A(i)}} \times 100\%$$

2）计算 C 集料在混合料中的含量。按 C 集料占优势的 j 粒径计算，此时忽略其他集料在此粒径的含量，所以：

$$a_{C(j)}z = a_{M(j)} \tag{1.26}$$

则
$$z = \frac{a_{M(j)}}{a_{C(j)}}$$

3）计算 B 集料在混合料中的含量。

$$y=100-x-z \tag{1.27}$$

如果有四种集料，则其他集料同样可以按其占优势粒径用试算法确定。

4）校核调整。按以上计算的配合比，经校核如不在要求的级配范围内，应调整配合比重新计算和复核，经几次调整，逐步渐进，直到符合要求为止。如经计算确不能满足级配要求时，可掺加某些单粒级集料，或调换其他原始集料。

【例 1－2】 用试算法确定各种矿质集料的配合比。

解

（1）原始资料。现有粗砂、细砂、矿粉三种集料，经筛分的分计筛余百分率见表 1.6。标准级配范围也列于表 1.6 中。

表 1.6　　原有集料的分计筛余百分率和混合料要求的级配范围

筛孔尺寸（mm）	粗砂分计筛余百分率（%）	细砂分计筛余百分率（%）	矿粉分计筛余百分率（%）	标准级配范围通过百分率（%）
4.75	—	—	—	95～100
2.36	42	—	—	65～85
1.18	35	—	—	45～65
0.6	18	5	—	30～52
0.3	5	50	—	17～37
0.15	—	20	—	11～28
0.075	—	25	20	8～12
＜0.075	—	—	80	—
合计	100	100	100	—

（2）计算要求。

1）用试算法确定粗砂、细砂、矿粉三种矿质集料在混合料中所占的比例。

2）按给出的级配要求校核矿料的计算结果，确定其是否符合级配范围标准，最终确定配合比。

（3）计算步骤。

1）先将矿料要求级配范围的通过百分率换算为分计筛余百分率，计算结果列于表 1.7。

2）计算粗砂在矿料中的用量比例。由表 1.7 可知，粗砂在 2.36mm 筛网上存留的分计筛余百分率达到 42%，它在粗砂中占优势。同时，在 2.36mm 筛网上细砂和矿粉分计

表 1.7　　原有集料和要求级配范围分计筛余百分率计算表

筛孔尺寸(mm)	粗砂分计筛余百分率(%)	细砂分计筛余百分率(%)	矿粉分计筛余百分率(%)	要求级配范围通过百分率(%)	要求级配范围通过百分率中值(%)	要求级配范围累计筛余百分率(%)	要求级配范围分计筛余百分率(%)
4.75	—	—	—	95～100	97.5	2.5	2.5
2.36	42	—	—	65～85	75	25	22.5
1.18	35	—	—	45～65	55	45	20
0.6	18	5	—	30～52	41	59	14
0.3	5	50	—	17～37	27	73	14
0.15	—	20	—	11～28	19.5	80.5	7.5
0.075	—	25	20	8～12	10	90	9.5
<0.075	—	—	80	—	—	100	10

筛余百分率均为 0，所以，可假定混合料中 2.36mm 的颗粒全部由粗砂组成，设粗砂在矿料中的用量比例为 X，则：

$$a_{A(2.36)}x=a_{M(2.36)}$$

即　$$42x=22.5$$

所以　$$x=53.6\%$$

3）计算矿粉在矿料中的比例。由表 1.7 可知，矿粉在<0.075mm 粒径的颗粒中占优势，并且其余两种集料在此筛网上分计筛余百分率均为 0，所以可以认为要求级配范围<0.075mm 筛网上粒径均由矿粉组成。设矿粉在矿料中的用量比例为 z，则

$$a_{C(<0.075)}z=a_{M(<0.075)}$$

即　$$80z=10$$

所以　$$z=12.5\%$$

4）计算细砂在矿料中的用量比例。

$$y=100\%-x-z=(100-53.6-12.5)\%=33.9\%$$

5）校核。根据以上计算，得到矿料的组成配合比（百分率）为

粗砂　$$x=53.6\%$$

细砂　$$y=33.9\%$$

矿粉　$$z=12.5\%$$

将这些百分率乘以各自的筛分结果，进行加权平均，可得到设计矿料级配，见表 1.8。

通过校核，结果符合级配范围要求。如不符合要求，应进行配合比调整，直到达到要求为止。如经过几次调整确实不能符合级配要求，应调整或增加集料品种。

1.4.2.2　图解法

图解法中较为常用的是修正平衡面积法，目前我国技术规范中推荐的矿料组成设计均采用这种方法。

表 1.8　　矿料组成计算和校核表

筛孔尺寸(mm)	粗砂			细砂			矿粉			矿料			规范要求级配范围通过百分率(%)
	原来级配分计筛余百分率 $a_{A(i)}$ (%)	用量比例 x (%)	占混合料百分率 $a_{AM(i)}$ (%)	原来级配分计筛余百分率 $a_{B(i)}$ (%)	用量比例 y (%)	占混合料百分率 $a_{BM(i)}$ (%)	原来级配分计筛余百分率 $a_{C(i)}$ (%)	用量比例 z (%)	占混合料百分率 $a_{CM(i)}$ (%)	分计筛余百分率 $a_{M(i)}$ (%)	累计筛余百分率 $A_{M(i)}$ (%)	通过百分率 $P_{M(i)}$ (%)	
(1)	(2)	(3)	(4)=(2)×(3)	(5)	(6)	(7)=(5)×(6)	(8)	(9)	(10)=(8)×(9)	(11)	(12)	(13)	(14)
4.75												100	95～100
2.36	42		22.5							22.5	22.5	77.5	65～85
1.18	35		18.8							18.8	41.3	58.7	45～65
0.6	18	53.6	9.6	5	33.9	1.7		12.5		11.3	52.6	47.4	30～52
0.3	5		2.7	50		16.9				19.6	72.2	27.8	17～37
0.15				20		6.8				6.8	79.0	20.9	11～28
0.075				25		8.5	20		2.5	11.0	90.0	9.9	8～12
<0.075							80		10	10	100	0	
校核	Σ=100		Σ=53.6	Σ=100		Σ=33.9	Σ=100		Σ=12.5	Σ=100			

1. 图解法的准备工作

对所使用的各集料进行筛分，并计算出各自的通过百分率。明确设计级配要求的级配范围，并计算出该要求级配范围的中值。

2. 绘制框图

按比例（通常纵横边各为 10cm 和 15cm）绘制一矩形框图，从左下向右上引对角线 OO' 作为合成级配的中值，如图 1.6 所示。按算术标尺在纵坐标上标出通过百分率刻度，

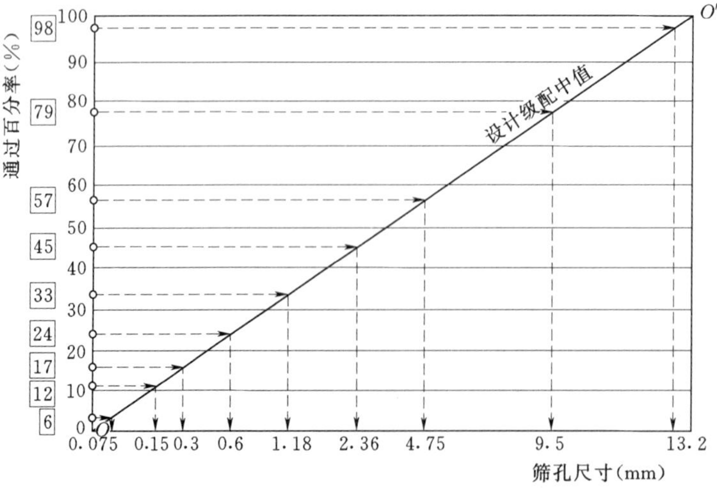

图 1.6　设计级配范围中值

横坐标则表示筛孔尺寸，各筛孔的具体尺寸根据合成级配要求的通过百分率中值（参见表1.9），在纵坐标上找出该值的位置，然后从纵坐标引平行线与对角线相交，再从交点处向下作垂线，垂线与横坐标的相交点即为各筛孔相应尺寸。

表 1.9　细粒式沥青混合料用矿料级配范围

筛孔尺寸（mm）	16.0	13.2	9.5	4.75	2.36	1.18	0.6	0.3	0.15	0.075
级配范围 P（%）	100	95～100	70～88	48～68	36～53	24～41	18～30	12～22	8～16	4～8
级配中值	100	98	79	57	45	33	24	17	12	6

3. 确定各集料用量

将参与级配合成的各集料的通过量绘制在框图中，用折线的形式连成级配曲线。假设以四种集料进行级配合成为例，如图 1.7 所示。根据框图中相邻两条曲线的关系，确定各集料在混合料中的掺配比例。

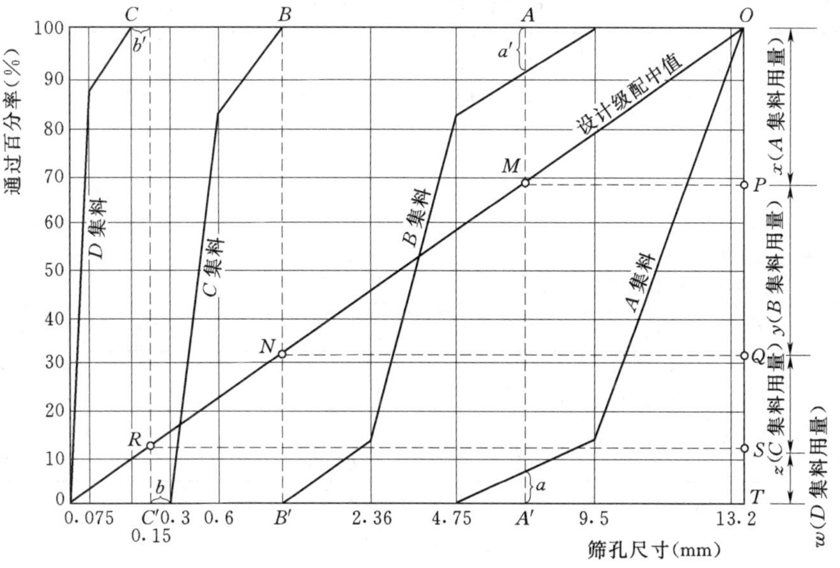

图 1.7　图解法用图

(1) 两相邻级配曲线为重叠关系。相邻两条曲线相互重叠（如 A 集料曲线下部和 B 集料曲线上部）时，在两级配曲线之间引一根垂直于横坐标的直线 AA'，保证与两曲线截距相等（即 $a=a'$）。AA' 与对角线交于 M 点，通过点 M 作一水平线与纵坐标交于 P 点。则 OP 即为 A 集料的用量。

(2) 两相邻级配曲线为相接关系。相邻两条曲线首尾相接（如 B 集料曲线末端和 C 集料曲线首端正好在一垂线上）时，将两曲线连接首尾（如直线 BB'），找 BB' 与对角线的交点 N，通过 N 点作出一水平线与纵坐标交于 Q 点。PQ 即为 B 集料的用量。

(3) 两相邻级配曲线为相离关系。相邻两条曲线相离（如 C 集料曲线末端和 D 集料曲线首端在水平方向彼此离开一段距离）时，作一垂线垂直平分相离开的距离（即 $b=b'$），垂线 CC' 与对角线交于 R 点，通过 R 点引一水平线与纵坐标交于 S 点，QS 即为 C

集料的用量。剩余 ST 即为 D 集料的含量。

可以说，框图中相邻集料级配曲线的关系只可能是这三种情况，但实际操作过程中以第一种关系即重叠关系最为常见。

4. 合成级配的计算与校核

同试算法相同，根据图解过程求得的各集料用量比例，计算出合成级配的结果。当合成级配超出级配范围时，说明图解法得到的比例不是很合适，所以要调整各集料的用量，直到满足设计级配的要求为止。如经数次调整仍不能达到要求，可掺加单粒级集料或调换其他集料。

【例 1－3】 试采用图解法设计某高速公路用细粒式沥青混凝土的矿料配合比。

解

（1）原始资料。

1）现有碎石、石屑、砂和矿粉四种矿质集料，现场取样进行筛分，见表 1.10。

表 1.10　　矿质集料现场取样筛分表

通过百分率（%） 筛孔尺寸（方筛孔）（mm） 材料名称	16.0	13.2	9.5	4.75	2.36	1.18	0.6	0.3	0.15	0.075
碎石	100	94	26	0	0	0	0	0	0	0
石屑	100	100	100	80	40	17	0	0	0	0
砂	100	100	100	100	94	90	76	38	17	0
矿粉	100	100	100	100	100	100	100	100	100	83

2）确定矿料的工程级配范围，见表 1.11。

表 1.11　　矿料的工程级配范围

筛孔尺寸（mm）	16.0	13.2	9.5	4.75	2.36	1.18	0.6	0.3	0.15	0.075
级配范围 P（%）	100	95～100	70～88	48～68	36～53	24～41	18～30	12～22	8～16	4～8
级配中值	100	98	79	57	45	33	24	17	12	6

（2）设计步骤。

1）绘制级配曲线图，在纵坐标上按算术坐标绘出通过百分率 P_i，如图 1.8 所示。

2）连对角线 OO' 作为设计级配中值。在纵坐标上找出各个筛孔通过百分率中值作水平线，通过与对角线 OO' 的交点作垂线，与横坐标的交点，即为相应的筛孔在横坐标上的位置。

3）将碎石、石屑、砂和矿粉四种集料的级配曲线绘于图 1.8 。

4）从碎石、石屑、砂和矿粉四条级配曲线依次分析，均为重叠的位置关系。在其重叠部分分别作垂线 AA'、BB'、CC' 与对角线 OO' 依次相交于 M、N、R；过 M、N、R 分别引水平线，可以确定

$$碎石：石屑：砂：矿粉 = 36\%：31\%：25\%：8\%$$

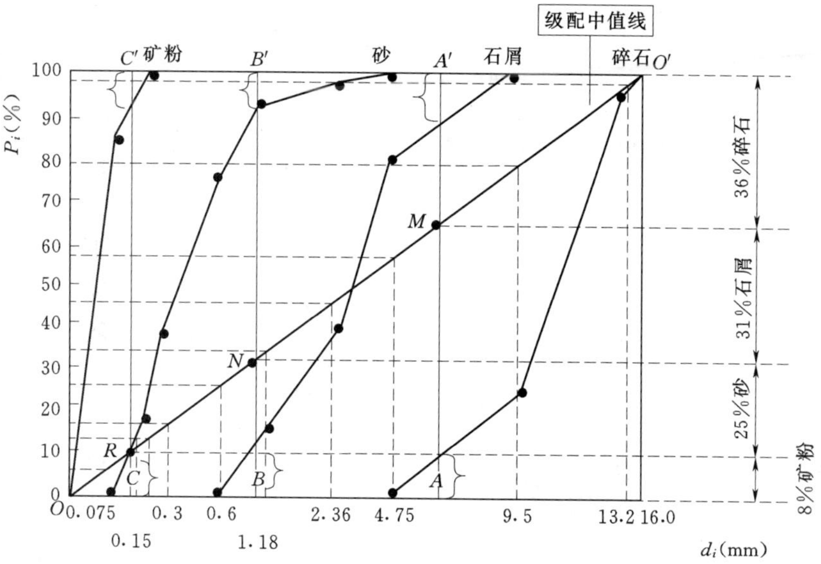

图 1.8　级配曲线图

（3）校核。

1）计算得合成级配结果，见表 1.12，并绘制合成级配曲线，如图 1.9 所示。

表 1.12　　合成级配计算表

材料名称	筛孔尺寸（mm）/ 通过百分率(%)	16.0	13.2	9.5	4.75	2.36	1.18	0.6	0.3	0.15	0.075
原材料级配	碎石 100（%）	100	94	26	0	0	0	0	0	0	0
	石屑 100（%）	100	100	100	80	40	17	0	0	0	0
	砂 100（%）	100	100	100	100	94	90	76	38	17	0
	矿粉 100（%）	100	100	100	100	100	100	100	100	100	83
各种矿料在混合料中的级配	碎石 36%（41%）	36.0（41.0）	33.8（38.5）	9.4（10.7）	9.4（10.7）	0（0）	0（0）	0（0）	0（0）	0（0）	0（0）
	石屑 31%（36%）	31.0（36.0）	31.0（36.0）	31.0（36.0）	24.8（28.8）	12.4（14.4）	4.3（6.1）	0（0）	0（0）	0（0）	0（0）
	砂 25%（15%）	25.0（15.0）	25.0（15.0）	25.0（15.0）	25.0（15.0）	23.5（14.1）	23.0（13.5）	19.0（11.4）	9.5（5.7）	4.3（2.6）	0（0）
	矿粉 8%（8%）	8.0（8.0）	8.0（8.0）	8.0（8.0）	8.0（8.0）	8.0（8.0）	8.0（8.0）	8.0（8.0）	8.0（8.0）	8.0（8.0）	6.6（6.6）
合成级配		100（100）	97.5（97.5）	73.0（69.7）	57.8（51.8）	43.9（36.5）	35.3（27.6）	27.0（19.4）	17.5（13.7）	12.3（10.6）	6.6（6.6）
AC—13 级配范围		100	95～100	70～88	48～68	36～53	24～41	18～30	12～22	8～16	4～8
级配中值		100	98	79	58	45	33	24	17	12	6

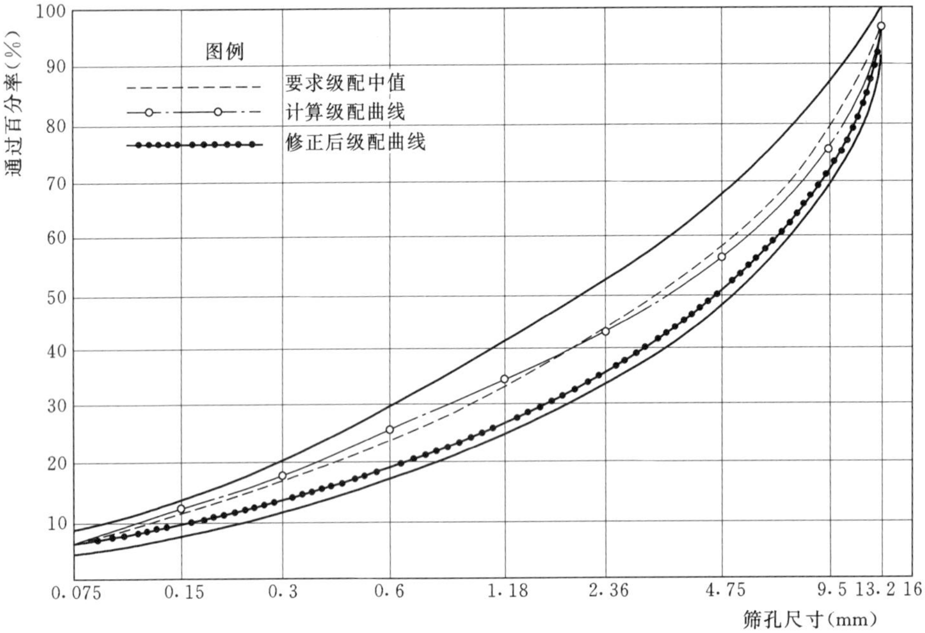

图 1.9 要求级配曲线与合成级配曲线

2）调整配合比。

配合比调整原则：对高速公路和一级公路，宜在工程设计级配范围内计算 1～3 组粗细不同的配合比，绘制设计级配曲线，分别位于工程设计级配范围的上方、中值及下方。设计合成级配不得有太多的锯齿形交错，且在 0.3～0.6mm 范围内不出现“驼峰”。当反复调整不能满意时，宜更换材料设计。

从图 1.9 中可以看出，计算的合成级配曲线接近级配中值。由于高速公路交通量大、轴载重，为使沥青混合料具有较高的高温稳定性，合成级配曲线应偏向级配曲线范围的下限，因此需要调整。

结论：经调整，各种材料用量为碎石：石屑：砂：矿粉＝41％：36％：15％：8％。按此结果重新计算合成级配，计算结果见表 1.12（表中括号部分）并绘图（图 1.9），可见调整后的合成级配曲线光滑、平顺，且接近级配曲线的下限。

复 习 思 考 题

1. 石料的主要物理常数与集料的主要物理常数有哪几项？它们之间有何异同？

2. 石料应具备哪些力学性质，采用什么指标来反映这些性质？

3. 简述道路工程用石料的分类和分级方法。

4. 什么是集料的堆积密度？

5. 压碎值、磨耗值、磨光值及冲击值分别表征粗集料的什么性质，对路面工程有何实用意义？

6. 什么是集料的级配？如何确定集料的级配？用哪几项参数表示集料的级配？

7. 为什么研究集料的级配？连续级配与间断级配有何差别？

8. 简述最大密度级配范围计算公式的意义。

9. 常用矿料配合比设计方法有几种？简述设计过程的主要步骤。

习 题

1. 某道路工程沥青混合料用细集料的筛分试验结果见表1.13。请计算该细集料的分计筛余百分率、累计筛余百分率、通过百分率及其细度模数，绘制该细集料的级配曲线图，判断该细集料的粗细程度并分析其级配是否符合设计级配范围的要求。

表 1.13　　细集料的筛分试验结果

筛孔尺寸 d_i (mm)	4.75	2.36	1.18	0.6	0.3	0.15	<0.15
筛余质量 m_i (g)	25	35	90	125	125	75	25
要求通过级配范围（%）	90～100	75～100	50～90	30～59	8～30	0～10	—

2. 采用试算法确定某矿料的配合比。

设计资料：碎石、石屑和矿粉的筛分试验结果以累计筛余百分率和设计级配范围要求值列于表1.14中。

表 1.14　　原有集料的分计筛余和混合料要求的级配范围

筛孔尺寸 (mm)	碎石累计筛余百分率 (%)	石屑累计筛余百分率 (%)	矿粉累计筛余百分率 (%)	设计级配范围累计筛余百分率 (%)
16	5			0～5
9.5	55			20～30
4.75	85	18		45～50
2.36	90	38		50～65
1.18	92	47		60～75
0.6	94	65		70～82
0.3	96	82		79～87
0.15	98	90	3	86～92
0.075	100	99	12	91～96
<0.075		100	100	100

设计要求：用试算法确定碎石、石屑和矿粉在混合料中的用量；计算出混合料的合成级配，并校核该合成级配是否在要求的级配范围内，若有超出应进行调整。

3. 某工程用石灰岩石料，经饱水抗压强度检验，平均极限荷载分别为179kN、182kN、174kN、178kN、189kN和185kN（ϕ50mm×50mm圆柱体试件）；洛杉矶磨耗值为33%。试确定该石料的技术等级。

4. 按照 n 幂公式，取级配指数 n=0.3、0.5和0.7，计算最大粒径 D=19mm集料的通过百分率，并将这些级配绘制在同一张图上。（建议筛孔尺寸：19mm、13.2mm、9.5mm、4.75mm、2.36mm、1.18mm、0.6mm、0.3mm、0.15mm）

5. 采用修正平衡面积法确定矿料的配合比。

设计资料：三种集料的筛分结果及混合料要求级配范围见表1.15。

表 1.15 原材料筛分结果及混合料要求级配范围

材料名称 \ 通过百分率（%） \ 筛孔尺寸（mm）	16.0	13.2	9.5	4.75	2.36	1.18	0.6	0.3	0.15
碎石	100	95	53.3	2.8	2.8	0	0	0	0
石屑	100	100	100	97	70	36	16	0	0
砂	100	100	100	100	100	90	80	60	20
矿粉	100	100	100	100	100	100	100	100	100
级配范围	100	90～100	68～85	38～68	24～50	15～38	10～28	7～20	5～15

设计要求：（1）用修正平衡面积法求出各种材料在混合料中的用量，并计算合成级配。(保留作图痕迹)

（2）校核合成级配，如合成级配曲线不在级配范围内或曲线呈锯齿形，应调整各材料用量，使曲线平顺光滑。

第 2 章　石灰、水泥与无机结合料稳定材料

学习目标： 掌握石灰的熟化、硬化过程，技术性质及应用；掌握硅酸盐水泥熟料的矿物组成与特性，技术性质及应用，水泥石侵蚀的类型及防止措施；理解硅酸盐水泥凝结硬化机理，掺混合材料的硅酸盐水泥的性质及应用；了解胶凝材料的概念和分类，石灰、水泥的生产过程，其他品种水泥的特点及应用。

道路建筑材料中，凡是经过一系列物理、化学作用，能将散粒材料或块状材料黏结成整体的材料，统称为胶凝材料。

胶凝材料按其化学成分可分为无机胶凝材料和有机胶凝材料，无机胶凝材料按其凝结硬化条件又分为气硬性胶凝材料和水硬性胶凝材料两大类。气硬性胶凝材料只能在空气中凝结硬化，并保持和提高其强度，如石膏、石灰等；水硬性胶凝材料不仅能在空气中凝结硬化，而且能更好地在水中硬化，保持和提高其强度，如水泥。

2.1　石　　灰

石灰是土木工程中使用较早的无机胶凝材料之一。因为石灰的原料分布很广，生产工艺简单，成本低廉，使用方便，所以一直得到广泛应用。

2.1.1　石灰的原料和生产

生产石灰的原料是石灰岩、白垩或白云质石灰岩等天然岩石，其化学成分主要是碳酸钙。原料经高温煅烧而得的白色或灰白色的块状材料即为石灰，也称生石灰，主要成分是氧化钙。其化学反应式如下：

$$CaCO_3 \xrightarrow{900℃} CaO + CO_2 \uparrow$$

为了加速分解过程，煅烧温度常提高至 1000～1100℃，煅烧时温度的高低及时间长短对石灰质量有很大的影响。根据煅烧程度可分为欠火石灰、正火石灰、过火石灰。若温度过高或时间过长，产品中常含有少量的过火石灰，过火石灰呈灰黑色，有玻璃体的外壳，块体容重大，熟化慢；若温度过低或时间过短，碳酸钙不能完全分解，则产生欠火石灰；煅烧良好的石灰为正火石灰，其质轻色匀，表观密度为 800～1000kg/m^3，呈白色或灰白色，性能优良。

石灰的原料中常含有少量的碳酸镁，故生石灰中还含有次要成分氧化镁，生石灰中氧化镁含量大于 5%的称为镁质石灰，不大于 5%的称为钙质石灰。镁质石灰具有熟化较慢，但有硬化后强度较高的特点。

2.1.2　石灰的熟化

石灰的熟化又称消化或消解，是指生石灰与水作用生成氢氧化钙的过程。其化学反应

式如下：

$$CaO + H_2O \longrightarrow Ca(OH)_2 + 64.9kJ$$

氢氧化钙俗称熟石灰（又称消石灰），石灰在熟化过程中放出大量的热，同时体积膨胀1.0～2.5倍。根据熟化时加水量的不同，可将熟石灰制成熟石灰粉和熟石灰浆。

过火石灰熟化很慢，当石灰硬化后，过火石灰仍能继续熟化，以致引起成型的结构体积膨胀，导致结构表面产生隆起和开裂。为了消除过火石灰的危害，石灰浆应在储灰坑中“陈伏”两周以上，“陈伏”期间，石灰浆表面应有一层水分使其与空气隔绝，以防止碳化。

2.1.3　石灰的硬化

石灰的硬化是干燥结晶硬化和碳化硬化同时进行的过程。

1. 干燥结晶硬化

石灰浆中的水分逐渐蒸发，或被周围的砌体吸收，固体颗粒互相靠拢粘紧，氢氧化钙从饱和溶液中结晶析出，并产生强度。

2. 碳化硬化

氢氧化钙与空气中的二氧化碳作用生成碳酸钙，并释放出水分，称为碳化。其化学反应式为

$$Ca(OH)_2 + CO_2 + nH_2O \longrightarrow CaCO_3 + (n+1)H_2O$$

生成的碳酸钙和氢氧化钙两种晶体在浆体中交叉共生，构成较紧密的结晶网，使硬化浆体的强度进一步提高。碳化作用主要发生在与空气接触的表面，当浆体表面生成一层碳酸钙薄膜后，碳化速度减慢，同时内部的水分不易蒸发出来，因此，石灰浆的硬化是一个较缓慢的过程。又因为氢氧化钙易溶于水，故石灰不能用于潮湿环境及水中的建筑物中。

2.1.4　石灰的技术性质

根据我国建材行业标准，将石灰产品划分为三个质量等级：优等品、一等品和合格品。其技术指标分别见表2.1～表2.3。

表2.1　　生石灰的技术指标（JC/T 479—1992）

技术指标 ＼ 质量等级 ＼ 生石灰种类		钙质生石灰			镁质生石灰		
		优等品	一等品	合格品	优等品	一等品	合格品
CaO+MgO含量（%）	不小于	90	85	80	85	80	75
CO_2含量（%）	不大于	2.8	7	9	6	8	10
未消化残渣含量（5mm圆孔筛筛余）（%）	不大于	5	10	15	5	10	15
产浆量（L/kg）	不小于	2.8	2.3	2.0	2.8	2.3	2.0

表 2.2　　生石灰粉的技术指标（JC/T 480—1992）

技术指标 \ 质量等级 \ 生石灰种类			钙质生石灰			镁质生石灰		
			优等品	一等品	合格品	优等品	一等品	合格品
CaO+MgO 含量（%）		不小于	85	80	75	80	75	70
CO_2含量（%）		不大于	7	9	11	8	10	12
细度	0.9mm 筛筛余（%）	不大于	0.2	0.5	1.5	0.2	0.5	1.5
	0.125mm 筛筛余（%）	不大于	7	12	18	7	12	18

表 2.3　　消石灰粉的技术指标（JC/T 481—1992）

技术指标 \ 质量等级 \ 生石灰种类			钙质生石灰			镁质生石灰			白云石消石灰粉		
			优等品	一等品	合格品	优等品	一等品	合格品	优等品	一等品	合格品
CaO+MgO 含量（%）		不小于	70	65	60	65	60	55	65	60	55
游离水（%）			0.4～2	0.4～2	0.4～2	0.4～2	0.4～2	0.4～2	0.4～2	0.4～2	0.4～2
体积安定性			合格	合格	—	合格	合格	—	合格	合格	—
细度	0.9mm 筛筛余（%）	不大于	0	0	0.5	0	0	0.5	0	0	0.5
	0.125mm 筛筛余（%）	不大于	3	10	15	3	10	15	3	10	15

注　优等品、一等品适用于饰面层和中间涂层，合格品仅用于砌筑。

2.1.5　石灰的特性

1. 凝结硬化慢，强度低

因为空气中的二氧化碳浓度低，且浆体表面生成一层碳酸钙薄膜后，阻止了二氧化碳向内部渗透，同时也妨碍了内部水分向外蒸发，故凝结硬化慢。硬化后的石灰强度较低，一般情况下，1∶3 的石灰砂浆 28d 的抗压强度只有 0.2～0.5MPa。

2. 体积收缩大

石灰浆在硬化过程中，由于大量水分的蒸发，体积产生明显收缩。为防止体积收缩，使建筑物开裂，常在石灰中掺入砂、纸筛、麻刀等。

3. 耐水性差

因为氢氧化钙能溶于水，使石灰强度下降或丧失，耐水性差，所以石灰不能在潮湿的环境中和水中使用。

4. 可塑性和保水性好

石灰熟化后的主要成分氢氧化钙颗粒很细，比表面积很大（$10\sim30m^2/g$），表面能吸附一层较厚的水膜，故用石灰拌制的拌和物均匀，保持水分的能力强，其可塑性好。

2.1.6　石灰的应用与储存

2.1.6.1　石灰的应用

1. 配制石灰砂浆和三合土

石灰、砂、水按一定比例拌和制成石灰砂浆，主要用于地面以上的砌筑工程和抹面工程；石灰和黏土按比例配合制成石灰土，再加入砂可制成三合土，用于道路工程的垫层。

2. 加固软土地基

把生石灰桩打入软土地基，利用生石灰吸水会产生膨胀的特点，对桩周土壤起挤密作用，利用生石灰和黏土矿物间产生的胶凝反应使周围土体固结，从而提高地基承载力。

3. 用于路面基层和圬工砌体

在道路工程中，随着半刚性基层在高等级路面中的应用，石灰稳定土、石灰粉煤灰稳定土及其稳定碎石等常用于路面基层；在桥梁工程中，石灰砂浆、石灰水泥砂浆、石灰粉煤灰砂浆常用于圬工砌体。

2.1.6.2　石灰的储存

（1）生石灰储存时间不宜过长，一般不超过一个月，作到“随到随化”。石灰储存太久，会吸收空气中的水分自行熟化，与空气中的二氧化碳作用生成碳酸钙而失去胶凝能力。

（2）石灰应储存在干燥的仓库中，采取严格的防潮防水措施；不得与易燃、易爆等危险液体物品混合存放和混合运输。

2.2　硅酸盐水泥

水泥是粉状水硬性无机胶凝材料。加水搅拌成浆体后能在空气或水中硬化，用以将砂、石等散粒材料胶结成砂浆或混凝土。

水泥是最重要的建筑材料之一，在道路和桥梁工程中有着广泛的应用。水泥品种非常多，按所含化学成分的不同，可分为硅酸盐系水泥、铝酸盐系水泥、硫铝酸盐系水泥及铁铝酸盐系水泥等，其中以硅酸盐系水泥应用最广；按其性能及用途可分为通用水泥、专用水泥及特性水泥三类。目前，我国道路和桥梁工程中常用的是通用水泥，主要有硅酸盐水泥、普通硅酸盐水泥、矿渣硅酸盐水泥、火山灰质硅酸盐水泥、粉煤灰硅酸盐水泥和复合硅酸盐水泥六大品种。在一些特殊工程中，还使用专用水泥和特性水泥，如道路水泥、快硬水泥、抗硫酸盐水泥、膨胀水泥等。本节重点介绍硅酸盐水泥的成分及其主要性能。

2.2.1　硅酸盐水泥的定义、生产及主要矿物组成

1. 硅酸盐水泥的定义

根据GB 175—2007《通用硅酸盐水泥》的规定，凡由硅酸盐水泥熟料、0～5%粒化高炉矿渣、适量石膏磨细制成的水硬性胶凝材料，称为硅酸盐水泥（即国外通称的波特兰水泥）。硅酸盐水泥分两种类型：不掺加混合材料的称为Ⅰ型硅酸盐水泥，代号P·Ⅰ；掺加不超过水泥质量5%的石灰石或粒化高炉矿渣混合材料的称为Ⅱ型硅酸盐水泥，代号P·Ⅱ。

2. 硅酸盐水泥的生产

硅酸盐水泥的生产过程主要分为制备生料、煅烧熟料、粉磨水泥三个阶段。硅酸盐水泥的原料主要是石灰质原料（石灰石、白垩等）和黏土质原料（黏土、页岩等）。加入少量辅助原料（铁矿粉等），按一定比例配合，磨细成生料粉，送入窑中煅烧至部分熔融，

得到颗粒状熟料，再与适量石膏共同磨细，即可得到硅酸盐水泥。该生产工艺过程可概括为“两磨一烧”，如图 2.1 所示。

3. 硅酸盐水泥熟料的矿物组成

硅酸盐水泥熟料主要由四种矿物组成，其名称和含量范围见表 2.4。

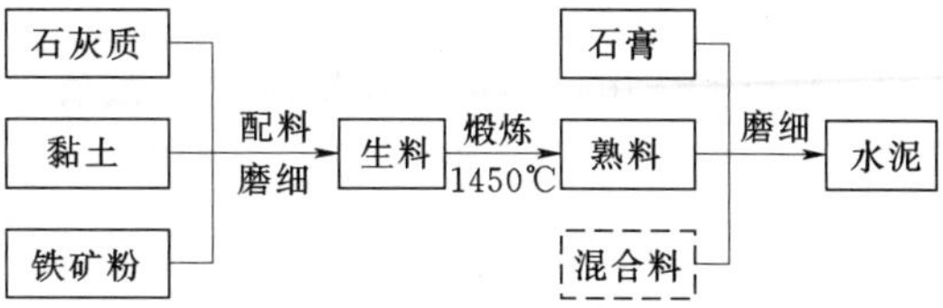

图 2.1 硅酸盐水泥的生产工艺过程示意图

表 2.4 通用硅酸盐水泥熟料的主要矿物成分

矿物成分名称	分子式	缩写形式	含量（%）
硅酸三钙	$3CaO \cdot SiO_2$	C_3S	36～60
硅酸二钙	$2CaO \cdot SiO_2$	C_2S	15～37
铝酸三钙	$3CaO \cdot Al_2O_3$	C_3A	7～15
铁铝酸四钙	$4CaO \cdot Al_2O_3 \cdot Fe_2O_3$	C_4AF	10～18

表 2.4 中，前两种矿物称为硅酸盐矿物，一般占总量的 75%～82%，故称为硅酸盐水泥；后两种矿物称为熔剂矿物，一般占总量的 18%～25%。这四种矿物成分的主要特征见表 2.5。

表 2.5 硅酸盐水泥熟料中四种矿物成分的主要特性

名称		硅酸三钙	硅酸二钙	铝酸三钙	铁铝酸四钙
水化速度		快	最慢	最快	中
水化热		大	最小	最大	中
强度	早期	高	低	低	中
	后期	高	高	低	低

由表 2.5 可知，几种矿物质成分的性质不同，它们在熟料中的相对含量改变时，水泥的技术性质也随之改变。例如，提高 C_3S 的相对含量可制得高强水泥和早强水泥；提高 C_2S 及 C_4AF 的含量而降低 C_3S 及 C_3A 的相对含量，即可制得低热水泥。因此，掌握硅酸盐水泥熟料中各矿物成分的相对含量及特性，对合理选用水泥以及研发水泥新品种很重要。

2.2.2 硅酸盐水泥的水化与凝结硬化

2.2.2.1 硅酸盐水泥的水化

硅酸盐水泥加水后，其矿物与水作用，生成一系列新的化合物，称为水化。

1. 硅酸三钙（C_3S）

C_3S 与水作用，生成水化硅酸钙和氢氧化钙。其反应式如下：

$$2(3CaO \cdot SiO_2)+6H_2O \longrightarrow 3CaO \cdot 2SiO_2 \cdot 3H_2O+3Ca(OH)_2$$

2. 硅酸二钙（C_2S）

C_2S 与水作用，生成水化硅酸钙和氢氧化钙。其反应式如下：

$$2(2CaO \cdot SiO_2)+4H_2O \longrightarrow 3CaO \cdot 2SiO_2 \cdot 3H_2O+Ca(OH)_2$$

3. 铝酸三钙（C_3A）

C_3A 与水作用，生成水化铝酸钙。其反应式如下：

$$3CaO \cdot Al_2O_3 + 6H_2O \longrightarrow 3CaO \cdot Al_2O_3 \cdot 6H_2O$$

4. 铁铝酸四钙（C_4AF）

C_4AF 与水作用，生成水化铝酸钙和水化铁酸钙。其反应式如下：

$$4CaO \cdot Al_2O_3 \cdot Fe_2O_3 + 7H_2O \longrightarrow 3CaO \cdot Al_2O_3 \cdot 6H_2O + CaO \cdot Fe_2O_3 \cdot H_2O$$

因为铝酸三钙与水反应迅速，使水泥产生速凝，为了不影响施工，在生产硅酸盐水泥时需加入适量石膏，石膏与水化铝酸钙反应生成难溶于水的水化硫铝酸钙针状晶体，沉积在水泥颗粒的表面，阻止水分向颗粒内部渗入，可延缓水泥的凝结。

从上述反应式可以看出，硅酸盐水泥与水作用后生成的水化生成物主要为水化硅酸钙、水化铁酸钙、水化铝酸钙、水化铝酸钙和氢氧化钙。前两种为凝胶体，后三种为晶体。

2.2.2.2 硅酸盐水泥的凝结硬化

水泥加水拌和后，由于水泥的水化作用，水泥浆体逐渐变稠失去可塑性的过程，称为水泥的凝结。水泥凝结后，强度逐渐提高成为坚硬人造石的过程称为水泥的硬化。从物理、化学观点来看，凝结和硬化是连续进行的、不可截然分开的一个过程，凝结是硬化的基础，硬化是凝结的继续。水泥的凝结、硬化过程是一个非常复杂的过程，大致可分为三个阶段：

1. 溶解期

水泥加水拌和后，水化反应首先从水泥颗粒表面开始，水化生成物迅速溶解于水体。然后新的水泥颗粒表面与水接触，继续水化反应，水化产物继续生成并不断溶解。

2. 凝结期

随着水化的继续进行，水化产物不断生成并析出，水分逐渐减少，水化产物颗粒互相接触并黏结在一起形成网状结构，使水泥浆体逐渐变稠，失去可塑性，这就是水泥的凝结过程。

3. 硬化期

由于凝胶体的形成和发展，使水泥的水化越来越困难，随着水化反应继续进行，水化产物不断生成并填充在浆体的孔隙中，随着孔隙的减少，水泥浆逐渐硬化并不断增长强度，成为坚硬的石状物体。

水泥凝结硬化过程如图 2.2 所示。

水泥浆硬化后的水泥石由未水化的水泥颗粒、各种水化物（凝胶和晶体）和毛细孔组成。

2.2.2.3 影响硅酸盐水泥凝结硬化的主要因素

影响水泥凝结硬化的主要因素有内因和外因两个方面：

1. 熟料矿物组成

硅酸盐水泥熟料矿物组成是影响水泥的水化速度、凝结硬化过程及强度等的主要因素。如水泥熟料中 C_3S 与 C_3A 含量的提高，将使水泥的凝结硬化加快，早期强度较高。

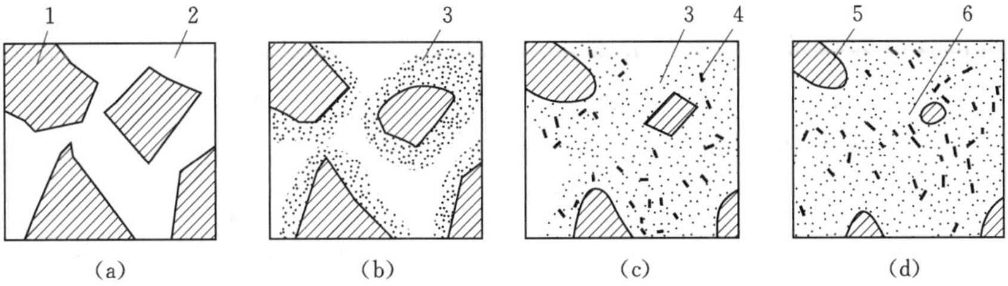

图 2.2 水泥凝结硬化过程示意图

(a) 分散在水中未水化的水泥颗粒；(b) 在水泥颗粒表面形成水化物膜层；(c) 膜层长大并出现网状构造（凝结）；(d) 水化物逐步发展，填充毛细孔（硬化）

1—水泥颗粒；2—水；3—凝胶；4—晶体；5—未水化的水泥颗粒；6—毛细孔

2. 水泥细度

水泥的细度即水泥颗粒的粗细程度。水泥越细，水泥的比表面积（单位质量水泥颗粒的总表面积）越大，与水的接触面积也越大，凝结速度越快，早期强度越高。但过细时，易与空气中的水分及二氧化碳反应而降低活性，并且硬化时收缩也较大，且成本高。

3. 用水量

水泥水化用水量占水泥质量的 26%左右。若水太少，水化反应不能充分进行；若水太多，凝胶体凝聚延缓，水化铝酸钙及氢氧化钙的结晶成长也会推迟，因此凝结硬化慢。

4. 养护湿度和温度

水泥是水硬性胶凝材料，其矿物成分发生水化与凝结硬化的前提是必须有足够的水分存在，如果水泥处于干燥环境，浆体中水分蒸发完毕后，水泥无法继续水化，因而强度也不再增长，因此混凝土工程在浇灌后 2～3 周内必须加强洒水养护。

温度对水泥凝结硬化的影响也很大。温度越高，凝结硬化的速度越快，因此采用蒸汽养护和蒸压养护可加快凝结硬化；当温度较低时，凝结硬化速度比较缓慢，当温度为 0℃以下时，硬化将完全停止，并可能遭受冰冻破坏，因此，冬季应采取保温等措施。

5. 石膏的掺量

水泥中掺入石膏，主要为延缓凝结时间。掺入少量石膏，可延缓水泥浆体的凝结硬化速度；但石膏掺量不能过多，石膏过多不仅缓凝作用不大，还会引起水泥安定性不良。一般石膏的掺量占水泥质量的 3%～5%。

6. 养护龄期

水泥水化硬化是一个较长时期不断进行的过程，随着龄期（天数）的增长，水泥石的强度逐渐提高。水泥在 28d 以内强度增长较快，28d 后增长缓慢，水泥强度的增长可延续几年，甚至几十年。

2.2.3 硅酸盐水泥的主要技术性质

1. 密度与堆积密度

硅酸盐水泥的密度主要取决于其熟料矿物组成，一般为 $3.1 \sim 3.2 g/cm^3$。堆积密度主要取决于堆积时的紧密程度，水泥在松散状态时的堆积密度为 $900 \sim 1300 kg/m^3$，紧密状态时为 $1400 \sim 1700 kg/m^3$。

2. 细度

水泥细度通常有以下两种表示方法：

（1）筛分法。GB 175—2007 规定，以 80μm 或 45μm 方孔筛筛余百分率表示，硅酸盐水泥在 80μm 方孔筛筛余百分率一般不大于 10%，45μm 方孔筛筛余百分率不大于 30%。

（2）比表面积法。以单位质量（kg）水泥总表面积（m^2）表示。GB 175—2007 规定：硅酸盐水泥的比表面积不小于 $300m^2/kg$。

3. 标准稠度用水量

在测定水泥的凝结时间和安定性时，为使其测定结果具有可比性，必须采用标准稠度的水泥净浆进行测定，水泥净浆达到标准稠度所需的用水量称为标准稠度用水量。它以水与水泥质量之比的百分数表示，一般为 24%～30%，用标准稠度测定仪测定。

4. 凝结时间

凝结时间是指水泥从加水开始到失去可塑性所需的时间，分为初凝时间和终凝时间。初凝时间为水泥从开始加水拌和起，至水泥浆失去可塑性所需的时间；终凝时间为水泥从开始加水拌和起，至水泥浆完全失去可塑性所需的时间。水泥的初凝时间不宜过短，以便在施工时有足够的时间完成混凝土的搅拌、运输、浇捣等操作；水泥的终凝时间不宜过长，以免拖延施工工期。国家标准规定：硅酸盐水泥初凝时间不得早于 45min，终凝时间不得迟于 6.5h。凡初凝时间、终凝时间符合规定者为合格品，不符合规定者为不合格品。

水泥凝结时间以标准稠度的水泥净浆，在规定的温度和湿度下，用凝结时间测定仪来测定。

5. 体积安定性

体积安定性是指水泥在凝结硬化过程中体积变化的均匀性。体积安定性不良的水泥，在浆体硬化过程中或硬化后会产生不均匀的体积膨胀，破坏水泥石结构，引起开裂，严重的会造成工程质量事故。因此，体积安定性不良的水泥不能用于工程中。导致水泥体积安定性不良的主要原因是熟料中含有过多的游离氧化钙、游离氧化镁或石膏。

根据不同的影响因素采用不同的检验方法，对于由游离氧化钙引起的体积安定性不良，常采用沸煮法检验；对于由游离氧化镁引起的体积安定性不良，必须采用压蒸法；对于由石膏引起的体积安定性不良，需要在温水中浸泡才能检验出来。

GB 175—2007 规定：水泥体积安定性不合格应作不合格品处理。

6. 硅酸盐水泥强度及强度等级

水泥强度是评定水泥质量的重要指标。为了统一实验结果的可比性，水泥强度必须按 GB/T 17671—1999《水泥胶砂强度检验方法（ISO 法）》的规定，以 1∶3 的水泥和标准砂、0.5 的水灰比，用标准制作方法制成 40mm×40mm×160mm 的试件，在标准温度（20℃±1℃）的水中养护，分别测定其 3d 和 28d 的抗折强度和抗压强度，该值是评定水泥强度等级的依据，各强度等级水泥的各龄期强度不得低于表 2.6 的数值。

7. 水化热

水化热是指水泥和水之间发生化学反应放出的热量。大部分水化热是在水化初期（7d）放出的，后期放热逐渐减少。

表 2.6　　不同强度通用硅酸盐水泥的强度要求（GB 175—2007）

品　种	强度等级	抗压强度（MPa）		抗折强度（MPa）	
		3d	28d	3d	28d
硅酸盐水泥	42.5	17.0	42.5	3.5	6.5
	42.5R	22.0	42.5	4.0	6.5
	52.5	23.0	52.5	4.0	7.0
	52.5R	27.0	52.5	5.0	7.0
	62.5	28.0	62.5	5.0	8.0
	62.5R	32.0	62.5	5.5	8.0
普通硅酸盐水泥	42.5	17.0	42.5	3.5	6.5
	42.5R	22.0	42.5	4.0	6.5
	52.5	23.0	52.5	4.0	7.0
	52.5R	27.0	52.5	5.0	7.0
矿渣硅酸盐水泥、火山灰质硅酸盐水泥及粉煤灰硅酸盐水泥、复合硅酸盐水泥	32.5	10.0	32.5	2.5	5.5
	32.5R	15.0	32.5	3.5	5.5
	42.5	15.0	42.5	3.5	6.5
	42.5R	19.0	42.5	4.0	6.5
	52.5	21.0	52.5	4.0	7.0
	52.5R	23.0	52.5	4.5	7.0

注　R—早强型。

水泥水化热大小主要取决于水泥的矿物组成和细度。通常强度等级高的水泥，水化热较大，冬季施工时，水化热有利于水泥的凝结硬化。但对大体积混凝土工程，如大型基础、大坝、桥墩等，水化热大是不利的，它会使混凝土内部与表面产生较大的温差，引起局部拉应力，使混凝土产生裂缝。因此对大体积混凝土工程，应采用水化热较低的水泥，如中热硅酸盐水泥、低热矿渣硅酸盐水泥等。

2.2.4　水泥石的侵蚀和防止

在正常环境条件下，水泥石的强度会不断增长。但是在某些含侵蚀性物质（酸、强碱、盐类）的介质的作用下，水泥石的结构逐渐遭到破坏、强度下降以致全部崩溃的现象为水泥石的侵蚀。

2.2.4.1　侵蚀的原因

氢氧化钙及其他成分，能溶解于软水；氢氧化钙、水化铝酸钙等都是碱性物质，如果环境中有酸类或某些盐类时，能与其发生化学反应，反应生成物若易溶解于水或无胶结力，或产生体积膨胀，都将使水泥石结构破坏。

2.2.4.2　侵蚀的类型

在道路与桥隧构筑物中，可能遇到的侵蚀情况有以下几种。

1. 软水侵蚀（溶出性侵蚀）

软水指工业冷凝水、蒸馏水、天然的雨水以及含重碳酸盐很少的河水及湖水。在水泥石的各种水化产物中，$Ca(OH)_2$ 溶解度最大，在软水中会首先被溶出。当在静水或无压的情况下，氢氧化钙容易达到饱和使溶出停止，作用仅限于表面，对水泥石结构的危害不大。但在流动的水及压力水中，水流会不断地将 $Ca(OH)_2$ 溶出并带走，使水泥石碱度不断降低，从而引起其他水化产物的分解与溶蚀。水泥石结构遭到破坏。

2. 盐类侵蚀

(1) 硫酸盐侵蚀。穿越海湾、沼泽或跨越污染河流的道路结构、桥涵墩台，有时会受到海水、沼泽水、工业污水的侵蚀，这些水中常含有大量的硫酸盐类，如硫酸镁（$MgSO_4$）、硫酸钠（Na_2SO_4）及硫酸钙（$CaSO_4$）等，它们均会破坏水泥石结构。

这些硫酸盐先与水泥石中的氢氧化钙作用生成硫酸钙，即二水石膏（$CaSO_4 \cdot 2H_2O$），这种生成物再与水泥石中的水化铝酸钙反应生成水化硫铝酸钙，其体积约为原来的水化铝酸钙体积的 2.5 倍，使硬化水泥石中的固相体积增加很多，在水泥石中产生很大的内应力，使水泥石开裂、强度降低和造成破坏。反应式如下：

$$3CaO \cdot Al_2O_3 \cdot 6H_2O + 3(CaSO_4 \cdot 2H_2O) + 19H_2O \longrightarrow 3CaO \cdot Al_2O_3 \cdot 3CaSO_4 \cdot 31H_2O$$

(2) 镁盐侵蚀。在海水、地下水中常含有较多的镁盐，如硫酸镁（$MgSO_4$）和氯化镁（$MgCl_2$）。这些镁盐能与水泥石中的氢氧化钙发生下列反应：

$$MgSO_4 + Ca(OH)_2 + 2H_2O \longrightarrow CaSO_4 \cdot 2H_2O + Mg(OH)_2$$

$$MgCl_2 + Ca(OH)_2 \longrightarrow CaCl_2 + Mg(OH)_2$$

反应的结果是：氢氧化镁松软而无胶凝能力，二水硫酸钙产生有害性膨胀，氯化钙易溶解于水，均能使水泥石强度降低或破坏，因此硫酸镁对水泥石起着双重腐蚀作用。

3. 酸类侵蚀

(1) 碳酸腐蚀。在工业污水、地下水中常溶解有较多的二氧化碳，二氧化碳与水泥石中的氢氧化钙反应生成碳酸钙，碳酸钙与二氧化碳反应生成碳酸氢钙，反应式如下：

$$Ca(OH)_2 + CO_2 + H_2O \longrightarrow CaCO_3 + 2H_2O$$

$$CaCO_3 + CO_2 + H_2O \longrightarrow Ca(HCO_3)_2$$

生成的重碳酸钙易溶于水，若被流动的水带走，化学平衡遭到破坏，反应不断向右边进行。因此水泥石中的氢氧化钙，通过转变为易溶的重碳酸钙而溶失，氢氧化钙浓度降低，从而破坏水泥石结构。

(2) 一般酸的腐蚀。某些工业废水、地下水中常含有无机酸和有机酸，各种酸类对水泥石都有不同程度的腐蚀作用。它们与水泥石中的氢氧化钙作用后生成新的化合物，这些化合物或者易溶于水，或者体积膨胀而导致水泥石破坏，对水泥石腐蚀作用最快的是无机酸中的盐酸、硝酸、硫酸和有机酸中的醋酸和乳酸等。例如，盐酸和硫酸分别与水泥石中氢氧化钙作用，化学反应式如下：

$$2HCl + Ca(OH)_2 \longrightarrow CaCl_2 + 2H_2O$$

$$H_2SO_4 + Ca(OH)_2 \longrightarrow CaSO_4 \cdot 2H_2O$$

生成的氯化钙易溶于水，被流动的水带走后，降低了水泥石的石灰浓度，生成的二水石膏或者直接在水泥石孔隙中结晶产生膨胀，或者再与水泥石中的水化铝酸钙作用生成水化硫铝酸钙，使水泥石结构开裂。

4. 强碱侵蚀

碱类溶液如浓度不大时一般是无害的，但铝酸盐含量较高的硅酸盐水泥遇到强碱（氢氧化钠、氢氧化钾）作用后也会破坏。这是因为氢氧化钠与水泥熟料中未水化的铝酸盐作用时，可生成易溶的铝酸钠，反应式如下：

$$3CaO \cdot Al_2O_3 + 6NaOH \longrightarrow 3Na_2O \cdot Al_2O_3 + 3Ca(OH)_2$$

当水泥石被氢氧化钠溶液浸透后又在空气中干燥时，容易与空气中的二氧化碳作用生成碳酸钠，反应式如下：

$$2NaOH + CO_2 \longrightarrow Na_2CO_3 + H_2O$$

碳酸钠在水泥石毛细孔中结晶沉淀，可使水泥石胀裂。

2.2.4.3　侵蚀的防止

根据水泥石侵蚀的原因及侵蚀的类型，工程中可采取下列防止措施：

1. 根据环境介质的侵蚀特性，合理选择水泥品种

如选用水化产物中 $Ca(OH)_2$ 含量少的水泥，以降低氢氧化钙溶失对水泥石的危害；选用 C_3A 含量低的抗硫酸盐水泥，降低硫酸盐类的腐蚀作用。

2. 提高水泥石的密实度

合理选择水泥混凝土的配合比。改善骨料级配，提高施工质量，均可使水泥石的密实度提高，从而避免或减缓水泥石的侵蚀。

3. 设置保护层

可以在水泥混凝土表面敷设一层耐腐蚀性强且不透水的保护层，如玻璃、塑料或沥青、耐酸石料、耐酸陶瓷等，以杜绝或减少腐蚀介质渗入水泥石内部。

2.3　掺混合材料的硅酸盐水泥

2.3.1　混合材料

为了改善硅酸盐水泥的某些性能，同时达到增加产量和降低成本的目的，在硅酸盐水泥熟料中掺加适量的各种混合材料与石膏共同磨细的水硬性胶凝材料，称为掺混合材料水泥。

在生产水泥时，为了改善水泥性能、调节水泥强度等级，以及节约能耗、降低成本，而加到水泥中的人工或天然矿物材料称为混合材料。混合材料按其性能可分为活性混合材料和非活性混合材料两大类。

1. 活性混合材料

常温下与石灰、石膏或硅酸盐水泥一起，加水拌和后能发生水化反应，生成水硬性的水化产物的混合材料称为活性混合材料。常用的活性混合材料有粒化高炉矿渣、火山灰质混合材料及粉煤灰。

（1）粒化高炉矿渣。粒化高炉矿渣是高炉冶炼生铁所得以硅酸钙与铝酸钙为主要成分的熔融物，经淬冷成粒后的产品，矿渣的化学成分主要为 CaO、Al_2O_3、SiO_2，通常占总量的 90%以上，此外尚有少量的 MgO、FeO 和一些硫化物等。矿渣的活性，不仅取决于化学成分，而且在很大程度上取决于内部结构。矿渣熔体在淬冷成粒时，阻止了熔体向结

晶体结构转变，而形成玻璃体，因此具有潜在水硬性，即粒化高炉矿渣在有少量激发剂的情况下，其浆体具有水硬性。

（2）火山灰质混合材料。火山灰质混合材料是指具有火山灰性的天然或人工的矿物材料。其品种很多，天然的有火山灰、凝灰岩、浮石、浮石岩、沸石、硅藻土等；人工的有烧页岩、烧黏土、煤渣、煤矸石、硅灰等。火山灰质混合材料的活性成分也是活性 Al_2O_3 和活性 SiO_2。

（3）粉煤灰。粉煤灰是从燃煤发电厂的烟道气体中收集的粉末，又称飞灰。它以 Al_2O_3、SiO_2 为主要成分，含有少量 CaO，具有火山灰性，其活性主要取决于玻璃体的含量以及无定形 Al_2O_3 和 SiO_2 含量，同时颗粒形状及大小对其活性也有较大的影响，细小球形玻璃体含量越高，粉煤灰的活性越高。

2. 非活性混合材料

凡常温下与石灰、石膏或硅酸盐水泥一起，加水拌和后不能发生水化反应或反应甚微，不能生成水硬性产物的混合材料称为非活性混合材料。常用的非活性混合材料主要有石灰石、石英砂及慢冷矿渣等。

2.3.2　活性混合材料的水化

磨细的活性混合材料与水调和后，本身不会硬化或硬化极其缓慢；但在饱和 $Ca(OH)_2$ 溶液中，常温下就会发生显著的水化反应。生成的水化硅酸钙和水化铝酸钙是具有水硬性的产物，与硅酸盐水泥中的水化产物相同。当有石膏存在时，水化铝酸钙还可以和石膏进一步反应生成水化硫铝酸钙。由此可见，是氢氧化钙和石膏激发了混合材料的活性，故称其为活性混合材料的激发剂，氢氧化钙称为碱性激发剂，石膏称为硫酸盐激发剂。

掺活性混合材料的硅酸盐水泥与水拌和后，首先是水泥熟料水化，之后是水泥熟料的水化产物 $Ca(OH)_2$ 与活性混合材料中的活性 SiO_2 和活性 Al_2O_3 发生水化反应（亦称二次反应）生成水化产物。由此过程可知，掺活性混合材料的硅酸盐系水泥的水化速度较慢，故早期强度较低，而由于水泥中熟料含量相对减少，故水化热较低。

2.3.3　普通硅酸盐水泥

GB 175—2007 规定：凡由硅酸盐水泥熟料再加入 5%～20%的混合材料及适量石膏经磨细制成的水硬性胶凝材料称为普通硅酸盐水泥（简称普通水泥）。其中允许用不超过水泥质量 5%且符合标准的窑灰或不超过水泥质量 8%非活性混合材料来代替。普通硅酸盐水泥各强度等级、各龄期强度值见表 2.7。

表 2.7　普通硅酸盐水泥各强度等级、各龄期强度值（GB 175—2007）

强度等级	抗压强度（MPa）		抗折强度（MPa）	
	3d	28d	3d	28d
42.5	17.0	42.5	3.5	6.5
42.5R	22.0	42.5	4.0	6.5
52.5	23.0	52.5	4.0	7.0
52.5R	27.0	52.5	5.0	7.0

由上述定义可知，普通硅酸盐水泥与硅酸盐水泥的差别仅在于其中含有少量混合材料，而绝大部分仍是硅酸盐水泥熟料，故其特性与硅酸盐水泥基本相同；但由于掺入少量混合材料，因此与同标号硅酸盐水泥相比，普通硅酸盐水泥早期硬化速度稍慢、3d 强度稍低、抗冻性稍差、水化热稍小、耐蚀性稍好。普通硅酸盐水泥对细度的要求为 80μm 方孔筛筛余不得超过 10%或 45μm 方孔筛筛余不大于 30%，终凝时间不得迟于 10h，其余技术性质要求同硅酸盐水泥。

2.3.4 矿渣硅酸盐水泥、火山灰质硅酸盐水泥、粉煤灰硅酸盐水泥

2.3.4.1 定义、代号

GB 175—2007 规定：凡由硅酸盐水泥熟料和粒化高炉矿渣、适量石膏磨细制成的水硬性胶凝材料称为矿渣硅酸盐水泥（简称矿渣水泥），代号 P·S。水泥中粒化高炉矿渣掺加量按质量百分比计为 20%～70%。A 型矿渣掺加量为 20%～50%，代号 P·S·A；B 型矿渣掺加量为 50%～70%，代号 P·S·B。

GB 175—2007 规定：凡由硅酸盐水泥熟料和火山灰质混合材料、适量石膏磨细制成的水硬性胶凝材料称为火山灰质硅酸盐水泥（简称火山灰水泥），代号 P·P。火山灰质硅酸盐水泥中火山灰质混合材料掺量为 20%～40%。

凡由硅酸盐水泥熟料和粉煤灰、适量石膏磨细制成的水硬性胶凝材料称为粉煤灰硅酸盐水泥（简称粉煤灰水泥），代号 P·F。水泥中粉煤灰掺加量按质量百分比计为 20%～40%。

2.3.4.2 技术要求

（1）氧化镁。熟料中氧化镁的含量不超过 5.0%，如果水泥经压蒸安定性试验合格，则熟料中氧化镁的含量允许放宽到 6.0%。熟料中氧化镁的含量为 5.0%～6.0%时，如矿渣水泥中混合材料总掺加量大于 40%或火山灰水泥和粉煤灰水泥中混合材料总掺加量大于 30%，制成的水泥可不做压蒸试验。

（2）三氧化硫。矿渣水泥中不得超过 4.0%；火山灰水泥、粉煤灰水泥中不得超过 3.5%。

（3）细度。80μm 方孔筛筛余不得超过 10.0%或 45μm 方孔筛筛余不大于 30%。

（4）凝结时间。初凝不得早于 45min，终凝不得迟于 10h。

（5）安定性。用沸煮法检验必须合格。

（6）强度。水泥强度等级按规定龄期的抗压强度和抗折强度划分，三种水泥各强度等级、各龄期强度不得低于表 2.8 中数值。

（7）碱。水泥中碱含量按（$NaO+0.658K_2O$）计算值来表示，若使用活性集料，用户要求需提供低碱水泥时，水泥中的碱含量应不大于 0.60%或由双方协商确定。

表 2.8　矿渣、火山灰和粉煤灰水泥各强度等级、各龄期强度值

强度等级	抗压强度（MPa）		抗折强度（MPa）		强度等级	抗压强度（MPa）		抗折强度（MPa）	
	3d	28d	3d	28d		3d	28d	3d	28d
32.5	10	32.5	2.5	5.5	42.5R	19.0	42.5	4.0	6.5
32.5R	15.0	32.5	3.5	5.5	52.5	21.0	52.5	4.0	7.0
42.5	15.0	42.5	3.5	6.5	52.5R	23.0	52.5	4.5	7.0

2.3.4.3 特性与应用

从P·S（P·S·A、P·S·B）、P·P、P·F这三种水泥的组成可以看出，它们的区别仅在于掺加的活性混合材料的不同，而由于三种活性混合材料的化学组成和化学活性基本相同，其水泥的水化产物及凝结硬化速度相近，因此这三种水泥的大多数性质和应用相同或相近，即这三种水泥在许多情况下可替代使用。同时，又由于这三种活性混合材料的物理性质和表面特征及水化活性等差异，使得这三种水泥分别具有某些特性。总之，这三种水泥与硅酸盐水泥或普通硅酸盐水泥相比，具有以下特点：

1. 三种水泥的共性

（1）早期强度低、后期强度发展高。其原因是这三种水泥的熟料含量少且二次水化反应（即活性混合材料的水化）慢，故早期（3d、7d）强度低。后期由于二次水化反应的不断进行和水泥熟料的不断水化，水化产物不断增多，强度可赶上或超过同强度等级的硅酸盐水泥或普通硅酸盐水泥。活性混合材料的掺量越多，早期强度越低，但后期强度增长越多。三种水泥不适合用于早期强度要求高的混凝土工程，如冬季施工现浇工程等。

（2）对温度敏感，适合高温养护。这三种水泥在低温下水化明显减慢，强度较低。采用高温养护可大大加速活性混合材料的水化，并可加速熟料的水化，故可大大提高早期强度，且不影响常温下后期强度的发展。

（3）耐腐蚀性好。这三种水泥的熟料数量相对较少，水化硬化后水泥石中的氢氧化钙和水化铝酸钙的数量少，且活性混合材料的二次水化反应使水泥石中氢氧化钙的数量进一步降低，因此耐腐蚀性好，适合用于有硫酸盐、镁盐、软水等侵蚀作用的环境，如水工、海港、码头等混凝土工程。但当侵蚀介质的浓度较高或耐腐蚀性要求高时，仍不宜使用。

（4）水化热小。三种水泥中的熟料含量少，因而水化放热量少，尤其是早期放热速度慢，放热量少，适合用于大体积混凝土工程。

（5）抗冻性较差。矿渣和粉煤灰易泌水形成连通孔隙，火山灰一般需水量较大，会增加内部的孔隙含量，故这三种水泥的抗冻性均较差。

（6）抗碳化性较差。由于这三种水泥在水化硬化后，水泥石中的氢氧化钙数量少，故抵抗碳化的能力差。因而不适合用于二氧化碳浓度含量高的工业厂房，如铸造、翻砂车间等。

2. 三种水泥的特性

（1）矿渣硅酸盐水泥。由于粒化高炉矿渣玻璃体对水的吸附能力差，即对水分的保持能力差（保水性差），与水拌和时易产生泌水造成较多的连通孔隙，因此，矿渣硅酸盐水泥的抗渗性差，且干缩较大。矿渣本身耐热性好，且矿渣硅酸盐水泥水化后氢氧化钙的含量少，故矿渣硅酸盐水泥的耐热性较好。矿渣硅酸盐水泥适合用于有耐热要求的混凝土工程，不适合用于有抗渗要求的混凝土工程。

（2）火山灰质硅酸盐水泥。火山灰质混合材料内部含有大量的微细孔隙，故火山灰质硅酸盐水泥的保水性高；火山灰质硅酸盐水泥水化后形成较多的水化硅酸钙凝胶，使水泥石结构致密，因而其抗渗性较好；火山灰质硅酸盐水泥的干缩大，水泥石易产生微细裂纹，且空气中的二氧化碳能使水化硅酸钙凝胶分解成为碳酸钙和氧化硅的混合物，使水泥石的表面产生起粉现象；火山灰质硅酸盐水泥的耐磨性也较差。火山灰质硅酸盐水泥适合用于有抗渗性要求的混凝土工程，不宜用于干燥环境中的地上混凝土工程，也不宜用于有耐磨性要求的混凝土工程。

(3) 粉煤灰硅酸盐水泥。粉煤灰是表面致密的球形颗粒，其吸附水的能力较差，即保水性差、泌水性大，其在施工阶段易使制品表面因大量泌水产生收缩裂纹（又称失水裂纹），因而粉煤灰硅酸盐水泥抗渗性差；粉煤灰硅酸盐水泥的干缩较小，这是因为粉煤灰的比表面积小，拌和需水量小；粉煤灰硅酸盐水泥的耐磨性也较差。粉煤灰硅酸盐水泥适合用于承载较晚的混凝土工程，不宜用于有抗渗性要求的混凝土工程，且不宜用于干燥环境中的混凝土工程及有耐磨性要求的混凝土工程。

前面所述的硅酸盐水泥、普通硅酸盐水泥、矿渣硅酸盐水泥、火山灰质硅酸盐水泥、粉煤灰硅酸盐水泥及复合硅酸盐水泥是我国广泛使用的六大通用水泥，其组成、性质及适用范围见表 2.9。

表 2.9　　六大通用水泥的组成、性质及适用范围

<table>
<tr><th>项目</th><th>硅酸盐水泥（P・Ⅰ、P・Ⅱ）</th><th>普通硅酸盐水泥（P・O）</th><th>矿渣硅酸盐水泥（P・S）（P.S.A、P.S.B）</th><th>火山灰质硅酸盐水泥（P・P）</th><th>粉煤灰硅酸盐水泥（P・F）</th><th>复合硅酸盐水泥（P・C）</th></tr>
<tr><td rowspan="2">组成</td><td colspan="6">硅酸盐水泥熟料、适量石膏</td></tr>
<tr><td>无或很少（0～5%）的混合材料</td><td>少量（5%～20%）的混合材料</td><td>20%～70%的粒化高炉矿渣（其中A型20%～40%，B型50%～70%）</td><td>20%～40%的火山灰质</td><td>20%～40%的粉煤灰</td><td>20%～50%的两种或两种以上的混合材料</td></tr>
<tr><td rowspan="3">性质</td><td rowspan="3">早期、后期强度高，耐腐蚀性差，水化热大，抗碳化性好，抗冻性好，耐磨性好，耐热性差</td><td rowspan="3">早期强度稍低，后期强度高，耐腐蚀性稍差，水化热略小，抗碳化性好，抗冻性好，耐磨性好</td><td colspan="3">早期强度低、后期强度高</td><td>早期强度较高</td></tr>
<tr><td colspan="4">对温度敏感，适合高温养护；耐腐蚀性好；水化热小；抗冻性较差；抗碳化性较差</td></tr>
<tr><td>泌水性大、抗渗性差、耐热性较好、干缩较大</td><td>保水性好、抗渗性好、耐磨性较差、干缩较大</td><td>泌水性大、抗渗性差、耐磨性较差、干缩小、抗裂性好</td><td>干缩较大</td></tr>
<tr><td rowspan="2">优先应用条件</td><td colspan="2">早期强度要求高的混凝土，有耐磨要求的、严寒地区反复遭受冻融循环的混凝土，抗碳化性要求较高的混凝土</td><td colspan="4">水下混凝土、海港混凝土、大体积混凝土、耐腐蚀性要求较高的混凝土、高温下养护的混凝土</td></tr>
<tr><td>高强混凝土</td><td>有抗渗要求的混凝土、受干湿交替的混凝土</td><td>有耐热要求的混凝土</td><td>有抗渗要求的混凝土</td><td>受载较晚的混凝土</td><td></td></tr>
<tr><td rowspan="4">不宜使用条件</td><td colspan="2" rowspan="2">大体积混凝土、耐腐蚀性要求高的混凝土</td><td colspan="4">早期要求高的混凝土</td></tr>
<tr><td colspan="4">抗冻性要求高的混凝土、低温或冬季施工混凝土、抗碳化要求高的混凝土</td></tr>
<tr><td rowspan="2">耐热混凝土、高温养护混凝土</td><td rowspan="2"></td><td rowspan="2">抗渗性要求高的混凝土</td><td colspan="2">干燥环境中的混凝土、有耐磨要求的混凝土</td><td rowspan="2"></td></tr>
<tr><td></td><td>有抗渗要求的混凝土</td></tr>
</table>

2.4　其他品种水泥

2.4.1　道路硅酸盐水泥

道路硅酸盐水泥是由道路硅酸盐水泥熟料、0～10％活性混合材料和适量石膏，经磨细制成的水硬性胶凝材料，简称道路水泥。道路硅酸盐水泥熟料中铝酸三钙的含量不得大于 5.0％，铁铝酸四钙的含量不得小于 16.0％。道路硅酸盐水泥分为 42.5、52.5、62.5 三个强度等级，各龄期强度均不得低于表 2.10 的规定。

表 2.10　　道路硅酸盐水泥强度要求

强　度　等　级	抗压强度（MPa）		抗折强度（MPa）	
	3d	28d	3d	28d
42.5	22.0	42.5	4.0	7.0
52.5	27.0	52.5	5.0	7.5
62.5	32.0	62.5	5.5	8.5

道路硅酸盐水泥是一种专用水泥，早期强度高，尤其是抗折强度高，耐磨性好，干缩性小，抗冲击性、抗冻性和抗硫酸盐侵蚀能力均较好。在道路路面、飞机场跑道面、车站及城市广场等工程中使用道路硅酸盐水泥，可减少水泥混凝土路面的裂缝和磨耗等危害，延长路面的使用年限，获得显著的经济效益和社会效益。

2.4.2　砌筑水泥

以活性混合材料或具有水硬性的工业废料为主要原料，加以适量硅酸盐水泥熟料和石膏，经磨细制成的水硬性胶凝材料，称为砌筑水泥。由于强度较低，主要用于工业与民用建筑的砌筑砂浆和抹面砂浆，不应用于结构混凝土。

根据 GB/T 3183—2003《砌筑水泥》的规定：初凝不早于 60min，终凝不迟于 12h，三氧化硫含量不大于 4.0％，80μm 方孔筛筛余量不大于 10％，砌筑水泥分为 12.5、22.5 两个强度等级，其 7d 抗压强度分别不低于 7.0MPa、10.0MPa，28d 抗压强度分别不低于 12.5MPa、22.5MPa。

2.4.3　快硬硅酸盐水泥

快硬硅酸盐水泥是以硅酸钙为主要成分的水泥熟料，加入适量石膏，经磨细制成的具有早期强度增进率较快的水硬性胶凝材料，简称快硬水泥。

快硬硅酸盐水泥中的主要矿物成分为硅酸三钙和铝酸三钙。前者含量为 50％～60％，后者为 8％～14％，两者之和应不少于 60％，可适量增加石膏的掺量（8％）。该水泥有硬化较快、早期强度较高、抗冻性和抗渗性好等特点，可配制成早强、高强混凝土，低温条件下高强度的预制钢筋混凝土构件，以及用于紧急抢修工程、冬季施工工程等。缺点是水化热大，不得用于大体积工程；干缩率较大，易受潮变质，储存期超过一个月应重新检验。

快硬硅酸盐水泥的初凝不得早于 45min，终凝不得迟于 600min，安定性用沸煮法检验必须合格。其3d抗压强度可达到强度等级，后期强度仍有一定增长，强度等级以3d抗压强度表示，分为32.5、37.5、42.5三个等级，各龄期的强度均不得低于表2.11的规定。

表2.11 快硬硅酸盐水泥的强度要求

强度等级	抗压强度（MPa）			抗折强度（MPa）		
	1d	3d	28d	1d	3d	28d
32.5	15.0	32.5	52.5	3.5	5.0	7.2
37.5	17.0	37.5	57.5	4.0	6.0	7.6
42.5	19.0	42.5	62.5	4.5	6.4	8.0

2.4.4 膨胀水泥

膨胀水泥是硬化过程中不产生干缩而具有一定膨胀性能的水泥，由胶凝物质和膨胀剂制成，膨胀剂使水泥在水化过程中形成膨胀性物质，如水化硫铝酸钙。由于这一过程是在水泥硬化初期进行的，所以不至于引发破坏和有害内应力，而仅使硬化的水泥体积膨胀。

膨胀水泥的品种很多，如硅酸盐膨胀水泥、石膏矿渣膨胀水泥、石膏矾土膨胀水泥、明矾石膨胀水泥、快凝膨胀水泥等。

在道桥工程中，膨胀水泥常用于道路路面、飞机场跑道面或桥梁结构中修补混凝土。此外，在越江隧道或山区隧道用于配制防水混凝土以及构件中的接缝、堵漏等。

按膨胀值的大小，膨胀水泥可分为补偿收缩水泥和自应力水泥两大类。补偿收缩水泥膨胀值较小，膨胀时所产生的应压力大致能抵消干缩所引起的拉应力，可防止混凝土产生干缩裂缝；自应力水泥膨胀值较大，用于钢筋混凝土中，由于它的膨胀性受到钢筋限制，而在混凝土中产生较大压应力，这种压应力是水泥自身膨胀引起的，如硅酸盐自应力水泥、铝酸盐自应力水泥等。

2.4.5 抗硫酸盐硅酸盐水泥

抗硫酸盐硅酸盐水泥是在以硅酸钙为主要矿物成分的水泥熟料中，加入适量石膏磨细制成的具有一定抗硫酸盐侵蚀性能的水硬性胶凝材料，简称抗硫酸盐水泥。这种水泥主要是限制硅酸三钙及铝酸三钙的含量，要求熟料中硅酸三钙含量小于50%，铝酸三钙含量小于5%。

抗硫酸盐硅酸盐水泥除了抗硫酸盐侵蚀的能力很强外，还具有抗冻性好和水化热小的特点。适用于受硫酸盐侵蚀、冻融和干温作用的海港工程，道桥和桥涵基础、水利、地下、隧道、引水工程等。

2.4.6 中热硅酸盐水泥及低热矿渣硅酸盐水泥

中热硅酸盐水泥是以适当成分的硅酸盐水泥熟料，加入适量石膏磨细制成的具有中等水化热的水硬性胶凝材料，简称中热水泥。

低热矿渣硅酸盐水泥是以适当成分的硅酸盐水泥熟料，加入粒化高炉矿渣、适量石膏磨细制成的具有低水化热的水硬性胶凝材料，简称低热矿渣水泥。

这两种水泥通过限制水泥熟料中水化热大的铝酸三钙与硅酸三钙的含量，降低水化热。中热硅酸盐水泥熟料中铝酸三钙的含量不得超过 6%，硅酸三钙的含量不得超过 55%，低热矿渣硅酸盐水泥铝酸三钙的含量不得超过 8%。

中热硅酸盐水泥和低热矿渣硅酸盐水泥主要适用于要求水化热较低的大坝和大体积混凝土工程。

2.5　无机结合料稳定材料

2.5.1　概述

无机结合料稳定材料是指在粉碎的或原来松散的土（包括各种粗、中、细粒土）中，掺入适量的石灰、水泥、工业废渣、沥青及其他材料后，经拌和、压实及养生后，得到的具有较高的后期强度、整体性和水稳定性较好的一种材料。

2.5.1.1　无机结合料稳定材料的特点

无机结合料稳定材料主要用于公路路面的基层与底基层，其主要优点在于：

（1）具有良好的力学性能。由于结合料（石灰、水泥等）的掺入，无机结合料稳定材料强度随龄期不断增长，后期的整体强度较高，且结构本身自成板块。其在外力作用下变形小，故又称为半刚性基层材料。

（2）具有良好的水稳定性和抗冻性。当然，无机结合料稳定材料也存在一些明显的不足之处，它最大的缺点就是干缩或低温收缩容易产生裂缝，这种裂缝会反射到道路的表面；另外，其耐磨性差，不适宜作为路面的面层。

2.5.1.2　无机结合料稳定材料的分类

1. 土的分类

土的矿物成分对稳定土性质具有重要影响。试验表明，除有机质或硫酸盐含量高的土以外，各类砂砾土、砂土、粉土和黏土均可用无机结合料稳定。我国现行规范按照土颗粒的粒径大小和组成，将无机结合料稳定土分为下列三种：

（1）细粒土。细粒土是指颗粒的最大粒径不大于 4.75mm，公称最大粒径不大于 2.36mm 的土，包括各种黏质土、粉质土、砂和石屑等。

（2）中粒土。中粒土是指颗粒的最大粒径不大于 26.5mm，公称最大粒径大于 2.36mm 且不大于 19mm 的土或集料，包括砂砾土、碎石土、级配砂砾、级配碎石等。

（3）粗粒土。粗粒土是指颗粒的最大粒径不大于 53mm，公称最大粒径大于 19mm 且不大于 37.5mm 的土或集料，包括砂砾土、碎石土、级配砂砾、级配碎石等。

2. 无机结合料的分类

（1）石灰稳定土。在粉碎的或原来松散的材料（包括各种粗、中、细粒土）中，掺入足量的石灰和水，经拌和得到的混合料，在压实和养生后，当其抗压强度符合规定的要求时，称为石灰稳定土材料。

用石灰稳定细粒土得到的强度符合要求的混合料，称为石灰土。

用石灰稳定中粒土和粗粒土得到的强度符合要求的混合料，视所用原材料而定，原材料为天然砂砾土或级配砂砾时，称为石灰砂砾土；原材料为碎石土或级配碎石时，称为石灰碎石土。

(2) 水泥稳定土。在经过粉碎的或原来松散的材料中，掺入足量的水泥和水，经拌和得到的混合料，在压实和养生后，当其抗压强度符合规定的要求时，称为水泥稳定材料。

用水泥稳定细粒土得到的强度符合要求的混合料，视所用的土类而定，可简称为水泥土、水泥砂或水泥石屑等。

用水泥稳定中粒土和粗粒土得到的强度符合要求的混合料，视所用原材料而定，可简称为水泥碎石、水泥砂砾等。

(3) 综合稳定土。两种或两种以上无机结合料稳定的强度符合要求的混合料，简称为综合稳定土。

(4) 石灰工业废渣稳定土。一定数量的石灰和粉煤灰或石灰和煤渣与其他集料相配合，加入适量的水（通常为最佳含水率），经拌和、压实及养生后得到的混合料，当其抗压强度符合规定的要求时，称为石灰工业废渣稳定土，简称为石灰工业废渣。石灰工业废渣可分为两大类：①石灰粉煤灰类，如二灰土、二灰碎石、二灰砂砾等；②石灰其他废渣类。

2.5.2 无机结合料稳定材料的组成

2.5.2.1 基本材料——土

1. *石灰稳定土*

根据JTJ 034—2000《公路路面基层施工技术规范》规定：塑性指数为15～20的黏性土以及含有一定数量黏性土的中粒土和粗粒土均适宜于用石灰稳定，对塑性指数偏大的黏性土要加强粉碎，粉碎后土块的最大尺寸应不大于15mm。用石灰稳定无塑性指数的级配砂砾、级配碎石和未筛分碎石时，应添加15%左右的黏性土。

石灰稳定土中所用的土有机质含量应不超过10%，硫酸盐含量应不超过0.8%。

为保证石灰稳定土中集料有一定的抗压碎能力以及满足施工操作的要求，集料应满足表2.12的要求。

表2.12　石灰稳定土用集料的技术要求

公路等级		高速公路、一级公路		二级及二级以下公路	
结构层位		底基层	基层	底基层	基层
最大粒径（mm）	不大于	37.5	37.5	53	37.5
压碎值（%）	不大于	35	—	40	30/35*

* 30适用于二级公路，35适用于二级以下公路。

2. *水泥稳定土*

凡能被挤压粉碎的土都可用水泥稳定。级配碎石、未筛分碎石、砂砾、碎石土、砂砾土、煤矸石和各种粒状矿渣均适宜用水泥稳定。其主要要求如下：

水泥稳定土用作底基层时，土的均匀系数应大于5，细粒土的液限不应超过40%，塑性指数不应超过17。在实际工作中，宜选用均匀系数大于10、塑性指数小于12的土。塑性指数大于17的土，宜采用石灰稳定或用水泥和石灰综合稳定。

水泥稳定粒径较均匀的砂时，由于难以碾压密实，宜在砂中添加少量塑性指数小于10的黏性土或石灰土，也可添加部分粉煤灰。

水泥稳定土用集料（碎石、砾石等）的技术要求和颗粒组成应满足表2.13和表2.14的要求。

表2.13　　水泥稳定土用集料的技术要求

公路等级	高速公路、一级公路		二级及二级以下公路	
结构层位	底基层	基层	底基层	基层
最大粒径（mm）　不大于	37.5	31.5	53	37.5
压碎值（%）　不大于	30	30	40	35

表2.14　　水泥稳定土用集料的颗粒组成范围

道路等级	结构层位	通过下列筛孔（mm）的质量百分率（%）											
		53	37.5	31.5	26.5	19.0	9.5	4.75	2.36	1.18	0.6	0.075	0.002
二级及二级以下公路	底基层	100	—	—	—	—	—	50～100	—	—	17～100	0～50	0～30
	基层①	—	90～100	—	66～100	54～100	39～100	28～84	20～70	14～57	8～47	0～30	—
高速公路、一级公路	底基层	—	100	—	—	—	—	50～100	—	—	17～100	0～30	—
		—	100	90～100	—	67～90	45～68	29～50	18～38	—	8～22	0～7②	—
	基层	—	—	100	90～100	72～89	47～67	29～49	17～35	—	8～22	0～7②	—

① 用于基层的集料中不宜含有塑性指数的土。

② 集料中0.5mm以下细粒土有塑性指数时，小于0.075mm的颗粒含量不应超过5%；细粒土无塑性指数时，小于0.075mm的颗粒含量不应超过7%。

硫酸盐含量超过0.25%的土，不应用水泥稳定。有机质含量超过2%的土，必须先用石灰进行处理，闷料一夜后再用水泥稳定。

3. *石灰粉煤灰稳定土（二灰稳定土）*

石灰粉煤灰稳定土宜采用塑性指数为12～20的黏性土（亚黏土），土块的最大粒径不应大于15mm，有机质含量超过10%的土不宜选用。石灰粉煤灰稳定的中粒土和粗粒土不宜含有塑性指数的土，所用集料的技术要求见表2.15。

表2.15　　石灰粉煤灰稳定土用集料的技术要求

公路等级	高速公路、一级公路		二级及二级以下公路	
结构层位	底基层	基层	底基层	基层
最大粒径（mm）　不大于	37.5	31.5	53	37.5
压碎值（%）　不大于	35	30	40	35

石灰粉煤灰稳定土用于二级及二级以下公路基层时，碎石、砾石或其他粒状材料的质量宜占80%以上，并符合表2.16或表2.17的级配范围要求；用于高速公路和一级公路基层时，集料颗粒组成宜符合表2.16或表2.17中2号级配的范围要求，粒径小于0.075mm的颗粒含量宜接近零。

2.5.2.2　无机结合料

1. *石灰*

在土中掺加石灰可使土粒胶结成整体，密实性提高，水稳定性提高，强度提高。在石灰剂量不大的情况下，钙质石灰稳定土比镁质石灰稳定土的初期强度高。在石灰剂量较大时，镁质石灰稳定土的后期强度优于钙质石灰稳定土。

表 2.16　石灰粉煤灰级配砂砾中集料的颗粒组成范围

筛孔尺寸（mm） \ 编号	1	2
	通过百分率（%）	
37.5	100	
31.5	85～100	100
19.0	65～85	85～100
9.50	50～70	55～75
4.75	35～55	39～59
2.36	25～45	27～47
1.18	17～35	17～35
0.60	10～27	10～25
0.075	0～15	0～10

表 2.17　石灰粉煤灰级配碎石中集料的颗粒组成范围

筛孔尺寸（mm） \ 编号	1	2
	通过百分率（%）	
37.5	100	
31.5	90～100	100
19.0	72～90	85～98
9.50	48～68	52～70
4.75	30～50	30～50
2.36	18～38	18～38
1.18	10～27	10～27
0.60	6～20	6～20
0.075	0～7	0～7

石灰的技术指标应符合表 2.1～表 2.3 的规定，且应尽量缩短石灰的存放时间。石灰在野外堆放时间较长时，应覆盖防潮。在高速公路和一级公路中，宜采用磨细生石灰粉。

2. 水泥

水泥在稳定土中的作用是与水反应后能大大降低土的塑性，增加土的强度和水稳定性。

普通硅酸盐水泥、矿渣硅酸盐水泥和火山灰质硅酸盐水泥都可用于稳定土，但应选用初凝时间 3h 以上和终凝时间较长（宜在 6h 以上）的水泥。不应使用快硬水泥、早强水泥以及已受潮变质的水泥，宜采用强度等级为 32.5 或 42.5 的水泥。

3. 粉煤灰

粉煤灰加入土中既能起填充作用，与石灰反应的产物又起胶结作用，由此可达到改善稳定土强度、密实性和水稳定性的目的。

粉煤灰中要求 SiO_2、Al_2O_3 和 Fe_2O_3 的总含量应大于 70%，烧失量不应超过 20%，其比表面积宜大于 $2500cm^2/g$（或 90%通过 0.3mm 筛孔，70%通过 0.075mm 筛孔）。干粉煤灰和湿粉煤灰都可以应用，湿粉煤灰的含水率不宜超过 35%。

2.5.3 无机结合料稳定材料的技术性质

2.5.3.1 强度

1. 强度形成原理

在土中掺入适量的石灰或水泥，在最佳含水率下拌和均匀并压实，由于无机结合料与土发生的一系列物理、化学作用，无机结合料稳定材料逐渐形成较高的强度。石灰稳定土的强度形成主要通过离子交换作用、结晶作用、碳酸化作用以及火山灰反应等完成；水泥稳定土的强度形成则主要取决于水泥水化反应、离子交换作用和火山灰反应；石灰粉煤灰稳定土的强度形成原理与石灰稳定土基本相同，但其更多依赖于火山灰反应。

（1）离子交换作用。土颗粒表面一般都吸附着一定数量的低价阳离子（如 Na^+、K^+ 等），当土中加入石灰（或水泥）和水后，生成的 Ca^{2+} 将与土中的低价离子产生交换，从而减小土颗粒表面吸附水膜的厚度，土粒间更为接近，引力增强，使土粒凝聚而增强了黏聚力，且提高了土的水稳性。

（2）结晶作用。石灰（或水泥）掺入土中后，因水分较少，生成的 $Ca(OH)_2$ 会逐渐从饱和溶液中结晶析出，填充于孔隙中将土粒胶结成一个密实的整体，使强度和水稳性增强。

（3）碳酸化作用。碳酸化作用指土中石灰消解或水泥水化形成的 $Ca(OH)_2$ 与空气中的 CO_2 作用，生成 $CaCO_3$ 的过程。

（4）火山灰反应。火山灰反应指土中活性的 SiO_2 和 Al_2O_3，在 $Ca(OH)_2$ 激发下生成水化硅酸钙和水化铝酸钙的过程。火山灰反应形成的水化产物与结晶 $Ca(OH)_2$ 在土的团粒外形成一层稳定的保护膜，填充孔隙并使土粒间产生黏结，使土体强度提高，水稳性增强。

（5）硬凝反应。硬凝反应即水泥的水化反应。水泥水化后形成具有胶结能力的各种物质，在土的孔中相互交织搭接，将土粒包覆连接起来，使土逐渐失去原有的塑性，整体强度得以提高。这种作用对于水泥稳定粒料作用显著。

2. 影响无机结合料稳定材料强度的因素

（1）土质。对于石灰稳定土和石灰粉煤灰稳定土，可采用亚砂土、亚黏土、粉土类土和黏土类土。石灰土或石灰粉煤灰土的强度有随土的塑性指数增大而增大的趋势，但塑性指数过大的重黏土不易粉碎，易产生收缩裂缝，故规范规定：用于石灰稳定土的土，以塑性指数为 10～20 的黏性土较适宜，而不适宜使用塑性指数 10 以下的低塑性土。

对于水泥稳定土，可用各种砂砾、粉土和黏土，但含级配良好的粗、中颗粒的土比单纯细粒土的稳定效果要好。有机质和硫酸盐含量高的土，均不宜用于石灰稳定土和水泥稳定土。黏稠沥青不宜用于稳定黏性较大的土，液体沥青不宜稳定砂土。

（2）稳定剂品种及用量。当采用石灰作稳定剂时，必须测定石灰中有效氧化钙和氧化镁的含量，宜用技术等级Ⅲ级以上的石灰，以提高石灰稳定土的强度。

用水泥稳定土时，硅酸盐水泥要比铝酸盐水泥效果好，且不宜采用快硬或早强水泥。

水泥稳定土的强度随水泥剂量增加而增加；石灰稳定土的强度则不然，一般存在一个最佳石灰剂量值，超过或低于此值，石灰稳定土强度就会降低。

在石灰粉煤灰土中，粉煤灰的品质、用量将决定其强度，当粉煤灰中小于 0.045mm 颗粒中 SiO_2 及 SiO_2+RO（R 指 Ca^{2+} 或 Mg^{2+}）和 $SiO_2+Al_2O_3$ 含量、碱含量较多，烧失量又较低时，火山灰作用较强。另外，若石灰粉煤灰土中石灰与粉煤灰比例在 1∶2～1∶4 时，石灰粉煤灰土的强度较高。对于同样含量的粉煤灰，随稳定材料中细粒含量增加和塑性指数增大，石灰用量也随之增加。

沥青稳定剂也因沥青种类及用量对稳定效果产生明显影响。

（3）含水量。在一般情况下，在最佳含水量下压实的试件的强度高，因此实际施工中应尽可能达到最佳含水量，并注意控制养护中水分的蒸发，以保证某些稳定剂的水化。

(4) 密实度。密实度越大，材料有效受荷面积越大，强度越高，受水影响的可能性越小。密实度应通过选材和合适的施工工艺综合控制。

(5) 施工时间。施工时间长短的影响主要针对水泥稳定土而言，水泥稳定土从开始加水拌和到完全压实的时间要尽可能短，一般不超过6h，若碾压或湿拌的时间拖长，水泥就会产生部分结硬，影响水泥稳定土的压实度，导致水泥稳定土强度损失。

(6) 养生条件。稳定土的强度发展需要适当的温度和湿度，必须在潮湿的条件下养护，否则其强度将显著下降。同时，养护温度越高，强度增长越快。

2.5.3.2 缩裂

无机结合料稳定材料在温度和湿度变化时容易产生裂缝。当采用其做沥青路面的基层时，这些裂缝易于反射到面层，造成路面产生裂缝，进而严重影响沥青路面的使用性能。

1. 缩裂特性

(1) 干缩。随着无机结合料稳定土强度的不断形成，水分逐渐消耗以及蒸发，体积发生收缩，当收缩变形受到约束时，逐渐产生裂缝，称为干缩裂缝。影响因素主要有：

1) 土的类别及粒料含量。土中黏粒含量越多，稳定土的干缩越大；土的塑性越大，即塑性指数越大，干缩越大。对于含细粒土较多的无机结合料稳定土，常以干缩为主。而粒料增加，则可对干缩产生一定的抑制作用。

2) 结合料的种类及剂量。通常石灰稳定土比水泥稳定土容易产生干缩裂缝。对于稳定细粒土，三种稳定土的干缩性大小排列为：石灰土>水泥土和水泥石灰土>石灰粉煤灰土；对于稳定粒料类，干缩性大小排列为：石灰稳定类>水泥稳定类>石灰粉煤灰稳定类。

为减小收缩，在满足强度要求的情况下，宜尽可能选择较低剂量的无机结合料。

3) 养护条件。在养护初期，保证稳定土表面潮湿，使稳定土尽早成型，形成比较高的早期强度，可减轻其干缩裂缝。同时，随着龄期的增长，干缩也逐渐减小。

4) 含水率和密实度。稳定土制件时，含水率增加，其干缩应变也明显增大。密实程度越大，干缩应变则越小。

(2) 温缩。无机结合料稳定土具有热胀冷缩性，随着气温的降低，稳定土会冷却产生收缩，一旦变形受到约束，即逐渐形成裂缝，称为温缩裂缝。实践表明：

1) 石灰稳定土比水泥稳定土的温缩大。对于稳定细粒土，三种稳定土的干缩性大小排列为：石灰土>水泥土和水泥石灰土>石灰粉煤灰土；对于稳定粒料类，干缩性大小排列为：石灰稳定类>石灰粉煤灰稳定类>水泥稳定类。

2) 细粒土比粗粒土的温缩大。原材料中砂粒以上颗粒的温度收缩系数较小，黏土的稳定收缩系数较大，故细粒土比粗粒土的温缩大。当采用稳定粒料做基层时，为减少基层材料的收缩性和减轻基层裂缝，集料中也不宜含有塑性指数的土。

JTJ 034—2000《公路路面基层施工技术规范》规定，水泥土不得用作二级和二级以上高级路面的基层，其主要原因就是水泥土的干缩和温缩都明显大于水泥砂砾和水泥碎石，容易产生严重的收缩裂缝，此外还具有遇水表层易软化，抗冲刷能力差等缺点。石灰土、石灰粉煤灰土也同样如此。

3) 掺加一定数量的粉煤灰可以降低稳定土的温缩系数。

4）稳定土的温缩系数随温度的降低而增大。

2. 缩裂的防治措施

（1）改善土质。稳定土用土越黏，则缩裂越严重。所以，采用黏性较小的土，或在黏性土中掺加砂土、粉煤灰等，以降低土的塑性指数。

（2）控制压实时的含水率及压实度。稳定土因含水率过大产生的干缩裂缝显著，压实度小时产生的干缩比压实度大时严重，因此，稳定土压实时含水率比最佳含水率略小为好，并尽可能达到最佳压实效果。

（3）掺加粗粒料。掺入一定数量（掺入量60%～70%）的粗粒料，如砂、碎石、砾石等，使混合料满足最佳级配要求，可以提高其强度和稳定性，减少裂缝的产生，同时可以节约结合料和改善碾压时的拥挤现象。

（4）加强初期养护。无机结合料稳定土在成型初期干缩比较大，因此要重视初期养护，保证稳定土表面潮湿，严禁干晒。

（5）为防止稳定土基层的缩裂反射到沥青路面的面层，可采取以下措施：

1）设置沥青碎石或沥青灌入式联结层。

2）设置碎石上基层。采用优质级配碎石作为上基层，可有效地防止和减少半刚性基层收缩引起的反射裂缝。

2.5.3.3　抗疲劳性能

所谓疲劳是指在荷载反复作用下，材料的极限强度会随着作用次数的增加而降低的现象。材料从开始至出现疲劳破坏的荷载作用次数称为疲劳寿命。无机结合料稳定材料一般采用劈裂疲劳或小梁疲劳试验测定其抗疲劳性能。试验表明，石灰粉煤灰稳定材料的抗疲劳性能优于水泥砂砾。

在一定的应力水平条件下，材料的疲劳寿命取决于材料的强度和刚度，强度越大、刚度越小，疲劳寿命就越长。

2.5.3.4　水稳性和抗冻性

稳定类基层材料除具有适当的强度，能承受设计荷载以外，还应具备一定的水稳性和抗冻性，否则，稳定类基层由于面层开裂、渗水或者两侧路肩渗水将使稳定土含水率增加，强度降低，从而使路面过早破坏。在冰冻地区，冰冻将加剧这种破坏。评价材料的水稳性和抗冻性可用浸水强度和冻融循环试验。影响水稳性和抗冻性的主要因素如下：

（1）土类。细土含量多、塑性指数大的土，水稳性和抗冻性差。

（2）稳定剂种类和剂量。石灰粉煤灰粒料和水泥粒料的水稳性最好。当稳定剂剂量不足时，胶结作用弱，透水性大，强度达不到要求，其稳定性也差。

（3）密实度。密实度大时，透水能力降低，水稳性增强。

（4）龄期。由于某些稳定剂（如水泥、石灰或石灰粉煤灰）的强度形成需要一定的时间，因此这类稳定土的水稳性随龄期的增长而增长。

2.5.4　无机结合料稳定材料的组成设计

无机结合料稳定材料组成设计的主要目的是：根据强度指标和使用性能要求，确定稳定土中组成材料的比例；根据击实试验确定稳定土的最大干密度和最佳含水率，作为工地现场进行质量控制的参考数据。所配制的稳定土各项使用性能应能符合路面结构的设计要求，并能够准确地进行生产质量控制，易于摊铺与压实，比较经济。

2.5.4.1 设计标准

稳定土混合料组成设计目前依据的标准有强度和耐久性两个方面。

JTJ 034—2000 规定，各种无机结合料稳定材料的强度标准（按 7d 龄期）初步建议值见表 2.18。

表 2.18 **无机结合料稳定材料的抗压强度** 单位：MPa

公路等级		二级和二级以下公路	高速公路和一级公路
水泥稳定类材料	基层	2.5～3	3～5
	底基层	1.5～2.0	1.5～2.5
石灰稳定类材料	基层	≥0.8①	—
	底基层	0.5～0.7②	≥0.8
石灰粉煤灰稳定类材料	基层	0.6～0.8	0.8～1.1
	底基层	≥0.5	≥0.6

① 在低塑性土（塑性指数小于 7）地区，石灰稳定砂砾土和碎石土的 7d 浸水抗压强度应大于 0.35MPa（100g 平衡锥测液限测定）。

② 低限用于塑性指数小于 7 的黏性土，高限用于塑性指数大于 7 的黏性土。

关于耐久性标准，鉴于现行冻融试验方法所建立的条件与稳定层在路面结构中所能遇到的环境条件相比更为恶劣，因此《公路路面基层施工技术规范》规定：对石灰粉煤灰集料（或土）混合料进行组成设计时，仅采用一个设计标准，即无侧限抗压强度。

2.5.4.2 材料组成设计步骤

1. 原材料试验

原材料试验主要包括基础材料（各种土）和稳定剂性质试验。对于粗粒土和中粒土，应做筛分或压碎值试验，以检验材料的颗粒组成和颗粒强度。对于稳定剂，主要测定石灰的钙、镁含量和水泥的胶砂强度及凝结时间。

2. 拟定混合料配合比

初步拟定混合料配合比，按如下要求进行：

（1）选定不同的石灰（或水泥）剂量，制备同一种土样的混合料试件若干，规范建议的剂量见表 2.19 和表 2.20。

表 2.19 **初拟配合比时规范建议的水泥剂量** %

层位	土类	水泥稳定土
基层	中、粗粒土	3 4 5 6 7
	塑性指数小于 12 的细粒土	5 7 8 9 11
	其他细粒土	8 10 12 14 16
底基层	中、粗粒土	3 4 5 6 7
	塑性指数小于 12 的细粒土	4 5 6 7 9
	其他细粒土	6 8 9 10 12

表 2.20 初拟配合比时规范建议的石灰剂量 %

层位	土类	石灰稳定土
基层	砂砾土和碎石土	3 4 5 6 7
	塑性指数小于12的黏性土	10 12 13 14 16
	塑性指数大于12的黏性土	5 7 9 11 13
底基层	塑性指数小于12的黏性土	8 10 11 12 14
	塑性指数小于12的黏性土	5 7 8 9 11

对于石灰粉煤灰稳定土，采用石灰粉煤灰土做基层或底基层时，石灰与粉煤灰的比例常用1∶2～1∶4（对于粉土，以1∶2为宜），石灰粉煤灰与细粒土的比例可以是30∶70～10∶90；采用石灰粉煤灰集料做基层时，石灰与粉煤灰的比例常用1∶2～1∶4，石灰粉煤灰与级配集料（中粒土和粗粒土）的比例应是20∶80～15∶85。

（2）通过击实试验确定混合料的最佳含水量和最大干密度。至少要做3组不同石灰（或水泥）剂量混合料的击实试验（即最小、中间和最大剂量）。按工地预定达到的压实度，分别计算不同石灰（或水泥）剂量时试件应有的干密度。

（3）按最佳含水量和计算得到的干密度制备试件，进行强度试验时，作为平行试验的试件数应符合表2.21的规定。如试验结果的偏差系数大于表中规定的值，则应重做试验，并找出原因，加以解决。如不能降低偏差系数，则应增加试验数量。

表 2.21 最小的试验数量

稳定土类型	下列偏差系数时的试验数值（组）		
	<10%	10%～15%	15%～20%
细粒土	6		
中粒土	6	9	
粗粒土		9	13

3. 试件的强度试验

试件在规定温度下保温养生6d，浸水1d后，进行无侧限抗压强度试验，计算试验结果的平均值和偏差系数。

4. 选定石灰或水泥剂量

根据试验结果和表2.18的强度标准，选定合适的水泥或石灰剂量。此剂量试件的室内试验结果的平均抗压强度应符合：

$$\overline{R} \geqslant \frac{R_d}{1-Z_a C_v} \tag{2.1}$$

$$C_v = \frac{\sigma}{f} \tag{2.2}$$

上二式中 $\overline{R}$——平均抗压强度，MPa；

R_d——设计抗压强度，MPa；

C_v——试验结果的偏差系数（以小数计）；

Z_a——保证率系数，高速公路和一级公路应取保证率95%，此时$Z_a=1.645$，一般公路应取保证率90%，即$Z_a=1.282$。

工地实际采用的石灰（或水泥）剂量应比室内确定的剂量多0.5%～1.0%，石灰粉煤灰土应多2%～3%。

【例2-1】 设计某地高速公路路面底基层用石灰土的配合比。

解

（1）设计要求。石灰土的设计抗压强度为0.8MPa，工地要求压实度为95%。在组成材料中，石灰为磨细钙质生石灰粉；土为黏性土，塑性指数$I_p=14$。工地上采用集中厂拌法施工。

（2）设计计算。

1）确定石灰剂量范围。由黏性土塑性指数14查表2.20，选定石灰剂量范围为5%～11%。

2）测定石灰土的最佳含水率和最大干密度。选定石灰剂量5%、7%、8%、9%、11%分别进行石灰土的击实试验，测定石灰土的最佳含水率和最大干密度，试验结果见表2.22。

表2.22　　击实试验及强度检测结果

石灰剂量（%）	最佳含水率 ω_0（%）	最大干密度 γ_{max}（g/cm^3）	计算干密度 $\gamma_{i,max}$（g/cm^3）	抗压强度 $\overline{R}$（MPa）	偏差系数 C_v（%）	$\frac{R_d}{1-Z_aC_v}$	$\overline{R}\geqslant\frac{R_d}{1-Z_aC_v}$
(1)	(2)	(3)	(4)	(5)	(6)	(7)	(8)
5.0	15.8	1.87	1.78	0.78	6.8	0.90	否
7.0	16.3	1.85	1.76	0.88	6.9	0.90	否
8.0	16.8	1.84	1.75	0.92	6.5	0.90	是
9.0	17.2	1.82	1.73	1.10	7.3	0.91	是
11.0	17.9	1.80	1.71	0.98	6.7	0.90	是

3）强度检验。根据工程要求，工地预定压实度为95%，将95%乘以最大干密度，计算出不同石灰剂量下的石灰土试件的干密度，见表2.22第4列中的数据，按此干密度和最佳含水率制备试件。石灰土试件在标准条件下养生，进行7d无侧限抗压强度试验，每一组强度平均值列入表2.22第5列。

4）确定石灰的最佳剂量。从表2.22可知，满足$\overline{R}\geqslant0.90$的石灰最佳剂量为8%，既符合技术质量要求，又符合经济效益要求。根据施工条件，工地上实际采用的石灰剂量为8.5%。再根据表2.22中的数据内插，该石灰土的最大干密度为$1.839g/cm^3$，最佳含水率为17.0%。

复习思考题

1. 气硬性胶凝材料与水硬性胶凝材料有何区别？
2. 什么是欠火石灰和过火石灰？各有何特点？

3. 何谓有效氧化钙？简述测定石灰有效氧化钙和氧化镁的意义和方法要点。

4. 硅酸盐水泥熟料由哪几种矿物组成？

5. 水泥有哪些主要技术性质？

6. 制造硅酸盐水泥时为什么必须掺入适量的石膏？石膏掺得太少或过多时，将产生什么情况？

7. 什么是水泥的体积安定性？造成体积安定性不良的原因是什么？

8. 硅酸盐水泥的侵蚀有哪些类型？内因是什么？防止腐蚀的措施有哪些？

9. 什么是水泥的混合材料？在硅酸盐水泥中掺混合材料起什么作用？

10. 试分析硅酸盐水泥、普通水泥、矿渣水泥、火山灰水泥及粉煤灰水泥性质的异同点，并说明产生差异的原因。

11. 简述快硬硅酸盐水泥、膨胀水泥的特性和用途。

12. 道路水泥在矿物组成上有什么特点？在技术性质方面有什么特殊要求？

13. 如何防治无机结合料稳定材料的缩裂？

14. 何谓无机结合料稳定材料？它具有什么特点？

15. 对组成稳定土的材料有什么要求？

16. 稳定细粒土（如石灰土、水泥土和石灰粉煤灰土）为什么不宜用作高等级道路的基层？

17. 简述无机结合料稳定材料强度的形成原理，并分析影响强度的主要因素。

18. 如何提高无机结合料稳定材料的水稳性和抗冻性？

19. 简述水泥稳定土组成设计的基本步骤。

习　　题

一、判断题

1. 石灰、石膏、水玻璃都是水硬性胶凝材料。（　　）

2. 石灰的硬化只是碳化硬化的结果。（　　）

3. 水泥不仅能在空气中硬化，并且能在水中和地下硬化。（　　）

4. 在水泥中，石膏加入的量越多越好。（　　）

5. 硅酸盐水泥中含有氧化钙、氧化镁和过多的石膏都会造成水泥的体积安定性不良。（　　）

二、选择题

1. 石灰膏在储灰坑中陈伏的主要目的是（　　）。

A. 充分熟化　　B. 增加产浆量　　C. 减少收缩　　D. 降低发热量

2. 石灰是在（　　）中硬化的。

A. 干燥空气　　B. 水蒸气　　C. 水　　D. 与空气隔绝的环境

3. 水泥熟料中水化速度最快、水化热最大的是（　　）。

A. C_2S　　B. C_3S　　C. C_3A　　D. C_4AF

4. 国家标准规定，测水泥强度所用标准胶砂试件尺寸为（　　）。

A. 240mm×115mm×53mm　　B. 70.7mm×70.7mm×70.7mm

C. 150mm×150mm×150mm　　D. 40mm×40mm×160mm

5. 为了调节硅酸盐水泥的凝结时间，通常掺用的缓凝剂是（　　）。

A. 氧化钙　　B. 矿渣　　C. 石膏　　D. 硫酸钠

6. 大体积混凝土工程中，不宜选用（　　）。

A. 硅酸盐水泥　B. 火山灰水泥　C. 矿渣水泥　D. 粉煤灰水泥

7. 耐热混凝土工程中，应优选（　　）。

A. 硅酸盐水泥　B. 快硬水泥　C. 矿渣水泥　D. 普通水泥

8. 下面属于硅酸盐水泥特性的是（　　）。

A. 强度高，但发展慢　　B. 抗冻性强

C. 耐热性强　　D. 耐腐蚀性强

三、填空题

1. 国家标准规定：硅酸盐水泥的初凝时间不得早于________，终凝时间不得迟于________。

2. 硬化后的水泥石结构包括________、________、________。

3. 常用的活性混合材料的种类有________、________、________。

4. 按国家标准规定，粉煤灰硅酸盐水泥中的混合材料掺量应为________%。

5. 硅酸盐水泥的水化产物是：____________、____________、____________、____________、____________。

第3章 水泥混凝土与砂浆

学习目标： 掌握普通水泥混凝土的主要技术性能及其影响因素、配合比设计和质量评定方法；明确水泥混凝土的主要组成材料及其对混凝土性能的影响；了解混凝土外加剂、其他品种混凝土及建筑砂浆等内容。

水泥混凝土是道路与桥梁工程建设中应用最广泛、用量最大的建筑材料之一。随着现代高等级公路的发展，水泥混凝土与沥青混凝土一样，成为高等级路面的主要建筑材料。钢筋混凝土桥是现代公路桥梁中的一种主要桥型，广泛应用于高等级公路工程。

水泥混凝土是以水泥和水形成的水泥浆体为黏结介质，将矿质材料胶结成为具有一定力学性能的一种复合材料。

1. 水泥混凝土的分类

水泥混凝土可根据其组成、特性与功能等从不同角度进行分类。

（1）按表观密度的大小，水泥混凝土可分为：

1）普通混凝土。表观密度约为2400kg/m^3（通常在2350～2500kg/m^{3}波动），用天然（或人工）砂、石为集料配制而成的混凝土，是道路路面和桥梁结构中最常用的混凝土。

2）轻混凝土。表观密度可以轻达1900kg/m^3，现代大跨度钢筋混凝土桥梁为减轻结构自重，往往采用各种轻集料配制成轻集料结构混凝土，达到轻质高强，以增大桥梁的跨度。

3）重混凝土。表观密度可达3200kg/m^3，是用特别密实的集料（如钢屑、重晶石、铁矿石等）配制而成的，可用作防辐射材料。

（2）按抗压强度的大小，水泥混凝土可分为：

1）低强混凝土。抗压强度小于30MPa。

2）中强混凝土。抗压强度为30～60MPa。

3）高强混凝土。抗压强度大于60MPa。

此外，为改善水泥混凝土的性能，适应现代道路与桥梁工程的需要，还发展了不同功能的混凝土，如加气混凝土、防水混凝土、泵送混凝土、纤维加筋混凝土、补偿收缩混凝土、道路混凝土、水工混凝土等。

2. 普通水泥混凝土的优点

普通水泥混凝土的优点如下：

（1）混凝土在凝结前具有良好的塑性，可浇筑成各种形状和大小的构件或结构物。

（2）混凝土与钢筋之间具有牢固的结合力，可做成钢筋混凝土构件或结构物。

（3）混凝土硬化后具有抗压强度高和耐久性良好的特性，可作为长期使用的承重构件或结构物。

（4）其组成材料中的砂石等地方性材料的用量很大，符合就此取材和经济实惠的原则。

（5）配制较为灵活，可以通过改变材料的组成来满足工程的要求。

由于水泥混凝土具有以上的优点，因此它在道路、桥梁、隧道工程中能得到广泛的应用。

3. 普通水泥混凝土的缺点

普通水泥混凝土也存在缺点，具体如下：

（1）混凝土抗拉强度太低，不宜作为受拉构件。

（2）混凝土抵抗变形的能力较差，易开裂发生脆性破坏。

（3）混凝土的自重及体积都太大，给施工和使用均带来较大的不便。

（4）混凝土干缩性强，生产工艺复杂而易产生质量波动，容易产生裂纹、缺棱、掉角、麻面、蜂窝、露筋等常见的质量通病。

3.1 普通水泥混凝土

3.1.1 普通水泥混凝土的组成材料

普通水泥混凝土（简称混凝土）由水泥、水、砂、石组成，其技术性质很大程度上是由原材料的性质及其含量决定的，要得到优质的混凝土，应正确地选用原材料。

3.1.1.1 水泥

水泥是混凝土的胶结材料，混凝土的性能很大程度上取决于水泥的质量，在选择水泥时应对水泥的品种和强度等级加以正确的选择。

1. 水泥品种的选择

配制混凝土用水泥通常可采用前面所述的六大品种水泥，在特殊情况下可采用特种水泥。常用六大品种水泥应依据工程特点、混凝土所处的环境与气候条件、工程部位以及水泥的供应情况等综合考虑。具体选择时可参照表3.1。

表3.1 常用水泥品种的选用

混凝土工程特点或所处环境条件		优先使用	可以使用	不可使用
普通混凝土	普通气候条件下的混凝土	硅酸盐水泥 普通水泥		
	干燥环境中的混凝土	硅酸盐水泥 普通水泥	矿渣水泥	火山灰水泥 粉煤灰水泥
	在高湿度环境中或长期处于水下的混凝土	矿渣水泥	普通水泥 火山灰水泥 粉煤灰水泥	
	厚大体积混凝土	矿渣水泥 火山灰水泥 粉煤灰水泥	硅酸盐水泥 普通水泥	

续表

混凝土工程特点或所处环境条件		优先使用	可以使用	不可使用
有特殊要求的混凝土	快硬高强（≥C30）的混凝土	硅酸盐水泥 快硬硅酸盐水泥	高强度等级水泥	矿渣水泥
	大于等于C50的混凝土	高强度等级水泥	硅酸盐水泥 普通水泥 快硬硅酸盐水泥	火山灰水泥 粉煤灰水泥
	严寒地区的露天混凝土，严寒地区处于水位升降范围内的混凝土	普通水泥（强度等级不小于32.5） 硅酸盐水泥	矿渣水泥（强度等级不小于32.5）	火山灰水泥 粉煤灰水泥
	有耐磨要求的混凝土	普通水泥（强度等级不小于32.5）	矿渣水泥（强度等级不小于32.5）	火山灰水泥 粉煤灰水泥
	有抗渗要求的混凝土	普通水泥 火山灰水泥	硅酸盐水泥 粉煤灰水泥	矿渣水泥
	处于侵蚀性环境中的混凝土	根据侵蚀性介质的种类、浓度等具体条件按专门的规定选用		

2. 强度等级的选择

应根据混凝土的强度等级要求来确定，使水泥的强度等级与混凝土的强度等级相适应，即高强度等级的混凝土应选用高强度等级的水泥，低强度等级的混凝土应选用低强度等级的水泥。经验表明，一般水泥的强度等级应为混凝土强度等级的1.0～1.5倍。

3.1.1.2 细集料

混凝土中粒径范围为0.15～4.75mm的集料为细集料。一般采用天然砂（如河沙、海砂及山砂等），它们是岩石风化所形成的大小不等、由不同矿物散粒组成的混合物。配制混凝土所用细集料的质量应满足以下几个方面的要求。

1. 颗粒级配与细度模数

砂子的颗粒级配是指粒径大小不同的砂子颗粒相互组合搭配的比例情况。级配良好的砂应该是粗大颗粒间形成的空隙被中等粒径的砂粒所填充，而中等粒径的砂粒间形成的空隙又被比较细小的砂粒所填充，使砂子的空隙率尽可能的小。用级配良好的砂子配制混凝土，不仅可以减少水泥浆用量，而且因水泥石含量小而使得混凝土的密度得到提高，强度和耐久性也得以加强。

细度模数用来反映砂的粗细程度，砂按其细度模数分为：粗砂（M_x=3.7～3.1）、中砂（M_x=3.0～2.3）和细砂（M_x=2.2～1.6）三级。混凝土用砂的级配范围根据GB/T 14684—2011《建设用砂》规定，细度模数为3.7～1.6的砂，按0.6mm筛孔的累计筛余百分率划分为三个级配区，级配范围见表3.2和图3.1。

混凝土用砂的Ⅰ区砂属粗砂范畴，拌制混凝土时其内摩阻力较大、保水性差，适宜配制水泥用量多的富混凝土或低流动性混凝土；Ⅲ区砂的细颗粒较多，拌制混凝土的黏性较大、保水性好，但因其比表面积大，所消耗的水泥用量多，使用时宜适当降低砂率；Ⅱ区砂在配制不同强度等级混凝土时宜优先使用。

对要求耐磨的混凝土，粒径小于0.075mm颗粒不应超过3%，其他混凝土则不应超过 5%；当采用石屑作为细集料时，其限值分别为 5%和 7%。

表 3.2　　　　细集料级配范围

砂的分类	天然砂			机制砂		
级配区 累计筛余百分率（%） 筛孔尺寸（mm）	Ⅰ区	Ⅱ区	Ⅲ区	Ⅰ区	Ⅱ区	Ⅲ区
4.75	10～0	10～0	10～0	10～0	10～0	10～0
2.36	35～5	25～0	15～0	35～5	25～0	15～0
1.18	65～35	50～10	25～0	65～35	50～10	25～0
0.6	85～71	70～41	40～16	85～71	70～41	40～16
0.3	95～80	92～70	85～55	95～80	92～70	85～55
0.15	100～90	100～90	100～90	97～85	94～80	94～75

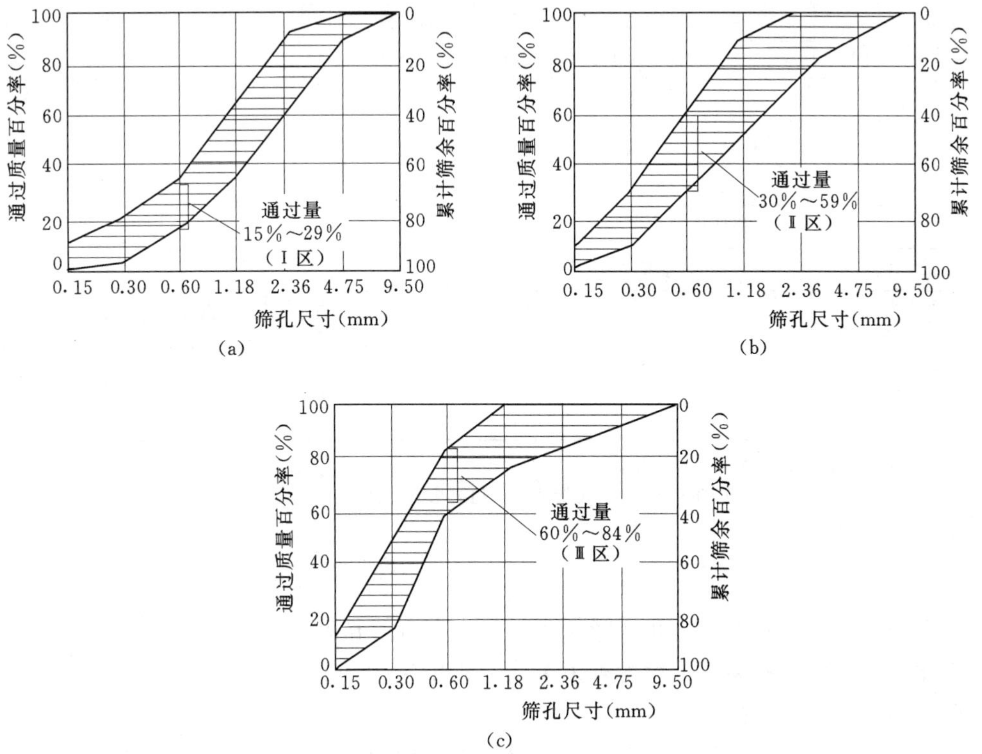

图 3.1　混凝土用砂级配范围曲线图

(a) Ⅰ区砂；(b) Ⅱ区砂；(c) Ⅲ区砂

细度模数只反映全部颗粒的粗细程度，不能反映颗粒的级配情况，因为细度模数相同而级配不同的砂所配制混凝土的性质不同。所以考虑砂的颗粒分布情况时，只有同时结合细度模数与颗粒级配两项指标，才能真正反映其全部性质。

2. 压碎值与坚固性

混凝土所用细集料应具备一定的强度和坚固性，不同强度等级的混凝土应选用不同技术等级的细集料。人工砂应进行压碎值测定，天然砂采用硫酸钠溶液进行坚固性试验，经5次循环后测其质量损失。

细集料的技术要求应符合 GB/T 14684—2011 的规定，具体见表 3.3。

表 3.3　　细集料技术要求

项目		技术要求		
		Ⅰ类	Ⅱ类	Ⅲ类
有害物质含量	云母含量（按质量计，%）	≤1.0	≤2.0	≤2.0
	轻物质含量（按质量计，%）	≤1.0	≤1.0	≤1.0
	有机质含量（比色法）	合格	合格	合格
	硫化物及硫酸盐（按 SO_3 质量计，%）	≤0.5	≤0.5	≤0.5
	氯化物含量（按氯离子质量计，%）	≤0.01	≤0.02	≤0.06
天然砂含泥量（按质量计，%）		≤1.0	≤3.0	≤5.0
天然砂、机制砂泥块含量（按质量计，%）		0	≤1.0	≤2.0
机制砂的石粉含量（按质量计，%）	*MB* 值不大于 1.4 或快速法试验合格	≤10.0	≤10.0	≤10.0
	MB 值大于 1.4 或快速法试验不合格	≤1.0	≤3.0	≤5.0
坚固性（质量损失，%）		≤8	≤8	≤10
机制砂单级最大压碎指标（%）		≤20	≤25	≤30
表观密度（kg/m^3）		≥2500		
松散堆积密度（kg/m^3）		≥1400		
空隙率（%）		≤44		
碱集料反应		经碱集料反应试验后，由砂配制的试件无裂缝、缩裂、胶体外溢等现象，在规定试验龄期的膨胀率应小于 0.10%		

注　Ⅰ类宜用于强度等级大于 C60 的混凝土。

Ⅱ类宜用于强度等级 C30～C60 及抗冻、抗渗或有其他要求的混凝土。

Ⅲ类宜用于强度等级小于 C30 的混凝土

3. 有害杂质

集料中会含有妨碍水泥水化或降低集料与水泥石的黏附性，以及能与水泥水化产物产生不良化学反应的各种物质，称为有害杂质。砂中常含的有害杂质，主要有云母、黏土、有机质、轻物质、硫酸盐等。

（1）含泥量、石粉含量和泥块含量。混凝土用砂的含泥量是指粒径小于 0.075mm 的尘屑、黏土与淤泥的总含量百分数；泥块含量是指粒径大于 1.18mm，经手压、水洗后可破碎的粒径小于 0.6mm 的颗粒含量。

（2）云母含量。云母呈薄片状，表面光滑，且极易沿节理裂开，因此它与水泥石的黏附性差，对混凝土拌和物的和易性和硬化后混凝土的抗冻性都有不利的影响。

（3）轻物质含量。砂中的轻物质是指相对密度小于 2.0 的颗粒（如煤和褐煤等）。

（4）有机质含量。天然砂中有时混杂有机物质（如动植物的腐殖质、腐殖土等），这类有机物质将延缓水泥的硬化过程，并降低混凝土的强度，特别是早期强度。

(5) 硬化物和硫酸盐含量。在天然砂中，常掺杂有硫铁矿（FeS）或石膏（$CaSO_4 \cdot 2H_2O$）的碎屑，如含量过多，将在已硬化的混凝土中与水化铝酸钙反应，体积膨胀，在混凝土内产生破坏作用。

3.1.1.3 粗集料

1. 强度

为了保证混凝土的强度，要求粗集料质地致密，具有足够的强度。粗集料的强度可用岩石立方体抗压强度或压碎指标来表示。

测定岩石立方体抗压强度时，应用母岩制成 50mm×50mm×50mm 的立方体（或直径与高度均为 50mm 的圆柱体）试件，在浸水饱和状态下（48h）测其极限抗压强度值。GB/T 14685—2011《建设用卵石、碎石》中水泥混凝土用粗集料技术要求规定其立方体抗压强度与混凝土抗压强度之比不小于 1.5，且要求岩浆岩的强度不宜低于 80MPa，变质岩的强度不宜低于 60MPa，沉积岩的强度不宜低于 30MPa。

压碎指标是测定粗集料抵抗压碎能力强弱的指标（压碎性试验参见道路建材试验部分）。压碎指标越小，粗集料抵抗受压破坏能力越强。根据 GB/T 14685—2011 规定，按照技术要求将粗集料分为Ⅰ级、Ⅱ级、Ⅲ级，具体要求见表 3.4。

表 3.4　粗集料技术要求

项目		技术要求 Ⅰ类	技术要求 Ⅱ类	技术要求 Ⅲ类
碎石压碎指标（%）		≤10	≤20	≤30
卵石压碎指标（%）		≤12	≤14	≤16
坚固性（质量损失）（%）		≤5	≤8	≤12
针、片状颗粒总含量（%）		≤5	≤10	≤15
有害物质含量	含泥量（%）	≤0.5	≤1.0	≤1.5
	泥块含量（%）	0	≤0.2	≤0.5
	有机物含量（比色法）	合格	合格	合格
	硫化物及硫酸盐含量（按 SO_3 质量计）（%）	≤0.5	≤1.0	≤1.0
吸水率（%）		≤1.0	≤2.0	≤2.0
空隙率（%）		≤43	≤45	≤47
表观密度（kg/m^3）		≥2600		
松散堆积密度（kg/m^3）		报告其实测值≥1400		
岩石抗压强度（水饱和状态，MPa）		火成岩应不小于 80；变质岩应不小于 60；水成岩应不小于 30		
碱集料反应		经碱集料反应试验后，试件无裂缝、缩裂、胶体外溢等现象，在规定试验龄期的膨胀率应小于 0.10%		

注　Ⅰ类宜用于强度等级大于 C60 的混凝土。

Ⅱ类宜用于强度等级 C30～C60 及抗冻、抗渗或有其他要求的混凝土。

Ⅲ类宜用于强度等级小于 C30 的混凝土。

2. 坚固性

集料的坚固性是指其在气候、环境变化或其他物理因素作用下抵抗破坏的能力。为保证混凝土的耐久性，混凝土用粗集料应具有很强的坚固性，以抵抗冻融和自然因素的风化作用。粗集料的坚固性测定是用硫酸钠溶液浸泡粗集料试样经5次循环后的质量损失来检验的，其坚固性指标按质量损失（GB/T 14685—2011）规定分为三类，见表3.4。

3. 最大粒径与颗粒级配

（1）最大粒径的选择。粗集料的公称最大粒径是指全部通过或允许少量不通过（一般允许筛余不超过10%）的最小标准筛筛孔尺寸。最大粒径的大小表示粗集料的粗细程度，最大粒径增大时，单位体积集料的总表面积减小，因而可使水泥浆用量减少。这不仅能够节约水泥，而且有助于提高混凝土的密实度，减少发热量及混凝土的体积收缩。因此在条件允许的情况下，当配制中等强度等级以下的混凝土时，应尽量采用最大粒径较大的粗集料。但最大粒径的确定，还受结构截面尺寸、钢筋净距及施工条件等方面的限制。GB 50204—2002（混凝土结构工程施工质量验收规范）规定，粗集料最大粒径不得超过结构截面最小尺寸的1/4，并不得大于钢筋最小净距的3/4；对混凝土实心板，其最大粒径不得超过板厚的1/2，并不得大于37.5mm。

（2）颗粒级配。粗集料颗粒级配，直接影响混凝土的技术性质和经济效果，因此，粗集料级配的选定是保证混凝土质量的重要一环。混凝土用粗集料的级配范围，见表3.5。当连续级配不能满足需配混合料要求时，可掺加单粒级集料配合。连续级配矿料的优点是所配制的新拌混凝土较为密实，特别是具有优良的工作性，不易产生离析现象，所以成为经常采用的级配。

表3.5　碎石或卵石的颗粒级配范围（GB/T 14685—2011）

级配情况	公称粒级（mm）	通过下列筛孔（mm）的累计筛余百分率（%）											
		2.36	4.75	9.50	16.0	19.0	26.5	31.5	37.5	53.0	63.0	75.0	90.0
连续粒级	4.75～9.50	95～100	80～100	0～15	0	—	—	—	—	—	—	—	—
	4.75～16	95～100	85～100	30～60	0～10	0	—	—	—	—	—	—	—
	4.75～19	95～100	90～100	40～80	—	0～10	0	—	—	—	—	—	—
	4.75～26.5	95～100	90～100	—	30～70	—	0～5	0	—	—	—	—	—
	4.75～31.5	95～100	90～100	70～90	—	15～45	—	0～5	0	—	—	—	—
	4.75～37.5	—	95～100	75～90	—	30～65	—	—	0～5	0	—	—	—
单粒粒级	9.5～19	—	95～100	85～100	—	0～15	0	—	—	—	—	—	—
	16～31.5	—	95～100	—	85～100	—	—	0～10	0	—	—	—	—
	19～37.5	—	—	95～100	—	80～100	—	—	0～10	0	—	—	—
	31.5～63	—	—	—	95～100	—	—	75～100	45～75	—	0～10	0	—
	37.5～75.0	—	—	—	—	95～100	—	—	70～100	—	30～60	0～10	0

4. 表面特征及形状

表面粗糙且棱角多的碎石与表面光滑且为圆形的卵石相比，碎石所拌制的混凝土，由于它与水泥浆的黏附性好，故一般具有较高的强度；但是在相同水泥浆量的条件下，卵石因表面光滑、表面积小，所拌制的混凝土拌和物具有良好的工作性能。

粗集料的颗粒形状以正方体或近似球体为佳，不宜含有过多的针、片状颗粒，否则将显著影响混凝土的抗折强度，同时影响新拌混凝土的工作性能。针状颗粒是指颗粒长度大于平均粒径（平均粒径是指该粒级上、下限粒径的算术平均值）的2.4倍的颗粒，片状颗粒是指颗粒厚度小于平均粒径的0.4倍的颗粒。混凝土用粗集料的针、片状颗粒含量应符合表3.4的要求。

5. 有害杂质含量

粗集料中的有害杂质主要有黏土、淤泥及细屑、硫化物及硫酸盐、有机质、蛋白石及含有活性二氧化硅的岩石颗粒等。为保证混凝土的强度及耐久性，对这些有害杂质的含量必须认真检查，其含量不得超过表3.4所列指标。

3.1.1.4 混凝土拌和用水

水是混凝土的主要组成材料之一，拌和用水的水质不符合要求，可能产生多种有害作用，最常见的有：①影响混凝土的工作性和凝结；②有损于混凝土强度的发展；③降低混凝土的耐久性、加快钢筋的腐蚀和导致预应力钢筋的脆断；④使混凝土表面出现污斑等。因此，为保证混凝土的质量和耐久性，必须使用合格的水拌制混凝土。

凡可饮用之水，皆可用于拌制和养护混凝土。而未经处理的工业及生活废水、污水、沼泽水以及pH值小于4的酸性水等均不能使用。

若对水质有怀疑，应进行砂浆强度对比试验。即如用该水拌制的砂浆3d和28d抗压强度低于用饮用水拌制的砂浆3d和28d抗压强度的90%时，则这种水就不宜用来拌制和养护混凝土。

混凝土拌和用水不应漂浮明显的油脂和泡沫，以及有明显的颜色和异味。严禁将未经处理的海水用于钢筋混凝土和预应力混凝土的拌制。在无法获得水源的情况下，海水可用于拌制素混凝土。混凝土拌和用水水质要求应符合表3.6的规定。

表3.6　　混凝土拌和用水水质要求

项　目	预应力混凝土	钢筋混凝土	素混凝土
pH值	≥5.0	≥4.5	≥4.5
不溶物（mg/L）	≤2000	≤2000	≤5000
可溶物（mg/L）	≤2000	≤5000	≤10000
Cl^-（mg/L）	≤500	≤1000	≤3500
SO_4^{2-}（mg/L）	≤600	≤2000	≤2700
碱含量（mg/L）	≤1500	≤1500	≤1500

注　1. 对于设计使用年限为100年的结构混凝土，氯离子含量不得超过500mg/L，对使用钢丝或经热处理钢筋的预应力混凝土，氯离子含量不得超过350mg/L。

2. 碱含量按$Na_2O+0.658K_2O$计算值来表示。采用非碱活性集料时、可不检验碱含量。

3.1.1.5 矿物掺合料

矿物掺合料在混凝土中的作用是改善混凝土拌和物的施工和易性，降低混凝土的水化热，调节凝结时间等。混凝土用掺合料有粉煤灰、粒化高炉矿渣、钢渣粉、磷渣粉、硅灰及复合掺合料等，其中硅灰是指从冶炼硅铁合金或硅钢等排放的硅蒸气养护后搜集到的极细粉末颗粒。混凝土用粉煤灰的质量应满足 GB/T 1596—2005《用于水泥和混凝土中的粉煤灰》的要求，见表 3.7。

表 3.7　混凝土用粉煤灰质量标准

项　目		技术要求		
		Ⅰ级	Ⅱ级	Ⅲ级
细度（45μm 方孔筛筛余）（%）　不大于	F类粉煤灰	12.0	25.0	45.0
	C类粉煤灰			
需水量比（%）　不大于	F类粉煤灰	95	105	115
	C类粉煤灰			
烧失量（%）　不大于	F类粉煤灰	5.0	8.0	15.0
	C类粉煤灰			
含水率（%）　不大于	F类粉煤灰	1.0		
	C类粉煤灰			
三氧化硫（%）　不大于	F类粉煤灰	3.0		
	C类粉煤灰			
游离氯化钙（%）　不大于	F类粉煤灰	1.0		
	C类粉煤灰	4.0		
体积安定性雷氏夹沸煮后增加距离（mm）　不大于	C类粉煤灰	5.0		

矿物掺合料在混凝土中的掺量应通过试验确定。采用硅酸盐水泥或普通硅酸盐水泥时，钢筋混凝土矿物掺合料最大掺量宜符合表 3.8 的规定，预应力钢筋混凝土中矿物掺合料最大掺量宜符合表 3.9 的规定。对于大体积混凝土，粉煤灰、粒化高炉矿渣粉和复合掺合料的最大掺量可增加 5%。采用掺量大于 30%的 C 类粉煤灰混凝土，应以实际使用的水泥和粉煤灰掺量进行体积安定性检验。

表 3.8　钢筋混凝土中矿物掺合料最大掺量

矿物掺合料种类	水胶比	最大掺量（%）	
		采用硅酸盐水泥	采用普通硅酸盐水泥
粉煤灰	≤0.40	45	35
	>0.40	40	30
粒化高炉矿渣	≤0.40	65	55
	>0.40	55	45
钢渣粉	—	30	20
磷渣粉	—	30	20
硅灰	—	10	10
复合掺合料	≤0.40	65	55
	>0.40	55	45

注　1. 采用其他通用硅酸盐水泥时，宜将水泥混合材料掺量 20%以上的混合材料计入矿物掺合料。
2. 复合掺合料各组分的掺量不宜超过单掺时的最大掺量。
3. 在混合使用两种或两种以上矿物掺合料时，矿物掺合料总掺量应符合表中复合掺合料的规定。

表 3.9　　预应力钢筋混凝土中矿物掺合料最大掺量

矿物掺合料种类	水胶比	最大掺量（%）	
		采用硅酸盐水泥	采用普通硅酸盐水泥
粉煤灰	≤0.40	35	25
	>0.40	25	20
粒化高炉矿渣	≤0.40	55	45
	>0.40	45	35
钢渣粉	—	20	10
磷渣粉	—	20	10
硅灰	—	10	10
复合掺合料	≤0.40	55	45
	>0.40	45	35

注 1. 采用其他通用硅酸盐水泥时，宜将水泥混合材料掺量20%以上的混合材料计入矿物掺合料；。
2. 复合掺合料各组分的掺量不宜超过单掺时的最大掺量。
3. 在混合使用两种或两种以上矿物掺合料时，矿物掺合料总掺量应符合表中复合掺合料的规定。

3.1.2 普通水泥混凝土的主要技术性质

普通水泥混凝土的主要技术性质包括新拌混凝土的工作性以及硬化后混凝土的力学性能和耐久性。

3.1.2.1 新拌混凝土的工作性（和易性）

将粗细集料、水泥和水等组分按适当比例配合，并经均匀搅拌而成且尚未凝结硬化的混合材料称为混凝土拌和物。新拌水泥混凝土是不同粒径的矿质集料粒子的分散相在水泥浆体的分散介质中的一种复杂分散体系，它具有弹、黏、塑性质。目前在生产实践中，一般主要用工作性（和易性）来表示混凝土的特性。

1. 工作性的含义

工作性通常包括流动性、可塑性、稳定性和易密性四方面的含义。优质的新拌混凝土应该具备：满足输送和浇捣要求的流动性；外力作用下不产生脆断的可塑性；不产生分层、泌水的稳定性；易于浇捣致密的易密性。

（1）流动性。是指新拌混凝土在自重或机械振捣力的作用下，能产生流动并均匀密实地充满模板、包围钢筋的性能。流动性的大小，在外观上表现为新拌混凝土的稀稠，直接影响其浇捣施工的难易和成型的质量。若新拌混凝土太干稠，则难以成型与捣实，且容易造成内部或表面孔洞等缺陷；若新拌混凝土过稀，经振捣后易出现水泥浆和水上浮而石子等颗粒下沉的分层离析现象，影响混凝土的质量均匀性。

（2）可塑性。指拌和物在外力作用下产生塑性流动，不产生脆性断裂的性能。

（3）稳定性。指新拌混凝土在施工振捣时，能够保持自身的稳定、黏聚、匀质而不出现离析、泌水的性质。离析现象是指粗集料下沉、砂浆上浮，以致造成混凝土出现蜂窝、麻面、薄弱夹层等质量不均匀的缺陷；泌水现象主要表现在固体颗粒在下沉过程中，部分水分被排出上升，表面析出水分，致使上层含水多而水灰比加大，影响混凝土的质量。

(4) 易密性。指拌和物在捣实或振动过程中，克服阻力，达到混凝土内部质地均匀致密，使得强度和耐久性均能得到保证的性能。

工作性好的新拌混凝土，易于搅拌均匀；运输和浇筑中不易产生分层离析和泌水现象；捣实时，因流动性好，易于充满模板各部分，容易振捣密实；所制成的混凝土内部质地均匀致密，强度和耐久性均能保证。因此，工作性是混凝土的重要性质之一。

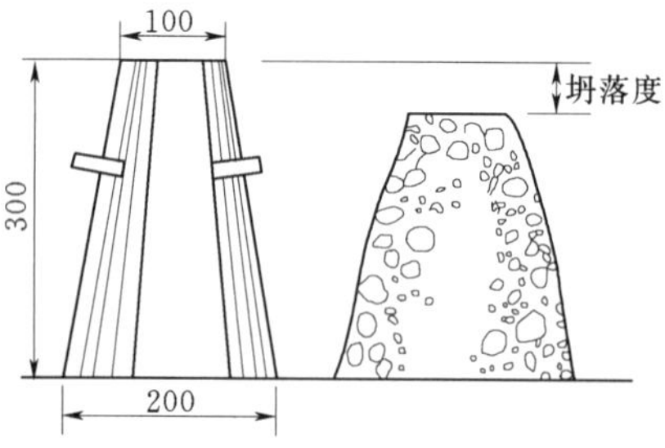

图 3.2 坍落度示意图（单位：mm）

2. 新拌混凝土工作性的测定方法

到目前为止，国际上还没有一种能够全面表征新拌混凝土工作性的测定方法，按 JTG E30—2005《公路工程水泥及水泥混凝土试验规程》规定，混凝土拌和物的稠度试验方法有坍落度法与维勃稠度法。

(1) 坍落度试验 坍落度的测定是将混凝土拌和物按规定的方法装入标准截头圆锥筒内，将筒垂直提起后，拌和物在自身质量作用下会产生坍落现象，如图 3.2 所示，坍落的高度（以 mm 计）称为坍落度。坍落度越大，表明流动性越大。按坍落度大小，将混凝土拌和物分为干硬性混凝土（坍落度小于 10mm）、塑性混凝土（坍落度为 10～100mm）、流动性混凝土（坍落度为 100～150mm）、大流动性混凝土（坍落度不小于 160mm）。

坍落度法适用于集料最大粒径不大于 31.5mm、坍落度为 10～100mm 的塑性混凝土拌和物稠度测定；进行坍落度试验同时，应观察混凝土拌和物的黏聚性、保水性和含砂情况等，以便综合地评价新拌混凝土的工作性。黏聚性的检查方法是用捣棒在已坍落的拌和物锥体一侧轻打，若轻打时锥体渐渐下沉，表示黏聚性良好；如果锥体突然倒塌、部分崩裂或发生石子离析，则表示黏聚性不好。保水性以混凝土拌和物中稀浆析出的程度评定，提起坍落度筒后，如有较多稀浆从底部析出，拌和物锥体因失浆而集料外露，表示拌和物的保水性不好；如提起坍落度筒后，无稀浆析出或仅有少量稀浆的底部折出，则表示混凝土拌和物保水性良好。

(2) 维勃稠度试验。对于集料公称最大粒径不大于 31.5mm 的混凝土及维勃时间在 5～30s 的干稠性混凝土，可采用维勃稠度仪测定稠度。将混凝土拌和物按标准方法装入维勃稠度仪容量桶的坍落度筒内；缓慢垂直提起坍落度筒，将透明圆盘置于拌和物锥体顶面；启动振动台，用秒表测出拌和物受振摊平、振实、透明圆盘的底面完全为水泥浆所布满所经历的时间（以 s 计），即为维勃稠度，也称工作度，如图 3.3 所示。维勃稠度代表拌和物振实所需的能量，时间越短，表明拌和物越易被振实。它能较好地反映混凝土拌和物在振动作用下便于施工的性能。

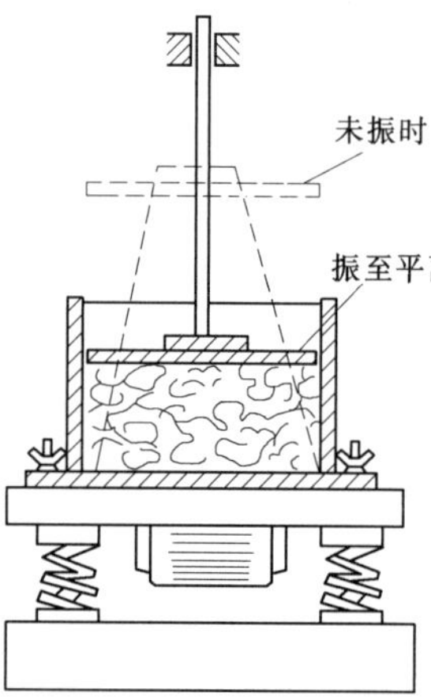

图 3.3 维勃稠度仪

3. 影响混凝土工作性的主要因素

(1) 水泥浆含量的影响。在水灰比保持不变的情况下，单位体积混凝土内水泥浆含量越多，拌和物的流动性越大。但若水泥浆过多，集料不能将水泥浆很好地保持在拌和物内，混凝土拌和物将会出现流浆、泌水现象，使拌和物的黏聚性及保水性变差，这不仅增加水泥用量，而且会对混凝土强度及耐久性产生不利影响。若水泥浆过少，则无法很好包裹集料表面及填充集料间的空隙，使得流动性变差。因此，混凝土内水泥浆的含量，以使混凝土拌和物达到要求的流动性为准，不应任意加大，同时应保证黏聚性和保水性符合要求。

(2) 水泥浆稀稠的影响。在水泥品种一定的条件下，水泥浆的稀稠取决于水灰比的大小。当水灰比较小时，水泥浆较稠，拌和物的黏聚性较好，泌水较少，但流动性较小；相反，水灰比较大时，拌和物流动性较大，但黏聚性较差，泌水较多。当水灰比小至某一极限值以下时，拌和物过于干稠，在一般施工方法下混凝土不能被浇筑密实；当水灰比大于某一极限值时，拌和物将产生严重的离析、泌水现象，影响混凝土质量。因此，为了使混凝土拌和物能够成型密实，所采用的水灰比不能过小；为了保证混凝土拌和物黏聚性良好，所采用的水灰比又不能过大。普通混凝土常用水灰比一般在0.40～0.75。

(3) 砂率的影响。砂率是指砂的质量占砂、石总质量的百分数。混凝土中的砂浆应包裹石子颗粒并填满石子空隙。砂率过小，砂浆量不足，不能在石子周围形成足够的砂浆润滑层，将降低拌和物的流动性。更主要的是严重影响混凝土拌和物的黏聚性及保水性，使石子分离、水泥浆流失，甚至出现溃散现象。砂率过大，石子含量相对过少，集料的空隙及总表面积都较大，在水灰比及水泥用量一定的条件下，混凝土拌和物显得干稠，流动性显著降低，如图3.4所示；在保持混凝土流动性不变的条件下，会使混凝土的水泥浆用量显著增大，如图3.5所示。因此，混凝土砂率不能过小，也不能过大，应取合理砂率。合理砂率是在水灰比及水泥用量一定的条件下，使混凝土拌和物保持良好的黏聚性和保水性并获得最大流动性的砂率。也即在水灰比一定的条件下，当混凝土拌和物达到要求的流动性、而且具有良好的黏聚性及保水性时，水泥用量最少的砂率，即最佳砂率。

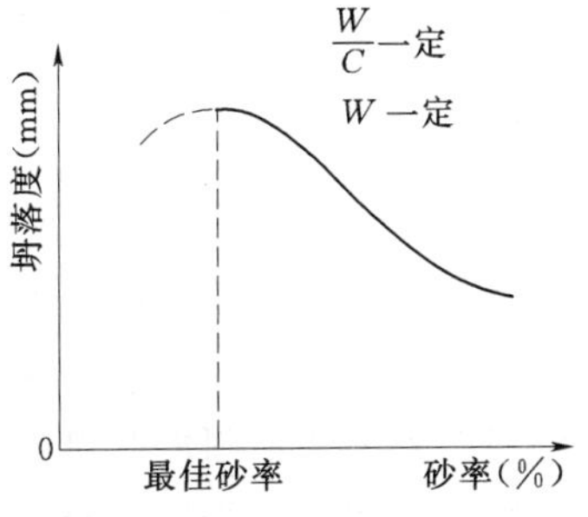

图3.4 砂率与坍落度的关系曲线

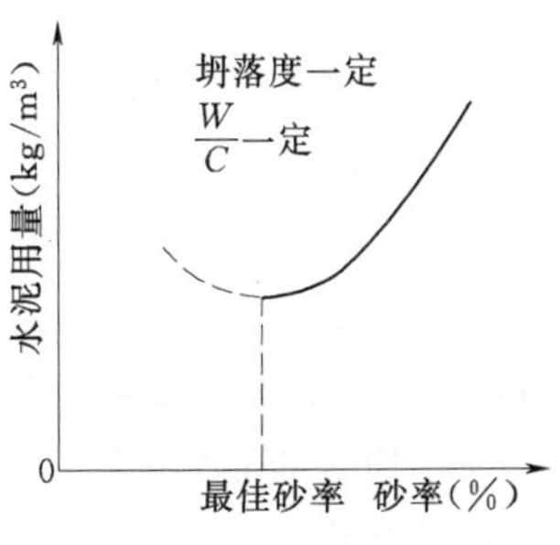

图3.5 砂率与水泥用量的关系曲线

(4) 其他因素的影响。除上述影响因素外，拌和物的和易性还受水泥品种、掺合料品种及掺量、集料种类、粒形及级配、混凝土外加剂以及混凝土搅拌工艺和环境温度等条件的影响。

水泥需水量大者，拌和物流动性较小；使用矿渣水泥时，混凝土保水性较差；使用火山灰水泥时，混凝土黏聚性较好，但流动性较小。

掺合料的品质及掺量对拌和物的和易性有很大影响，当掺入优质粉煤灰时，可改善拌和物的和易性；掺入质量较差的粉煤灰时，往往使拌和物流动性降低。

粗集料的颗粒较大、粒形较圆、表面光滑、级配较好时，拌和物流动性较大。使用粗砂时，拌和物黏聚性及保水性较差；使用细砂及特细砂时，混凝土流动性较小。混凝土中掺入某些外加剂，可显著改善拌和物的和易性。

拌和物的流动性还受气温高低、搅拌工艺以及搅拌后拌和物停置时间的长短等施工条件影响。对于掺用外加剂及掺合料的混凝土，这些施工因素的影响更为显著。

4. 混凝土拌和物工作性的选择

工程中选择新拌混凝土工作性时，应根据施工方法、结构构件截面尺寸、配筋疏密等条件，并参考有关资料及经验等来确定。

（1）公路桥涵用混凝土拌和物的工作性选择。应根据公路桥涵技术规范有关规定选择，实际工程施工可参照表3.10选用。

表3.10 公路桥涵用混凝土拌和物的坍落度

项次	结构种类	坍落度（mm）
1	桥涵基础、墩台、挡土墙及大型制块等便于灌注捣实的结构	0～20
2	项次1中桥涵墩台等工程中较不便施工处	10～30
3	普通配筋的钢筋混凝土结构（梁、板、柱等）	30～50
4	钢筋较密、断面较小的钢筋混凝土结构（梁、柱、墙等）	50～70
5	钢筋配筋特密、断面高而狭小，极不便灌注捣实的特殊结构部位	70～90

（2）道路混凝土拌和物的工作性选择。水泥混凝土路面所用道路混凝土拌和物的工作性，JTG F30—2003《公路水泥混凝土路面施工技术规范》规定，最佳工作坍落度对于滑模摊铺机施工的碎石混凝土为25～50mm，卵石混凝土为20～40mm。

正确选择新拌混凝土的坍落度，对于保证混凝土的施工质量及节约水泥具有重要意义。在选择坍落度时，原则上应在不妨碍施工操作并能保证振捣密实的条件下，尽可能采用较小的坍落度，以节约水泥并获得质量较好的混凝土。

3.1.2.2 硬化后混凝土的强度

强度是混凝土硬化后的主要力学性质，JTG E30—2005规定，混凝土的强度有立方体抗压强度、轴心抗压强度、圆柱体抗压强度、劈裂抗拉强度、抗弯强度等。

1. 混凝土的抗压强度标准值与强度等级

钢筋混凝土与预应力钢筋混凝土桥梁结构设计时，混凝土材料的强度是用强度等级作为设计依据的。在结构设计时，混凝土各种力学强度值，均可由强度等级换算出，所以强度等级是混凝土各种力学强度标准值的基础。

（1）立方体抗压强度 f_{cu}。按照GB/T 50081—2002《普通混凝土力学性能试验方法标准》，制作边长为150mm的立方体试件，在标准养护（温度20℃±2℃、相对湿度95%以上）条件下，养护至28d龄期，用标准试验方法测得的抗压强度值，称为混凝土标准立方体抗压强度。

$$f_{cu}=\frac{F}{A} \tag{3.1}$$

式中 f_{cu}——立方体抗压强度，MPa；

F——试件破坏荷载，N；

A——试件承压面积，mm^2。

以 3 个试件为一组，取 3 个试件强度的算术平均值作为每组试件的强度代表值。如按非标准尺寸试件测得的立方体抗压强度，应乘以换算系数，折算为标准试件的立方体抗压强度。当混凝土强度等级低于 C60 时，换算系数见表 3.11。当混凝土强度等级不低于 C60 时，宜采用标准试件尺寸。

表 3.11　试件尺寸换算系数

试件尺寸 长×宽×高（mm×mm×mm）	100×100×100	150×150×150	200×200×200
换算系数	0.95	1.0	1.05

（2）立方体抗压强度标准值 $f_{cu,k}$。按 GB 50010—2010《混凝土结构设计规范》的规定，按照标准方法制作和养护的边长为 150mm 的立方体试件，在 28d 龄期用标准试验方法检测其抗压强度，在抗压强度总体分布中，具有 95％强度保证率的立方体试件抗压强度，称为混凝土立方体抗压强度标准值，以 MPa 计。

（3）强度等级。混凝土强度等级是根据其立方体抗压强度标准值来确定的。强度等级用符号“C”和立方体抗压强度标准值表示。如“C20”表示混凝土立方体抗压强度标准值 $f_{cu,k}=20$MPa。

GB 50010—2002《混凝土结构设计规范》规定，普通混凝土立方体抗压强度标准值分为 C15、C20、C25、C30、C35、C40、C45、C50、C55、C60、C65、C70、C75、C80 共 14 个等级。不同结构物类型用水泥混凝土要求的最低强度等级列于表 3.12。

表 3.12　混凝土强度等级要求

结构物类型	混凝土强度等级
钢筋混凝土结构	不应低于 C15；当采用 HRB335 级钢筋时，不宜低于 C20；当采用 HRB400 级钢筋以及承受反复荷载作用的构件，不宜低于 C20
预应力钢筋混凝土结构	不应低于 C30；当采用钢绞线、钢丝、热处理钢筋作预应力钢筋时，不宜低于 C40

采用标准试验方法在标准条件下测定混凝土的强度是为了使不同地区不同时间的混凝土具有可比性。在实际的混凝土工程中，为了说明某一工程中混凝土实际达到的强度，常把试块放在与该工程相同的环境养护（简称同条件养护），按需要的龄期进行测试，作为现场混凝土质量控制的依据。

2. 混凝土的轴心抗压强度 f_{cp}

确定混凝土强度等级时采用的是立方体试件，但实际工程中钢筋混凝土结构形式大部分是棱柱体和圆柱体。为使测得的混凝土强度接近混凝土结构的实际情况，在钢筋混凝土的结构计算中，计算轴心受压构件时，都是采用混凝土的轴心抗压强度作为依据。

JTG E30—2005 规定，采用 150mm×150mm×300mm 的棱柱体作为标准试件来测定轴心抗压强度。

$$f_{cp}=\frac{F}{A} \tag{3.2}$$

式中 f_{cp}——混凝土的轴心抗压强度，MPa；

F——试件破坏荷载，N；

A——试件承压面积，mm^2。

3. 混凝土的劈裂抗拉强度 f_{ts}

混凝土在直接受拉时，很小的变形就会开裂，且断裂时没有残余变形，是一种脆性破坏。混凝土的抗拉强度只有抗压强度的 1/20～1/10，且随着混凝土抗压强度的提高，比值有所下降。因此，混凝土在工作时一般不依靠其抗拉强度，但抗拉强度对于防止开裂具有重要的意义。在结构设计中，抗拉强度是确定混凝土抗裂度指标的重要依据。混凝土的劈裂抗拉强度按式（3.3）计算：

$$f_{ts}=\frac{2F}{\pi A}=0.637\frac{F}{A} \tag{3.3}$$

式中 f_{ts}——混凝土立方体试件劈裂抗拉强度，MPa；

F——试件破坏荷载，N；

A——试件劈裂面面积，mm^2。

4. 混凝土的抗弯强度 f_f

道路路面或机场道面用水泥混凝土，以抗弯强度（或称抗折强度）为主要强度指标。根据 JTG D40—2011《公路水泥混凝土路面设计规范》规定，不同交通量等级的水泥混凝土抗弯强度标准值见表 3.13。

表 3.13 路面水泥混凝土抗弯强度标准值

交通等级	特重	重	中等	轻
抗弯强度标准值（MPa）	5.0	5.0	4.5	4.0

道路水泥混凝土抗弯强度是以标准方法制备 150mm×150mm×550mm 的梁形试件，在标准条件下养护 28d 后，按三分点加载方式（图 3.6），测定其抗弯强度 f_f，以 MPa 计。

$$f_f=\frac{FL}{bh^2} \tag{3.4}$$

式中 f_f——混凝土抗弯强度，MPa；

F——试件破坏荷载，N；

L——支座间距，mm；

b——试件宽度，mm；

h——试件高度，mm。

5. 影响混凝土强度的因素

影响混凝土抗压强度的因素很多，包括原材料的质量、材料用量之间的比例关系、施

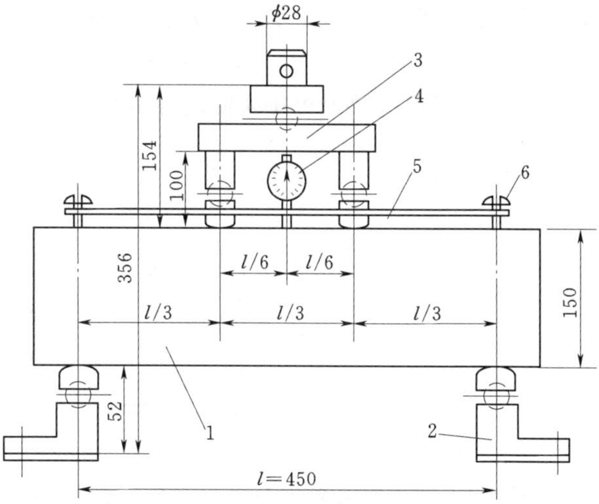

图 3.6　混凝土抗弯强度（单位：mm）
1—试块；2—支座；3—加荷支座；4—千分表；
5—千分表架；6—螺杆

工方法（拌和、运输、浇筑、养护）以及试验条件（龄期、试件形状与尺寸、试验方法、温度及湿度）等。

（1）材料组成对混凝土强度的影响。

1）胶凝材料强度等级和水胶比。胶凝材料是混凝土中的活性组成，其强度的大小直接影响混凝土强度的高低。在配合比相同的条件下，所用的胶凝材料强度等级越高，配制的混凝土强度也越高。这是因为胶凝材料水化时所需的化学结合水，一般只占水泥质量23%左右，但在实际拌制混凝土时，为了获得必要的流动性，常需要加入较多的水（占胶凝材料质量的40%～70%）。多余的水分残留在混凝土中形成水泡，蒸发后形成气孔，使混凝土密实度降低，强度下降。因此，当采用同种胶凝材料（品种与强度等级相同）及矿物掺合料时，混凝土强度随着水胶比的增大而降低。

根据混凝土试验研究和工程实践经验，水泥的强度、水灰比、混凝土强度之间的线性关系可用以下经验公式（强度公式）表示：

$$f_{cu}=\alpha_a f_b\left(\frac{B}{W}-\alpha_b\right) \tag{3.5}$$

式中　f_{cu}——混凝土28d立方体抗压强度，MPa；

$\frac{W}{B}$——混凝土的水胶比；

α_a、α_b——回归系数，根据工程所使用的原材料，通过试验建立的水胶比与混凝土强度关系式来确定；当不具备试验统计资料时，可按表3.14选用；

f_b——胶凝材料28d胶砂抗压强度，MPa，可实测，无实测值时，也可按式（3.6）计算：

$$f_b=\gamma_f\gamma_s f_{ce} \tag{3.6}$$

式中　γ_f、γ_s——粉煤灰影响系数和粒化高炉矿渣粉影响系数，可按表3.15选用；

f_{ce}——水泥 28d 胶砂抗压强度，可实测；无实测值时，也可按式（3.7）计算：

$$f_{ce}=\gamma_c f_{ce,g} \tag{3.7}$$

式中 γ_c——水泥强度等级值的富余系数，可按实际统计资料确定；当缺乏实际统计资料时，可按表 3.16 选用；

$f_{ce\cdot g}$——水泥强度等级值，MPa。

表 3.14　　回归系数 α_a、α_b 取值表

系数 \ 粗集料品种	碎石	卵石
α_a	0.53	0.49
α_b	0.20	0.13

表 3.15　　粉煤灰影响系数和粒化高炉矿渣粉影响系数

种类 \ 掺量（%）	粉煤灰影响系数 γ_f	粒化高炉矿渣粉影响系数 γ_s
0	1.00	1.00
10	0.90～0.95	1.00
20	0.80～0.85	0.95～1.00
30	0.70～0.75	0.90～1.00
40	0.60～0.65	0.80～0.90
50	—	0.70～0.85

表 3.16　　水泥强度等级值的富余系数 γ_c

水泥强度等级值	32.5	42.5	52.5
富余系数	1.12	1.16	1.10

2）集料的种类与级配。集料中有害杂质过多且品质低劣时，将降低混凝土的强度。碎石表面粗糙有棱角，则与水泥石黏结力较大；卵石表面光滑浑圆，则与水泥石黏结力较小。因此，在配合比相同的条件下，碎石混凝土比卵石混凝土的强度高。集料级配好、砂率适当，能组成密实的骨架，混凝土强度也较高。

（2）养护温度与湿度。混凝土拌和物浇筑成型后，必须保持适当的温度与湿度，使水泥充分水化，以保证混凝土强度不断提高。

所处的环境温度，对混凝土的强度影响很大。混凝土的硬化，在于水泥的水化作用，周围温度升高，水泥水化速度加快，混凝土强度发展也就加快。反之，温度降低时，水泥水化速度降低，混凝土强度发展将相应迟缓。当温度降至冰点以下时，混凝土的强度停止发展，并且由于孔隙内水分结冰而引起膨胀，使混凝土的内部结构遭受破坏。混凝土早期强度低，更容易冻坏。所处的环境湿度适当时，水泥水化能顺利进行，混凝土强度得到充分发展。如果湿度不够，会影响水泥水化作用的正常进行，甚至停止水化。这不仅严重降低混凝土的强度，而且水化作用未能完成，使混凝土结构疏松，渗水性增大或形成干缩裂

缝，从而影响其耐久性。

因此，混凝土成型后一定时间内必须保持周围环境有一定的温度和湿度，使水泥充分水化，以保证获得较好质量的混凝土。

(3) 龄期。混凝土在正常养护条件下，其强度将随着龄期的增长而增长。最初7～14d内，强度增长较快，28d达到设计强度，以后增长缓慢，但若保持足够的温度和湿度，强度的增长将延续几十年。普通水泥制成的混凝土，在标准条件下，混凝土强度的发展大致与其龄期的对数成正比关系（龄期不小于3d）：

$$f_{cu,n}=f_{28}\frac{\lg n}{\lg 28} \tag{3.8}$$

式中 $f_{cu,n}$——n（$n\geqslant3$）d龄期混凝土的抗压强度，MPa；

f_{28}——28d龄期混凝土的抗压强度，MPa。

(4) 施工工艺。混凝土的施工工艺包括配料、拌和、运输、浇筑、振捣、养护等工序，每一道工序对其质量都有影响。若配料不准确、搅拌不均匀、拌和物运输过程中产生离析、振捣不密实、养护不充分等，均会降低混凝土强度。因此，在施工过程中，一定要严格遵守施工规范，确保混凝土的强度。

(5) 试验条件对混凝土强度的影响。相同材料组成、制备条件和养护条件制成的混凝土试件，其力学强度取决于试验条件。影响混凝土力学强度的试验条件主要有试件形状与尺寸、试件表面状态与含水程度、试件温度、支撑条件和加载方式等。

6. 提高混凝土强度的措施

(1) 采用高强度等级水泥和早强型水泥。为了提高混凝土强度，可采用高强度等级水泥，对于紧急抢修工程、桥梁拼装接头、严寒条件下的施工以及其他要求早期强度高的结构物，则可优先选用早强型水泥配制混凝土。

(2) 采用低水胶比和浆集比。采用低水胶比混凝土拌和物，可以减少混凝土中的游离水，从而减少混凝土中的孔隙、提高混凝土的密实度和强度。降低浆集比，减小水泥浆层的厚度，充分发挥集料的骨架作用，对提高混凝土的强度也有一定的作用。

(3) 采用蒸汽养护和蒸压养护。蒸汽养护是将混凝土放在低于100℃的常压蒸汽中养护，一般混凝土经过16～20h蒸汽养护后，其强度可达正常养护条件下养护28d强度的70%～80%。蒸汽养护最适宜的温度随水泥的品种而异。用普通水泥时，最适宜的养护温度为80℃左右，而采用矿渣和火山灰水泥时，则为90℃左右。

蒸压养护是将浇筑完的混凝土构件静停8～10h后，放入蒸压釜内，通入高压（不小于8个大气压）、高温（不低于175℃）饱和蒸汽中进行养护。在高温高压蒸汽下，水泥水化时析出的氢氧化钙不仅能充分与活性的氧化硅结合，且能与结晶状态的氧化硅结合生成含水硅酸盐结晶，从而加速水泥的水化与硬化，提高混凝土的强度。

(4) 采用机械搅拌和机械振捣。混凝土拌和物在强力搅拌和振捣作用下，水泥浆的凝聚结构暂时受到破坏，从而降低了水泥浆的黏度及集料间的摩擦阻力，使拌和物能更好地充满模型并均匀密实，使混凝土的强度得到提高。

(5) 掺加外加剂。在混凝土中掺加早强剂，可提高混凝土的早期强度；掺加减水剂，可在不改变混凝土流动性的条件下减小水灰比，从而提高混凝土的强度。

3.1.2.3 硬化后混凝土的变形特征

混凝土在硬化后和使用过程中，受各种因素影响而产生变形，包括在非荷载作用下的化学变形、干湿变形、温度变形以及荷载作用下的弹-塑性变形和徐变。这些变形是使混凝土产生裂缝的重要原因之一，直接影响混凝土的强度和耐久性。

1. 非荷载作用变形

(1) 化学收缩（水化收缩）。混凝土在硬化过程中，水泥水化产物的体积小于水化前反应物的体积，致使混凝土产生收缩，这种收缩称为化学收缩。收缩量随混凝土硬化龄期的延长而增加，一般在40d后渐趋稳定。化学收缩是不能恢复的，一般对结构没有影响。

(2) 干湿变形。这种变形主要表现为湿胀干缩。当混凝土在水中或潮湿条件下养护时，会引起微小膨胀。当混凝土在干燥空气中硬化时，会引起干缩。混凝土的收缩值较膨胀值大，当混凝土产生干缩后即使长期再置于水中，仍有残余变形，残余收缩为收缩量的30%～60%。在一般工程设计中，通常采用混凝土的线收缩值为1.5×10^{-2}～2.0×10^{-2}m/m。

湿胀变形量很小，一般无破坏作用。但干缩变形对混凝土的危害较大，它可使混凝土表面出现较大拉应力而导致开裂，使混凝土的耐久性严重降低。因此，应通过调节集料级配、增大粗集料的粒径和弹性模量，减少水泥浆用量，选择适当的水泥品种，以及采用振动捣实、早期养护等措施来减小混凝土的干缩变形。

(3) 温度变形。温度变形是指混凝土在温度升高时体积膨胀与温度降低时体积收缩的现象。混凝土与其他材料一样具有热胀冷缩现象，它的温度膨胀系数约为1.0×10^{-5}m/(m·℃)，即温度升高1℃，每米膨胀0.01mm。温度变化引起的热胀冷缩对大体积混凝土工程极为不利。大体积混凝土在硬化初期放出大量热量，加之混凝土又是热的不良导体，散热很慢，致使混凝土内部温度可达50～70℃而产生明显膨胀。外部混凝土温度则同大气温度一样比较低，这样就形成了内外较大的温度差，由于内部膨胀与外部收缩同时进行，便产生了很大的温度应力，从而导致混凝土产生裂缝。

因此，对大体积混凝土工程，应设法降低混凝土的发热量，如采用低热水泥、减少水泥用量、采用人工降温等措施。对于纵长的钢筋混凝土结构物，应每隔一段长度设置伸缩缝，在结构物内配置温度钢筋。

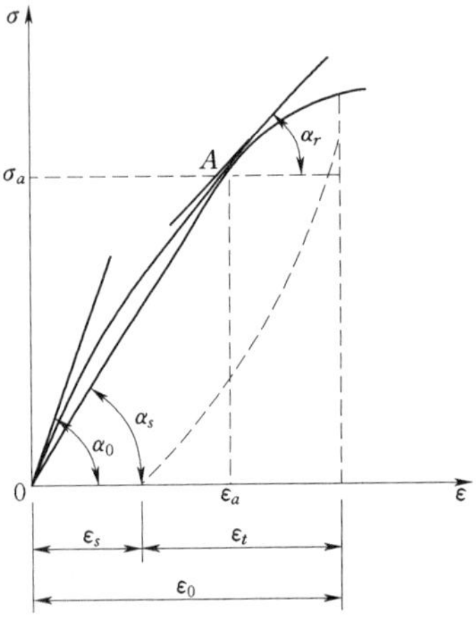

图 3.7 混凝土应力-应变曲线

ε_0—全部变形；ε_t—弹性变形；ε_s—塑性变形

2. 荷载作用变形

(1) 弹-塑性变形和弹性模量。混凝土是一种非均匀材料，属弹塑性体。在持续荷载作用下，既产生可以恢复的弹性变形ε_t，又产生不可恢复的塑性变形ε_s，其应力与应变关系如图3.7所示。

在应力-应变曲线上，任一点的应力σ与应变ε的比值即为混凝土在该应力下的弹性模量。但混凝土在短期荷载作用下应力与应变并非线性关系，故弹性模量分为：

初始弹性模量，即 $\tan\alpha_0$，此值不易测准，实用意义不大。

切线弹性模量，即 $\tan\alpha_r$，它仅适用于很小的荷载范围。

割线弹性模量，即 $\tan\alpha_s$，在应力小于极限抗压强度的 30%～40%时，应力-应变曲线接近于直线。

在桥梁工程中以应力为棱柱体极限抗压强度的 40%（即 $\sigma=0.4f_{cp}$）时的割线弹性模量作为混凝土的弹性模量，即：

$$E_{cp}=\frac{\sigma_{(0.4f_{cp})}}{\varepsilon_e} \tag{3.9}$$

式中 E_{cp}——混凝土抗压弹性模量，MPa；

$\sigma_{(0.4f_{cp})}$——相当于棱柱体试件极限抗压强度 40%的应力，MPa；

ε_e——按割线模量计的应变。

在道路路面及机场跑道工程中，水泥混凝土应测定其抗折时的平均弹性模量作为设计参数，取抗折强度 50%时的加载割线模量为：

$$E_{cf}=\frac{23FL^3}{1296fI} \tag{3.10}$$

式中 E_{cf}——混凝土抗折弹性模量，MPa；

F——荷载，N；

L——试件静跨，取 450mm；

f——跨中挠度，mm；

I——试件断面惯性矩，mm^4。

在路面工程中混凝土要求有较高的抗折强度，而且要有较低的抗折弹性模量，以适应混凝土路面受荷载后有较大的变形能力。

(2) 徐变。混凝土在持续荷载作用下，随时间延长而增加的变形称为徐变。混凝土的变形与荷载作用时间的关系如图 3.8 所示。混凝土受荷后即产生瞬时变形，随着荷载持续作用时间的延长，又产生徐变。徐变初期增长较快，然后逐渐减慢，一般要延续 2～3 年才逐渐趋于稳定。徐变的极限值可达瞬时变形的 2～4 倍。在持荷一定时间后，若卸除荷载，部分变形可瞬时恢复，也有少部分变形在若干天内逐渐恢复，称徐变恢复，最后留下不能恢复的变形为残余变形（即永久变形）。

混凝土无论是受压、受拉或受弯时，均有徐变现象。在预应力钢筋混凝土桥梁结构中，混凝土的徐变将使钢筋的预加应力受到损失；但是，徐变可消除钢筋混凝土内的应力集中，使应力较均匀地重新分布；对大体积混凝土，徐变能消除一部分由于温度变形所产生的破坏应力。

混凝土的徐变，一般认为是由于水泥石中凝胶体在持续荷载作用下的黏性流动，并向毛细孔中移动的结果。集料能阻碍水泥石的变形，起减小混凝土徐变的作用。由此可得如下关系：水灰比较大时，徐变也较大；水灰比相同，用水量较大（即水泥浆量较多）的混凝土，徐变较大；集料级配好，最大粒径大，弹性模量也较大时，混凝土徐变较小；当混凝土在较早龄期受荷时，产生的徐变较大。

3.1.2.4 混凝土的耐久性

道路与桥梁工程用水泥混凝土除了要满足前述的工作性和强度要求外，还要求具有良

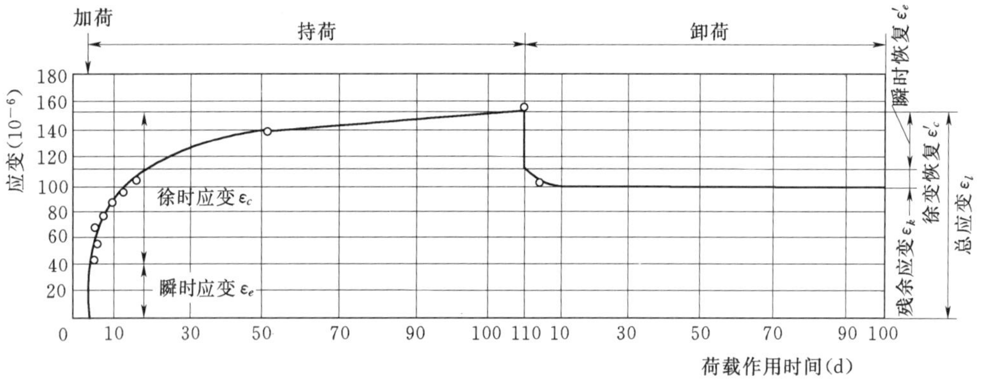

图 3.8 混凝土的变形与荷载作用时间的关系

好的耐久性。对道路与桥梁建筑用混凝土，由于无遮盖而裸露在大气中，长期受风霜雨雪的侵蚀，因此耐久性的要求首先是抗冻性；其次对道路混凝土，因受到车辆轮胎的作用，还要求其具有耐磨性；桥梁墩台混凝土受海水或污水的侵蚀，还要求具有抗化学侵蚀的耐蚀性。此外，近年来碱-集料反应对高速公路及桥梁的破坏，也引起了人们的关注。

1. 抗渗性

混凝土的抗渗性是指混凝土抵抗压力水渗透的能力。它是决定混凝土耐久性的最主要因素，因为环境中各种侵蚀介质要通过渗透才能进入混凝土内部。混凝土的抗渗性主要与混凝土的密实度和孔隙率及孔隙结构有关。

混凝土的抗渗性用抗渗等级来表示。采用标准养护 28d 的标准试件，按规定的方法进行试验，以其所能承受的最大水压力来计算。我国现行规范规定：混凝土的抗渗等级分为 P4、P6、P8、P10、P12，分别表示混凝土能抵抗 0.4MPa、0.6MPa、0.8MPa、1.0MPa、1.2MPa 的水压力而不渗水。

2. 抗冻性

混凝土的抗冻性是指混凝土在含水饱和状态下能经受多次冻融循环而不破坏，同时强度也不严重降低的性能。为评价混凝土的抗冻性，采用抗冻性能试验方法。JTG E30—2005 规定采用“快冻法”。该方法是以 100mm×100mm×400mm 棱柱体混凝土试件，经 28d 的试件吸水饱和后，于－18℃±2℃和 5℃±2℃条件下快速冻结和融化循环。当冻融至 300 次，或相对弹性模量下降至 60%以下，或质量变化率达到 5%，即停止试验。此时的循环次数即为混凝土的抗冻等级。混凝土的抗冻等级分为 F50、F100、F150、F200、F300、F400 六个等级，相应表示混凝土抗冻性试验能经受 50、100、150、200、300、400 次的冻融循环。

3. 耐磨性

耐磨性是路面和桥梁用混凝土的重要性能之一。作为高级路面的水泥混凝土，必须具备抵抗车辆轮胎磨耗和磨光的性能。作为大型桥梁的墩台用水泥混凝土，需具有抵抗湍流空蚀的能力。混凝土耐磨性评价，按 JTG E30—2005 规定：是以 150mm×150mm×150mm 立方体试件，养护至 27d 龄期，在 60℃±5℃烘箱中烘干至恒重，放至耐磨试验机上，在 200N 荷载下磨 30 转，记下相应质量 m_1 作为试件的初始质量，然后在 200N 荷载下磨 60 转，记录剩余质量 m_2，则磨耗量为：

$$G_c=\frac{m_1-m_2}{0.0125}\times 100\% \tag{3.11}$$

式中 G_c——单位面积磨耗量，kg/m^2；

m_1——试件的初始质量，kg；

m_2——试件磨损后的质量，kg；

0.0125——试件磨损面积，m^2。

4. 碱-集料反应

水泥混凝土的碱-集料反应，是指水泥中的碱（Na_2O 和 K_2O）与集料中的活性 SiO_2 等发生反应，使混凝土发生不均匀膨胀，造成裂缝、强度下降甚至破坏等不良现象。这种反应会导致高速公路路面或大型桥梁墩台的开裂和破坏，并且这种破坏会继续发展下去，难以补救，因此引起世界各国的普遍关注。近年来，我国水泥含碱量的增加、水泥用量的提高、含碱外加剂的普遍应用，增加了碱-集料反应破坏的潜在危险，故对混凝土用砂石料的碱活性问题应引起重视。

碱-集料反应常见的有两种类型：①碱-硅反应是指碱与集料中的活性 SiO_2 发生反应；②碱-碳酸盐反应是碱与集料中活性碳酸盐发生反应。

碱-集料反应机理甚为复杂，而且影响因素较多，但是发生碱-集料反应必须具备三个条件：①混凝土中的集料具有活性；②混凝土中含有可溶性碱；③有一定的湿度。

为防止碱-硅反应的危害，按现行规范规定：①应使用碱含量小于 0.6%的水泥或采用抑制碱-集料反应的掺合料；②当使用 K^+、Na^+ 外加剂时，必须专门试验。

5. 混凝土的碳化

混凝土的碳化作用是空气中二氧化碳与水泥石中的氢氧化钙作用，生成碳酸钙和水的过程，又称混凝土的中性化。碳化过程是二氧化碳由表及里向混凝土内部逐渐扩散的过程。碳化引起水泥石化学组成发生变化，使混凝土碱度降低，减弱了对钢筋的保护作用导致钢筋锈蚀；碳化还将显著增加混凝土的收缩，降低混凝土抗拉、抗弯强度。但碳化可使混凝土的抗压强度增大。其原因是碳化放出的水分有助于水泥的水化作用，而且碳酸钙减少了水泥石内部的孔隙。

提高混凝土抗碳化能力的措施有：减小水灰比，掺入减水剂或引气剂，保证混凝土保护层的厚度及质量，充分湿养护等。

6. 混凝土的抗侵蚀性

当混凝土所处的环境水有侵蚀性时，必须对侵蚀问题予以重视。环境侵蚀主要是指对水泥石的侵蚀，如淡水侵蚀、酸碱侵蚀等。提高混凝土抗侵蚀性的主要方法为选用合适的水泥品种与提高混凝土的密实度。

7. 提高混凝土耐久性的措施

提高混凝土耐久性应注意合理选择水泥品种，选用良好的砂石材料，改善集料的级配，采用合理的外加剂，改善混凝土的施工操作方法，提高混凝土的密实度、强度等。在进行混凝土配合比设计时，为保证混凝土的耐久性，根据混凝土结构的环境类别（表 3.17），混凝土的“最大水胶比”和“最小胶凝材料用量”应符合表 3.18 和表 3.19 的规定。

表 3.17 **混凝土结构的环境类别**

环境类别	条件
一	室内干燥环境； 无侵蚀性静水浸没环境
二 a	室内潮湿环境； 非严寒和非寒冷地区的露天环境； 非严寒和非寒冷地区与无侵蚀性的水或土直接接触的环境； 严寒和寒冷地区的冰冻线以下与无侵蚀性的水或土直接接触的环境
二 b	干湿交替环境； 频繁变动环境； 严寒和寒冷地区的露天环境； 严寒和寒冷地区的冰冻线以上与无侵蚀性的水或土直接接触的环境
三 a	严寒和寒冷地区冬季水位变动区环境； 受除冰盐影响环境； 海风环境
三 b	盐泽土环境； 受除冰盐影响环境； 海岸环境
四	海水环境
五	受人为或自然侵蚀性物资影响的环境

表 3.18 **结构混凝土材料的耐久性基本要求**

环境等级	最大水胶比	最低强度等级	最大氯离子含量（%）	最大碱含量（kg/m^3）
一	0.60	C20	0.30	不限制
二 a	0.55	C25	0.20	3.0
二 b	0.50（0.55）	C30（C25）	0.15	
三 a	0.45（0.50）	C35（C30）	0.15	
三 b	0.40	C40	0.10	

注 1. 氯离子含量是指占胶凝材料总量的百分比。
2. 预应力构件混凝土中的最大氯离子含量为0.05%；最低混凝土强度等级按表中的规定提高两个等级。
3. 素混凝土构件的水胶比及最低强度等级的要求可适当放松。
4. 有可靠工程经验时，二类环境中的混凝土最低强度等级可降低一个等级。
5. 处于严寒和寒冷地区二 b、三 a 类环境中混凝土应使用引气剂，并可采用括号中的有关参数。
6. 当使用非碱活性集料时，对混凝土中的碱含量可不作限制。

表 3.19 **混凝土的最小胶凝材料用量**

最大水胶比	最小胶凝材料用量（kg/m^3）		
	素混凝土	钢筋混凝土	预应力混凝土
0.60	250	280	300
0.55	280	300	300
0.50	320		
≤0.45	330		

3.1.3 普通水泥混凝土的配合比设计

混凝土配合比是指混凝土中各组成材料用量之比。混凝土配合比设计就是根据原材料的性能和对混凝土的技术要求，通过计算和试配调整，确定出满足工程技术经济指标的混凝土各组成材料的用量。

3.1.3.1 混凝土配合比表示方法

1. 单位用量表示法

以每立方米混凝土中各种材料的用量表示，例如：水泥 264kg；矿物掺合料 66kg；水 150kg；细集料 706kg；粗集料 1264kg。

2. 相对用量表示法

以水泥的质量为 1，并按“水泥∶矿物掺合料∶细集料∶粗集料∶水胶比”的顺序排列表示（例如：1∶0.25∶2.67∶4.79；$W/B=0.45$）。

3.1.3.2 混凝土配合比设计的基本要求

（1）满足混凝土结构设计所要求的强度等级。不论混凝土路面或桥梁，在设计时都会对不同的结构部位提出不同的“设计强度”要求。为了保证结构物的可靠性，采用一个比设计强度高的“配制强度”，才能满足设计强度的要求。

（2）满足施工所要求的混凝土拌和物的施工工作性。按照结构物断面尺寸和形状、配筋的疏密以及施工方法和设备，来确定满足工作性要求的坍落度或维勃稠度。

（3）满足混凝土的耐久性。根据结构物所处环境条件，如严寒地区的路面或桥梁、桥梁墩台在水位升降范围等，为保证结构的耐久性，在设计混凝土配合比时应充分考虑允许的“最大水胶比”和“最小胶凝材料用量”。

（4）满足经济性的要求。在保证工程质量的前提下，尽量节约水泥和降低混凝土成本。

3.1.3.3 混凝土配合比设计的三大参数

由胶凝材料、水、粗集料、细集料组成的普通水泥混凝土配合比设计，实际上就是确定胶凝材料、水、砂、石等基本组成材料的用量。其中可用水胶比、砂率、单位用水量三个重要参数来反映基本组成材料之间的相互关系。

（1）水胶比（W/B）。水胶比是混凝土中水与胶凝材料质量的比值，是影响混凝土强度和耐久性的主要因素。其确定原则是在满足强度和耐久性的前提下，尽量选择较大值，以节约胶凝材料用量。

（2）砂率（β_s）。砂率是指砂子质量占砂石总质量的百分率。砂率是影响混凝土拌和物和易性的重要指标。砂率的确定原则是在保证混凝土拌和物黏聚性和保水性要求的前提下，尽量取较小值。

（3）单位用水量（m_{wo}）。单位用水量是指 $1m^3$ 混凝土的用水量，反映混凝土中水泥浆与集料之间的比例关系。在混凝土拌和物中，水泥浆的多少显著影响混凝土的和易性，同时也影响其强度和耐久性。其确定原则是在达到流动性要求的前提下取较小值。

3.1.3.4 混凝土配合比设计的基本原理

（1）绝对体积法。该法是假定混凝土拌和物的体积等于各组成材料绝对体积及拌和物中所含空气的体积之和。

（2）假定表观密度法。如果原材料比较稳定，可先假设混凝土的表观密度为一定值，混凝土拌和物各组成材料的单位用量之和即为其表观密度。通常普通水泥混凝土的表观密度为 2350～2450kg/m^3。

3.1.3.5 混凝土配合比设计的方法与步骤

1. 计算混凝土初步配合比

（1）确定混凝土配制强度（$f_{cu,o}$）。

1）当混凝土的设计强度等级小于 C60 时，配制强度应按式（3.12）确定：

$$f_{cu,o} \geqslant f_{cu,k} + 1.645\sigma \tag{3.12}$$

式中 $f_{cu,o}$——混凝土的配制强度，MPa；

$f_{cu,k}$——混凝土立方体抗压强度标准值，取混凝土设计强度等级值，MPa；

σ——混凝土强度标准差，MPa。

2）当混凝土的设计强度等级不小于 C60 时，配制强度应按式（3.13）确定：

$$f_{cu,o} \geqslant 1.15 f_{cu,k} \tag{3.13}$$

3）混凝土强度标准差应按照下列规定确定：

a. 当施工单位具有近 1～3 个月的同一品种、同一强度等级混凝土的强度资料，且试件组数不小于 30 时，其混凝土强度标准差 σ 应按式（3.14）计算：

$$\sigma = \sqrt{\frac{\sum_{i=1}^{n}(f_{cu,i}^2 - nm_{f_{cu}}^2)^2}{n-1}} \tag{3.14}$$

式中 n——统计周期内相同等级的试件组数；

$f_{cu,i}$——第 i 组试件的立方体抗压强度，MPa；

$m_{f_{cu}}$——n 组混凝土试件立方体抗压强度平均值，MPa。

对于强度等级不大于 C30 的混凝土，当混凝土强度标准差计算值不小于 3.0MPa 时，应按式（3.14）计算取值；当混凝土强度标准差计算值小于 3.0MPa 时，应取 3.0MPa。

对于强度等级大于 C30 且小于 C60 的混凝土，当混凝土强度标准差计算值不小于 4.0MPa 时，应按式（3.14）计算取值；当混凝土强度标准差计算值小于 4.0MPa 时，应取 4.0MPa。

b. 当没有近期的同一品种、同一强度等级混凝土的强度资料时，其混凝土强度标准差可按表 3.20 取值。

表 3.20 混凝土标准差 σ 值表

混凝土强度等级	≤C20	C25～C45	C50～C55
标准差 σ（MPa）	4.0	5.0	6.0

（2）计算水胶比（W/B）。

1）按强度要求计算水胶比。根据已测定的水泥实际强度 f_{ce}（或选用的水泥强度等级 $f_{ce,g}$）、粗集料种类及所要求的混凝土配制强度 $f_{cu,o}$，按混凝土强度经验公式计算水胶比，则有：

$$\frac{W}{B}=\frac{\alpha_a f_b}{f_{cu,o}+\alpha_a\alpha_b f_b} \tag{3.15}$$

2）按耐久性要求进行水胶比校核。按式（3.15）计算所得的水胶比是按强度要求计算得到的结果，在确定水胶比时，还应根据混凝土所处的环境条件、耐久性要求的允许最大水胶比（表3.18）进行校核。如按强度计算的水胶比小于耐久性要求的水灰比时，则采用按强度计算的水胶比；反之，则采用满足耐久性要求允许的最大水胶比。

（3）确定单位用水量（m_{wo}）和外加剂用量。

1）干硬性或塑性混凝土的用水量（m_{wo}）。根据粗集料的品种、数量、最大粒径及施工要求的混凝土拌和物的坍落度或维勃稠度，1m³ 干硬性或塑性混凝土拌和物的用水量（m_{wo}）应符合下列规定。

a. 混凝土水胶比在0.40～0.80范围时，可按表3.21和表3.22选取。

表3.21　干硬性混凝土的用水量选用表　单位：kg/m³

项目	指标	卵石最大公称粒径（mm）			碎石最大公称粒径（mm）		
		9.5	19.0	37.5	16.0	19.0	37.5
维勃稠度（s）	16～20	175	160	145	180	170	155
	11～15	180	165	150	185	175	160
	5～10	185	170	155	190	180	165

表3.22　塑性混凝土的用水量选用表　单位：kg/m³

项目	指标	卵石最大粒径（mm）				碎石最大粒径（mm）			
		9.5	19.0	31.5	37.5	16.0	19.0	31.5	37.5
坍落度（mm）	10～30	190	170	160	150	200	185	175	165
	35～50	200	180	170	160	210	195	185	175
	55～70	210	190	180	170	220	205	195	185
	75～90	215	195	185	175	230	215	205	195

注　1. 本表用水量是采用中砂时的平均值，采用细砂时，1m³ 混凝土用水量可增加5～10kg，采用粗砂时则可减少5～10kg。
2. 掺用外加剂或掺合料时，用水量应作相应调整。

b. 混凝土水胶比小于0.40时，可通过试验确定。

2）掺外加剂时，流动性和大流动性混凝土用水量（m_{wo}）。1m³ 流动性和大流动性混凝土用水量（m_{wo}）可按式（3.16）计算：

$$m_{wo}=m'_{wo}(1-\beta) \tag{3.16}$$

式中　m_{wo}——计算配合比1m³ 混凝土的用水量，kg/m³；

m'_{wo}——未掺外加剂时推定的满足实际坍落度要求的1m³ 混凝土用水量，kg/m³；以表3.22中90mm坍落度的用水量为基础，按每增大20mm坍落度应相应增加5kg/m³ 用水量来计算，当坍落度增大到180mm以上时，随坍落度相应增加的用水量可减少；

β——外加剂的减水率，%，应经混凝土试验确定。

3）确定混凝土中外加剂用量（m_{ao}）。$1m^3$ 混凝土中外加剂用量（m_{ao}）可按式（3.17）计算：

$$m_{ao}=m_{bo}\beta_a \tag{3.17}$$

式中 m_{ao}——计算配合比 $1m^3$ 混凝土中外加剂的用量，kg/m^3；

m_{bo}——计算配合比 $1m^3$ 混凝土中胶凝材料的用量，kg/m^3；

β_a——外加剂掺量，%，应经试验确定。

（4）计算胶凝材料、矿物掺合料和水泥用量。

1）$1m^3$ 混凝土的胶凝材料用量（m_{bo}）按式（3.18）计算：

$$m_{bo}=\frac{m_{wo}}{W/B} \tag{3.18}$$

按耐久性要求校核单位胶凝材料用量。根据耐久性要求，混凝土的最小胶凝材料用量，依混凝土结构的环境类别、结构混凝土材料的耐久性基本要求确定。按强度要求由式（3.18）计算得到的单位胶凝材料用量，应不低于表3.19规定的最小胶凝材料用量。

2）$1m^3$ 混凝土的矿物掺合料用量（m_{fo}）按式（3.19）计算：

$$m_{fo}=m_{bo}\beta_f \tag{3.19}$$

式中 m_{fo}——计算配合比 $1m^3$ 混凝土中矿物掺合料用量，kg/m^3；

β_f——矿物掺合料掺量，%，可结合矿物掺合料和水胶比的规定确定。

3）$1m^3$ 混凝土的水泥用量（m_{co}）可按式（3.20）计算：

$$m_{co}=m_{bo}-m_{fo} \tag{3.20}$$

式中 m_{co}——计算配合比 $1m^3$ 混凝土中水泥用量，kg/m^3。

（5）选定砂率（β_s）。当无历史资料可参考时，混凝土砂率的确定应符合下列规定：

1）坍落度小于10mm的混凝土，其砂率应经试验确定。

2）坍落度为10～60mm的混凝土，其砂率可根据粗集料品种、最大公称粒径及水胶比按表3.23选定。

表3.23　混凝土的砂率选用表　%

水灰比	卵石最大粒径（mm）			碎石最大粒径（mm）		
	9.5	19.5	37.5	16	19.0	37.5
0.40	26～32	25～31	24～30	30～35	29～34	27～32
0.50	30～35	29～34	28～33	33～38	32～37	30～35
0.60	33～38	32～37	31～36	36～41	35～40	33～38
0.70	36～41	35～40	34～39	39～44	38～43	36～41

注 1. 本表数值是中砂的选用砂率，对细砂或粗砂，可相应地减小或增大砂率。
2. 本表适用于坍落度为10～60mm的混凝土。对坍落度大于60mm的混凝土，应在本表的基础上，按坍落度每增大20mm，砂率增大1%的幅度予在调整。
3. 只用一个单粒级粗集料配制混凝土，砂率应适当增大。
4. 对薄壁构件砂率取偏大值。
5. 掺有各种外加剂或掺合料时，其合理砂率应经试验或参照其他有关规定确定。

（6）计算细、粗集料单位用量（m_{so}、m_{go}）。在已知砂率的情况下，细、粗集料用量可用质量法或体积法求得。

1）质量法。又称假定表观密度法，假定混凝土拌和物的表观密度为固定值，混凝土拌和物各组成材料的单位用量之和即为其表观密度。粗、细集料单位用量可按式（3.21）计算：

$$\begin{cases} m_{fo}+m_{co}+m_{so}+m_{go}+m_{wo}=\rho_{cp}\times 1\text{m}^3 \\ \dfrac{m_{so}}{m_{so}+m_{go}}\times 100\%=\beta_s \end{cases} \tag{3.21}$$

式中 ρ_{cp}——混凝土拌和物的假定表观密度，kg/m³，其值可根据施工单位积累的试验资料确定（如缺乏资料时，可根据集料的表观密度、最大粒径以及混凝土强度等级在2350～2450kg/m³ 范围内选定）；

m_{fo}——1m³ 混凝土中矿物掺合料用量，kg/m³；

m_{co}——1m³ 混凝土中水泥的质量，kg/m³；

m_{so}——1m³ 混凝土中细集料的质量，kg/m³；

m_{go}——1m³ 混凝土中粗集料的质量，kg/m³；

m_{wo}——1m³ 混凝土中水的质量，kg/m³；

β_s——砂率，%。

2）体积法。又称绝对体积法。假定混凝土拌和物的体积等于各组成材料绝对体积及拌和物中所含空气的体积之和，粗、细集料单位用量可按式（3.22）计算：

$$\begin{cases} \dfrac{m_{so}}{m_{so}+m_{go}}\times 100\%=\beta_s \\ \dfrac{m_{fo}}{\rho_f}+\dfrac{m_{co}}{\rho_c}+\dfrac{m_{wo}}{\rho_w}+\dfrac{m_{so}}{\rho_s}+\dfrac{m_{go}}{\rho_g}+0.01a=1 \end{cases} \tag{3.22}$$

式中 ρ_f、ρ_c、ρ_w——矿物掺合料、水泥、水的密度，kg/m³；

ρ_s、ρ_g——粗集料、细集料的堆积密度，kg/m³；

a——混凝土含气量百分数，在不使用引气剂外加剂时，可选取 $a=1$。

在实际工作中，混凝土配合比设计通常采用质量法。混凝土配合比设计也允许采用体积法，可视具体技术需要选用。与质量法比较，体积法需要测定水泥和矿物掺合料的密度以及粗、细集料的表观密度等，对技术要求略高。

2. 试拌调整提出基准配合比

（1）试配。

1）试配材料要求。试配混凝土所用的各种原材料，要与实际工程使用的材料相同；配合比设计所采用的细集料含水率应小于0.5%，粗集料含水率应小于0.2%。

2）搅拌方法和拌和物数量。混凝土搅拌方法应尽量与生产时使用方法相同。试配时，每盘混凝土的数量一般不少于表3.24的建议值。如需进行抗弯强度试验，则应根据实际需要计算用量。采用机械搅拌时，其搅拌量应不小于搅拌机额定搅拌

表3.24 混凝土试配的最小搅拌量

粗集料最大公称粒径（mm）	拌和物数量（L）
≤31.5	20
37.5	25

量的 1/4。

（2）校核工作性，确定基准配合比。按计算出的初步配合比进行试配，以校核混凝土拌和物的工作性。如试拌得出的拌和物的坍落度（或维勃稠度）不能满足要求，或黏聚性和保水性能不好，应在保证水胶比不变的条件下相应调整用水量或砂率，直至符合要求为止。当试拌调整工作完成后，应测出混凝土拌和物的表观密度（ρ_{cp}），重新计算出 1m³ 混凝土的各项材料用量，即为供混凝土强度试验用的基准配合比。

设调整和易性后试配 20L 或 25L 混凝土的材料用量为水 m_{wb}、水泥 m_{cb}、矿物掺合料 m_{fb}、砂 m_{sb}、石子 m_{gb}，则基准配合比为：

$$\begin{cases} m_{wJ}=\dfrac{\rho_{cp}\times 1\mathrm{m}^3}{m_{wb}+m_{cb}+m_{fb}+m_{sb}+m_{gb}}m_{wb} \\ m_{cJ}=\dfrac{\rho_{cp}\times 1\mathrm{m}^3}{m_{wb}+m_{cb}+m_{fb}+m_{sb}+m_{gb}}m_{cb} \\ m_{fJ}=\dfrac{\rho_{cp}\times 1\mathrm{m}^3}{m_{wb}+m_{cb}+m_{fb}+m_{sb}+m_{gb}}m_{fb} \\ m_{sJ}=\dfrac{\rho_{cp}\times 1\mathrm{m}^3}{m_{wb}+m_{cb}+m_{fb}+m_{sb}+m_{gb}}m_{sb} \\ m_{gJ}=\dfrac{\rho_{cp}\times 1\mathrm{m}^3}{m_{wb}+m_{cb}+m_{fb}+m_{sb}+m_{gb}}m_{gb} \end{cases} \tag{3.23}$$

式中 m_{wJ}——基准配合比混凝土 1m³ 的用水量，kg；

m_{cJ}——基准配合比混凝土 1m³ 的水泥用量，kg；

m_{fJ}——基准配合比混凝土 1m³ 的矿物掺合料用量，kg；

m_{sJ}——基准配合比混凝土 1m³ 的细集料用量，kg；

m_{gJ}——基准配合比混凝土 1m³ 的粗集料用量，kg；

ρ_{cp}——混凝土拌和物表观密度实测值，kg/m³。

经过和易性调整试验得出的混凝土基准配合比，满足了和易性的要求，但其水灰比不一定选用恰当，混凝土的强度不一定符合要求，故应对混凝土强度进行复核。

（3）检验强度，确定试验室配合比。为校核混凝土的强度，至少拟定三个不同的配合比。当采用三个不同水胶比的配合比，其中一个是基准配合比，另两个配合比的水胶比则分别比基准配合比增加及减少 0.05，其用水量与基准配合比相同，砂率可分别增加或减少 1%。每种配合比至少制作一组（3 块）试件，每一组都应检验相应配合比拌和物的和易性及测定表观密度，其结果代表这一配合比的混凝土拌和物的性能，将试件标准养护至 28d 时，进行强度试验。

由试验所测得的混凝土强度与相应的灰水比作图或计算，求出与混凝土配制强度（$f_{cu,o}$）相对应的灰水比。最后按以下原则确定 1m³ 混凝土拌和物的各材料用量，即为试验室配合比。

1）确定用水量。取基准配合比中用水量，并根据制作强度试件时测得的坍落度或维勃稠度，进行调整确定。

2）确定胶凝材料用量。以用水量乘以通过试验确定的与配制强度相对应的胶水比计算得出。

3）粗、细集料用量。取基准配合比中的粗、细集料用量，并按定出的水胶比作适当调整。

4）强度复核之后的配合比，还应根据实测的混凝土拌和物的表观密度（$\rho_{c,t}$）作校正，以确定 $1m^3$ 混凝土的各材料用量。其步骤如下：

a. 计算出混凝土拌和物的计算表观密度 $\rho_{c,c}$：

$$\rho_{c,c}=m_{c,sh}+m_{f,sh}+m_{w,sh}+m_{s,sh}+m_{g,sh} \tag{3.24}$$

b. 计算出校正系数 δ：

$$\delta=\frac{\rho_{c,t}}{\rho_{c,c}} \tag{3.25}$$

当混凝土表观密度实测值与计算值之差的绝对值不超过计算值的 2%时，按以上原则确定的配合比即为确定的试验室配合比；当两者之差超过 2%时，应将配合比中各项材料用量乘以 δ，即为确定的试验室配合比。

（4）考虑现场实际情况，确定混凝土施工配合比。混凝土的试验室配合比所用粗、细集料是以干燥状态为标准计量的，但施工现场的粗、细集料是露天堆放的，都含有一定的水分。所以，施工现场应根据集料的实际含水率情况进行调整，将试验室配合比换算为施工配合比。

假定工地测出砂的表面含水率为 $a\%$，石子的表面含水率为 $b\%$，设施工配合比 $1m^3$ 混凝土各材料用量为 m'_c、m'_f、m'_s、m'_g、m'_w(kg)，则：

$$\begin{cases} m'_c = m_{c,sh} \\ m'_f = m_{f,sh} \\ m'_s = m_{s,sh}(1+a\%) \\ m'_g = m_{g,sh}(1+b\%) \\ m'_w = m_{w,sh} - m_{s,sh}a\% - m_{g,sh}b\% \end{cases} \tag{3.26}$$

3.1.4 普通水泥混凝土的配合比设计实例

试设计某桥梁工程桥台用钢筋混凝土的配合比。

3.1.4.1 原始资料

（1）已知混凝土设计强度等级为 C30，强度标准差计算值为 3.0MPa，要求混凝土拌和物坍落度为 30～50mm。桥梁所在地区属寒冷地区。

（2）组成材料：普通硅酸盐水泥 32.5 级，实测 28d 抗压强度为 36.8MPa，密度 $\rho_c=3100kg/m^3$；中砂，表观密度 $\rho_s=2650kg/m^3$，施工现场含水率为 2%；碎石最大公称粒径为 37.5mm，表观密度 $\rho_g=2700kg/m^3$，施工现场含水率为 1%；粉煤灰为Ⅱ级，表观密度 $\rho_f=2200kg/m^3$，掺合料 $\beta_f=20\%$；外加剂为减水剂，掺量 $\beta_a=0.5\%$，减水率 $\beta=8\%$。

3.1.4.2 设计要求

（1）按题设资料计算出初始配合比。

（2）按初始配合比在试验室进行试拌，调整得出试验室配合比。

（3）根据工地实测含水率计算施工配合比。

3.1.4.3 设计步骤

1. 计算初步配合比

(1) 确定混凝土配制强度 $f_{cu,o}$。按题设条件：设计要求混凝土强度等级 $f_{cu,k}=30MPa$，按式（3.12）计算混凝土的配制强度。

$$f_{cu,o}=f_{cu,k}+1.645\sigma=30+1.645\times3.0=34.9(\mathrm{MPa})$$

(2) 计算水胶比（W/B）。

1) 按强度要求计算水胶比。

a. 计算胶凝材料的实际强度。由题意已知采用Ⅱ级粉煤灰，掺量为20%，查表3.15的粉煤灰影响系数 $\gamma_f=0.85$，粒化高炉矿渣粉影响系数 $\gamma_s=1.0$，再根据水泥实际强度 $f_{ce}=36.8MPa$，代入式（3.6）计算胶凝材料的强度 f_b 为：

$$f_b=\gamma_f\gamma_s f_{ce}=0.85\times1.00\times36.8=31.3(\mathrm{MPa})$$

b. 计算混凝土水胶比。已知混凝土的配制强度 $f_{cu,o}=34.9MPa$，胶凝材料的强度 $f_b=31.3MPa$。查表3.14：碎石 $\alpha_a=0.53$，$\alpha_b=0.20$。按式（3.15）计算水胶比：

$$\frac{W}{B}=\frac{\alpha_a f_b}{f_{cu,o}+\alpha_a\alpha_b f_b}=\frac{0.53\times31.3}{34.9+0.53\times0.20\times31.3}=0.43$$

2) 按耐久性校核水胶比。根据混凝土所处环境条件，属于寒冷地区，查表3.18可知，允许最大水胶比为0.50。按强度计算水胶比为0.43，符合耐久性要求，采用计算水胶比为 $W/B=0.43$。

(3) 确定单位用水量（m_{wo}）和外加剂用量（m_{ao}）。

1) 由题意已知，要求混凝土拌和物坍落度为30～50mm，碎石最大公称粒径为37.5mm。查表3.22选用未掺加外加剂时的混凝土用水量为 $m'_{wo}=175kg/m^3$。

又已知掺加0.5%的减水剂，减水率为8%，则掺减水剂后的混凝土用水量 m_{wo} 按式（3.16）计算为：

$$m_{wo}=m'_{wo}(1-\beta)=175\times(1-8\%)=161(\mathrm{kg/m^3})$$

2) 确定混凝土中减水剂用量（m_{ao}）。由题意已知，$1m^3$ 混凝土中减水剂的掺量为0.5%，按式（3.17）计算：

$$m_{ao}=m_{bo}\beta_a=374\times0.5\%=1.9(\mathrm{kg/m^3})$$

(4) 计算胶凝材料、矿物掺合料和水泥用量。

1) 计算 $1m^3$ 混凝土的胶凝材料用量（m_{bo}）。

a. 已知混凝土单位用水量 $m_{wo}=161kg/m^3$，水胶比 $W/B=0.43$，按式（3.18）计算 $1m^3$ 混凝土胶凝材料用量为：

$$m_{bo}=\frac{m_{wo}}{W/B}=\frac{161}{0.43}=374(\mathrm{kg/m^3})$$

b. 按耐久性要求校核单位胶凝材料用量。按题意，已知混凝土所处环境条件属寒冷地区，根据耐久性要求，查表3.19，混凝土的最小胶凝材料用量为 $320kg/m^3$。按强度计算 $1m^3$ 混凝土胶凝材料用量为 $374kg/m^3$。

2) 计算 $1m^3$ 混凝土的粉煤灰用量（m_{fo}）。按题意已知，粉煤灰的掺量为20%，代入式（3.19）计算得：

$$m_{fo}=m_{bo}\beta_f=374\times20\%=75(\text{kg/m}^3)$$

3）计算 1m³ 混凝土的水泥用量（m_{co}），按式（3.20）计算：

$$m_{co}=m_{bo}-m_{fo}=374-75=299(\text{kg/m}^3)$$

（5）选定砂率（β_s）。由题意已知，粗集料采用碎石的最大公称粒径为 37.5mm，水胶比 $W/B=0.43$。查表 3.23，选定混凝土的砂率 $\beta_s=32\%$。

（6）计算粗、细集料用量（m_{go}、m_{so}）。

1）质量法。

已知：1m³ 混凝土的水泥用量 $m_{co}=299\text{kg/m}^3$，粉煤灰用量 $m_{fo}=75\text{kg/m}^3$，用水量 $m_{wo}=161\text{kg/m}^3$，混凝土拌和物假定表观密度为 $\rho_{cp}=2400\text{kg/m}^3$，砂率 $\beta_s=32\%$。

按式（3.21）计算粗、细集料用量（m_{go}、m_{so}）

$$\begin{cases}m_{co}+m_{fo}+m_{so}+m_{go}+m_{wo}=\rho_{cp}\times1\ (\text{m}^3)\\ \dfrac{m_{so}}{m_{so}+m_{go}}\times100\%=\beta_s\end{cases}$$

将相关计算结果代入上式得：

$$\begin{cases}299+75+m_{so}+m_{go}+161=2400\\ \dfrac{m_{so}}{m_{so}+m_{go}}=0.32\end{cases}$$

解得：$m_{so}=597\text{kg/m}^3$，$m_{go}=1268\text{kg/m}^3$。

按质量法得混凝土初步配合比为：

$m_{co}=299\text{kg/m}^3$，$m_{fo}=75\text{kg/m}^3$，$m_{so}=597\text{kg/m}^3$，$m_{go}=1268\text{kg/m}^3$，$m_{wo}=161\text{kg/m}^3$。

2)体积法。

已知：水泥密度 $\rho_c=3100\text{kg/m}^3$；粉煤灰密度 $\rho_f=2200\text{kg/m}^3$；中砂表观密度 $\rho_s=2650\text{kg/m}^3$；碎石表观密度 $\rho_g=2700\text{kg/m}^3$；非引气混凝土，$a=1$，由式(3.22)得：

$$\begin{cases}\dfrac{m_{so}}{m_{so}+m_{go}}\times100\%=\beta_s\\ \dfrac{m_{co}}{\rho_c}+\dfrac{m_{fo}}{\rho_f}+\dfrac{m_{wo}}{\rho_w}+\dfrac{m_{go}}{\rho_g}+\dfrac{m_{so}}{\rho_s}+0.01a=1\end{cases}$$

将相关数据代入上式得：

$$\begin{cases}\dfrac{m_{so}}{m_{so}+m_{go}}=0.324\\ \dfrac{299}{3100}+\dfrac{75}{2200}+\dfrac{161}{1000}+\dfrac{m_{go}}{2700}+\dfrac{m_{so}}{2650}+0.01=1\end{cases}$$

解得：$m_{so}=600\text{kg/m}^3$，$m_{go}=1275\text{kg/m}^3$。

按体积法得混凝土初步配合比为：$m_{co}=299\text{kg/m}^3$，$m_{fo}=75\text{kg/m}^3$，$m_{so}=600\text{kg/m}^3$，$m_{go}=1275\text{kg/m}^3$，$m_{wo}=161\text{kg/m}^3$。

2. 试拌调整，确定基准配合比

（1）计算试拌材料用量。按计算初步配合比（以绝对体积法计算结果为例），试拌 25L 混凝土拌和物，各种材料用量为：水泥 7.5kg；粉煤灰 1.9kg；砂 15.0kg；碎石

31.9kg；水 4.0kg。

（2）检验、调整工作性，确定基准配合比。按计算材料用量拌制混凝土拌和物，测定其坍落度为 10mm，未满足题目给的施工和易性要求。为此，保持水胶比不变，增加 5% 的水和胶凝材料用量。再经拌和测得坍落度为 40mm，且黏聚性和保水性良好，满足施工和易性要求。此时，混凝土拌和物各组成材料实际用量为：

水泥　　7.5×(1+5%)=7.9(kg)

粉煤灰　　1.9×(1+5%)=2.0(kg)

水　　4.0×(1+5%)=4.2(kg)

砂　　15.0kg

碎石　　31.9kg

（3）提出基准配合比。用满足施工和易性要求的拌和物测得的混凝土的表观密度为 $2437kg/m^3$，根据式（3.23）算得其基准配合比为：

$$m_{cJ}=\frac{\rho_{cp}\times 1m^3}{m_{wb}+m_{cb}+m_{fb}+m_{sb}+m_{gb}}\times m_{cb}=\frac{2437}{4.2+7.9+2.0+15.0+31.9}\times 7.9=316kg$$

$$m_{fJ}=\frac{\rho_{cp}\times 1m^3}{m_{wb}+m_{cb}+m_{fb}+m_{sb}+m_{gb}}\times m_{fb}=\frac{2437}{4.2+7.9+2.0+15.0+31.9}\times 2.0=80kg$$

$$m_{wJ}=\frac{\rho_{cp}\times 1m^3}{m_{wb}+m_{cb}+m_{fb}+m_{sb}+m_{gb}}\times m_{wb}=\frac{2437}{4.2+7.9+2.0+15.0+31.9}\times 4.2=168kg$$

$$m_{sJ}=\frac{\rho_{cp}\times 1m^3}{m_{wb}+m_{cb}+m_{fb}+m_{sb}+m_{gb}}\times m_{sb}=\frac{2437}{4.2+7.9+2.0+15.0+31.9}\times 15.0=600kg$$

$$m_{gJ}=\frac{\rho_{cp}\times 1m^3}{m_{wb}+m_{cb}+m_{fb}+m_{sb}+m_{gb}}\times m_{gb}=\frac{2437}{4.2+7.9+2.0+15.0+31.9}\times 31.9=1274kg$$

3. 检验强度，确定试验室配合比

（1）检验强度。采用水灰比分别为 0.38、0.43、0.48，拌制三组混凝土拌和物。其各组材料称量为：砂、碎石用量不变，基准水用量亦保持不变，其他两组亦经测定坍落度并观察其黏聚性和保水性均满足要求。

按三组配合比经拌制成型，在标准条件下养护 28d 后，按规定方法测定其立方体抗压强度值，见表 3.25。

表 3.25　　不同水胶比的混凝土强度值

组　别	水胶比 W/B	胶水比 B/W	28d 立方体抗压强度（MPa）
A	0.38	2.63	45.1
B	0.43	2.33	37.8
C	0.48	2.08	30.1

根据表 3.25 试验结果，绘制混凝土 28d 立方体抗压强度与胶水比关系如图 3.9 所示。由图 3.9 可知，相应混凝土配置强度 $f_{cu,o}=34.9MPa$ 的胶水比 $B/W=2.23$，即水胶比为 0.45。

（2）确定试验室配合比。

1）按强度试验结果修正配合比，各材料用量为：

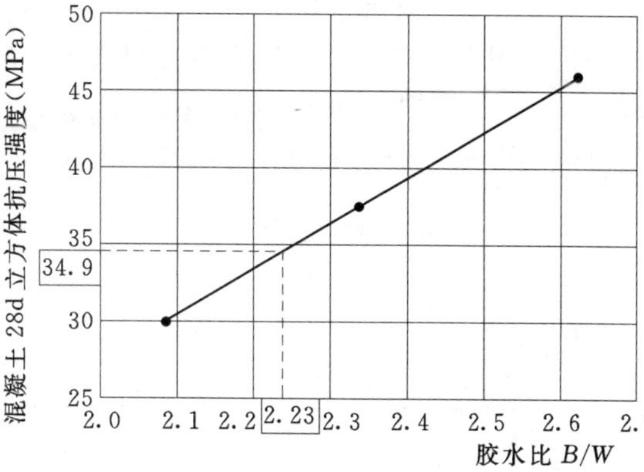

图 3.9　混凝土 28d 立方体抗压强度与胶水比关系曲线

用水量　$m_{w,sh}=168kg/m^3$

胶凝材料用量　$m_{b,sh}=168\div 0.45=362(kg/m^3)$

粉煤灰用量　$m_{f,sh}=362\times 20\%=72(kg/m^3)$

水泥用量　$m_{c,sh}=362-72=290(kg/m^3)$

砂、碎石用量按体积法计算得：

砂用量　$m_{s,sh}=598kg/m^3$

碎石用量　$m_{g,sh}=1270kg/m^3$

2）混凝土表观密度计算值，按式（3.24）可计算：

$$\rho_{c,c}=m_{c,sh}+m_{f,sh}+m_{w,sh}+m_{s,sh}+m_{g,sh}=290+72+168+598+1270=2398(kg/m^3)$$

实测混凝土表观密度　$\rho_{c,t}=2450kg/m^3$

修正系数　$\delta=2450/2398=1.02$

因为混凝土表观密度实测值与计算值之差的绝对值超过计算值的 2% $\left(\frac{2450-2398}{2398}\times 100\%=2.2\%\right)$，则按实测表观密度校正各种材料用量：

水泥用量　$m'_{c,sh}=290\times 1.02=296(kg/m^3)$

粉煤灰用量　$m'_{f,sh}=72\times 1.02=73(kg/m^3)$

水用量　$m'_{w,sh}=168\times 1.02=171(kg/m^3)$

砂用量　$m'_{s,sh}=598\times 1.02=610(kg/m^3)$

碎石用量　$m'_{g,sh}=1270\times 1.02=1295(kg/m^3)$

4. 换算施工配合比

水泥用量　$m'_c=296kg/m^3$

粉煤灰用量　$m'_f=73kg/m^3$

水用量　$m'_w=171-(610\times 2\%+1295\times 1\%)=146(kg/m^3)$

砂用量　$m'_s=610\times(1+2\%)=622(kg/m^3)$

碎石用量　$m'_g=1295\times(1+1\%)=1308(kg/m^3)$

3.1.5　路面水泥混凝土

路面水泥混凝土是指满足混凝土路面摊铺工作性（和易性）、抗弯强度、耐久性与经济性的水泥混凝土。

由于路面混凝土直接承受车辆荷载的作用，其组成材料选择、配合比设计标准应根据路面的交通等级确定。在 JTG D41—2011 中，按设计基准期内设计车道所承受的标准轴载次数，将路面所承受的交通轴载作用分为五级，分级范围见表 3.26。

表 3.26 交通荷载分级

交通荷载等级	极重	特重	重	中	轻
设计基准期内设计车道承受设计轴载（100kN）累计作用次数 N_e（10^4）	$>1\times10^6$	1×10^6～2000	2000～100	100～3	<3

3.1.5.1 路面水泥混凝土的组成材料

1. 水泥

水泥是路面混凝土的重要组成材料，直接影响混凝土的强度、早期干缩、温度变形和抗磨性。特重、重交通等级的水泥混凝土路面，应优先采用道路硅酸盐水泥，也可使用硅酸盐水泥或普通硅酸盐水泥。中、轻交通的路面，也可采用矿渣硅酸盐水泥。冬季施工、有快凝要求的路段，可采用 R 型早强水泥，一般情况宜采用普通型水泥。表 3.27 为 JTG F30—2003《公路水泥混凝土路面施工技术规范》对各交通等级路面混凝土用水泥的强度要求，水泥的化学成分、物理性能等品质要求还应符合规范规定。

表 3.27 各交通等级路面水泥各龄期的强度要求

交通等级		特重交通		重交通		中、轻交通	
龄期（d）		3	28	3	28	3	28
抗压强度（MPa）	不小于	25.5	52.5	22.0	52.5	16.0	42.5
抗折强度（MPa）	不小于	4.5	7.5	4.0	7.0	3.5	6.5

2. 粉煤灰

混凝土路面在掺用粉煤灰时，应掺用质量指标符合表 3.7 规定的电收尘Ⅰ、Ⅱ级干排或磨细粉煤灰，不得使用Ⅲ级粉煤灰。贫混凝土、碾压混凝土基层或复合式路面下面层应掺用符合表 3.7 规定的Ⅲ级或Ⅲ级以上粉煤灰，不得使用等外粉煤灰。

3. 粗集料

（1）质量要求。粗集料应使用质地坚硬、耐久、洁净的碎石、碎卵石和卵石，并应符合表 3.4 的规定。高速公路、一级公路、二级公路及有抗（盐）冻要求的三、四级公路混凝土路面使用的粗集料级别应不低于Ⅱ类，无抗（盐）冻要求的三、四级公路混凝土路面、碾压混凝土及贫混凝土基层可使用Ⅲ类粗集料。有抗（盐）冻要求时，Ⅰ类粗集料吸水率不应大于 1.0%；Ⅱ类粗集料吸水率不应大于 2.0%。

（2）公称最大粒径和级配。用做路面和桥面混凝土的粗集料不得使用不分级的统料，应按公称最大粒径的不同采用 2～4 个粒级的集料进行掺配，并应符合表 3.28 合成级配的要求。卵石公称最大粒径不宜大于 19.0mm；碎卵石公称最大粒径不宜大于 26.5mm；碎石公称最大粒径不应大于 31.5mm。贫混凝土基层粗集料公称最大粒径不应大于 31.5mm；钢纤维混凝土与碾压混凝土粗集料公称最大粒径不宜大于 19.0mm。碎卵石或碎石中粒径小于75mm的石粉含量不宜大于1%。

表 3.28　粗集料级配范围

级配类型	方筛孔尺寸(mm) / 累计筛余(以质量计)百分率(%)	2.36	4.75	9.50	16.0	19.0	26.5	31.5	37.5
连续粒级	4.75～16	95～100	85～100	40～60	0～10				
	4.75～19	95～100	85～95	60～75	30～45	0～5	0		
	4.75～26.5	95～100	90～100	70～90	50～70	25～40	0～5	0	
	4.75～31.5	95～100	90～100	75～90	60～75	40～60	20～35	0～5	0
单粒级	4.75～9.5	95～100	80～100	0～15	0				
	9.5～16		95～100	80～100	0～15	0			
	9.5～19		95～100	85～100	40～60	0～15	0		
	16～26.5		95～100	85～100	55～70	25～40	0～10	0	
	16～31.5		95～100	90～100	85～100	55～70	25～40	0～10	0

4. 细集料

(1) 质量要求。细集料应采用质地坚硬、耐久、洁净的天然砂、机制砂或混合砂，并应符合表3.3的规定。

高速公路、一级公路、二级公路及有抗（盐）冻要求的三、四级公路混凝土路面使用的砂不低于Ⅱ类，无抗（盐）冻要求的三、四级公路混凝土路面、碾压混凝土及贫混凝土基层可使用Ⅲ类砂。特重、重交通混凝土路面宜使用河砂，砂的硅质含量不应低于25%。

(2) 级配和细度。细集料的级配要求应符合表3.2的规定，路面和桥面用天然砂宜为中砂，也可使用细度模数为2.0～3.5的砂。同一配合比用砂的细度模数变化范围不应超过0.3，否则，应分别堆放，并调整配合比中的砂率后使用。

5. 水

饮用水可以直接作为混凝土搅拌和养护用水，水中不得含有油污、泥及其他有害杂质。对水质有疑问时，应检验表3.29中的指标，合格者方可使用。

表 3.29　路面混凝土用水的质量要求

指　标	要　求	指　标	要　求
pH值　不小于	4	含盐量 (mg/mm^3)　不大于	0.005
硫酸盐含量（按 SO_4^{2-} 计）(mg/mm^3)　小于	0.0027		

6. 外加剂

外加剂可以改善混凝土的性能，通常掺入的外加剂有减水剂、引气剂、缓凝剂、抗冻剂等，其主要功能为：减少用水量，适当引气，提高抗弯强度，延长凝结时间，提高早期强度，防冻等。不管选用何种外加剂，都应根据设计要求和现场具备的材料品质及施工条件具体情况，选用适当的外加剂品种及合适的掺量。在路面混凝土中所使用的高效减水剂，其减水率应达到15%，引气减水剂的减水率应达到12%。

3.1.5.2 路面水泥混凝土的技术性质

路面混凝土既要受到车辆荷载的反复作用，又要受到大自然、气候的直接影响，因而需要具备优良的技术性质。

1. 抗弯拉强度

各种交通等级，对混凝土抗弯拉强度要求应不低于表3.30的标准，条件许可时尽量采用较高的设计强度，特别是特重交通的道路。

表3.30 路面水泥混凝土抗弯拉强度标准值

交通等级	极重、特重	重	中等	轻
水泥混凝土的抗弯拉强度标准值（MPa）	5.0	5.0	4.5	4.0
钢纤维混凝土的抗弯拉强度标准值（MPa）	6.0	6.0	5.5	5.0

2. 工作性（和易性）

混凝土拌和物在施工拌和、运输浇筑、捣实和抹平等过程中不分层、不离析、不泌水，能均匀密实填充在结构物模板内，即具有良好的工作性，符合施工要求。通常滑模摊铺的路面混凝土的坍落度、振动黏度系数要满足表3.31的要求。

表3.31 混凝土路面滑模最佳工作性、允许范围及最大单位用水量

集料品种		卵石混凝土	碎石混凝土
坍落度（mm）	设前角的滑模摊铺机	20～40	25～50
	不设前角的滑模摊铺机	10～40	10～30
	允许波动范围（mm）	5～55	10～65
振动黏度系数（N·s/m²）		200～500	100～600
最大单位用水量（kg/m³）		155	160

轨道摊铺机、三辊轴机组、小型机具摊铺的路面混凝土的坍落度和最大单位用水量也要满足相应要求，具体见表3.32。

表3.32 不同路面施工方式混凝土坍落度及最大单位用水量

摊铺方式	轨道摊铺机摊铺		三辊轴机组摊铺		小型机具摊铺	
出机坍落度（mm）	40～60		30～50		10～40	
摊铺坍落度（mm）	20～40		10～30		0～20	
最大单位用水量（kg/m³）	碎石156	卵石153	碎石153	卵石148	碎石150	卵石145

3. 耐久性

混凝土与大自然接触，受到干湿、冷热、水流冲刷、行车磨耗和冲击、腐蚀等作用，要求混凝土路面必须具备良好的耐久性。在进行混凝土配合比设计时，采用限制最大水灰（胶）比和最小水泥用量来满足路面耐久性的要求，具体见表3.33。

表 3.33 混凝土满足耐久性要求的最大水灰（胶）比和最小单位水泥用量

公路技术等级		高速公路、一级公路	二级公路	三、四级公路
最大水灰（胶）比		0.44	0.46	0.48
抗冰冻要求最大水灰（胶）比		0.42	0.44	0.46
抗盐冻要求最大水灰（胶）比		0.40	0.42	0.44
最小单位水泥用量（kg/m^3）	42.5 级	300	300	290
	32.5 级	310	310	305
抗冰（盐）冻时最小单位水泥用量（kg/m^3）	42.5 级	320	320	315
	32.5 级	330	330	325
掺粉煤灰时最小单位水泥用量（kg/m^3）	42.5 级	260	260	255
	32.5 级	280	270	265
抗冰（盐）冻掺粉煤灰最小单位水泥用量（42.5 级水泥）（kg/m^3）		280	270	265

注 1. 掺粉煤灰，并有抗冰（盐）冻性要求时，不得使用 32.5 级水泥。
2. 水灰（胶）比计算以砂石料的自然风干状态计（砂含水率≤1.0%；石子含水率≤0.5%）。
3. 处在除冰盐、海风、酸雨或硫酸盐等腐蚀性环境中，或在大纵坡等加减速车道上的混凝土，最大水灰（胶）表可比表中数值降低 0.01～0.02。

另外，严寒地区路面混凝土抗冻等级不宜小于 $D250$，寒冷地区不宜小于 $D200$。

3.1.5.3 路面水泥混凝土配合比设计

1. 配制弯拉强度 f_c

$$f_c=\frac{f_{cm}}{1-1.04c_v}+ts \tag{3.27}$$

式中 f_c——混凝土配制 28d 弯拉强度的均值，MPa；

f_{cm}——混凝土的设计抗弯强度（见表 3.30），MPa；

s——抗弯拉强度试验样本的标准差，MPa；

t——保证率系数，见表 3.34；

c_v——混凝土弯拉强度变异系数，应按统计数据在规范 JTJ F30—2003 规定范围内取值（在无统计数据时，抗弯拉强度变异系数应按设计取值；如施工配置抗弯拉强度超出设计给定的抗弯拉强度变异系数上限，则必须改进机械设备和提高施工控制水平），可参见表 3.35。

表 3.34 保 证 率 系 数

公路技术等级	判别概率 P	样本数 n（组）				
		3	6	9	15	20
高速公路	0.05	1.36	0.79	0.61	0.45	0.39
一级公路	0.10	0.95	0.59	0.59	0.35	0.30
二级公路	0.15	0.72	0.46	0.46	0.28	0.24
三、四级公路	0.20	0.56	0.37	0.37	0.22	0.19

表 3.35 各级公路混凝土路面弯拉强度变异系数

公路技术等级	高速公路	一级公路		二级公路	三、四级公路	
混凝土弯拉强度变异水平等级	低	低	中	中	中	高
弯拉强度变异系数 c_v 允许变化范围	0.05～0.10	0.05～0.10	0.10～0.15	0.10～0.15	0.10～0.15	0.15～0.20

2. 计算、校核和确定水灰比 W/C

(1) 按照混凝土弯拉强度计算水灰比。根据已知的混凝土配制抗弯拉强度和水泥的实测抗折强度，代入下式计算。

对于碎石（或破碎卵石）混凝土：

$$W/C=\frac{1.5684}{f_c+1.0097-0.3595f_s} \tag{3.28}$$

对于卵石混凝土：

$$W/C=\frac{1.2618}{f_c+1.5492-0.4709f_s} \tag{3.29}$$

式中 f_s——水泥实测抗折强度，MPa。

掺用粉煤灰时，应计入超量取代法中代替水泥的那一部分粉煤灰用量（代替砂的那部分不计入），用水胶比 $W/(C+F)$ 代替水灰比，水胶比中的“水胶”是指水泥与粉煤灰质量之和。

(2) 耐久性校核，确定水灰（胶）比。按照路面混凝土的使用环境、道路等级查表3.33，得到满足混凝土耐久性的最大水灰比（或水胶比）。在满足抗弯拉强度和耐久性要求的水灰比（或水胶比）中取较小值，作为路面混凝土的设计水灰比（或水胶比）。

(3) 选取砂率 β_s。根据砂的细度模数和粗集料品种参照表 3.36 选用。

表 3.36 砂的细度模数与最优砂率关系

砂细度模数		2.2～2.5	2.5～2.8	2.8～3.1	3.1～3.4	3.4～3.7
砂率 β_s（%）	碎石	30～34	32～36	34～38	36～40	38～42
	卵石	28～32	30～34	32～36	34～38	36～40

(4) 计算单位用水量 m_{wo}。

1) 不掺加外加剂和掺合料时，单位用水量的计算。混凝土拌和物 $1m^3$ 的用水量可根据选定坍落度、粗集料种类、砂率及水灰比，按照经验式（3.30）或式（3.31）计算，其中砂、石材料质量以风干状态计。

对于碎石混凝土：

$$m_{wo}=104.97+0.309S_L+11.27C/W+0.61\beta_s \tag{3.30}$$

对于卵石混凝土：

$$m_{wo}=86.89+0.370S_L+11.24C/W+1.00\beta_s \tag{3.31}$$

式中 S_L——混凝土拌和物的坍落度，mm；

β_s——砂率，%，参照表 3.36 选定。

2) 掺外加剂时，单位用水量的计算。掺外加剂时，混凝土的单位用水量按式（3.32）计算：

$$m_{w,ad}=m_{wo}(1-\beta_{ad})\tag{3.32}$$

式中 $m_{w,ad}$——掺加外加剂混凝土的单位用水量，kg/m^3；

m_{wo}——未掺外加剂时混凝土的单位用水量，kg/m^3；

β_{ad}——外加剂减水率的实测值，以小数计。

单位用水量应取计算值与表 3.32 或 3.33 中规定值两者中的小值。如果实际用水量在仅引气剂时的混凝土拌和物不能满足坍落度要求时，应掺用引气剂复合（高效）减水剂。对于三、四级公路，也可采用真空脱水工艺。

（5）计算确定单位水泥用量 m_{co}。混凝土拌和物 $1m^3$ 的水泥用量 m_{co} 可按式（3.33）计算，然后根据道路等级和环境条件，查表 3.33，得到满足耐久性要求的最小水泥用量。

$$m_{co}=m_{wo}\times(C/W)\tag{3.33}$$

式中 m_{wo}——单位用水量，kg/m^3；

C/W——灰水比。

（6）单位粉煤灰用量。路面混凝土掺用粉煤灰时，其配合比应按照超量取代法进行，代替水泥的粉煤灰掺量：Ⅰ型硅酸盐水泥不大于 30%；Ⅱ型硅酸盐水泥不大于 25%；道路水泥不大于 20%；普通水泥不大于 15%；矿渣水泥不得掺用粉煤灰。粉煤灰的超量部分应代替砂，并折减用砂量。

（7）计算砂、石材料单位用量 m_{so}、m_{go}。一般道路水泥混凝土砂、石材料用量的计算采用体积法或质量法，将上述确定的单位水泥用量 m_{co}、单位用水量 m_{wo} 和砂率 β_s 代入式（3.22）或式（3.21），联立求解即可确定砂、石材料用量 m_{so}、m_{go}。

3. 试拌、调整、确定基准配合比

以初步配合比为基础，拌制 30L 混凝土拌和物检验其流动性，并观察黏聚性和保水性。如流动性不符合，应在水灰比不变的条件下，增减水泥浆用量；如黏聚性和保水性不符合，应适当调整砂率。调整后，按普通水泥混凝土基准配合比的设计思路确定一个工作性符合要求的基准配合比。

4. 检测强度、确定试验室配合比

按试拌调整后的道路混凝土基准配合比，同时配制工作性满足设计要求的、较基准配合比水灰比增大 0.03 或减小 0.03 的共三组混凝土试件，经标准养护 28d，测定其抗弯拉强度，选定既满足强度要求、又节约水泥的配合比为试验室配合比。

5. 换算工地施工配合比

根据施工现场材料性质、砂石材料含水率，对试验室配合比进行换算，得到工地施工配合比。

3.1.5.4 路面水泥混凝土的配合比设计实例

试设计某二级公路路面用水泥混凝土配合比。

已知：

（1）交通等级属中等，按 JTJ F30—2003 规定设计抗弯拉强度为 4.5MPa。

（2）要求施工坍落度为 10～30mm。

（3）组成材料：

1）水泥。42.5 级的普通硅酸盐水泥，实测水泥胶砂抗弯拉强度 $f_s=7.82MPa$；密度

$\rho_c=3.1g/cm^3$。

2）砂。当地河砂，细度模数 $M_x=2.4$，表观密度 $\rho_s'=2700kg/m^3$。

3）碎石。原岩为石灰岩，属一级石料，其最大粒径 $D_{max}=31.5mm$，表观密度 $\rho_g'=2750kg/m^3$。

设计要求：

1）按题设资料计算出初步配合比。

2）按初始配合比在试验室进行试拌，调整得出试验室配合比。

3）根据工地实测含水率，计算施工配合比。

设计步骤如下。

1. 计算初步配合比

（1）确定抗弯拉强度 f_c。已知设计抗弯拉强度 $f_r=4.5MPa$，查表3.35得 $c_v=0.13$，标准差 $s=0.46$，概率度取0.28。按式（3.27）配制抗弯拉强度为：

$$f_c=\frac{f_{cm}}{1-1.04c_v}+ts=\frac{4.5}{1-1.04\times0.13}+0.28\times0.46=5.33(MPa)$$

（2）计算水灰比 W/C。已知配制抗弯拉强度 $f_c=5.33MPa$，水泥实测抗弯拉强度 $f_s=7.82MPa$，代入式（3.28）得出：$W/C=0.44$，按 JTJ F30—2003（表3.33）的规定，路面水泥混凝土水灰比不得大于0.46。故取计算值 $W/C=0.44$，符合耐久性要求。

（3）选取砂率 β_s。已知砂的细度模数 $M_X=2.4$，粗集料为碎石，查表3.36，取砂率 $\beta_s=31\%$。

（4）计算单位用水量 m_{wo}。已知水灰比 $W/C=0.44$，$\beta_s=31\%$，取坍落度 $S_L=20mm$，代入式（3.30）得：$m_{wo}=155kg/m^3$。

（5）计算单位水泥用量 m_{co}。已知用水量 $m_{wo}=155kg/m^3$，水灰比 $W/C=0.44$，按式（3.33）可计算得：$m_{co}=352kg/m^3$，按 JTJ F30—2003（表3.33）的规定，最小单位水泥用量不得小于 $300kg/m^3$。故取计算值 $m_{co}=352kg/m^3$，符合要求。

（6）计算砂、石材料用量 m_{so}、m_{go}。已知水泥用量 $m_{co}=352kg/m^3$、密度 $\rho_c=3.1g/cm^3$；水用量 $m_{wo}=155kg/m^3$、密度 $\rho_w=1.0g/cm^3$；砂的密度 $\rho_s'=2700kg/m^3$；石子的密度 $\rho_g'=2750kg/m^3$；砂率 $\beta_s=31\%$，代入式（3.22）得：$m_{so}=612kg/m^3$，$m_{go}=1362kg/m^3$。

故初步配合比为：$m_{co}:m_{so}:m_{go}=1:1.74:3.87$，$W/C=0.44$。

2. 试拌调整、确定基准配合比

分别取水泥10.56kg、水4.65 kg、砂18.36 kg、碎石40.86 kg拌制30L的混凝土拌和物，检验其工作性，得出结果：混凝土拌和物的坍落度 $S_L=20mm$，符合要求；但观察出其黏聚性和保水性稍差。增加砂率1%，即取 $\beta_s=32\%$，按此重新计算混凝土配合比为：水泥 $352kg/m^3$、水 $155kg/m^3$、砂 $631kg/m^3$、碎石 $1341kg/m^3$，且得到混凝土计算表观密度为 $\rho_{c,c}=2479kg/m^3$。

再按新调整的配合比拌制30L混凝土拌和物，其组成材料用量分别为：水泥10.56kg、水4.65 kg、砂18.93 kg、碎石40.23kg，测定拌和物坍落度 $S_L=17mm$，符合工作性要求，同时观察得黏聚性和保水性良好。

按上述配合比实测拌和物表观密度 $\rho_{c,p}=2417\text{kg/m}^3$，可计算得校正系数：

$$\delta=\frac{\rho_{c,p}}{\rho_{c,c}}=\frac{2417}{2479}=0.97$$

经调整后，满足工作性要求的混凝土拌和物的基准配合比为：

$$\begin{cases} m_{cJ} = 352\times 0.97 = 341\ (\text{kg}) \\ m_{wJ} = 155\times 0.97 = 150\ (\text{kg}) \\ m_{sJ} = 631\times 0.97 = 612\ (\text{kg}) \\ m_{gJ} = 1361\times 0.97 = 130\ (\text{kg}) \end{cases}$$

也即：$m_{cJ}:m_{sJ}:m_{gJ}=1:1.79:3.82$，$W/C=0.44$。

3. 检验强度、确定试验室配合比

按基准配合比的水灰比 $W/C=0.44$，分别增加和减少 0.03 拌制三组抗弯拉混凝土试件，即：

A 组：　　$W/C=0.41$

B 组：　　$W/C=0.44$

C 组：　　$W/C=0.47$

三组试件在标准养护条件下养护 28d 后，按规定的测试方法测定其抗弯拉强度，结果为：

A 组：　　$f_{c,28}=5.80\text{MPa}$

B 组：　　$f_{c,28}=5.35\text{MPa}$

C 组：　　$f_{c,28}=5.07\text{MPa}$

根据试验结果，选择 B 组配合比，它不仅工作性和强度符合要求，且水泥用量最少。故最后确定的试验室配合比亦为：$m_{c,sh}:m_{s,sh}:m_{g,sh}=1:1.79:3.82$，$W/C=0.44$。

4. 换算施工配合比

根据现场实际，砂的含水率为 3%，碎石的含水率为 1%，计算施工配合比为：

$$\begin{cases} m'_c = m_{c,sh} = 341\ (\text{kg}) \\ m'_s = m_{s,sh}(1+3\%) = 612\times(1+3\%) = 630\ (\text{kg}) \\ m'_g = m_{g,sh}(1+1\%) = 1301\times(1+1\%) = 1314\ (\text{kg}) \\ m'_w = m_{w,sh} - m_{s,sh}\times 3\% - m_{g,sh}\times 1\% = 150 - 612\times 3\% - 1301\times 1\% = 119\ (\text{kg}) \end{cases}$$

3.1.6 普通水泥混凝土的质量评定与质量控制

质量合格的混凝土，应能满足设计要求的技术性质，具有较好的均匀性，且达到规定的保证率。但由于多种因素的影响，混凝土的质量是不均匀的、波动的。评价混凝土质量的一个重要技术指标是混凝土强度（主要是指抗压强度），因为它能较综合地反映混凝土的各项质量指标。混凝土强度受多种因素的影响，每种组成材料的性能及其配合比、搅拌、运输、成型和养护等工艺条件的变化，都将引起混凝土强度的波动，且其波动一般呈正态分布。通常用混凝土强度的平均值、强度标准差、强度变异系数来评定混凝土质量。

3.1.6.1 混凝土强度的统计方法

1. 混凝土强度的波动规律——正态分布

试验表明，混凝土强度的波动规律符合正态分布，即在施工条件相同的情况下，对同一种混凝土进行系统取样，测定其强度，以强度为横坐标，以某一强度出现的概率为纵坐

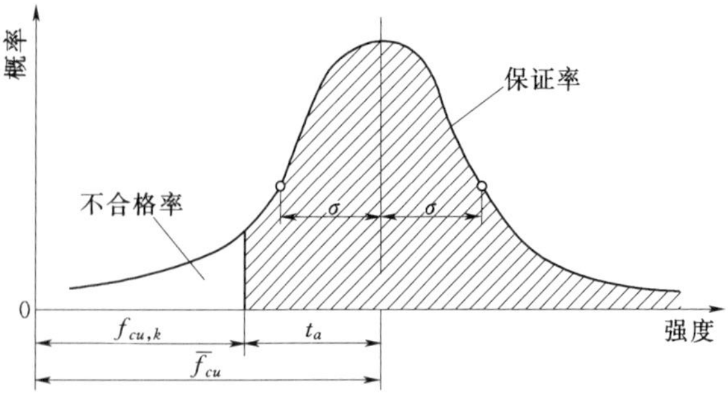

图 3.10 混凝土强度正态分布曲线图

标，可绘出强度概率正态分布曲线（图 3.10）。正态分布的特点为：以强度平均值为对称轴，左右两边的曲线是对称的，距离对称轴越远的值，出现的概率越小，并逐渐趋近于零；曲线和横坐标之间的面积为概率的总和，等于 100%；对称轴两边，出现的概率相等，在对称轴两侧的曲线上各有一个拐点，拐点距强度平均值的距离即为标准差。

2. 统计参数

（1）强度平均值 m_{fcu}。它代表混凝土强度总体的平均水平，其值按式（3.34）计算：

$$m_{fcu}=\frac{1}{n}\sum_{i=1}^{n}f_{cu,i} \tag{3.34}$$

式中 n——试验组数（$n\geqslant 25$）；

$f_{cu,i}$——第 i 组试件的立方体强度值，MPa。

平均强度反映混凝土总体强度的平均值，但并不能反映混凝土强度的波动情况。

（2）强度标准差（σ）。也称均方差，能反映混凝土强度的离散程度。σ 值越大，强度分布曲线变得矮而宽，离散程度越大，则混凝土质量越不稳定；反之，混凝土的质量越稳定。σ 值是评定混凝土质量均匀性的重要指标，可按式（3.35）计算：

$$\sigma=\sqrt{\frac{\sum_{i=1}^{n}(f_{cu,i}-m_{fcu})^2}{n-1}} \tag{3.35}$$

式中 m_{fcu}——n 组试件抗压强度的算术平均值，MPa；

σ——n 组试件抗压强度的标准差，MPa。

（3）强度变异系数（c_v）。又称离差系数，也能说明混凝土质量均匀性的指标。对平均强度水平不同的混凝土之间质量稳定性的比较，可考虑相对波动的大小，用变异系数 c_v 来表示，c_v 值越小，说明该混凝土质量越稳定。c_v 可按式（3.36）计算：

$$c_v=\frac{\sigma}{m_{fcu}} \tag{3.36}$$

3. 强度保证率

强度保证率是指混凝土强度总体中，大于或等于设计强度所占的概率，以正态分布曲线上的阴影部分面积表示，如图 3.10 所示。其计算方法如下：

先根据混凝土设计要求的强度等级（$f_{cu,k}$）、混凝土的强度平均值（m_{fcu}）、标准差（σ）或变异系数（c_v），计算出概率度 t。

$$t=\frac{f_{cu,k}-m_{fcu}}{\sigma} \quad 或 \quad t=\frac{f_{cu,k}-m_{fcu}}{c_v m_{fcu}} \tag{3.37}$$

再根据 t 值，由表 3.37 查得保证率 P（%）。

表 3.37　　不同的强度保证率 P 对应的概率度 t 值选用表

P (%)	50.0	69.2	78.8	80.0	84.1	85.1	88.5	90.0	91.9	93.3	94.5
t	0.00	−0.50	−0.80	−0.84	−1.00	−1.04	−1.20	−1.28	−1.40	−1.50	−1.60
P (%)	95.0	95.5	96.0	96.5	97.0	97.5	97.7	98.0	99.0	99.4	99.9
t	−1.645	−1.70	−1.75	−1.81	−1.88	−1.96	−2.00	−2.05	−2.33	−2.50	−3.00

注　若技术资料无明确要求时，保证率 P 一般可按 95%考虑。

工程中 P（%）值可根据统计周期内，混凝土试件强度不得低于要求强度等级标准值的组数与试件总数之比求得，即：

$$P=\frac{N_0}{N}\times 100\% \tag{3.38}$$

式中　N_0——统计周期内，同批混凝土试件强度大于等于设计强度等级值的组数；

　　N——统计周期内，同批混凝土试件总组数，$N\geqslant 25$。

GB/T 50107—2010《混凝土强度检验评定标准》及 GB 50010—2010《混凝土结构设计规范》规定，同批试件的统计强度保证率不得小于 95%。根据强度标准差的大小，将现场集中搅拌混凝土的生产质量水平划分为"优良"、"一般"及"差"三等。衡量混凝土生产质量水平以现场试件 28d 龄期抗压标准差 σ 值表示，其评定标准见表 3.38 所示。

表 3.38　　现场集中搅拌混凝土的生产质量水平

生产质量水平	优良		一般		差	
混凝土强度等级	<C20	≥C20	<C20	≥C20	<C20	≥C20
混凝土强度标准差 σ (MPa)	≤3.5	≤4.0	≤4.5	≤5.5	>4.5	>5.5
强度大于等于混凝土强度等级值的百分率 P（%）	≥95		>85		≤85	

4. 混凝土施工配制强度

由于混凝土施工过程中原材料性能及生产因素的差异，会出现混凝土质量的不稳定。如果按设计的强度等级（$f_{cu,k}$）配制混凝土，则在施工中将有一半的混凝土达不到设计强度等级，即强度保证率只有 50%。为使混凝土强度保证率满足规定的要求，在设计混凝土配合比时，为了使混凝土具有要求的保证率，必须使配制强度（$f_{cu,o}$）高于设计要求的强度等级（$f_{cu,k}$）。令配制强度 $f_{cu,o}$ 等于总体强度平均值 m_{fcu}，代入式（3.37）可得：

$$f_{cu,o}=f_{cu,k}-t\sigma \tag{3.39}$$

由式（3.39）可知，配制强度 $f_{cu,o}$ 高出设计要求的强度等级 $f_{cu,k}$ 的多少，决定于设计要求的保证率 P（定出 t 值）及施工质量水平（σ 或 C_v 的大小）。设计要求的保证率越大，配制强度越高；施工质量水平较差，配制强度应提高。

GB/T 50107—2010《混凝土强度检验评定标准》及 GB 50010—2010《混凝土结构设计规范》规定，同批试件的统计强度保证率不得小于 95%。由表 3.37 可查出，当 $P=$

95%时，$t=-1.645$，代入式（3.39）可得：

$$f_{cu,o}=f_{cu,k}+1.645\sigma \tag{3.40}$$

3.1.6.2 混凝土的质量评定

混凝土的质量一般以抗压强度来评定，为此必须有足够数量的混凝土试验值来反映混凝土总体的质量。为使抽取的混凝土试样更具代表性，混凝土试样应在浇筑地点随机抽取。当经试验证明搅拌机卸料口和浇筑地点混凝土的强度无显著差异时，混凝土试样也可在卸料口随机抽取。

混凝土强度应分批进行检验评定，一个验收批的混凝土应由强度等级相同、龄期相同、生产工艺条件和配合比基本相同的混凝土组成。对于施工现场集中搅拌的混凝土，其强度检验评定按统计方法进行。对零星生产的预制构件中混凝土或现场搅拌的批量不大的混凝土，不能获得统计方法所必需的试件组数时，可按非统计方法检验评定混凝土强度。

3.1.6.3 混凝土强度的评价方法

1. 统计方法（已知强度标准差方法）

当混凝土生产条件在较长时间内能保持一致，且同一品种混凝土强度变异性能保持稳定时，应由连续的三组试件代表一个验收批。其强度应同时符合式（3.41）、式（3.42）和式（3.43）或式（3.44）的要求：

$$m_{f_{cu}}\geqslant f_{cu,k}+0.7\sigma_0 \tag{3.41}$$

$$f_{cu,\min}\geqslant f_{cu,k}-0.7\sigma_0 \tag{3.42}$$

当混凝土强度等级不高于C20时，其强度最小值尚应满足式（3.43）的要求：

$$f_{cu,\min}\geqslant 0.85f_{cu,k} \tag{3.43}$$

当混凝土强度等级高于C20时，其强度最小值尚应满足式（3.44）的要求：

$$f_{cu,\min}\geqslant 0.90f_{cu,k} \tag{3.44}$$

以上式中 $m_{f_{cu}}$——同一验收批混凝土强度的平均值，MPa；
$f_{cu,k}$——设计的混凝土强度标准值，MPa；
$f_{cu,\min}$——同一验收批混凝土强度的最小值，MPa；
σ_0——验收批混凝土强度的标准差，MPa。

验收批混凝土强度标准差 σ_0，应根据前一个检验期（不超过3个月）内同一品种混凝土试件强度资料，按式（3.45）确定：

$$\sigma_0=\frac{0.59}{m}\sum_{i=1}^{m}\Delta f_{cu,i} \tag{3.45}$$

式中 $\Delta f_{cu,i}$——前一检验期内第 i 验收批混凝土试件中强度最大值与最小值之差，MPa；
m——前一检验期内验收批的总批数（$m\geqslant 15$）。

【例3-1】 某混凝土预制厂生产的构件，混凝土强度等级为C30，统计前期16批的8组强度批极差见表3.39。试按标准差已知法，评定现生产各批混凝土强度（表3.40）是否合格。

表 3.39　　前期各批混凝土强度极差值

$\Delta f_{cu,i}$ (MPa)							
3.5	6.2	8.0	4.5	5.5	7.6	3.8	4.6
5.2	6.2	5.0	3.8	9.6	6.0	4.8	5.0
$m=16$，$\sum=89.3$							

解

(1) 由表 3.39，按式 (3.45) 计算验收批混凝土强度标准差：

$$\sigma_0=\frac{0.59}{m}\sum_{i=1}^{m}\Delta f_{cu,i}=3.3\ (\text{MPa})$$

(2) 计算验收批强度平均值 $m_{f_{cu}}$ 和最小值 $f_{cu,\min}$ 的验收界限：

$$[m_{f_{cu}}]=f_{cu,k}+0.7\sigma_0=30+0.7\times3.3=32.3\ (\text{MPa})$$

$$[f_{cu,\min}]=\begin{cases}f_{cu,k}-0.7\sigma_0=27.7\ (\text{MPa})\\0.9f_{cu,k}=27.0\text{MPa}\end{cases}$$

(3) 对现生产各批强度进行评定，评定结果见表 3.40。

表 3.40　　现生产各批强度和评定结果

批号	$f_{cu,i}$			$m_{f_{cu}}$	评定结果	批号	$f_{cu,i}$			$m_{f_{cu}}$	评定结果
	1	2	3				1	2	3		
1	38.6	38.4	34.2	37.4	+	4	38.2	36.0	25.0*	33.1	−
2	35.2	30.8	28.8	31.6*	−	⋮	⋮	⋮	⋮	⋮	⋮
3	39.4	38.2	38.0	38.5	+	15	30.2	33.2	36.4	33.2	+

注 "*"表示不合格数据。

2. 统计方法（未知标准差方法）

当混凝土生产条件不能满足前述规定，或在一个检验期内的同一品种混凝土没有足够的数据用以确定验收批混凝土强度的标准差时，应由不少于 10 组的试件代表一个验收批，其强度应同时符合式 (3.46) 和式 (3.47) 的要求：

$$m_{f_{cu}}-\lambda_1 S_{f_{cu}}\geqslant 0.9f_{cu,k}\tag{3.46}$$

$$f_{cu,\min}\geqslant\lambda_2 f_{cu,k}\tag{3.47}$$

式中　λ_1、λ_2——合格判定系数，按表 3.41 取用；

$S_{f_{cu}}$——验收混凝土强度的标准差，MPa。

表 3.41　　混凝土强度的合格判定系数

试件组数	10～14	15～24	>25	试件组数	10～14	15～24	>25
λ_1	1.70	1.65	1.60	λ_2	0.90	0.85	

当 $S_{f_{cu}}$ 的计算值小于 $0.06f_{cu,k}$ 时，取 $S_{f_{cu}}=0.06f_{cu,k}$。

验收批混凝土强度的标准差 $f_{cu,k}$ 可按式 (3.48) 计算：

$$S_{f_{cu}} = \sqrt{\frac{\sum_{i=1}^{n} f_{cu,i}^2 - nm_{f_{cu}}^2}{n-1}} \tag{3.48}$$

式中 $f_{cu,i}$——验收批第 i 组混凝土试件的强度值，MPa；

n——验收批混凝土试件的总组数。

【例 3-2】 现场集中搅拌混凝土，强度等级为 C30，其同批强度见表 3.42，试评定该批混凝土是否合格。

表 3.42　　混凝土批强度

$f_{cu,i}$ (MPa)									
36.5	38.4	33.6	40.2	33.8	37.2	38.2	39.4	40.2	38.4
38.6	32.4	35.8	35.6	40.8	30.6	32.4	38.6	30.4	38.8
$n=20$，$n_{f_{cu}}=36.5$									

解

（1）按式（3.42）计算该批混凝土强度标准差：

$$S_{f_{cu}} = \sqrt{\frac{26839.33 - 20 \times 1332.25}{20-1}} = 3.2 > 0.06 f_{cu,k}$$

（2）按式（3.46）和式（3.47）计算验收界限：

$$[m_{f_{cu}}] = 1.65 \times 3.2 + 0.9 \times 30 = 32.3\ (\text{MPa})$$

$$[m_{f_{cu,\min}}] = 0.85 \times 30 = 25.5\ (\text{MPa})$$

（3）评定该批混凝土强度：

因 $$m_{f_{cu}} > [m_{f_{cu}}] = 32.3\text{MPa}$$

且 $$m_{f_{cu,\min}} = 30.4\text{MPa} > [m_{f_{cu},\min}] = 25.5\ \text{MPa}$$

所以该批混凝土应评为合格。

3. 非统计方法

按非统计方法评定混凝土强度时，其所保留强度应同时满足式(3.49)和式(3.50)的要求：

$$m_{f_{cu}} \geqslant 1.15 f_{cu,k} \tag{3.49}$$

$$f_{cu,\min} \geqslant 0.95 f_{cu,k} \tag{3.50}$$

3.1.7 混凝土的外加剂

在拌制混凝土过程中掺入的不超过水泥质量的 5%（特殊情况除外），且能使混凝土按需要改变性质的物质，称为混凝土外加剂。

外加剂的使用是混凝土技术的重大突破。随着混凝土工程技术的发展，对混凝土性能提出了许多新的要求。如冬季施工要求高的早期强度，高层建筑要求高强度，泵送混凝土要求高流动性等。这些性能的实现，需要应用高性能的外加剂。

3.1.7.1 外加剂的分类

混凝土外加剂的种类繁多，按照其主要功能归纳起来可分为下列几类：

（1）改善混凝土拌和物流动性能的外加剂，包括各种减水剂、引气剂和泵送剂等。

（2）改善混凝土耐久性的外加剂，包括引气剂、防水剂和阻锈剂等。

（3）调节混凝土凝结时间、硬化性能的外加剂，包括缓凝剂、早强剂和速凝剂。

（4）改善混凝土其他性能的外加剂，包括加气剂、防冻剂、膨胀剂、抑碱-集料膨胀反应剂、着色剂等。

3.1.7.2 常用混凝土外加剂

1. 减水剂

减水剂是指在混凝土坍落度基本相同的条件下，能减少拌和用水量的外加剂。按减水能力及其兼有的功能有普通减水剂、高效减水剂、早强减水剂及引气减水剂等。减水剂多为亲水性表面活性剂。

（1）减水剂的作用机理及使用效果。水泥加水拌和后，会形成絮凝结构，流动性很低。掺有减水剂时，减水剂分子吸附在水泥颗粒表面，其亲水基团携带大量水分子，在水泥颗粒周围形成一定厚度的吸附水层，增大了水泥颗粒间的滑动性。当减水剂为离子型表面活性剂时，还能使水泥颗粒表面带上同性电荷，在电性斥力作用下，促使絮凝结构分散解体，从而将其中的游离水释放出来，而大大增加了拌和物的流动性。减水剂还使溶液的表面张力降低，在机械搅拌作用下使浆体内引入部分气泡。这些微细气泡有利于水泥浆流动性的提高。此外，减水剂对水泥颗粒的润湿作用，可使水泥颗粒的早期水化作用比较充分。

总之，减水剂在混凝土中改变了水泥浆体流动性能，进而改变了水泥混凝土结构，起到了改善混凝土性能的作用。

根据使用条件不同，混凝土掺用减水剂后可以产生以下方面的效果：

1）在配合比不变的情况下，可增大混凝土拌和物的流动性，且不致降低混凝土的强度。

2）在保持流动性及水灰比不变的条件下，可以减少用水量及水泥用量，以节约水泥。

3）在保持流动性及水泥用量不变的条件下，可以减少用水量，从而降低水灰比，使混凝土的强度与耐久性得到提高。

4）水泥水化放热速度减缓，防止因混凝土内外温差引起的裂缝。

5）混凝土的离析、泌水现象可得到改善。

（2）常用减水剂种类。减水剂是使用最广泛和效果最显著的一种外加剂，其种类繁多，常用减水剂有木质素系、萘磺酸盐系（简称萘系）、树脂系、糖蜜系及腐殖酸系等，这些减水剂的性能见表3.43。此外还有脂肪酸类、氨基苯酸类、丙烯酸类减水剂。

表3.43　　常用减水剂品种及性能

种　类	木质素系	萘　系	树脂系	糖蜜系	腐殖酸系
减水效果类别	普通型	高效型	高效型	普通型	普通型
主要品种	木质素磺酸钙（木钙粉、M剂、木钠、木镁）	NNO、NF、NUF、FDN、JN、MF、建1、NHJ、DH等	SM、CRS等	3FG、TF、ST	腐殖酸
主要成分	木质素磺酸钙、木质素碘酸钠、木质素磺酸镁	芳香族磺酸盐、甲醛缩合物	三聚氰胺树脂磺酸钠（SM）、古玛隆-茚树脂磺酸钠（GRS）	糖渣、废蜜经石灰水中和而成	磺化胡敏酸

续表

种　类	木质素系	萘　系	树脂系	糖蜜系	腐殖酸系
适宜掺量（占水泥质量%）	0.2～0.3	0.2～1.0	0.5～2.0	0.2～0.2	0.3
早强效果	—	明显	显著	—	有早强型和缓凝型两种
缓凝效果	1～3h	—	—	3h以上	—
引气效果	1%～2%	一般为非引气型，部分品种引气<2%	<2%	—	—

（3）减水剂的使用。混凝土减水剂的掺加方法，有“同掺法”、“后掺法”及“滞水掺入法”等。所谓同掺法，即将减水剂溶解于拌和用水，并与拌和用水一起加入到混凝土拌和物中。所谓后掺法，就是在混凝土拌和物运到浇筑地点后，再掺入减水剂或再补充部分减水剂，并再次搅拌后进行浇筑。所谓滞水掺入法，是在混凝土拌和物已经加入搅拌1～3min后，再加入减水剂，并继续搅拌到规定的拌和时间。

混凝土拌和物的流动性一般随停放时间的延长而降低，这种现象称为坍落度损失。掺有减水剂的混凝土坍落度损失往往更为突出。采用后掺法或滞水掺入法，可减小坍落度损失，也可减少外加剂掺用量，提高经济效益。

2. 引气剂

引气剂是在混凝土中经搅拌能引入大量独立的、均匀分布、稳定而封闭小气泡的外加剂。按其化学成分分为松香树脂类、烷基苯磺酸类及脂肪醇磺酸类三大类，其中以松香树脂类应用最广，主要有松香热聚物和松香皂两种。

引气剂属于憎水性表面活性剂，其活性作用主要发生在水-气界面上。溶于水中的引气剂掺入新拌混凝土后，能显著降低水的表面张力，使水在搅拌作用下，容易引入空气形成许多微小的气泡。由于引气剂分子定向在气泡表面排列而形成了一层保护膜，且因该膜能够牢固地吸附水泥水化物而增加了膜层的厚度和强度，使气泡膜壁不易破裂。

掺入引气剂，混凝土中产生的气泡大小均匀，直径为20～1000μm，大多在200μm以下。大量微细气泡的存在，对混凝土性能产生很大影响，主要体现在以下几个方面：

（1）有效改善新拌混凝土的和易性。在新拌混凝土中引入的大量微小气泡，相对增加了水泥浆体积，而气泡本身起到了轴承滚珠的作用，使颗粒间摩擦阻力减小，从而提高了新拌混凝土的流动性。同时，由于某种原因水分被均匀地吸附在气泡表面，使其自由流动或聚集趋势受到阻碍，从而使新拌混凝土的泌水率显著降低，黏聚性和保水性明显改善。

（2）显著提高混凝土的抗渗性和抗冻性。混凝土中大量微小气泡的存在，不仅可堵塞或隔断混凝土中的毛细管渗水通道，而且由于保水性的提高，也减少了混凝土内水分聚集造成的水囊孔隙，因此，可显著提高混凝土的抗渗性。此外，由于大量均匀分布的气泡具有较高的弹性变形能力，它可有效地缓冲孔隙中水分结冰时产生的膨胀应力，从而显著提高混凝土的抗冻性。

（3）变形能力增大，但强度及耐磨性有所降低。掺入引气剂后，混凝土中大量气泡的存在，可使其弹性模量略有降低，弹性变形能力有所增大，这对提高其抗裂性是有利的。

但是，也会使其变形有所增加。

由于混凝土中大量气泡的存在，使其孔隙率增大和有效面积减小，使强度及耐磨性有所降低。通常，混凝土中含气量每增加1%，其抗压强度可降低4%～6%，抗折强度可降低2%～3%。为防止混凝土强度的显著下降，应严格控制引气剂的掺量，以保证混凝土的含气量不致过大。

3. 缓凝剂

能延缓混凝土凝结时间，并对混凝土后期强度发展无不利影响的外加剂，称为缓凝剂。

我国使用最多的缓凝剂是糖钙和木钙，其具有缓凝及减水作用。其次有羟基羟酸及其盐类，有柠檬酸、酒石酸钾钠等。无机盐类有锌盐、硼酸盐。此外，还有胺盐及其衍生物、纤维素醚等。

缓凝剂适用于要求延缓时间的施工中，如在气温高、运距长的情况下，可防止混凝土拌和物发生过早坍落度损失：又如分层浇筑的混凝土，为防止出现冷缝，也常加入缓凝剂。另外，在大体积混凝土中为了延长放热时间，也可掺入缓凝剂。

4. 早强剂

能提高混凝土的早期强度并对后期强度无明显影响的外加剂，称为早强剂。

早强剂对水泥中的C_3S和C_2S等矿物成分的水化有催化作用，能加速水泥的水化和硬化，具有早强作用。常用早强剂有如下几类：

(1) 氯盐类早强剂。有氯化钙，以及钠、铁、铝、钾等的氯化物。以氯化钙应用最为广泛，是最早使用的早强剂。

氯化钙的早强作用是，氯化钙能与水中的C_3A作用生成不溶性的水化氯铝酸钙（$C_3A \cdot CaCl_2 \cdot 10H_2O$），氯化钙还与$C_3S$水化生成的$Ca(OH)_2$作用生成不溶于氯化钙溶液的氧氯化钙［$CaCl_2 \cdot 3Ca(OH)_2 \cdot 12H_2O$］，这些复盐的生成，增加了水泥浆中固相的含量，形成坚固的骨架，促进混凝土强度增长。同时，由于上述反应的进行，降低了液相中的碱度，使C_3S的水化反应加快，也可提高混凝土的早期强度。

氯化钙不仅具有早强与促凝作用，还能产生防冻效果。氯化钙掺量为0.5%～2.0%，可使1d强度提高70%～140%，3d强度提高40%～70%，28d以后便无差别。

由于氯离子能促使钢筋锈蚀，故掺用量必须严格限制，在钢筋混凝土中氯化钙的掺量不得超过水泥质量的1%；在无筋混凝土中的掺量不得超过3%；在使用冷拉和冷拔低碳钢丝的混凝土结构及预应力混凝土结构中，不允许掺用氯化钙。

(2) 硫酸盐类早强剂。包括硫酸钠、硫代硫酸钠、硫酸钙等。应用最广的是硫酸钠（Na_2SO_4），亦称元明粉，是缓凝型早强剂。掺入混凝土拌和物后，会迅速与水泥水化生成物氢氧化钙发生反应：

$$Na_2SO_4+Ca(OH)_2+2H_2O = CaSO_4 \cdot 2H_2O+2NaOH$$

生成的二水石膏具有高度的分散性，均匀分布于水泥浆中，它与C_3A的反应要比外掺二水石膏更为迅速，因而很快生成钙矾石，提高了水泥浆中固相的比例，加速了混凝土的硬化过程，从而起到早强作用。

硫酸钠的掺量为0.5%～2.0%，3d强度可提高20%～40%。一般多与氯化钠、亚硝酸钠、二水石膏、三乙醇胺、重铬酸盐等复合使用，效果更好。

硫酸钠对钢筋无锈蚀作用，但它与氢氧化钙作用会生成碱（NaOH）。为防止碱-集料反应，所用集料不得含有蛋白石等矿物。

（3）三乙醇胺早强剂。三乙醇胺［$N(C_2H_4OH)_3$］是呈淡黄色的油状液体，属非离子型表面活性剂。

三乙醇胺不改变水泥的水化生成物，但能促进 C_3A 与石膏之间生成钙矾石的反应。当与无机盐类材料复合使用时，不但能催化水泥本身的水化，而且可在无机盐类与水泥反应中起催化作用。所以，在硬化早期，含有三乙醇胺的复合早强剂，其早强效果大于不含三乙醇胺的复合早强剂。

三乙醇胺的掺量为0.02%～0.05%。一般不单独使用，多与其他外加剂组成复合早强剂。如三乙醇胺-二水石膏-亚硝酸钠复合早强剂，早强效果较好，3d强度可提高50%，适用于禁用氯盐的钢筋混凝土结构中。

混凝土中掺入了早强剂，可缩短混凝土的凝结时间，提高早期强度，常用于混凝土的快速施工。但掺入了氯化钙早强剂，会加速钢筋的锈蚀，为此对氯化钙的掺入量应加以限制，通常对于配筋混凝土不得超过1%；无筋混凝土掺入量也不宜超过3%。为了防止氯化钙对钢筋的锈蚀，氯化钙早强剂一般与阻锈剂复合使用。

5. 其他外加剂

（1）速凝剂。掺入混凝土中能促进混凝土迅速凝结硬化的外加剂称为速凝剂。通常，速凝剂的主要成分是铝酸钠或碳酸钠等盐类。当混凝土中加入速凝剂后，其中的铝酸钠、碳酸钠等盐类在碱性溶液中迅速与水泥中的石膏反应生成硫酸钠，并使石膏丧失原有的缓凝作用，导致水泥中的 C_3A 迅速水化，促进溶液中水化物晶体的快速析出，从而使混凝土中水泥浆迅速凝固。

目前工程中常用的速凝剂主要是无机盐类，其主要品种有“红星一型”和“711型”。其中，红星一型速凝剂是由铝氧熟料、碳酸钠、生石灰等按一定比例配制而成的一种粉状物；711型速凝剂是由铝氧熟料与无水石膏按3∶1的质量比配合粉磨而成的混合物，它们在矿山、隧道、地铁等工程的喷射混凝土施工中最为常用。

（2）防冻剂。防冻剂是掺入混凝土后，能使其在负温下正常水化硬化，并在规定时间内硬化到一定程度，且不会产生冻害的外加剂。

利用不同成分的综合作用可以获得更好的混凝土抗冻性，因此，工程中常用的混凝土防冻剂往往采用多组分复合而成的防冻剂。其中防冻组分为氯盐类（如 $CaCl_2$、NaCl等）；氯盐阻锈类（氯盐与亚硝酸钠、铬酸盐、磷酸盐等阻锈剂复合而成）；无氯盐类（硝酸盐、亚硝酸盐、碳酸盐、尿素、乙酸等）。减水、引气、早强等组分则分别采用与减水剂、引气剂和早强剂相近的成分。

值得注意的是，防冻剂的作用效果主要体现在对混凝土早期抗冻性的改善，其使用应慎重，特别应确保其对混凝土后期性能不会产生显著的不利影响。

（3）阻锈剂。或称缓蚀剂，是减缓混凝土中的钢筋锈蚀的外加剂。工程中常用的阻锈剂是亚硝酸钠（$NaNO_2$）。当外加剂中含有氯盐时，常掺入阻锈剂，以保护钢筋。

（4）膨胀剂。掺入混凝土中后能使其产生补偿收缩或膨胀的外加剂称为膨胀剂。

普通水泥混凝土硬化过程中的特点之一就是体积收缩，这种收缩会使其物理力学性能受到明显的影响。因此，通过化学的方法使其本身在硬化过程中产生体积膨胀，可以弥补其收缩的影响，从而改善混凝土的综合性能。

工程建设中常用的膨胀剂种类有硫铝酸钙类（如明矾石、UEA 膨胀剂等）、氧化钙类及氧化硫铝钙类等。

硫铝酸钙类膨胀剂加入混凝土中后，其中的无水硫铝酸可产生水化并能与水泥水化产生反应，生成三硫型水化硫铝酸钙（钙矾石），使水泥石结构固相体积明显增加而导致宏观体积膨胀。氧化钙类膨胀剂的膨胀作用，是利用 CaO 水化生成 $Ca(OH)_2$ 晶体过程中体积增大的效果，而使混凝土产生结构密实或产生宏观体积膨胀。

3.1.7.3　外加剂的储运和保管

混凝土外加剂大多为表面活性物质或电解质盐类，具有较强的反应能力，对混凝土的性能影响很大，所以在储存和运输中应加强管理。不合格的、失效的、长期存放的、质量未经明确的外加剂禁止使用；不同品种类的外加剂应分别储存运输；应注意防潮、防水，避免受潮后影响功效；有毒性的外加剂必须单独存放，专人管理；有强氧化性的外加剂必须进行密封储存，同时还必须注意储存期不得超过外加剂的有效期。

3.2　其他功能水泥混凝土

在道路与桥梁工程中，除了普通水泥混凝土材料外，高强混凝土、轻集料混凝土、流态混凝土、碾压式混凝土、钢纤维混凝土、彩色水泥混合料、超塑早强混凝土、特快硬混凝土、滑模混凝土、再生混凝土也都有了很大的发展，现将这几种混凝土简述如下。

3.2.1　高强混凝土

强度等级不低于 C60 的混凝土称为高强混凝土。为了减轻自重、增大跨径，现代高架公路、立体交叉和大型桥梁等混凝土结构均采用高强混凝土。为了保证混凝土达到应有的强度，通常采用下列几方面的综合措施：

（1）选用优质高强的水泥，水泥矿物成分中 C_3S 和 C_2S 应较高，特别是 C_3S 含量要高。集料应选用高强、有棱角、致密而无孔隙和软弱夹杂物的材料，并且要求有最佳级配；高强混凝土均需采用减水剂或其他外加剂，应选用优质高效的 NNO 和 MF 等减水剂来提高混凝土强度。

（2）采用增加水泥中早强和高强的矿物成分含量，提高水泥的磨细度和采用蒸压养护的方法，来改善水泥的水化条件以达到高强度。

（3）掺加各种高聚物，增强集料和水泥的黏附性，采用纤维增强等措施来提高混凝土强度，而得到高强混凝土。

（4）采用加压脱水成形法及掺减水剂的方法来提高混凝土的密实度，从而使混凝土的强度得到提高。

3.2.2　轻集料混凝土

用轻粗、细集料和水泥配制而成的、表观密度不大于 $1900kg/m^3$ 的混凝土，称为轻集料混凝土。

轻集料混凝土种类较多，常以轻集料的种类来命名，如粉煤灰陶粒混凝土、黏土陶粒混凝土、浮石混凝土、页岩陶粒混凝土等。

3.2.2.1 轻集料的种类和性质

1. 轻集料的种类

凡粒径在5mm以上、松装堆积密度小于1000kg/m³者，称为轻粗集料。粒径小于5mm、松装堆积密度小于1100kg/m³者，称为轻细集料（又称轻砂）。

轻集料按原料来源分为以下三类：

(1) 工业废渣轻集料。以工业废渣为原料，经加工而成的轻质集料，如煤矸石陶粒、粉煤灰陶粒、煤渣、膨胀矿渣等。

(2) 天然轻集料。以天然形成的多孔岩石经加工而成的轻质集料，如浮石、火山渣等。

(3) 人工轻集料。以地方材料为原料，经加工而成的轻质集料，如页岩陶粒、黏土陶粒等。

2. 轻集料的技术性质

轻集料混凝土的性质很大程度上取决于轻集料的性质。轻集料的技术性质要求如下：

(1) 最大粒径与颗粒级配。保温及结构保温轻集料混凝土用的轻集料，其最大粒径不宜大于40mm；结构轻集料混凝土用的轻集料，其最大粒径不宜大于20mm。

轻集料混凝土的粗集料级配，按现行规范只控制最大、最小和中间粒径的含量及含水率。各种轻集料级配要求见表3.44。自然级配的空隙率应不大于50%。

表3.44　　轻粗集料的级配

筛孔尺寸		d_{min}	$d_{max}/2$	d_{max}	$2d_{max}$
圆球形的及单一粒径级配	累计筛余百分率（按质量计，%）	≥90	不规定	≤10	0
普通型的混合级配	累计筛余百分率（按质量计，%）	≥90	30～70	≤10	0
碎石型的混合级配	累计筛余百分率（按质量计，%）	≥90	40～60	≤10	0

(2) 筒压强度和强度标号。轻集料混凝土破坏与普通混凝土不同，它不是沿着砂、石与水泥石结构面破坏，而是由于轻集料本身强度较低首先破坏，因此轻集料强度对混凝土强度有很大影响。

轻集料强度的测定方法有两种：一种是筒压法，其指标是筒压强度；另一种是通过混凝土和相应砂浆的强度试验，求得轻集料强度，其指标是强度标号。

1) 筒压强度。通常采用“筒压法”来测定。它是将10～20mm粒级轻粗集料按要求装入ϕ115mm×100mm的带底圆筒内，上面加ϕ113mm×70mm的冲压模（图3.11），取冲压模压入深度为20mm的压力值，除以承压面积，即为轻粗集料的筒压强度值。

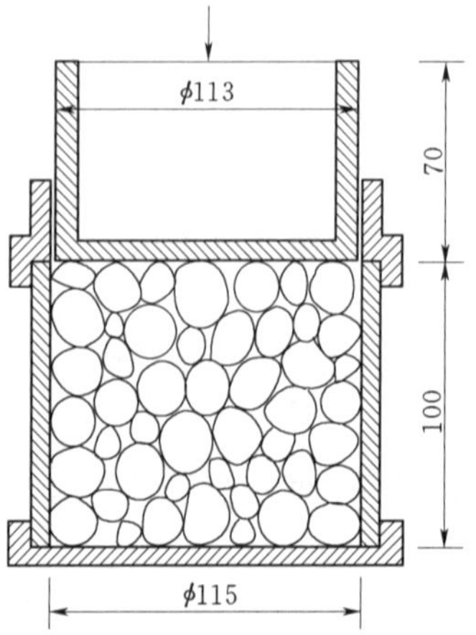

图3.11　筒压强度试验示意图（单位：mm）

筒压强度是间接反映轻粗集料颗粒强度的一项指标，

对相同品种的轻粗集料，筒压强度与轻粗集料的松散表观密度呈线性关系。但轻粗集料在圆筒内受力状态是点接触，多向挤压破坏，筒压强度只是相对强度，不能反应轻集料在混凝土中的真实强度。

2）强度标号。用测定规定配合比的轻砂混凝土和其砂浆组分的抗压强度的方法来求得混凝土中轻粗集料的真实强度，并以“混凝土合理强度值”作为轻粗集料强度标号。

不同密度等级轻粗集料的筒压强度和强度标号应不小于表 3.45 的规定值。

表 3.45　轻粗集料的筒压强度与强度标号

密度等级	筒压强度 f_a（MPa）		强度标号 f_{ak}（MPa）	
	碎石型	普通和圆球形	普通型	圆球形
300	0.2/0.3	0.3	3.5	3.5
400	0.4/0.5	0.5	5.0	5.0
500	0.6/1.0	1.0	7.5	7.5
600	0.8/1.5	2.0	10	15
700	1.0/2.0	3.0	15	20
800	1.2/2.5	4.0	20	25
900	1.5/3.0	5.0	25	30
1000	1.8/4.0	6.5	30	40

注　碎石型天然轻粗集料取斜线以左值；其他碎石型轻粗集料取斜线以右值。

(3) 吸水率。轻集料的吸水率比一般普通集料大，且开始 1h 内吸水极快，24h 后几乎不再吸水。国家标准对轻集料 1h 吸水率的规定是：粉煤灰陶粒不大于 22%；黏土陶粒和页岩陶粒不大于 10%。

3.2.2.2　轻集料混凝土的技术性质

轻集料混凝土按其干表观密度（kg/m^3）的大小分为 12 个等级：800、900、1000、1100、1200、1300、1400、1500、1600、1700、1800 及 1900。

轻集料混凝土的强度等级按立方体抗压强度标准值分为：CL5.0、CL7.5、CL10、CL15、CL20、CL25、CL30、CL35、CL40、CL45 和 CL50 等。桥梁结构用轻集料混凝土，其强度等级不低于 CL15。

按用途不同，轻集料混凝土分为三类，其相应的强度等级和表观密度见表 3.46。

表 3.46　轻集料混凝土按用途分类

名　称	混凝土强度等级的合理范围	混凝土干表观密度的合理范围（kg/m^3）	用　途
保温轻集料混凝土	CL5.0	800	主要用于保温的维护结构或热工构筑物
结构保温轻集料混凝土	CL5.0、CL7.5、CL10、CL15	800～1400	主要用于既承重又保温的维护结构
结构轻集料混凝土	CL20、CL25、CL30、CL35、CL40、CL45、CL50	1400～1900	主要用于承重构件或构筑物

1. 轻集料混凝土拌和物的和易性

由于轻集料具有颗粒表观密度小、表面粗糙、总表面积大、易吸水等特点，所以其拌和物适用的流动性范围窄，过大就会使轻集料容易上浮、离析；过小则捣实困难。流动性的大小主要取决于用水量，轻集料吸水率大，故其用水量的概念与普通混凝土略有区别。加入拌和物中的水量（称总用水量）可分为两部分：一部分被集料吸收，其数量相当于1h的吸水量，这部分水称为附加用水量；其余部分称为净水量，使拌和物获得要求的流动性和保证水泥水化的进行，净用水量可根据混凝土的用途及要求的流动性来选择。

轻集料混凝土与普通混凝土相同，其和易性也受砂率的影响。尤其采用轻砂时，拌和物和易性随着砂率的提高而有所改善，轻集料混凝土的砂率一般比普通混凝土的砂率为大。

2. 轻集料混凝土的强度

轻集料混凝土决定强度的因素与普通混凝土基本相同，即水泥强度与水灰比（净水灰比）。但是，由于轻集料的本身强度较低，因而轻集料的强度就成了决定轻集料混凝土强度的因素之一。反映在轻集料混凝土强度上有如下特点：

（1）与普通混凝土相比，采用轻集料会导致强度下降，并且用量越多，强度也越低，而其表观密度也越小。

（2）轻集料混凝土的另一特点是每种粗集料只能配制一定强度（即前面所述之合理强度值）的混凝土，如欲配制高于此强度的混凝土，即使采用降低水灰比的方法来提高砂浆的强度，也不可能使混凝土的强度得到明显提高。

3. 轻集料混凝土的弹性模量和徐变

轻集料混凝土的应变值比普通混凝土大，弹性模量为同强度等级普通混凝土的50%～70%。同时，因其弹性模量较小，限制变形能力较低，水泥用量较大，因此其徐变变形较普通混凝土为大。

4. 轻集料混凝土的施工技术特点

（1）轻集料混凝土拌和用水中，应考虑1h吸水量或将轻集料欲湿饱和后再进行搅拌的方法。

（2）轻集料混凝土拌和物的工作性比普通混凝土差。为获得相同的工作性，应适当增加水泥浆或砂浆的用量。轻集料混凝土拌和物搅拌后，宜尽快浇筑，以防坍落度损失。

（3）轻集料混凝土拌和物中的轻集料容易上浮，因此，应使用强制式搅拌机，搅拌时间应略长；另外，最好采用加压振捣并控制振捣的时间。

（4）轻集料混凝土易产生干缩裂缝，必须加强早期养护。采用蒸汽养护时，应适当控制净停时间及升温速度。

3.2.2.3　轻集料混凝土的工程应用

轻集料混凝土应用于桥梁工程，可减轻自重、增大跨度、节约工程投资，但是由于其弹性模量较低和徐变较大等问题还需进一步研究，目前仅用于中小型桥梁，大跨度桥梁应用较少。

3.2.3　流态混凝土

流态混凝土是在预拌的坍落度为80～120mm的基体混凝土拌和物中，加入一种称为流化剂的外加剂，经过二次搅拌，使基体混凝土拌和物的坍落度立刻增加至180～220mm，能自流填满模型或钢筋间隙的混凝土。

3.2.3.1 流态混凝土的特点

（1）流动性大，可浇筑性好。流态混凝土的流动性好，坍落度达200mm以上，便于泵送浇筑后，可以不振捣，因为其具有很好的自密性。

（2）降低集浆比、减少收缩。流态混凝土是依据流化剂的作用来提高流动性的，如保持原来的水灰比不变，则不仅可减少用水量，同时还可节约水泥用量。这样混凝土拌和物中水泥浆量减少后，则可减小混凝土硬化后的收缩率，避免产生收缩裂缝。

（3）减少用水量、提高混凝土性能。由于流化剂可大幅度减少用水量，如水泥用量不变，则可在保证流动性的前提下降低水灰比，因而可提高混凝土的强度和耐久性。

（4）不产生离析和泌水现象。由于流化剂的作用，在用水量较小的情况下具有较大的流动性，故其不会像普通混凝土那样产生离析与泌水现象。

3.2.3.2 流态混凝土的力学性能

（1）抗压强度。一般情况下，流态混凝土与基体混凝土相比，同龄期的强度无多大差异。但是由于流化剂的性能各异，有的流化剂可起到一定的早强作用，因而使流态混凝土的强度有所提高。

（2）与钢筋的黏结强度。由于流化剂使得混凝土拌和物的流动性增强，故流态混凝土较普通混凝土与钢筋的黏结强度有所增加。

（3）弹性模量。掺加流化剂后，流态混凝土的弹性模量与抗压强度一样，没有明显差异。

（4）徐变与收缩。流态混凝土的徐变较基体混凝土稍大，而与普通大流动性混凝土接近；其收缩与流化剂的种类和掺量有关。

（5）耐磨性。试验证明，流态混凝土的耐磨性较基体混凝土稍差，作为路面混凝土应考虑提高耐磨性措施。

（6）抗冻性。流态混凝土的抗冻性较基体混凝土稍差，与大流动性混凝土接近。

3.2.3.3 流态混凝土的工程应用

流态混凝土在道路与桥梁工程中应用日益广泛，例如越江隧道的水泥混凝土路面、斜拉桥的混凝土主塔以及地铁的衬砌封顶等均需采用流态混凝土。

3.2.4 碾压式混凝土

碾压式混凝土是以级配集料和较低的水泥用量与用水量以及掺合料、外加剂等组成的超干硬性混凝土拌和物，经振动压路机等机械碾压、密实而形成的一种混凝土。这种混凝土具有密度大、强度高、节约水泥和耐久性好等优点。

3.2.4.1 碾压式混凝土的材料组成

（1）矿料。路面碾压式混凝土用粗、细集料应能形成密实的混合料，符合密级配的要求。粗集料的最大粒径，用于路面面层的应不大于20mm，用于路面底层的应不大于30mm或40mm。碎石中经常缺乏2.5～5mm部分，因而应补充石屑。为达到密实结构，砂率宜采用较大值。

（2）水泥。路面碾压式混凝土用水泥和普通水泥混凝土相同，应符合JTG F30—2003

的有关技术要求。

（3）掺合料。路面碾压式混凝土为了节约水泥用量、改善和易性和提高耐久性，通常掺加粉煤灰。

3.2.4.2 碾压式混凝土的技术性能

（1）强度高。碾压式混凝土路面由于矿料组成采用连续密级配，经过振动压路机等碾压，使各种集料排列为骨架密实结构，这样不仅节约水泥用量，而且使水泥胶结物能发挥很大作用，因而具有较高的强度，特别具有较高的早期强度。

（2）干缩率低。路面碾压式混凝土由于其组成材料配合比的改进，使拌和物具有优良的级配和很低的含水率。这种拌和物在碾压机械的作用下，水泥浆与集料的体积比率大大降低，因为水泥浆的干缩率比集料大得多，因此碾压式混凝土的干缩率也大大减小。

（3）耐久性好。碾压式混凝土可形成密实骨架结构的高强、干缩率低的混凝土。由于在形成这种密实结构的过程中，拌和物中的空气被碾压机械排出，造成碾压式混凝土的孔隙率大为降低，因而其抗渗性、抗冻性等都得以提高。

3.2.4.3 碾压式混凝土的经济效益

（1）节约水泥。因为碾压式混凝土用水量少，在保持相同水灰比的条件下，其水泥用量也较少。实践证明，在达到相同强度前提下，较普通水泥混凝土可节约水泥30%。

（2）提高工效。碾压式混凝土采用强制式拌和机拌和、自卸车运料、摊铺机摊铺、振动压路机等机械碾压，按此施工组织的工效较普通混凝土可提高2倍左右。

（3）提前通车。碾压式混凝土早期强度高，养护时间短，可提前开放通车，因此带来了明显的经济效益和社会效益。

（4）减小投资。碾压式混凝土路面的造价与沥青混凝土路面接近，养护费用较沥青混凝土路面低，而且使用年限较长。

3.2.4.4 碾压式混凝土的工程应用

碾压式混凝土应用于水泥混凝土路面，可以做成一层式或两层式；也可作为底层，面层采用沥青混凝土作为抗滑、磨耗层。尤其应指出，碾压式混凝土路面的质量不仅取决于材料的组成配合比，更主要取决于路面的施工工艺。

3.2.5 钢纤维混凝土

钢纤维混凝土是以水泥混凝土为基材，与不连续而分散的纤维为增强材料所组成的一种复合材料。掺入的钢纤维可以改善混凝土的脆性，从而提高混凝土的抗拉强度和韧性。

3.2.5.1 钢纤维混凝土的力学性能

（1）弯拉强度和抗拉强度较高。

（2）抵抗动载振动冲击能力很强。

（3）具有极高的耐疲劳性能。

（4）是有柔韧性的复合材料。

（5）有抗冻胀和抗盐冻脱皮性能，但不耐锈蚀，用量大、价格高，热传导系数大，不适用于隔热要求的混凝土路面。

3.2.5.2 钢纤维混凝土的组成设计

（1）水灰比的确定和计算。根据混凝土配制弯拉强度计算水灰比并确定满足耐久性要求的水灰比。

(2) 确定钢纤维掺量体积率。由钢纤维混凝土板厚设计折减系数（0.65～0.70）、钢纤维的长径比（30～100）、端锚外形等，由试验初选钢纤维掺量体积率，或由经验确定。

(3) 确定单位用水量。根据路面不同摊铺方式所要求的坍落度确定单位用水量。

(4) 计算单位水泥用量。桥面与路面钢纤维混凝土，单位水泥用量为 360～450kg/m^3，但不宜大于 500kg/m^3。

(5) 确定砂率。一般采用 38%～50%，也可计算或试配调整后得到。

(6) 按体积法或质量法确定粗、细集料用量。

(7) 抗压强度、弯拉强度及施工和易性等试验。根据工程要求进行抗压强度、弯拉强度及施工和易性试验。

3.2.5.3 钢纤维混凝土的工程应用

钢纤维与混凝土组成复合材料后，可使混凝土的弯拉强度、抗裂强度、韧性和冲击强度等性能得到改善，所以钢纤维混凝土广泛应用于道路与桥梁隧道工程中，如机场道面、高等级路面、桥梁桥面铺装和隧道衬砌等工程。

3.2.6 彩色水泥混合料

彩色水泥混合料系由普通硅酸盐水泥或白色硅酸盐水泥、砂、碎石以及颜料、外加剂拌和而成的新型混合料。它通过一定的生产加工工艺，可制成色泽鲜明的彩色水泥净浆砂浆、混凝土预制成品或供现场浇灌、修筑应用。

3.2.6.1 彩色水泥混合料的材料组成

(1) 水泥。水泥作为胶凝材料，是保证强度、耐久性和胶结颜料、集料的主要原料。应用的水泥品种有白色硅酸盐水泥、矿渣硅酸盐水泥、普通硅酸盐水泥，上述水泥经测试，各项品质指标均应符合标准规定。

(2) 集料。采用的集料有常规砂和规格碎石。在镶嵌式砌块中，还以市售白云石子作面层集料。集料在彩色混合料仍起骨料作用，但集料本身色泽深浅及表面粗糙程度还将直接影响彩色混合料中颜料的用量、效果和着色程度。

(3) 颜料。颜料是彩色水泥混合料区分于普通水泥混合料的特征材料。要求有优异的染色、遮盖性能和分散性，而且在碱性条件下不得褪色变色，对用于长年经受风吹、日晒、雨淋的部位，还要求颜料有较好的耐水、耐候性。

3.2.6.2 彩色水泥混合料的工程应用

彩色水泥混合料及其制品应用于城镇道路，建筑物面墙和室内地坪装饰，住宅区道路，名胜古迹、园林等游览区道路，停车场，游泳场休息地坪，或作为安全设施标志使用。也可用作桥面铺装、隧道路面或码头、港口、机场地坪，并可采用其多种色彩拼成图案，用以美化城市和周围环境。

3.2.7 超塑早强混凝土

超塑早强混凝土是指水泥、黄砂、碎石和水等在适当配合比下用搅拌机搅拌一定时间，再掺入适量早强剂、高效减水剂，经规定时间搅拌均匀而成的混凝土。

3.2.7.1 超塑早强混凝土的材料组成

(1) 水泥。对于超塑早强路面混凝土，它要求选择具有早强及后期强度发展保持稳定的水泥。如普通硅酸盐水泥、硅酸盐水泥、早强硅酸盐水泥、早强硫铝酸盐水泥，并且水泥的各项品质指标不低于国家的有关规定。

（2）细集料。混凝土用砂应具有高的密度和小的比表面积，以保证混凝土混合料有适宜的工作性，硬化后有足够的强度和耐久性，同时又能达到节约水泥的目的。超塑早强路面混凝土宜采用中砂，砂的质量必须符合 GB/T 14684—2011 的各项指标。

（3）粗集料。粗集料的粒状以接近正立方体为佳。表面粗糙且多棱角的碎石集料，与水泥的黏结性能好。粗集料的级配可采用连续级配或间断级配。粗集料的质量必须符合《建设用卵石、碎石》的质量指标。

（4）外加剂。在超塑早强路面混凝土研究中，外加剂也是提高混凝土早期强度的一种有力措施。可以掺入各种外加剂，如早强减水剂、早强剂、缓凝剂、引气剂等。

（5）水。用于拌制和养护混凝土的水，不应含有影响水泥正常凝结硬化的有害物质。工业废水、污水、沼泽水、pH 值小于 4 的酸性水等不宜使用。凡能饮用的自来水和清洁的天然水，一般都可使用。混凝土拌和用水应符合 JGJ 63—2006《混凝土用水标准》。

3.2.7.2 超塑早强混凝土的技术和性能

超塑早强混凝土具有早期强度高、路面致密性好、施工和易性好等特点，有利于改善施工操作，并在节能、降低劳动强度和机械损耗等方面均有良好效果。对要求早强的混凝土路面修补工程，可达到缩短工期、提前开放交通的目的，一般 3～6d 就能开放交通。

3.2.7.3 超塑早强混凝土的工程应用

超塑早强水泥混凝土广泛应用于道路新修建工程、市区道路改造工程以及桥梁抢修工程的桥面铺装等，它具有显著的技术经济效益。

3.2.8 特快硬混凝土

特快硬混凝土是由硫铝酸盐超早强水泥、砂、石及掺加一定量 SN－Ⅱ减水剂和其他外加剂复合配制而成的，它具有快硬、凝结时间短，4h 强度达 20MPa 左右的特性。它可以作为一种紧急抢修工程的理想材料。

3.2.8.1 特快硬混凝土的材料组成

（1）硫铝酸盐超早强水泥。硫铝酸盐超早强水泥具有速凝、快硬、早强、微膨胀、宽水灰比、低温性能好、抗硫铝酸盐侵蚀等性能。超早强水泥凝结时间，初凝一般为 3～9min，终凝约为 20min。

（2）SN－Ⅱ高效低泡减水剂。SN－Ⅱ系一种 β 萘磺酸钠甲醛缩合物为主要成分的阴离子表面活性剂，它对水泥具有强烈的分散作用，在掺入混凝土后，可以大幅度降低用水量，同时，由于不会引入过量空气，可以配制密实性、和易性、耐久性以及早强性能均好的混凝土。

3.2.8.2 特快硬混凝土的技术性能

（1）强度。特快硬混凝土具有较高的抗压、抗弯拉强度，特别是早期强度较高，有利于混凝土抢修后即能投入使用。其中 4h 抗压强度一般可达 10MPa 以上，抗弯拉强度可达 2.0MPa，28d 抗压强度可达 20MPa 以上。

（2）耐久性和耐磨性。对特快硬混凝土进行抗冻性、抗渗性、抗硫铝酸盐侵蚀性、耐蚀性及抗磨性能进行测试。由试验结果可知，混凝土试件在水中养护 4h 后，在 8 个大气压下不透水，养护28d的试件承受20个大气压，不透水，这说明其耐久性良好。

由于超早强水泥水化热高，而且放热集中，抗负温性能良好，在−10℃环境中强度仍能继续增长，适宜于严寒季节和冷冻地区施工，具有良好的抗冻性和耐磨性。

3.2.8.3 特快硬混凝土的工程应用

特快硬混凝土作为一种可供选择的路面修补材料，特别适应于应急抢修工程和快速施工。

3.2.9 滑模混凝土

滑模混凝土是采用滑模摊铺机摊铺的，满足摊铺工作性、强度及耐久性等要求的较低塑性水泥混凝土材料。

3.2.9.1 滑模混凝土的材料组成

(1) 水泥。特重、重交通水泥混凝土路面采用旋窑生产的道路硅酸盐水泥、硅酸盐水泥或普通硅酸盐水泥。中、轻交通的路面，可采用矿渣硅酸盐水泥，冬季施工、有快速通车要求的路段可采用快硬早强R型水泥，一般情况宜采用普通型水泥。

在高速公路、一级公路水泥混凝土路面使用掺有10%以内活性混合材料的道路硅酸盐水泥和掺有6%～15%活性混合材料或10%非活性混合材料的普通硅酸盐水泥时，不得再掺火山灰、煤矸石、窑灰和黏土四种混合材料。路面有抗盐冻要求时，不宜使用掺5%石灰石粉的Ⅱ型硅酸盐水泥和普通水泥。

滑模混凝土使用的水泥宜采用散装水泥，其水泥的各项品质必须合格。

(2) 粉煤灰。滑模混凝土可掺入规定的电厂收尘的Ⅰ、Ⅱ级干排或磨细粉煤灰，但宜采用散装干粉煤灰。

(3) 粗集料。粗集料可使用碎石、破碎砾石和砾石。砾石最大粒径不得大于19mm，破碎砾石和碎石最大粒径不得大于31.5mm，超径和逊径含量均不得大于5%，粒径小于0.15mm的石粉含量不得大于1%。

粗集料的级配应符合规范的要求，质地坚硬、耐久、洁净。

(4) 细集料。细集料采用质地坚硬、耐久、洁净的河砂、机制砂、沉积砂和山砂，宜控制通过0.15 mm筛的石粉含量不大于1%。滑模混凝土用砂宜为细度模数为2.3～3.2的中砂或偏细粗砂。

(5) 水。所用水的硫酸盐含量（按SO_4^{2-}计）小于2.7kg/m^3，含盐量不得超过5kg/m^3，pH值不得小于4，不得含有油污，不得使用海水。

(6) 外加剂。可使用引气剂、减水剂等，其他外加剂品种可视现场气温、运距和混凝土拌和物振动黏度系数、坍落度及其损失、抗滑性、弯拉强度、耐磨性等需要选用。

(7) 养生剂。养生剂的品种主要有水玻璃型、石蜡型和聚合物型三大类。

(8) 钢筋。使用的钢筋应符合GB 1499.2—2007《钢筋混凝土用钢　第2部分：热轧带肋钢筋》和GB 1499.1—2008《钢筋混凝土用钢　第1部分：热轧光圆钢筋》的技术要求。钢筋应顺直，不得有裂纹、断伤、刻痕、表面油污和锈蚀。

(9) 填缝材料。常用填缝材料有常温施工式填缝料、加热施工式填缝料、预制多孔橡胶条制品等。高速公路、一级公路宜使用树脂类、橡胶类的填缝材料及其制品；二级及以下公路可采用各种性能符合要求的填缝材料。

3.2.9.2 滑模混凝土的技术性能

（1）优良的工作性。新拌滑模混凝土具有较低坍落度（坍落度损失小），以及与摊铺机械振捣能力和速度相匹配的最优振动黏度系数、匀质性和稳定性。

（2）高抗弯拉强度。用滑模摊铺机铺筑路面混凝土，可以提高其抗弯拉强度，使其具有足够的抗断裂破坏能力。

（3）高耐疲劳极限。原来的抗折疲劳循环周次由500万次提高到1000万次或更大，保障滑模摊铺水泥混凝土路面的使用寿命延长一倍以上。

（4）小变形性能。小变形性能包括较低抗折弹性模量，较小的温度变形系数和较低的干缩变形量，保证接缝具有较小的温、湿度变形伸缩量和完好的使用状态。

（5）高耐久性。高耐久性指具有良好的抗磨性、抗滑性及其保持率、抗冻性和抗渗性，以及高耐油类的侵蚀、耐盐碱腐蚀、耐海水侵蚀的能力。

（6）经济性。在满足所有路面混凝土工程性能条件下，尽可能就地取材、因地制宜。

3.2.9.3 滑模混凝土的工程应用

滑模混凝土广泛使用在水泥混凝土路面、大型桥面以及机场跑道、城市快车道、停车场、大面积地坪和广场混凝土道面上，具有良好的使用效果。

3.2.10 再生混凝土

3.2.10.1 再生混凝土的材料组成

再生混凝土是指将废弃的混凝土块经过破碎、清洗、分级后，按一定比例与级配混合，部分或全部代替砂石等天然集料（主要是粗集料），再加入水泥、水等配制而成的新混凝土。再生混凝土按集料的组合形式可以有以下几种情况：①集料全部为再生集料；②粗集料为再生集料、细集料为天然砂；③粗集料为天然碎石或卵石、细集料为再生集料；④再生集料替代部分粗集料或细集料。

3.2.10.2 再生混凝土的技术性质

1. 工作性

由于再生集料表面粗糙、棱角较多且集料表面包裹着相当数量的水泥砂浆，原生混凝土块在破碎过程中由于损伤，内部存在大量微裂纹，使其吸水率增大。因此，在配合比相同的条件下，再生混凝土的黏聚性、保水性均优于普通混凝土，而流动性比普通混凝土差。

2. 耐久性

再生混凝土的耐久性可用多个指标来表征，包括再生混凝土的抗渗性、抗冻性、抗硫酸盐侵蚀性、抗碳化能力、抗氯离子渗透性以及耐磨性等。由于再生集料的孔隙率和吸水率较高，再生混凝土的耐久性要低于普通混凝土。

3. 力学性质

（1）抗压强度。通过大量的试验，一般认为与普通混凝土的抗压强度相比，再生混凝土的强度降低5%～32%。其原因一般有：①由于再生集料孔隙率较高，在承受轴向应力时，易形成应力集中现象；②再生集料与新旧水泥浆之间存在一些结合较弱的区域；③再生集料本身的强度降低。

(2) 抗拉及抗折强度。大量的试验已经发现，再生混凝土的劈裂抗拉强度与普通混凝土的差别不大，只是略有降低。同时，再生混凝土的抗折强度为其抗压强度的1/5～1/8，这与普通混凝土基本类似，再生混凝土的这个特性，对于在路面混凝土中应用再生混凝土尤为有利。

(3) 弹性模量。综合已有的试验研究可以发现，再生混凝土的弹性模量较普通混凝土降低15%～40%，再生混凝土模量降低的原因是，由于大量砂浆附着于再生集料上，而这些砂浆的模量较低。再生混凝土模量较低也从另外一个方面说明再生混凝土的变形能力要优于普通混凝土。

3.2.10.3 再生混凝土的工程应用

综上所述，再生混凝土的开发应用从根本上解决了天然骨料日益缺乏及大量混凝土废弃物造成生态环境日益恶化等问题，保证了人类社会的可持续发展，其社会效益和经济效益显著。

3.3 建筑砂浆

建筑砂浆是由胶凝材料、细集料、掺合料和水按适当的比例配制而成的。细集料多采用天然砂。砂浆在建筑工程中是用量大、用途广的建筑材料，它主要用于砌筑砖石结构，此外还可以用于建筑物内外表面的抹面；在道路、桥梁和隧道工程中，主要用于砌筑圬工桥涵、沿线挡土墙和隧道衬砌等砌体以及修饰这些构筑物的表面。

建筑砂浆按胶结材料的种类不同分为水泥砂浆、石灰砂浆和混合砂浆。根据用途，建筑砂浆可分为砌筑砂浆、抹面砂浆、装饰砂浆等。

3.3.1 砌筑砂浆

3.3.1.1 砌筑砂浆的材料组成

1. 胶凝材料

胶凝材料在砂浆中黏结细集料，对砂浆的基本性质影响较大。砌筑砂浆常用的胶凝材料有水泥、石灰、石膏等，在选用时应根据砂浆的使用环境、使用功能等合理选择。

用于砌筑砂浆的胶凝材料主要是水泥（普通水泥、矿渣水泥、火山灰质水泥、粉煤灰水泥、砌筑水泥等）。配制砂浆用的水泥强度等级应根据设计要求进行选择，配制水泥砂浆时，其强度等级一般不宜大于32.5级，砂浆中的水泥用量不应小于200kg/m^3；配制水泥混合砂浆时，其强度等级不宜大于42.5级，水泥和掺合料的总量宜为300～350kg/m^3。

2. 细集料

细集料在砂浆中起着骨架和填充的作用，要求基本同混凝土用细集料的技术性质要求。

由于砌筑砂浆层较薄，对细集料的最大粒径应有所限制。对于毛石砌体所用的细集料，以使用粗砂为宜，其最大粒径应小于砂浆层厚度的1/5～1/4；对于砖砌体所用的细集料，以使用中砂为宜，其最大粒径应不大于2.5mm；对于光滑的抹面及勾缝砂浆所用的细集料，则应采用细砂。

细集料的含泥量对砂浆的强度、变形、稠度、耐久性影响较大。对强度等级不小于

M5 的砂浆，细集料的含泥量不应大于 5%；对强度等级小于 M5 的砂浆，细集料的含泥量可大于 5%，但应小于 10%。

3. 掺合料及外加剂

为了改善砂浆的和易性，节约水泥用量，在砂浆中常掺入适量的掺合料或外加剂。常用的掺合料有石灰、黏土、粉煤灰等；常用的外加剂有皂化松香、微沫剂、纸浆废液等。

石灰应先制成石灰膏，熟化时间不少于 7d，并用孔径不大于 3mm×3mm 的筛网过滤，然后掺入砂浆搅拌均匀；磨细生石灰的熟化时间不得少于 2d。严禁使用脱水硬化的石灰膏。因消石灰粉中含较多的未完全熟化的颗粒，砌筑、抹面后继续熟化，产生体积膨胀，可能破坏砌体或墙面，故消石灰粉不得直接用于砌筑砂浆中。

黏土也需制成沉入度在 14～15cm 的黏土膏，并通过孔径不大于 3mm×3mm 的筛网过滤，黏土以选颗粒细、黏性好、砂及有机物含量少的为宜。

砌筑砂浆所常用的外加剂，应具有法定检测机构出具的该产品砌体强度型式检验报告，并经砂浆性能试验合格后，方可使用。

4. 拌和用水

建筑砂浆拌和用水的技术要求与混凝土拌和用水相同。原则上应采用不含有害杂质的洁净水或生活饮用水；但可在保证环保的前提下，鼓励采用经化验分析和试拌验证合格的工业废水拌制砂浆，以达到节水的目的。

3.3.1.2 砌筑砂浆的基本性质

砌筑砂浆应满足下列技术性质：

(1) 满足和易性要求。

(2) 满足设计种类和强度等级要求。

(3) 具有足够的黏结力。

1. 新拌砂浆的和易性

砂浆的和易性是指砂浆拌和物在施工中既方便操作、又能保证工程质量的性质。和易性好的砂浆容易在砖石底面铺成均匀的薄层，使灰缝饱满密实，且能与底面很好地黏结为整体，使砌体获得较好的整体性。新拌砂浆的和易性包括流动性和保水性两个方面。

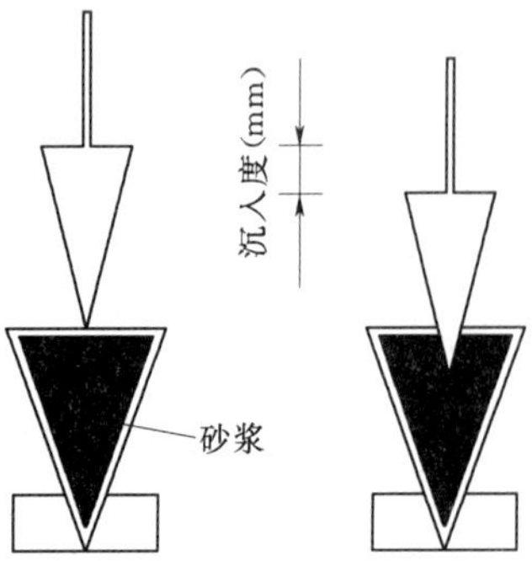

图 3.12 砂浆稠度测定示意图

(1) 流动性。砂浆的流动性（又称稠度）是指砂浆在自重或外力的作用下易产生流动的性能。流动性好的砂浆容易在砖石等底面铺成薄层。

砂浆流动性的大小可通过砂浆稠度仪试验测定（图 3.12），用稠度或沉入度（mm）表示，即质量为 300g 的标准圆锥体在砂浆内自由下沉 10s 的深度。沉入度大的表明砂浆的流动性好。

砂浆的流动性与胶凝材料的品种和用量、细骨料的粗细程度和级配、砂浆的搅拌时间、用水量等因素有关；但当原材料条件和胶凝材料与砂的比例一定时，主要取决于用水量的多少。砂浆流动性的选择要考虑砌体材料的种类、施工条件和气候条件等情况。通常情况下，基层为多孔吸水材料或在干热条件下施工时，应使砂浆的流动性大些；相反，对于密实的、吸水很少的基层材料或在湿冷气候条件下施工时，可使流动性小些。可参考表 3.47 选择砂浆的流动性。

表 3.47　砌筑砂浆的稠度　单位：mm

砌体种类	砂浆稠度
烧结普通砖砌体、粉煤灰砖砌体	70～90
混凝土砖砌体、普通混凝土小型空心砌块砌体、灰砂砖砌体	50～70
烧结多孔砖砌体、烧结空心砖砌体、轻集料混凝土小型砌块砌体、蒸压加气混凝土砌块砌体	60～80
石砌体	30～50

(2) 保水性。新拌砂浆的保水性，是指其保持水分的能力。新拌砂浆在存放、运输和使用的过程中，都应该保持水分不致很快流失，才能在砌材底面形成均匀密实的砂浆胶结层，从而能够保证砌体具有良好的质量。如砂浆的保水性不良，在存放、运输、施工等过程中就容易发生泌水、分层离析现象，使得砂浆的流动性变差，不宜铺成均匀的砂浆层。另外，砂浆中的水分易被砖石等砌材迅速吸收，影响胶凝材料的正常水化，降低了砂浆的强度和黏结力，影响了砌体的质量。为了改善砂浆的保水性，可掺入适量的石灰膏或微沫剂。

砂浆的保水性用分层度（mm）表示，常用分层度测定仪测定（图 3.13）。将拌好的砂浆置于容器中，测其沉入度 K_1，静置 30min 后，去掉上面 20cm 厚砂浆，将下面剩余的 10cm 厚的砂浆倒出拌和均匀，测其沉入度 K_2，两次沉入度的差（K_1-K_2）称为分层度，以 mm 表示。分层度过大，表示砂浆易产生分层离析，不利于施工及水泥硬化。水泥砂浆的分层度不应大于 30mm，水泥混合砂浆分层度不应大于 20mm，分层度接近于零的砂浆，其保水性太强，容易产生干缩裂缝。

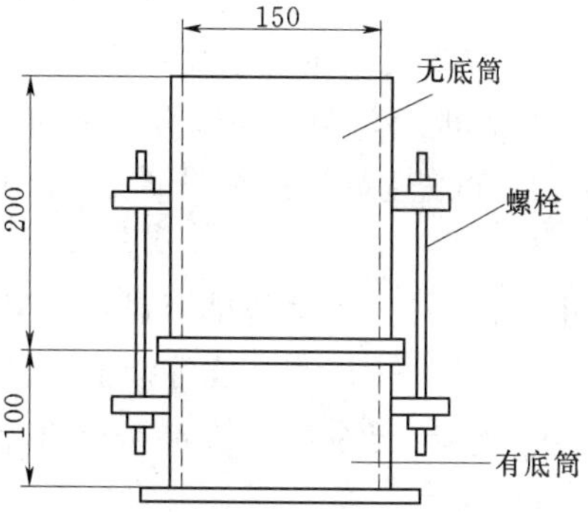

图 3.13　分层度测定仪（单位：mm）

衡量砂浆保水性能的指标也可用保水率，它是吸水处理后砂浆中保留水的质量，用原始水量百分数表示。砌筑砂浆的保水率要求具体见表 3.48。

表 3.48　砌筑砂浆的保水率　%

砂浆种类	保水率	砂浆种类	保水率
水泥砂浆	≥80	预拌砌筑砂浆	≥88
水泥混合砂浆	≥84		

影响砂浆保水性的主要因素是胶结材料的种类、用量和用水量，以及砂的品种、细度和用量等。掺有石灰膏和黏土膏的混合砂浆具有较好的保水性。

2. 硬化砂浆的性质

(1) 砂浆的强度。JGJ/T 70—2009《建筑砂浆基本性能试验方法标准》规定：砌筑砂浆的强度等级是用边长为70.7mm的立方体试件，在标准条件养护（温度为20℃±2℃、湿度为90%以上）下，用标准试验方法测得28d的抗压强度平均值（MPa），并考虑95%的强度保证率而确定的。

JGJ/T 98—2010《砌筑砂浆配合比设计规程》规定：水泥砂浆及预拌砌筑砂浆的强度等级可分为M5、M7.5、M10、M15、M20、M25、M30；水泥混合砂浆的强度等级可分为M5、M7.5、M10、M15。

（2）黏结力。砖石砌体是靠砂浆把块状的砖石材料黏结成为坚固的整体。因此，为保证砌体的强度、耐久性等，要求砂浆与底面材料之间具有足够的黏结力。砂浆与底面的黏结力与砂浆的抗压强度有关，一般情况下砂浆的抗压强度越高，黏结力也越大。另外，砂浆的黏结力与所砌筑材料的表面状态、清洁状态、湿润状态、施工水平及养护条件等也密切相关。

3. 耐久性

圬工砂浆经常受环境水的作用，故强度之外，还应考虑抗渗性、抗冻性、抗侵蚀等性能。有抗冻性要求的砌体工程，砌体砂浆应进行冻融试验，根据不同的气候区对冻融次数进行了规定，以砂浆试件质量损失率不大于5%，抗压强度损失率不大于25%两项指标同时满足与否来衡量其抗冻性是否合格。提高砂浆的耐久性，主要是提高其密实度。

3.3.1.3 砌筑砂浆的配合比设计

1. 现场配制砌筑砂浆的试配要求

（1）现场配制水泥混合砂浆的试配要求。

1）试配强度 $f_{m,o}$ 的计算。

$$f_{m,o}=kf_2 \tag{3.51}$$

式中 $f_{m,o}$——砂浆的试配强度，MPa，应精确到0.1MPa；

f_2——砂浆强度等级值，MPa，应精确到0.1MPa；

k——系数，按表3.49取值。

表3.49 砂浆强度标准差 σ 及 k 值

施工水平 \ 强度等级	强度标准差 σ（MPa）							k
	M5	M7.5	M10	M15	M20	M25	M30	
优良	1.00	1.50	2.00	3.00	4.00	5.00	6.00	1.15
一般	1.25	1.88	2.50	3.75	5.00	6.25	7.50	1.20
较差	1.50	2.25	3.00	4.50	6.00	7.50	9.00	1.25

2）砂浆强度标准差 σ 的确定。

a. 当有统计资料时，按式（3.52）计算：

$$\sigma=\sqrt{\frac{\sum_{i=1}^{n}f_{m,i}^{2}-n\mu_{fm}^{2}}{n-1}} \tag{3.52}$$

式中 σ——砂浆现场强度标准差，MPa；

$f_{m,i}$——统计周期内同一品种砂浆第 i 组试件的强度，MPa；

μ_{fm}——统计周期内同一品种砂浆 n 组试件强度的平均值，MPa；

n——统计周期内同一品种砂浆试件的总组数（一般要求在 25 组以上）。

b. 当无统计资料时，砂浆强度标准差可按表 3.49 取值。

3）水泥用量的计算。

a. $1m^3$ 砂浆中的水泥用量按式（3.53）计算：

$$Q_C=\frac{1000(f_{m,o}-\beta)}{\alpha f_{ce}} \tag{3.53}$$

式中 Q_C——$1m^3$ 砂浆中的水泥用量，kg，精确至 1kg；

f_{ce}——水泥的实测抗压强度值，MPa，精确到 0.1MPa；

α、β——砂浆的特征系数，其中 α 取 3.03，β 取 −15.09。

注意：各地区也可用本地区试验资料确定 α、β 值，统计用的试验组数不得少于 30 组。

b. 在无法取得水泥的实测强度值时，可按式（3.54）计算 f_{ce}：

$$f_{ce}=\gamma_c f_{ce,k} \tag{3.54}$$

式中 $f_{ce,k}$——水泥的强度等级对应的标准强度值，MPa；

γ_c——水泥强度的富余系数，按实际统计资料确定，无统计资料时 γ_c 取 1.0。

4）$1m^3$ 砂浆中石灰膏用量的计算。

$$Q_D=Q_A-Q_C \tag{3.55}$$

式中 Q_D——$1m^3$ 砂浆中的掺合料用量，kg，精确至 1kg；石灰膏使用的稠度为 120mm ±5mm；

Q_C——$1m^3$ 砂浆中的水泥用量，kg，精确至 1kg；

Q_A——$1m^3$ 砂浆中的水泥和石灰膏的总量，kg，精确至 1kg。

5）$1m^3$ 砂浆中的砂子用量，应按干燥状态（含水率小于 0.5%）的堆积密度值作为计算值。可按式（3.56）计算：

$$Q_S=\rho_{0干}(1+\beta) \tag{3.56}$$

式中 Q_S——$1m^3$ 砂浆中的砂子用量，kg/m^3，精确至 $1kg/m^3$；

$\rho_{0干}$——砂子在干燥状态下的堆积密度，kg/m^3；

β——砂子的含水率，%。

6）$1m^3$ 砂浆中的用水量，可根据砂浆稠度等要求选用 210～310kg，但应注意以下几点：

a. 混合砂浆中的用水量，不包括石灰膏中的水。

b. 当采用细砂或粗砂时，用水量分别取上限或下限。

c. 稠度小于 70mm 时，用水量可小于下限。

d. 施工现场气候炎热或干燥季节，可酌量增加用水量。

（2）现场配制水泥砂浆的试配要求

1）水泥砂浆的材料用量可按表 3.50 选用。

表 3.50　　1m³ 水泥砂浆材料用量　　单位：kg/m³

强度等级	水泥	砂	用水量
M5	200～230	砂的堆积密度值	270～330
M7.5	230～260		
M10	260～290		
M15	290～330		
M20	340～400		
M25	360～410		
M30	430～480		

注 1. M15 及 M15 以下强度等级水泥砂浆，水泥强度等级为 32.5；M15 以上强度等级水泥砂浆，水泥强度等级为 42.5。

2. 当采用细砂或粗砂时，用水量分别取上限或下限。

3. 稠度小于 70mm 时，用水量可小于下限。

4. 施工现场气候炎热或干燥季节，可酌量增加用水量。

5. 试配强度应按式（3.51）计算。

2）水泥粉煤灰砂浆材料用量可按表 3.51 选用。

表 3.51　　1m³ 水泥粉煤灰砂浆材料用量　　单位：kg/m²

强度等级	水泥和粉煤灰总量	粉煤灰	砂	用水量
M5	210～240	粉煤灰掺量可占胶凝材料总量的 15%～25%	砂的堆积密度	270～330
M7.5	240～270			
M10	270～300			
M15	300～330			

注 1. 表中水泥强度等级为 32.5。

2. 当采用细砂或粗砂时，用水量分别取上限或下限。

3. 稠度小于 70mm 时，用水量可小于下限。

4. 施工现场气候炎热或干燥季节，可酌量增加用水量。

5. 试配强度应按式（3.53）计算。

2. 预拌砌筑砂浆的试配要求

（1）预拌砌筑砂浆应满足下列规定：

1）在确定湿拌砌筑砂浆稠度时，应考虑砂浆在运输和储存过程中的稠度损失。

2）湿拌砌筑砂浆应根据凝结时间要求确定外加剂掺量。

3）干混砌筑砂浆应明确拌制时的加水量范围。

4）预拌砌筑砂浆的搅拌、运输、储存等应符合 JG/T 230—2007《预拌砂浆》的规定。

5）预拌砌筑砂浆性能应符合 JG/T 230—2007 的规定。

（2）预拌砌筑砂浆的试配应符合下列规定：

1）预拌砌筑砂浆生产前应进行试配，试配强度应按式（3.53）计算确定，试配时稠度取 70～80mm。

2）预拌砌筑砂浆中可掺入保水增稠材料、外加剂等，掺量应经试配后确定。

3. 砌筑砂浆配合比试配、调整与确定

（1）按计算或查表所得配合比进行试拌时，应按 JGJ 70—2009 测定砌筑砂浆拌和物的稠度和保水率。当稠度和保水率不能满足要求时，应调整材料用量，直到符合要求为止，然后确定为试配时的砂浆基准配合比。

（2）试配时至少应采用三个不同的配合比，其中一个为基准配合比，其他两个配合比的水泥用量应按基准配合比分别增加或减少 10%。在保证稠度、保水率合格的条件下，可将用水量、石灰膏、保水增稠材料或粉煤灰等活性掺合料用量作相应调整。

（3）砌筑砂浆试配时稠度应满足施工要求，应按 JGJ/T 70—2009 分别测定不同配合比砂浆的表观密度及强度，并应选定符合试配强度及和易性要求、水泥用量最低的配合比作为砂浆的试配配合比。

（4）砌筑砂浆试配配合比应按下列步骤进行校正：

1）应根据上述内容确定的砂浆配合比材料用量，按式（3.57）计算砂浆的理论表观密度值：

$$\rho_t = Q_C + Q_D + Q_S + Q_W \tag{3.57}$$

式中 ρ_t——砂浆的理论表观密度值，kg/m^3，精确到 $10kg/m^3$。

2）计算砂浆配合比校正系数 δ：

$$\delta = \frac{\rho_c}{\rho_t} \tag{3.58}$$

式中 ρ_c——砂浆的实测表观密度值，kg/m^3，精确到 $10kg/m^3$。

3）当砂浆的实测表观密度值与理论表观密度值之差的绝对值不超过理论值的 2%时，则将试配配合比确定为砂浆设计配合比；当超过 2%时，应将试配配合比中每项材料用量均乘以校正系数 δ 后，确定为砂浆试件配合比。

（5）预拌砌筑砂浆生产前应进行试配、调整和确定，并应符合 JG/T 230—2007 的规定。

3.3.2 抹面砂浆

抹面砂浆常用于桥涵圬工砌体和地下物的表面。一般对抹面砂浆的强度要求不高，但要求保水性好，与基底的黏附性好。

抹面砂浆以薄层抹在构（建）筑物表面，既能起到保护构（建）筑物，又能起到装饰构（建）筑物的作用。抹面砂浆按用途可分为普通抹面砂浆、防水砂浆等。

抹面砂浆的组成材料与砌筑砂浆基本相同。但为了防止砂浆层开裂有时需加入一些纤维材料（如麻刀、纸筋、有机纤维等）；有时为了强化其功能，需加入特殊的集料（如膨胀珍珠岩、陶砂等）或掺合料（如粉煤灰等）。

3.3.2.1 普通抹面砂浆

普通抹面砂浆是路桥工程中普遍使用的砂浆。它可以保护构（建）筑物不受风、雨、雪等有害介质的侵蚀，提高构（建）筑物的耐久性，同时使构（建）筑物表面获得平整、光洁、美观的效果。

为了保证抹灰质量及表面平整，避免裂缝、脱落，一般分两层或三层进行施工。底层抹灰使砂浆与基面牢固黏结，要求砂浆具有较好的和易性与黏结力，尤其要有良好的保水性，以免水分被基面材料吸收而影响胶结效果。中层抹灰主要是为了找平，砂浆稠度应适当小些，有时这一工序可省略。面层的主要作用是装饰，要求平整、光洁、美观，一般要求砂浆细腻抗裂，应使用较细的砂拌制。

常用的普通抹面砂浆的稠度及砂的最大粒径见表3.52。

表3.52　普通抹面砂浆的稠度及砂的最大粒径　单位：mm

抹灰层名称	稠度（人工抹灰）	砂的最大粒径
底层	100～120	2.5
中层	70～90	2.5
面层	70～80	1.2

3.3.2.2 防水砂浆

用于制作防水层（刚性防水）的砂浆，称为防水砂浆。它一般适用于隧洞、地下工程等不受振动和具有一定刚度的混凝土或砖石砌体的工程表面。对于变形较大或可能发生不均匀沉降的构（建）筑物不宜使用。防水砂浆通常有掺防水剂砂浆防水和五层砂浆防水两种。

掺防水剂防水的砂浆，常用的防水剂有金属皂类防水剂及氯化物金属盐类防水剂。但在钢筋混凝土工程中，不宜采用氯化物金属盐类防水剂，以防止氯离子腐蚀钢筋。防水剂掺入砂浆后，水泥在凝结硬化中生成的不透水复盐，可使结构进一步密实，提高砂浆的抗渗性。

防水砂浆的抗渗效果在很大程度上取决于施工质量。五层砂浆防水是用水泥砂浆和素灰分层交叉抹面所形成的防水层。其中一、三层为水灰比0.55～0.60的素灰，是主要的防水层；二、四层为水灰比0.4～0.5、灰砂比1∶1.5～1∶2.5的水泥砂浆，起着保护素灰的作用；五层为水泥净浆。涂抹时，每层厚度约为5mm，共20～30mm厚，每层在初凝前要用木抹子压实一遍，最后一层要压光；抹完后一定要加强养护，防止干裂。

复习思考题

1. 什么是水泥混凝土？它为什么能够在高等级路面与桥梁工程中得到广泛应用？
2. 试述水泥混凝土的特点及水泥混凝土各组成材料的作用。
3. 简述混凝土拌和物工作性的概念及其影响因素，并叙述坍落度和维勃稠度测定方法和适用范围。
4. 试述混凝土耐久性的概念及其所包含的内容。
5. 简述混凝土拌和物坍落度大小的选择原则。
6. 简述水泥混凝土配合比设计的三大参数的确定原则以及设计的方法、步骤。
7. 水泥混凝土用粗、细集料在技术性质上有哪些主要要求？如何确定粗集料的最大粒径？
8. 水泥混凝土外加剂按其功能可分为哪几类？简述各自适用范围。
9. 新拌砂浆的和易性包括哪些要求？如何测定？砂浆和易性不良对工程应用有何影响？

10. 影响砌筑砂浆强度的主要因素有哪些?

11. 何谓混合砂浆?为什么一般砌筑工程多采用混合砂浆?

12. 试述影响混凝土强度的主要因素及提高强度的主要措施。

习　题

1. 某工地用砂的筛分结果见表 3.53（砂样总量 500g），试确定该砂为何种细度的砂，并评定其级配如何。

表 3.53　　工地用砂筛分结果

筛孔尺寸（mm）	4.75	2.36	1.18	0.60	0.30	0.15
分计筛余（g）	20	100	100	120	70	60

2. 试设计 A 桥预应力混凝土 T 梁用混凝土的组成设计。

设计资料：

（1）按桥梁设计图样：水泥混凝土的设计强度 $f_{cu,k}=30$MPa；水泥混凝土的概率度 $t=1.645$；水泥混凝土的强度标准差 $\sigma=5.0$MPa。

（2）按预应力混凝土梁钢筋密度和现场施工机械设备，要求水泥混凝土拌和物的坍落度为 30～50mm。

（3）可供选择的组成材料及其性质如下：

1）水泥。硅酸盐水泥，强度等级为 42.5 级，实测 28d 抗压强度为 48.5 MPa，密度 $\rho_c=3.10$g/cm^3。

2）碎石。一级石灰岩轧制的碎石，最大粒径 $d_{max}=20$mm，表观密度 $\rho'_g=2.78$g/cm^3，现场含水率为 1.0%。

3）砂。清洁河砂，粗度为中砂，表观密度 $\rho'_s=2.68$g/cm^3，现场含水率为 5.0%。

4）水。饮用水，符合水泥混凝土拌和用水要求。

5）减水剂。采用 UNF-5，用量（质量分数）为 0.8%，减水率为 12%。

设计要求：

（1）确定水泥混凝土配制强度 $f_{cu,o}$，并选择适宜的组成材料。

（2）按我国国标现行方法计算初步配合比。

（3）通过试验室试样调整和强度试验，确定试验室配合比。

（4）按提供的现场材料含水率折算为施工配合比。

3. 试用抗弯拉强度为指标的方法，设计高速公路路面用水泥混凝土配合组成。

设计资料：

（1）交通量属于特重量级，混凝土设计抗弯拉强度为 5.0MPa；施工水平属于较好者。

（2）施工要求坍落度为 10～30mm。

（3）组成材料：

1）水泥。普通硅酸盐水泥，强度等级为 42.5 级，实测水泥胶砂 28d 抗弯拉强度为 8.45MPa，密度 $\rho_c=3.10$g/cm^3。

2）碎石：一级石灰岩轧制的碎石，最大粒径 $d_{max}=31.5mm$，饱和表观密度 $\rho_g'=2.75g/cm^3$，饱和面干含水率为 0.5%。

3）砂。清洁河砂，粗度为中砂，饱和表观密度 $\rho_s'=2.70\ g/cm^3$，饱和面干含水率为 0.8%。

4）水。饮用水，符合水泥混凝土拌和用水要求。

设计要求：

（1）确定路面混凝土试配抗弯拉强度，并选择适宜的组成材料。

（2）计算初步配合比。

（3）通过试验室试样调整和强度试验，确定试验室配合比。

（4）按提供的现场材料饱和面干含水率换算为施工配合比。

4. 混凝土拌和物经试拌调整后，和易性满足要求，试拌材料用量为：水泥 4.7kg，水 2.8kg，砂 8.9kg，碎石 18.5kg。实测混凝土拌和物表观密度为 $2380kg/m^3$。

（1）试计算 $1m^3$ 混凝土各项材料用量。

（2）假定上述配合比可以作为实验室配合比，如施工现场砂的含水率为 4%，石子的含水率为 1%，求施工配合比。

（3）如果不进行配合比换算，直接把试验室配合比在现场施工使用，则实际的配合比如何？对混凝土强度将产生多大影响。

第4章　沥　青　材　料

学习目标： 理解石油沥青的化学组分与胶体结构，掌握石油沥青的主要技术性质、技术标准与选用、掺配比例的计算方法；了解煤沥青、乳化沥青与改性沥青的技术性质、特点及应用。

沥青是国民经济建设必不可少的重要物资，由于沥青材料具有良好的胶结、防水、绝缘、防腐等多种性能，自公元前3000多年前被发现利用以来，至今已渗透到公路交通、建筑、工业、农业、水利水电、涂料等多个领域。其中沥青材料在道路交通中的应用最引人瞩目，85%以上的沥青用于道路建设。

沥青材料是以沥青为主要成分的一种有机材料，它是由一些极其复杂的高分子碳氢化合物及其这些碳氢化合物的非金属（氧、氮、硫等）衍生物组成的混合物。溶于二硫化碳、四氯化碳、三氯甲烷、苯等有机溶剂，在常温下，沥青呈褐色或黑褐色的固体、半固体或黏稠液体状态。

沥青材料品种很多，按其在自然界中的获得方式，可分为地沥青和焦油沥青两大类。

1. 地沥青

地沥青按其产源又分为天然沥青和石油沥青。

（1）天然沥青。是地壳中的石油在各种自然因素的作用下，经过轻质油分蒸发、氧化和缩聚作用而形成的天然产物。一般存在于岩石裂缝中、地面上或形成湖泊，如我国新疆乌尔禾地区的天然沥青矿脉、中美洲委内瑞拉著名的特立尼达湖沥青。天然沥青常年与自然环境共存，故其性质特别稳定，多为优质沥青。

（2）石油沥青。是将石油原油分馏出各种产品后的残渣经过各种炼制工艺加工而得到的产品。我国天然沥青很少，但石油资源丰富，故石油沥青是使用量最大的一种沥青材料。

2. 焦油沥青

焦油沥青是各种有机物（煤、泥炭、木材等）干馏加工得到的焦油，经再加工而得到的产品。焦油沥青按其加工的有机物名称来命名，如由煤干馏所得的煤焦油经再加工后得到的沥青，称为煤沥青。此外，有木沥青、页岩沥青等，工程上常用的焦油沥青是煤沥青。

沥青具有良好的憎水性、黏结性和塑性，因而广泛应用于防水、防潮、道路和水利工程。

4.1　石　油　沥　青

石油沥青是由原油经常压蒸馏、减压蒸馏后，采用溶剂脱沥青或氧化等工艺过程得到的暗褐色或黑色的半固体或固体物质，主要由烃类及其衍生物所组成，是应用最为广泛的沥青材料。

根据生产方法，石油沥青可分为直馏沥青、溶剂脱沥青、氧化沥青、调和沥青、乳化沥青、改性沥青等，其生产工艺流程如图4.1所示。

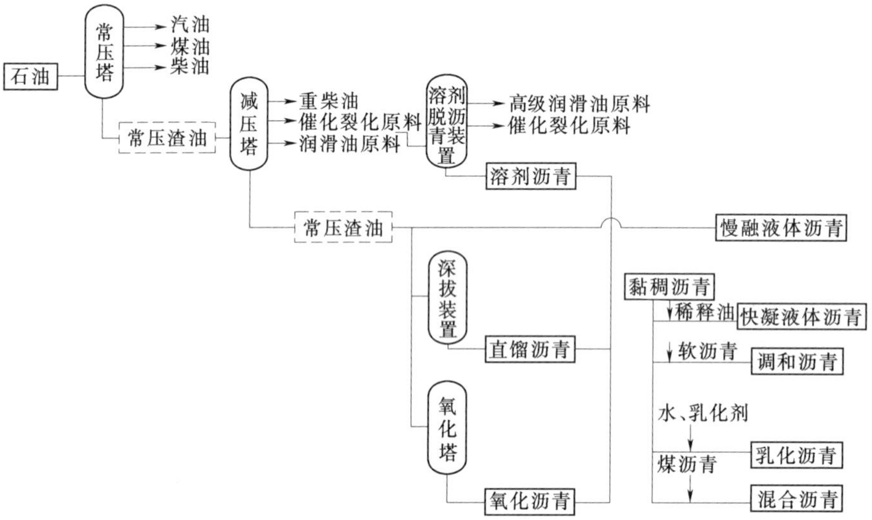

图4.1 石油沥青生产工艺流程示意图

4.1.1 石油沥青的组成与结构

4.1.1.1 沥青的元素组成

石油沥青不是单一的物质，而是由多种碳氢化合物及其非金属（氧、硫、氮）的衍生物组成的混合物，成分极其复杂。通常石油沥青中，碳（C）和氢（H）的含量占98%～99%，其中碳含量为80%～87%，氢含量为10%～15%。其次是非烃元素，如氧、硫、氮等（小于3%）。此外，还含有一些微量的金属元素，如镍、钒、铁、锰、钙、镁、钠等，但含量都很少，为几个至几十个百万分之一。

4.1.1.2 石油沥青的化学组分

石油沥青是由多种化合物所组成的混合物，由于其结构复杂性，并存在有机化合物的同分异构现象，许多沥青的化学元素组成虽然十分相似，但是它们的性质却往往有很大区别。沥青化学元素的含量与其性能之间目前尚不能建立起直接的相互关系，因此在研究沥青化学组成的同时，利用沥青对不同溶剂的溶合性，将沥青分离成几个化学成分和物理性质相似的部分，这些部分称为沥青的组分。

石油沥青的化学组分，许多研究者曾提出不同的分析方法，而且还在不断修正和发展中。JTG E20—2011《公路工程沥青及沥青混合料试验规程》中规定有三组分和四组分两种分析法。

1. 三组分分析法

石油沥青的三组分分析法是将石油沥青分离为油分、树脂和沥青质三个组分。因我国富产石蜡基中间基沥青，在油分中往往含有蜡，故在分析时还应将油蜡分离。由于这一组分分析方法是兼用了选择性溶解和选择性吸附的方法，所以又称为溶解-吸附法，石油沥青三组分分析法的各组分性状见表 4.1。

表 4.1　　石油沥青三组分分析法的各组分性状

组分＼性状	外观特征	平均分子量	碳氢比	物化特征
油分	淡黄透明液体	200～700	0.5～0.7	几乎可溶于大部分有机溶剂，具有光学活性，常发现有荧光，相对密度为 0.910～0.925g/cm^3
树脂	红褐色黏稠半固体	800～3000	0.7～0.8	温度敏感性高，熔点低于 100℃，相对密度略大于 1.000g/cm^3
沥青质	深褐色固体末状微粒	1000～5000	0.8～1.0	加热不熔化，分解为硬焦炭，使沥青呈黑色，相对密度大于 1.000g/cm^3

2. 四组分分析法

四组分分析法是将石油沥青分离为饱和分、芳香分、胶质和沥青质等，其组分性状见表 4.2。

表 4.2　　石油沥青四组分分析法的各组分性状

组分＼性状	外观特性	平均相对密度	平均分子量	含量（%）	主要化学结构及物化特征
饱和分	无色液体	0.89	625	5～20	烷烃、环烷烃，对温度敏感，赋予沥青流动性
芳香分	黄色至红色黏稠液体	0.99	730	40～65	芳香烃、含硫衍生物，溶解分散沥青质
胶质	红褐色至黑褐色半固体	1.09	970	15～30	多环结构，含硫、氧、氮衍生物，极性强，很好的黏结力，具有扩散、胶溶、可塑性
沥青质	深棕色至黑色固体	1.15	3400	5～25	缩合环结构，含硫、氧、氮衍生物，具有温度稳定和黏滞性
蜡分	白色晶体	0.95	650	2～4	正构烷烃，破坏沥青的均匀性，降低塑性和温度稳定性

按照四组分分析法，各组分对沥青性质的影响，科尔贝特的研究认为：饱和分含量增加，可使沥青稠度降低（针入度增大）；胶质含量增大，可使沥青的延性增加；在有饱和分存在的条件下，沥青质含量增加，可使沥青获得低的感温性；胶质和沥青质的含量增加，可使沥青的黏度提高。

此外，蜡分是沥青中的有害成分，随着温度的变化，它对沥青的黏度将产生较大的影响。在低温下，蜡结晶体使沥青的脆性增大，从而导致沥青的低温性和黏性降低，使沥青变硬变脆，导致路面低温抗裂性能降低，出现裂缝；而在较高温度下，蜡的熔融（融化温度为 50℃左右）会使沥青的黏度降低、沥青发软，导致沥青路面高温稳定性降低，出现车辙、拥包等病害。蜡的相态变化使沥青具有较高的温度敏感性。另外，蜡的存在会降低沥青对石料界面的黏附性，在有水的情况下，会使沥青产生剥落现象，造成路面破坏；更为严重的是，蜡的存在会使沥青路面的抗滑性严重降低，影响路面的行车安全。因此，对于沥青中的含蜡量各国都有严格的限制，我国根据目前实际情况分为2.2%、3%和4%三个等级，用于高等级公路的沥青规定其含蜡量（蒸馏法）不大于2.2%。

4.1.1.3 石油沥青的结构

沥青的技术性质，不仅取决于它的化学组分及其化学结构，而且取决于它的胶体结构。

1. 胶体理论

现代胶体学说认为，沥青中沥青质是分散相，饱和分和芳香分是分散介质，但沥青质不能直接分散在饱和分和芳香分中。而胶质作为一种“胶溶剂”，沥青吸附了胶质形成胶团后分散于芳香分和饱和分中。所以，沥青的胶体结构是以沥青质为胶核，胶质被吸附在其表面，并逐渐向外扩散形成胶团，胶团再分散于芳香分和饱和分中。

2. 胶体的结构类型

根据沥青中各组分的化学组成和相对含量的不同，可以形成不同的胶体结构。沥青的胶体结构，可分为下列三个类型：

（1）溶胶结构。沥青质含量较少，饱和分和芳香分、胶质足够多时，沥青质形成的胶团全部分散，胶团能在分散介质中运动自如，如图4.2（a）所示。这种结构沥青黏滞性小、流动性大、塑性好，但温度稳定性较差，如直馏沥青。

（2）凝胶结构。沥青质含量较多，并有相应数量的胶质来形成胶团，胶团相互吸引力增大，相互移动较困难，如图4.2（c）所示。这种结构的特点是弹性和黏性较高，温度敏感性较小，流动性、塑性较低，如氧化沥青。

（3）溶-凝胶结构。沥青质含量适当，有较多的胶质存在，胶团之间有一定的吸引力，如图4.2（b）所示。在常温下，这种结构的沥青性质介于上述两者之间。这种结构的特征是高温时具有较低的感温性；低温时又具有较好的形变能力。优质道路沥青多为溶-凝胶结构。

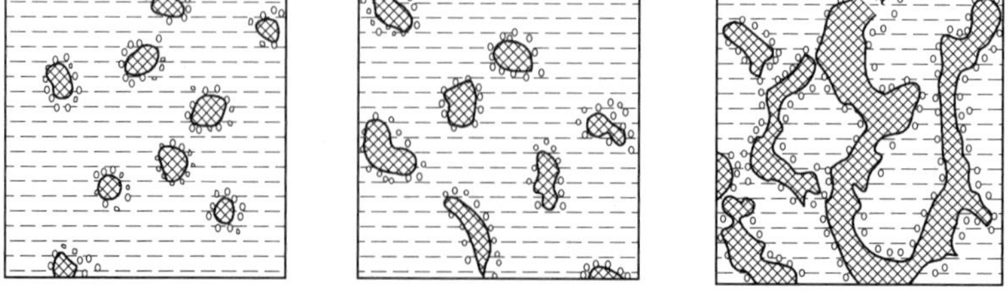

(a)　　(b)　　(c)

图4.2　沥青的胶体结构示意图

（a）溶胶结构；（b）溶-凝胶结构；（c）凝胶结构

沥青的胶体结构与其路用性能有密切的关系。为工程使用方便，通常采用针入度指数（PI）法等来评价胶体结构类型及其稳定性。当 $PI<-2$ 时，沥青的胶体为溶胶结构，

$PI>2$ 时为凝胶结构，$PI=-2\sim2$ 时为溶-凝胶结构。

3. 蜡对沥青胶体结构的影响

蜡组分在沥青胶体结构中，可溶于分散介质芳香分和饱和分中，在高温时，它的黏度很低，会降低分散介质的黏度，使沥青胶体结构向溶胶方向发展；在低温时，它能结晶析出，形成网络结构，使沥青胶体结构向凝胶方向发展。

4.1.2 石油沥青的技术性质

用于现代沥青路面的沥青材料，应具备下列主要技术性质：

4.1.2.1 物理特征常数

1. 密度和相对密度

沥青密度是在规定温度（15℃）下单位体积的质量，以 g/cm^3 或 kg/m^3 计。沥青的密度是沥青分子致密程度的指标，也是沥青质量性能的指标。沥青的相对密度是沥青在25℃下的质量与25℃下同体积水的质量之比值。道路石油沥青的密度和相对密度可以按式（4.1）换算：

$$\text{沥青与水的相对密度(25℃)}=\text{沥青的密度(15℃)}\times0.996 \tag{4.1}$$

沥青的密度随其中各组分含量不同而不同，一般在 0.97～1.04 g/cm^3 范围内，除沥青质使沥青密度增大外，其他组分都使密度变小，其中饱和分含量越多，密度变小的倾向越明显，蜡的密度较小，蜡含量多的沥青密度较小。因此，沥青的密度也是评价沥青质量的一个指标，密度大，一般沥青的性能比较好。沥青的密度随温度变化而变化，温度升高，沥青体积膨胀，其密度减小。

沥青的密度是沥青在质量与体积之间互相换算以及沥青混合料配合比设计时必不可少的重要参数，在沥青使用、储存、运输、销售和设计沥青容器时也是不可缺少的数据。

2. 沥青的热胀系数

沥青是热胀冷缩的材料，而标准的密度测定温度为15℃。沥青在运输、储存、喷洒使用时都处于高温条件下，沥青的高温密度肯定要比15℃密度小。这是因为沥青材料在温度升高时，体积将发生膨胀。

温度上升1℃，沥青单位体积或单位长度几何尺寸的增大称为体膨胀系数或线膨胀系数。沥青的体膨胀系数对沥青路面的路用性能有密切关系，体膨胀系数越大，则夏季沥青路面越容易产生泛油，而冬季又容易出现收缩开裂。沥青的体膨胀系数并非常数，而是随品种不同有所变化，在 $2\times10^{-4}\sim6\times10^{-6}$/℃范围内。可以通过测定不同温度下的密度，由式（4.2）计算：

$$A=\frac{D_{r1}-D_{r2}}{D_{r1}(T_1-T_2)} \tag{4.2}$$

式中 A——沥青的体膨胀系数；

T_1、T_2——密度测试温度，℃；

D_{r1}、D_{r2}——温度 T_1 和 T_2 时的密度，g/cm^3。

各向同性的固体，其体膨胀系数与线膨胀系数之间有一个简单的数量关系，固体的体膨胀系数是线膨胀系数的3倍。有了沥青的体膨胀系数，就不难求得沥青的线膨胀系数。

3. 介电常数

沥青对氧气、雨、紫外线等的耐候性（耐老化性）与沥青的介电常数有关，其值按式（4.3）确定：

$$\varepsilon=\frac{\text{沥青作为介质时平板电容器的电容}}{\text{真空作介质时平板电容器的电容}} \tag{4.3}$$

英国运输与道路研究所（TRRL）研究认为，沥青在阳光的紫外线、氧气、雨水和车辆油滴的影响下，其耐候性与沥青的介电常数有关；同时认为，路面的抗滑性也与沥青的介电常数有关。从这一要求出发，路用沥青的介电常数应大于 2.65。

4.1.2.2 黏滞性

黏滞性是指沥青在外力作用下抵抗变形的能力。沥青受到外力作用后表现的变形，是由于沥青中组分胶团发生形变或胶团之间产生相互位移。

各种石油沥青的黏滞性变化范围很大，黏滞性的大小与组分及温度有关。当沥青质含量较高，又含适量的树脂和少量的油分时，黏滞性较大。在一定温度范围内，当温度升高时，黏滞性随之降低；反之则增大。

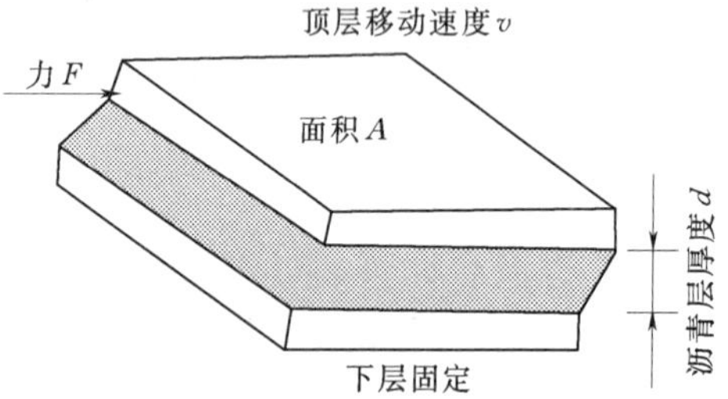

图 4.3 沥青绝对黏度概念图

1. 沥青的绝对黏度（亦称动力黏度）

如果采用一种剪切变形的模型来描述沥青在沥青与矿质材料混合料中的应用，可取一对互相平行的平面，在两平面之间分布有一沥青薄膜，薄膜与平面的吸附力远大于薄膜内部胶团之间的作用力。

当下层平面固定，外力作用于顶层表面发生位移时（图 4.3），按牛顿定律则可得到如下方程：

$$F=\eta A\frac{v}{d} \tag{4.4}$$

式中 F——移动顶层平面的力（即等于沥青薄膜内部胶团抵抗变形的能力），N；

A——沥青薄膜层的面积（即接触平面的面积），cm^2；

v——顶层位移的速度，m/s；

d——沥青薄膜的厚度，cm；

η——反映沥青黏滞性的系数，即绝对黏度，Pa·s。

由式（4.4）可知，当相邻接触面积大小和沥青薄膜厚度一定时，欲使相邻平面以速度 v 发生位移所用的外力与沥青黏度成正比。

令
$$\tau=\frac{F}{A},\gamma=\frac{v}{d}$$

代入式（4.4）可得
$$\eta=\frac{\tau}{\gamma} \tag{4.5}$$

式中 τ——剪应力，沥青薄膜层单位面积上所受的剪切力，Pa；

γ——剪变率，位移速度在 d 方向的变化率，1/s。

沥青绝对黏度的测定方法，JTJ 052—2000 规定，沥青运动黏度采用毛细管法，沥青动力黏度采用真空减压毛细管法。

JTG F40—2004《公路沥青路面施工技术规范》规定，60℃动力黏度可作为A级沥青的选择性指标，用来评价沥青的高温性能。由于沥青的黏度受温度的影响很大，只有在高温情况下才接近牛顿液体，故一般不用绝对黏度表示，而用相对黏度表征沥青的黏滞性。

2. 沥青的相对黏度（亦称条件黏度）

（1）针入度。针入度是测定道路石油沥青黏滞性的常用技术指标，采用针入度仪（图4.4）测定沥青的针入度是在规定温度和时间内，附加一定质量的标准针垂直贯入试样的深度，以0.1mm表示。试验条件以 $P_{T,m,t}$ 表示，其中 P 为针入度，T 为试验温度，m 为荷重，t 为贯入时间，标准测定条件是25℃，100g，5s。

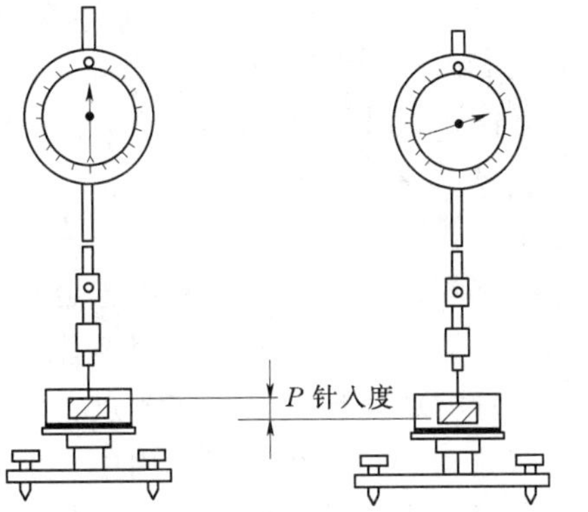

图 4.4　针入度法测定黏稠沥青针入度示意图

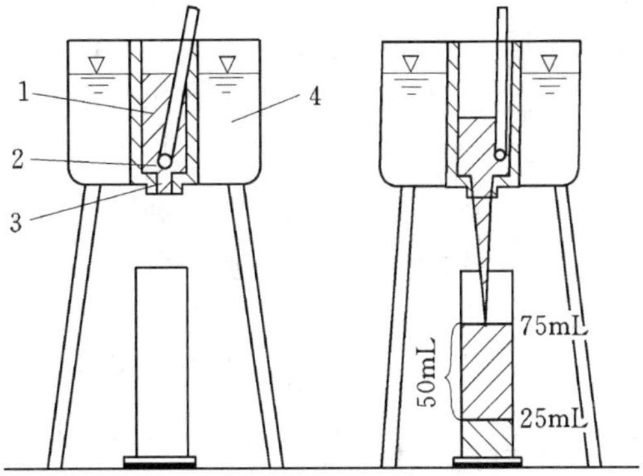

图 4.5　标准黏度计测定液体沥青示意图

1—沥青试样；2—活动球杆；3—流孔；4—水

我国现行使用的道路石油沥青技术标准中，针入度是划分沥青技术等级的主要指标。在相同试验条件下，针入度值越大，表示沥青越软（稠度越小）。

（2）黏度。黏度又称黏滞度，是测定液体沥青（包括液体石油沥青和软煤沥青）黏结性的常用技术指标，采用标准黏度计（图4.5）测定。

液体状态的沥青材料，在标准黏度计中，于规定的温度条件下（20℃、25℃、30℃或60℃），通过规定的流孔直径（3mm、4mm、5mm及10mm），流出50mL体积所需的时间（s），以 $C_{T,d}$ 表示。其中 C 为黏度，T 为试验温度，d 为流孔直径。在相同温度和相同流孔条件下，流出时间越长，表示沥青黏度越大。我国液体沥青是采用黏度来划分技术等级的。

4.1.2.3　塑性

塑性是指沥青在外力作用下发生变形而不破坏的能力。沥青的塑性用延度表示，用延度仪（图4.6）测定。沥青延度是将沥青

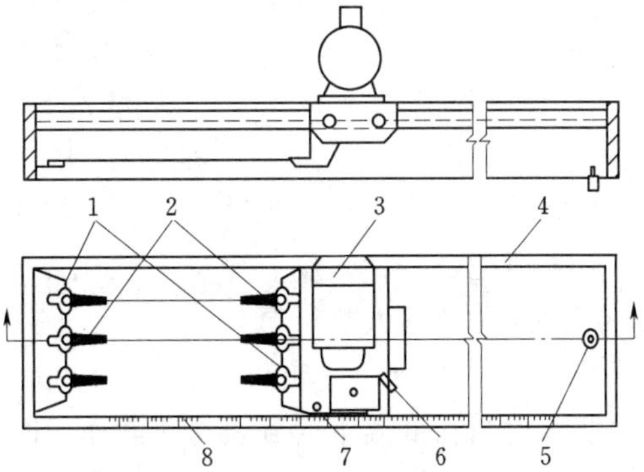

图 4.6　延度仪示意图

1—试模；2—试样；3—电机；4—水槽；
5—泄水孔；6—开关柄；
7—指针；8—标尺

试样制成∞形标准试模，中间最小截面积为1cm²，在规定速度（5cm/min±0.25cm/min）和规定温度（对重交通道路石油沥青规定延度试验温度采用15℃或10℃，对中、轻交通道路石油沥青规定延度试验温度为25℃）拉断时的长度，以cm表示。沥青的延度越大，塑性越好，柔性和抗断裂性越好。

影响塑性大小的因素与沥青的组分及温度有关。沥青中树脂含量多，油分及沥青质含量适当，则塑性较大。当温度升高，塑性增大，沥青膜层越厚则塑性越高；反之，塑性越差。在常温下，塑性好的沥青不易产生裂缝，并可减少摩擦时的噪声。同时它对于沥青在温度降低时抵抗开裂的性能有重要影响。

4.1.2.4 温度稳定性（感温性）

温度稳定性是指沥青的黏滞性和塑性随温度升降而变化的性能。当温度升高时，沥青由固态或半固态逐渐软化成黏流态；当温度降低时，由黏流态转变成固态至变脆。在工程上使用的沥青，要求有较好的温度稳定性。

1. 高温敏感性——软化点

沥青高温敏感性用软化点表示。沥青材料是一种非晶质高分子材料，它由液态凝结为固态，或由固态熔化为液态时，没有明确的固化点或液化点，通常采用条件的硬化点和滴落点来表示。沥青材料在硬化点至滴落点之间的温度阶段时，是一种黏滞流动状态。在工程使用中，为保证沥青不致由于温度升高而产生流动的状态，取滴落点和硬化点之间的87.21%作为软化点。

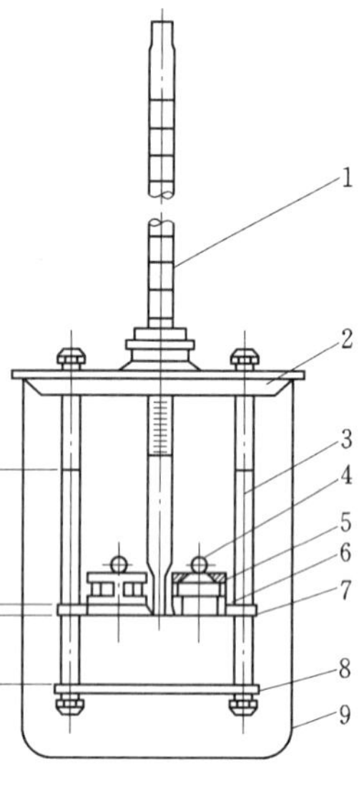

图4.7 软化点仪（单位：mm）
1—温度计；2—上盖板；3—立杆；4—钢球；5—钢球定位环；6—金属环；7—中层板；8—下底板；9—烧杯

软化点的数值随所采用的仪器不同而异，我国沥青软化点一般采用环球法软化点仪（图4.7）测定，即是将沥青试样装入规定尺寸的铜环内（内径18.9mm），试样上放置标准钢球（质量3.5g）浸入水或甘油中，以规定的升温速度（5℃/min）加热，使沥青软化下垂至规定距离时的温度，以℃表示。软化点越高，表明沥青的耐热性越好，即温度稳定性越好。

针入度是在规定温度下沥青的条件黏度，而软化点则是沥青达到规定条件黏度时的温度。软化点既是反映沥青材料感温性的一个指标，也是沥青黏度的一种量度。

以上所论及的针入度、延度、软化点是评价黏稠石油沥青路用性能最常用的经验指标，所以通称“三大指标”。

2. 低温抗裂性——脆点

沥青材料在低温下受到瞬时荷载作用时，常表现为脆性破坏。脆点是测量沥青在低温不引起破坏时的温度。通常采用弗拉斯脆点仪（图4.8和图4.9）测定方法，可以求出沥青达到临界硬度发生开裂时的温度作为条件脆性指标。

脆点试验的方法：将沥青试样0.4g放在一块标准的金属片上摊成薄层，此金属片置于有冷却设备的脆点仪内，摇动脆点仪的曲柄，能使涂有沥青薄膜的金属片产生弯曲。随着冷却设备中致冷剂温度以1℃/min的速度降低，沥青薄膜的温度亦逐渐降低，当降低至某一温度时，沥青薄膜在规定弯曲条件下产生断裂时的温度，即为沥青的脆点。

沥青软化点越高、脆点越低，其温度稳定性越好。在工程实际应用中，要求沥青具有较高的软化点和较低的脆点，否则容易发生沥青材料夏季流淌或冬季变脆甚至开裂等现象。

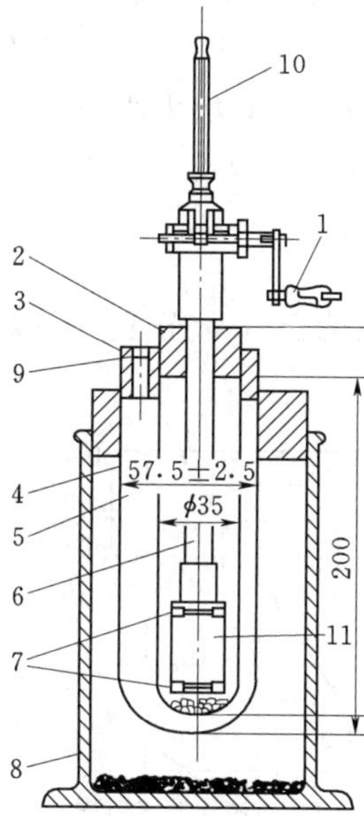

图 4.8 沥青脆点仪（单位：mm）

1—曲柄；2—内橡皮塞；3—皮塞；4—内试管；5—外试管；6—弯曲器；7—夹钳；8—外筒；9—漏斗插孔；10—温度计；11—钢片

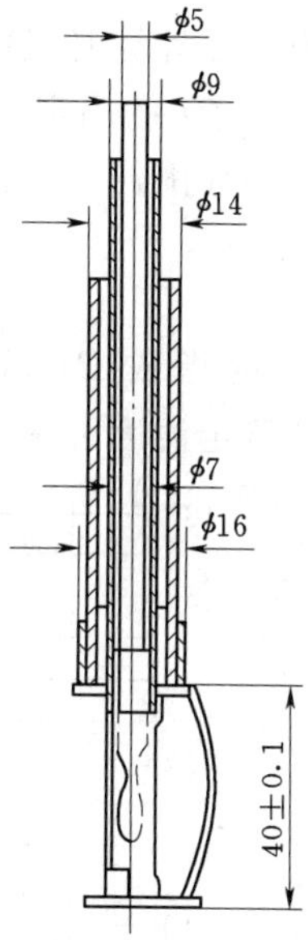

图 4.9 弯曲器（单位：mm）

3. 针入度指数 PI

针入度指数 PI 是应用针入度和软化点的试验结果来表征沥青感温性的一种指标。同时也可采用针入度指数 PI 值来判别沥青的胶体结构状态。

(1) 针入度-温度感应性系数 A。由费普等人经过大量试验发现，沥青在不同温度下的针入度值，若以对数为纵坐标表示针入度，以横坐标表示温度，可得如图 4.10 所示的直线关系，以式 (4.6) 表示：

$$\lg P = AT + K \tag{4.6}$$

式中 P——沥青针入度，0.1mm；

T——测定针入度时的沥青温度；

K——直线截距，回归系数；

A——直线斜率，针入度—温度感应系数。

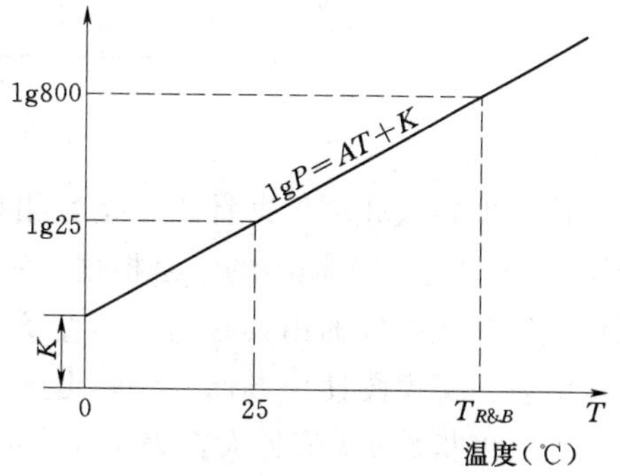

图 4.10 针入度—温度关系图

A 可根据不同温度的针入度确定如下：

$$A=\frac{\lg 800-\lg P_{25℃,100g,5s}}{T_{R\&B}-25} \tag{4.7}$$

式中 $\lg P_{25℃,100g,5s}$——25℃、100g、5s条件测得的针入度；

$\lg 800$——假设沥青软化点 $T_{R\&B}$ 时的针入度为800，0.1mm；

$T_{R\&B}$——环球法测定的沥青软化点，℃。

由于软化点温度时的针入度常与800相距甚大，因此 A 应根据不同温度的针入度值确定，采用软化点温度计算时仅仅是简化或近似。

(2) 针入度指数 PI 的确定。按式（4.7）计算的 A 值均为小数，为使用方便，费普等作了一些处理，推导出针入度指数 PI 的实用计算式，如式（4.8）：

$$PI=\frac{30}{1+50A}-10 \tag{4.8}$$

仲裁测定针入度指数 PI 试验的温度条件应为五个，分别是10℃、15℃、20℃、25℃、30℃。一般测定温度可选三个或三个以上。

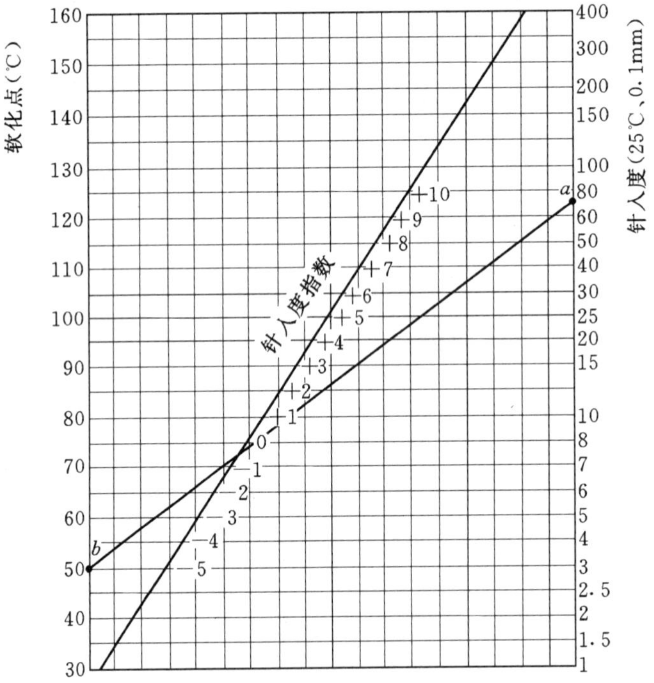

图4.11 普费沥青针入度指数诺模图

针入度指数亦可根据针入度指数诺模图（图4.11）求得。诺模图理论是由法国的奥卡涅于1884年首先提出的，是根据一定的几何条件，把一个数学方程的几个变量之间的函数关系画成相应的用具有刻度的直线或曲线表示的计算图表，是工程技术上常用的一种计算图表。诺模图使用方便、求解迅速，可以避免大量的重复计算。

针入度指数 PI 值越大，表示沥青的感温性越低。当 $PI<-2$ 时，沥青的温度敏感性强，当 $PI>2$ 时有明显的凝胶特征，耐久性差，一般认为选用 $-1\sim+1$ 的溶凝胶型沥青适宜修筑沥青路面。

此外，针入度指数 PI 值亦可作为沥青胶体结构类型的评价标准，按针入度指数 PI 值可将沥青划分为三种胶体结构类型：$PI>2$ 为凝胶，$-2<PI<2$ 为溶-凝胶，$PI<-2$ 为溶胶。

【例 4-1】 现有一种重交通沥青 AH-70，经测定其针入度 $P_{250℃,100g,5s}=70(0.1mm)$，软化点 $T_{R\&B}=50℃$，求其针入度指数 PI，试判定其胶体结构类型并评价其感温性。

解

（1）诺模图法。应用普费诺模图（图 4.11），在右纵坐标上取针入度为 70 之点 a，在左纵坐标上取软化点为 50 之点 b，a、b 之连线与 PI 标尺相交于 -0.4，即该沥青的针入度指数 $PI=0.4$。

（2）计算法。应用针入度指数计算式（4.8）：

$$PI=\frac{30}{1+50\left(\dfrac{\lg800-\lg70}{50-25}\right)}-10=-0.37$$

（3）评价。该沥青的 $PI=-0.37$，在 $-2\sim2$ 之间属于溶-凝胶沥青；同时在 $-1\sim1$ 之间感温性亦符合一般要求。

4.1.2.5 加热稳定性

沥青在过热或过长时间加热过程中，会发生轻质馏分挥发、氧化、裂化、聚合等一系列物理及化学变化，使沥青的化学组成及性质相应地发生变化，这种性质称为沥青加热稳定性。

为了解沥青在路面施工及使用过程的耐久性，JTJ E20—2011 规定要进行沥青的加热质量损失和加热后残渣性质的试验。对于道路石油沥青采用沥青薄膜加热试验，对于液体石油沥青采用沥青的蒸馏试验。

1. 沥青薄膜加热试验

沥青薄膜加热试验（简称 TFOT）是指一定厚度的试样在规定温度条件下，经规定时间加热，测定试验前后沥青质量和性质变化的试验。试验中的沥青薄膜加热烘箱如图 4.12 所示。

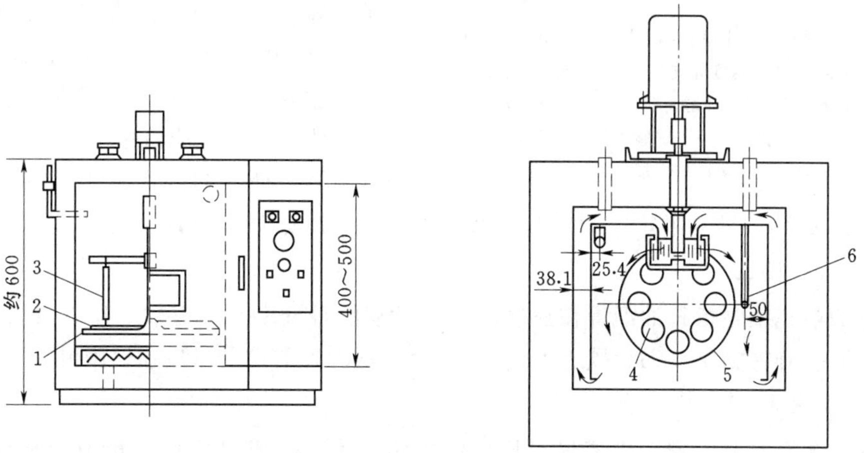

(a) (b)

图 4.12 沥青薄膜加热烘箱（单位：mm）

(a) 薄膜加热烘箱；(b) 旋转薄膜加热烘箱

1—转盘；2—试样；3—温度计；4—成样瓶插孔；5—垂直转盘；6—试验温度计

TFOT 法是将一定质量的沥青试样装入盛样皿（内径 140 mm、深 9.5～10 mm）内，使沥青成为厚约 3.2mm 的薄膜，沥青薄膜在 163℃的标准薄膜加热烘箱（图 4.12）中加热 5h 后，取出冷却，测定其质量损失，并按规定的方法测定残留物的针入度、延度等技术指标。

TFOT 可与沥青旋转薄膜加热试验（简称 RTFOT）互相代替。

2. *液体石油沥青蒸馏试验*

液体石油沥青蒸馏试验是测定试样受热时，在规定温度范围内蒸出的馏分含量，以占试样体积百分率表示。除非特殊需要，各馏分蒸馏的标准切换温度为 225℃、316℃、360℃。通过此试验可了解液体沥青含有各温度范围内轻质挥发油的数量，并可根据残留物的性质测定预估液体沥青在道路路面中的性质。

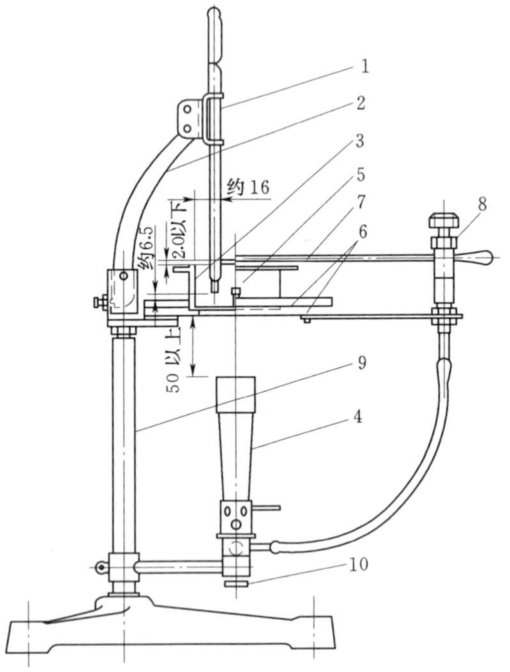

图 4.13 克利夫兰开口杯式闪点仪（单位：mm）
1—温度计；2—温度计支架；3—金属试验杯；
4—加热器具；5—试验标准球；6—加热板；
7—试验火焰喷嘴；8—试验火焰调节开关；
9—加热板支架；10—加热器调节钮

4.1.2.6 安全性

沥青材料在使用时必须加热，当加热至一定温度时，沥青材料中挥发的油分蒸气与周围空气组成混合气体，此混合气体遇火焰则发生闪火。若继续加热，油分蒸气的饱和度增加，由于此种蒸气与空气组成的混合气体遇火焰极易燃烧，而引起熔油车间发生火灾或导致沥青烧坏的损失，为此必须测定沥青的闪点和燃点。

闪点（闪火点）是指加热沥青挥发出可燃气体与空气组成混合气体在规定条件下与火接触，产生闪光时的沥青温度（℃）。燃点（着火点）指沥青加热产生的混合气体与火接触能持续燃烧 5s 以上时的沥青温度。沥青的闪点常用克利夫兰开口杯式闪点仪（图 4.13）测定。沥青的闪点与燃点一般相差 10℃左右。

4.1.2.7 溶解度

沥青的溶解度是指石油沥青在三氯乙烯中溶解的百分率（即有效物质含量）。那些不溶解的物质为有害物质（沥青碳、似碳物），会降低沥青的性能，应加以限制。

4.1.2.8 含水量

沥青中含有水分，施工中挥发太慢，影响施工速度，所以要求沥青中含水量不宜过多。在加热过程中，如水分过多，易产生“溢锅”现象，引起火灾，使材料受到损失。所以在熔化沥青时应加快搅拌速度，促进水分蒸发，控制加热温度。

4.1.2.9 非常规的其他性能指标

1. 劲度模量

劲度模量是表示沥青的黏性和弹性联合效应的指标。大多数沥青在变形时呈现黏-弹性。当低温（高黏度）瞬时荷载作用下，以弹性形变为主；反之，高温（低黏度）长时间荷载作用下，以黏性形变为主。

范·德·波尔在论述黏-弹性材料（沥青）的抗变形能力时，以荷载作用时间（t）和温度（T）作为应力（σ）与应变（ε）之比的函数，即在一定荷载作用时间和温度条件下，应力与应变的比值称为劲度模量（简称劲度）（S_b），故劲度模量可表示为：

$$S_b=\left(\frac{\sigma}{\varepsilon}\right)_{t.T} \tag{4.9}$$

沥青的劲度（S_b）与温度（T）、荷载作用时间（t）和沥青流变类型（针入度指数 PI）等参数有关，如式（4.10）：

$$S_b=f(T,t,PI) \tag{4.10}$$

式中 T——欲求劲度时的路面温度与沥青软化点之差值，℃；

t——荷载作用时间，s；

PI——针入度指数。

按上述关系，范·德·波尔绘制成可以应用于实际工程的劲度模量诺模图，如图 4.14 所示，利用此诺模图求算沥青的劲度模量时，需要有以下三个参数：

（1）荷重作用时间或频率。

（2）温度差（即路面实际温度与环球法软化点之间的温差）。

（3）针入度指数 PI 值。

根据上述参数求其劲度模量，可作为实际工程中的参考数值。

【例 4-2】 已知沥青软化点为 70℃，针入度指数为 2，路面温度 T 为－10℃，荷载作用时间为 10^{-1}s，求沥青的劲度模量（图 4.14）。

解

（1）在 A 线上找到加载时间为 10^{-1}s 的点为 a。

（2）已知路面温度与软化点之间的温差为 80℃，在 B 线上找到 80℃之点为 b。

（3）在针入度指数的标尺上找到＋2，作一水平线。

（4）连接 a、b 两点，并延长至与针入度指数＋2 的水平线相交点的劲度曲线顺至顶端，即为劲度模量，即 $S_b=2\times10^8\text{N/m}^2=200\text{MPa}$。

2. 黏附性

黏附性是路用沥青的重要性能之一，其直接影响沥青路面的使用质量和耐久性。沥青裹覆岩石后的抗水性（即抗剥性）不仅与沥青的性质有密切关系，而且与集料性质有关。当采用一种固定的沥青时，不同矿物成分岩石的剥落度也有所不同。从碱性、中性直至酸性岩石，随着 SiO_2 含量的增加，剥落度亦随之增加。为保证沥青混合料的强度，在选择岩石时，应优先考虑利用碱性岩石，当地缺乏碱性岩石必须采用酸性岩石时，可掺加各种抗剥剂以提高沥青与岩石的黏附性。对沥青与岩石的黏附性的试验方法，JTJ 052—2000

《公路工程沥青及沥青混合料试验规程》规定采用水煮法和水浸法，具体内容在本书试验部分阐述。

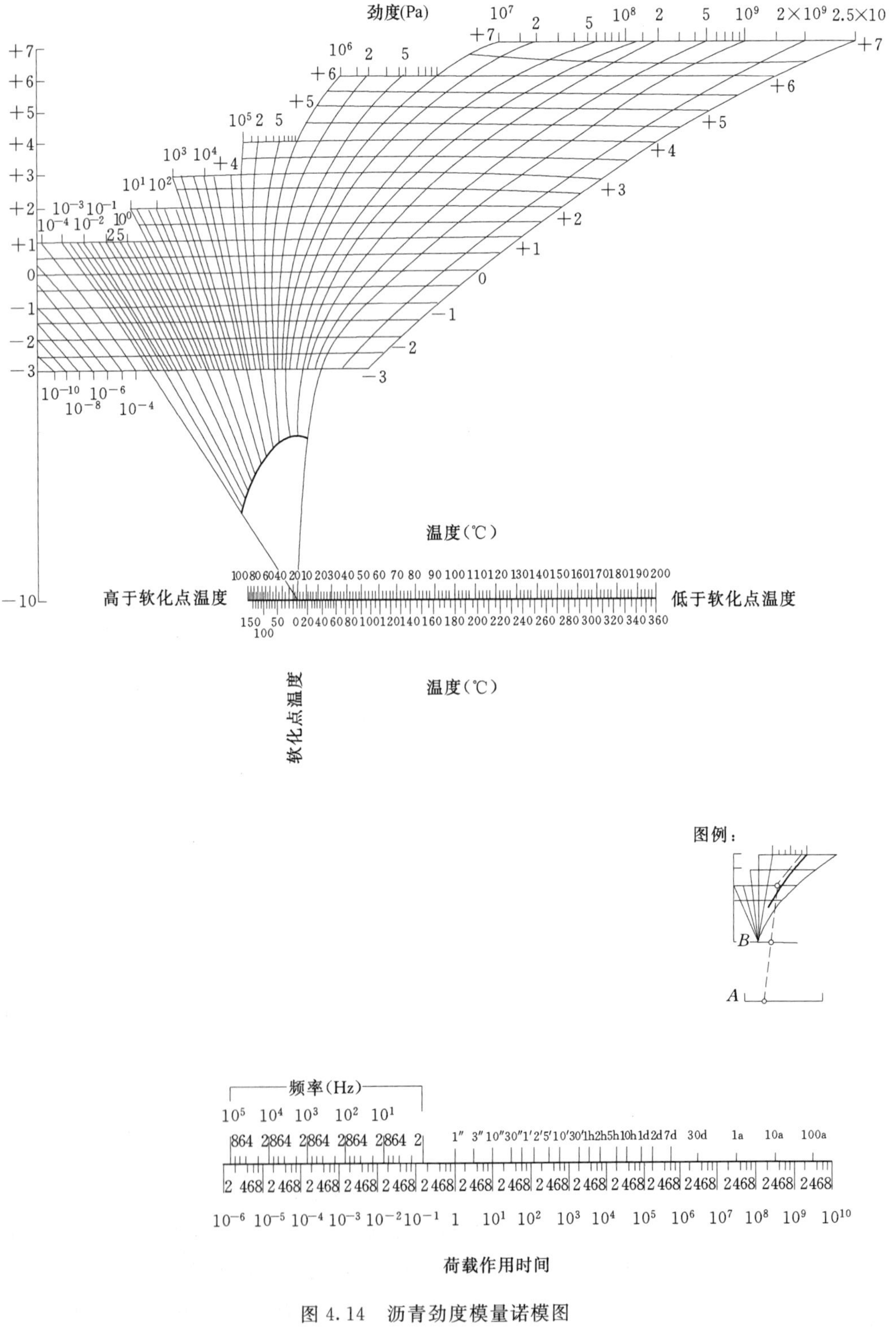

图 4.14 沥青劲度模量诺模图

3. 老化

沥青在自然因素（热、氧气、光和水）的作用下，产生“不可逆”的化学变化，导致路用性能劣化，通常称为老化。

沥青老化后，其物理力学性质表现为针入度减小、延度降低、软化点升高、绝对黏度提高、脆点降低等。在化学组分含量方面，表现为饱和分变化甚少，芳香分明显转变为胶质（速度较慢），而胶质又转变为沥青质（速度较快），由于芳香分转变为胶质，不足以补偿胶质转变为沥青质，所以最终是胶质显著减少，而沥青质显著增加。

4.1.3 石油沥青的技术标准与选用

4.1.3.1 道路石油沥青的技术标准

1. 道路石油沥青分级

道路石油沥青分为 A 级、B 级、C 级三个等级，各自的适用范围应符合表 4.3 的规定。

表 4.3 道路石油沥青的适用范围

沥青等级	适 用 范 围
A 级	各个等级的公路，适用于任何场合和层次
B 级	1. 高速公路、一级公路沥青下面层及以下的层次，二级及二级以下公路的各个层次； 2. 用作改性沥青、乳化沥青、改性乳化沥青、稀释沥青的基质沥青
C 级	三级及三级以下公路的各个层次

2. 道路石油沥青牌号

道路石油沥青按针入度划分为 160 号、130 号、110 号、90 号、70 号、50 号、30 号七个牌号，同时对各牌号沥青的延度、软化点、闪点、含蜡量、薄膜加热试验等技术指标也提出相应的要求，具体要求见表 4.4，气候分区见表 4.5。

4.1.3.2 道路用液体石油沥青的技术标准

道路用液体石油沥青适用于透层、黏层及拌制冷拌沥青混合料。按其凝结速度而分为快凝、中凝、慢凝三个等级，除黏度外，对蒸馏的馏分及残留物性质，闪点和水分等亦提出相应的要求，技术要求列入表 4.6。

4.1.3.3 道路石油沥青的选用与储运

1. 道路石油沥青的选用

沥青路面采用的沥青牌号，按照公路等级、气候条件、交通条件、路面类型及在结构层中的层位及受力特点、施工方法等，结合当地的使用经验，经技术论证后确定。

对高速公路、一级公路，夏季温度高、高温持续时间长、重载交通、山区及丘陵区上坡路段、服务区、停车场等行车速度慢的路段，尤其是汽车荷载剪应力大的层次，宜采用稠度大、60℃黏度大的沥青，也可提高高温气候分区的温度水平选用沥青等级；对冬季寒冷地区或交通量小的公路、旅游公路宜选用稠度小、低温延度大的沥青；对温度日温差、年温差大的地区，宜注意选用针入度指数大的沥青。当高温要求与低温要求发生矛盾时，应优先考虑满足高温性能的要求。

表 4.4　　道路石油沥青技术要求(JTG F40—2004)

指标	单位	等级	沥青牌号																试验方法①
			160号④	130号④	110号			90号					70号③					50号	30号④	
针入度(25℃,100g,5s)	dmm		140~200	120~140	100~120			80~100					60~80					40~60	20~40	T 0604
适用的气候分区⑥			注④	注④	2-1	2-2	3-2	1-1	1-2	1-3	2-2	2-3	1-3	1-4	2-2	2-3	2-4	1-4	注④	附录A⑤
针入度指数 PI②		A	-1.5~+1.0																	T 0604
		B	-1.8~+1.0																	
软化点($R\&B$)不小于	℃	A	38	40	43			45			44		46		45			49	55	T 0606
		B	36	39	42			43			42		44		43			46	53	
		C	35	37	41			42					43					45	50	
60℃动力黏度②不小于	Pa·s	A	—	60	120			160			140		180		160			200	260	T 0620
10℃延度②不小于	cm	A	50	50	40			45	30	20	30	20	20	15	25	20	15	15	10	T 0605
		B	30	30	30			30	20	15	20	15	15	10	20	15	10	10	8	
15℃延度不小于	cm	A、B	100															80	50	
		C	80	80	60			50					40					30	20	
含蜡量(蒸馏法)不大于	%	A	2.2																	T 0615
		B	3.0																	
		C	4.5																	
闪点　不小于	℃		230					245					260							T 0611

续表

指标	单位	等级	沥青牌号							试验方法①
			160号④	130号④	110号	90号	70号③	50号	30号④	
溶解度　不小于	%		99.5							T 0607
密度(15℃)	g/cm³		实测记录							T 0603
TFOT (或 RTFOT)后⑤										T 0610 或 T 0609
质量变化　不大于	%		±0.8							
残留针入度比 不小于	%	A	48	54	55	57	61	63	65	T 0604
		B	45	50	52	54	58	60	62	
		C	40	45	48	50	54	58	60	
残留延度(10℃) 不小于	cm	A	12	12	10	8	6	4	—	T 0605
		B	10	10	8	6	4	2	—	
残留延度(15℃) 不小于	cm	C	40	35	30	20	15	10	—	T 0605

① 试验方法按照《公路工程沥青及沥青混合料试验规程》规定的方法执行。用于仲裁试验求取 *PI* 时的 5 个温度的针入度关系的相关系数不得小于 0.997。

② 经建设单位同意，表中 *PI* 值、60℃动力黏度、10℃延度可作为选择性指标，也可不作为施工质量检验指标。

③ 70 号沥青可根据需要要求供应商提供针入度范围为 60～70 或 70～80 的沥青，50 号沥青可要求提供针入度范围为 40～50 或 50～60 的沥青。

④ 30 号沥青仅适用于沥青稳定基层。130 号和 160 号沥青除寒冷地区可直接在中低级公路上直接应用外，通常用作乳化沥青、稀释沥青、改性沥青的基质沥青。

⑤ 老化试验以 TFOT 为准，也可以 RTFOT 代替。

⑥ 沥青使用气候分区及气候区名见表 4.5。

表 4.5　　**沥青使用气候分区及气候区名表（JTG F40—2004）**

气候分区指标	气候分区				
按照设计高温分区指标	高温气候区	1	2	3	
	气候区名称	夏炎热区	夏热区	夏凉区	
	最热月平均最高气温（℃）	＞30	20～30	＜20	
按照设计雨量分区指标	低温气候区	1	2	3	4
	气候区名称	冬严寒区	冬寒区	冬冷区	冬温区
	极端最低气温（℃）	＜－37.0	－37.0～－21.5	－21.5～－9.0	＞－9.0
按照设计低温分区指标	雨量气候区	1	2	3	4
	气候区名称	潮湿区	湿润区	半干区	干旱区
	年降雨量（mm）	＞1000	1000～500	500～250	＜250

液体石油沥青宜采用针入度较大的石油沥青，使用前按先加热沥青后加稀释剂的顺序，掺配煤油或轻柴油，经适当的搅拌、稀释制成。

2. 道路石油沥青的掺配

当缺乏所需牌号的沥青时，可用两种或三种不同牌号的沥青按线性比例进行估算，两种沥青掺配比例可按式（4.11）、式（4.12）估算：

$$Q_1=\frac{T_2-T}{T_2-T_1}\times 100\% \tag{4.11}$$

$$Q_2=1-Q_1 \tag{4.12}$$

上二式中　Q_1——较软石油沥青用量，%；

Q_2——较硬石油沥青用量，%；

T——掺配后的石油沥青软化点，℃；

T_1——较软石油沥青软化点，℃；

T_2——较硬石油沥青软化点，℃。

以估算的掺配比例和其邻近的比例（5%～10%）进行试配（混合熬制均匀），测定掺配后沥青的软化点，然后绘制“掺配比-软化点”关系曲线，即可从曲线上确定出所要求的掺配比例。

掺配要注意遵循同源原则，即同属石油沥青或同属煤沥青（或煤焦油）的才可掺配。其掺配比例由试验决定。

3. 道路石油沥青的储运

道路石油沥青在储运、使用及存放过程中应有良好的防水措施，避免雨水或加热管道蒸汽进入沥青中，沥青必须按品种、牌号分开存放。除长期不使用的沥青可放在自然温度下存储外，沥青在储罐中的储存温度不宜低于130℃，并不得高于170℃。基质沥青的加热温度严禁超过140℃，液体沥青的储存温度不得高于50℃。桶装沥青应直立堆放，加盖苫布。

表 4.6　道路用液体石油沥青技术要求(JTG F40—2004)

试验项目		单位	快凝		中凝						慢凝						试验方法①
			AL(R)-1	AL(R)-2	AL(M)-1	AL(M)-2	AL(M)-3	AL(M)-4	AL(M)-5	AL(M)-6	AL(S)-1	AL(S)-2	AL(S)-3	AL(S)-4	AL(S)-5	AL(S)-6	
黏度	$C_{25.5}$		<20		<20						<20						T 0621
	$C_{60.5}$	s		5～15		5～15	16～25	26～40	41～100	101～200		5～15	16～25	26～40	41～100	101～200	
蒸馏体积	225℃前	%	>20	>15	<10	<7	<3	<2	0	0							T 0632
	315℃前	%	>35	>30	<35	<25	<17	<14	<8	<5							
	360℃前	%	>45	>35	<50	<35	<30	<25	<20	<15	<40	<35	<25	<20	<15	<5	
蒸馏后残留物	针入度(25℃)	dmm	60～200	60～200	100～300	100～300	100～300	100～300	100～300	100～300							T 0604
	延度(25℃)	cm	>60	>60	>60	>60	>60	>60	>60	>60							T 0605
	浮漂度(5℃)	s									<20	<20	<30	<40	<45	<50	T 0631
闪点(TOC法)		℃	>30	>30	>65	>65	>65	>65	>65	>65	>70	>70	>100	>100	>120	>120	T 0633
含水量　不大于		%	0.2	0.2	0.2	0.2	0.2	0.2	0.2	0.2	2.0	2.0	2.0	2.0	2.0	2.0	T 0612

① 试验方法按照《公路工程沥青及沥青混合料试验规程》规定的方法执行。用于仲裁试验求取 PI 值时的 5 个温度的针入度关系的相关系数不得小于 0.997。

4.2 煤 沥 青

煤沥青（俗称柏油）是用煤在隔绝空气条件下干馏，炼焦和制造煤气的副产品煤焦油炼制而成。根据煤干馏的温度不同分为高温煤焦油（700℃以上）和低温煤焦油（450～700℃）两类，路用煤沥青主要是由炼焦或制造煤气得到的高温煤焦油加工而得。

4.2.1 煤沥青的化学组成和结构特点

4.2.1.1 煤沥青的化学组成

煤沥青的组成主要是芳香族碳氢化合物及其氧、硫和氮等衍生物的混合物，其元素组成主要为碳、氢、氧、硫和氮。煤沥青化学组分的研究，与石油沥青研究方法相同，也是采用选择溶解等方法将煤沥青划分为几个化学性质相近、且与路用性能有一定联系的组分。

（1）油分。主要由液体未饱和的芳香族碳氢化合物所组成，使煤沥青具有流动性。在油分中包含有萘油、蒽油和菲油等。萘在常温下易挥发，蒽油含量低于15%～25%时，降低煤沥青的黏结性，若超过此含量，温度低于10℃时蒽油结晶，也使煤沥青黏度增加。

（2）树脂。溶于氯仿，稳定性较低，能使煤沥青具有塑性，类似于石油沥青中的树脂。

（3）游离碳。又称自由碳，是高分子有机化合物的固态碳质微粒，不溶于任何有机溶剂。在煤沥青中含有游离碳，能增加沥青的黏滞性，提高其热稳定性。但游离碳超过一定含量时，沥青的低温脆性亦随之增加。煤沥青中游离碳相当于石油沥青中的沥青质，但颗粒比沥青质大得多。

此外，煤沥青中含有少量碱性物质和酸性物质，酚有毒且能溶于水。煤沥青中的酸碱物质都属表面活性物质，相当于石油沥青中的沥青酸与沥青酸酐，但其活性物质含量高于石油沥青。所以煤沥青表面活性比石油沥青高，与矿料的黏附力较好。

煤沥青各化学组分含量示例列入表4.7。

表4.7　　煤沥青化学组分示例

煤沥青标号	化学组分（%）					
	游离碳	硬树脂	软树脂	中性油	酚	萘
软煤沥青T-9	13.32	11.78	38.14	33.71	2.14	0.64

4.2.1.2 煤沥青的结构

煤沥青和石油沥青相类似，也是复杂的胶体分散系，游离碳和硬树脂组成的胶体微粒为分散相，油分为分散介质，而软树脂为保护物质，它吸附于固态分散胶粒周围，逐渐向外扩散，并溶解于油分中，使分散系形成稳定的胶体体系。

4.2.2 煤沥青的技术性质、技术标准与应用

4.2.2.1 煤沥青的技术性质

煤沥青与石油沥青相比，在技术性质有下列差异：

（1）温度稳定性差。由于可溶性树脂含量较多，受热易软化，故温度稳定性差。

（2）气候稳定性差。由于煤沥青中含有较多不饱和碳氢化合物，在热、阳光、氧气等长期综合作用下，煤沥青的组分变化较大，易老化变脆。

（3）塑性较差。因含有较多的游离碳，所以在使用时易因受力变形而开裂。

（4）煤沥青与矿质材料表面黏附性能好。煤沥青组分中含有酸碱等表面活性物质，故与矿质材料表面黏结力较强。

（5）防腐性能好。由于煤沥青中含有酚、蒽、萘油等成分，所以防腐性好，故宜用于地下防水层及防腐材料等。

4.2.2.2 煤沥青的技术指标

1. 黏度

黏度表示煤沥青的稠度。煤沥青组分中油分含量减少、固态树脂及游离碳量增加时，则煤沥青的黏度增高。煤沥青的黏度测定方法与液体沥青相同，亦是用道路沥青标准黏度计测定。

2. 蒸馏试验馏出量及残渣性质

煤沥青中含有各沸点的油分，这些油分的蒸发将影响其性质。因而煤沥青的起始黏度并不能完全表达其在使用过程中黏结性的特征。为了预估煤沥青在路面中使用过程的性质变化，在测定其起始黏度的同时，还必须测定煤沥青在各温度阶段所含馏分及其蒸馏后残留物的性质。

煤沥青蒸馏试验是测定试样受热时，在规定温度范围内蒸出的馏分含量，以质量百分率表示。除非特殊需要，各馏分蒸馏的标准切换温度为170℃、270℃、300℃。馏分含量的规定，控制了煤沥青由于蒸发而老化的安全性，残渣性质试验保证了煤沥青残渣具有适宜的黏结性。

3. 煤沥青焦油酸含量

煤沥青的焦油酸（亦称酚）含量是通过测定试样总的蒸馏馏分与碱性溶液作用形成水溶性酚盐物质的含量求得，以体积百分率表示。焦油酸溶于水，易导致路面强度降低，同时它有毒，因此对其在沥青中的含量必须加以限制。

4. 萘含量

萘在煤沥青中低温时易结晶析出，使煤沥青产生假黏度而失去塑性，同时常温下易升华，并促使“老化”加速，同时萘也有毒，故应对其含量加以限制。煤沥青的萘含量是试样馏分中萘的含量，以质量百分率表示。

5. 甲苯不溶物含量

煤沥青的甲苯不溶物含量，是试样在规定的甲苯溶剂中不溶物（游离碳）的含量，用质量百分率表示。

6. 含水量

与石油沥青一样，在煤沥青中含有过量的水分会使煤沥青在施工加热时发生许多困难，甚至导致材料质量的劣化或造成火灾。煤沥青含水量的测定方法与石油沥青相同。

4.2.2.3 道路用煤沥青技术要求与应用

道路用煤沥青的牌号根据气候条件、施工温度、使用目的选用，其质量应符合表4.8

要求。

表 4.8　　道路用煤沥青技术要求（JTG F40—2004）

试验项目		T-1	T-2	T-3	T-4	T-5	T-6	T-7	T-8	T-9	试验方法
黏度（s）	$C_{30.5}$	5～25	26～70								T 0621
	$C_{30.10}$			5～25	26～50	51～120	121～200				
	$C_{50.10}$							10～75	76～200		
	$C_{60.10}$									35～65	
蒸馏试验，馏出量（%）	170℃前 不大于	3	3	3	2	1.5	1.5	1.0	1.0	1.0	T 0641
	270℃前 不大于	20	20	20	15	15	15	10	10	10	
	300℃	15～35	15～35	30	30	25	25	20	20	15	
300℃蒸馏残留物软化点（环球法）（℃）		30～45	30～45	35～65	35～65	35～65	35～65	40～70	40～70	40～70	T 0606
水分（%）	不大于	1.0	1.0	1.0	1.0	1.0	0.5	0.5	0.5	0.5	T 0612
甲苯不溶物（%）	不大于	20	20	20	20	20	20	20	20	20	T 0646
萘含量（%）	不大于	5	5	5	4	4	3.5	3	2	2	T 0645
焦油酸含量（%）	不大于	4	4	3	3	2.5	2.5	1.5	1.5	1.5	T 0642

道路用煤沥青使用应注意下列情况：

（1）各种等级公路的各种基层上的透层，宜采用 T-1 或 T-2 级，其他等级不符合喷洒要求时可适当稀释使用。

（2）三级及三级以下的公路铺筑表面处治或贯入式沥青路面，宜采用 T-5、T-6 或 T-7 级。

（3）与道路石油沥青、乳化沥青混合使用，以改善渗透性。

（4）道路用煤沥青严禁用于热拌热铺的沥青混合料，作其他用途时的储存温度宜为 70～90℃，且不得长时间储存。

（5）使用煤沥青时应采取措施防止工作人员吸入煤沥青蒸气或避免皮肤直接接触煤沥青造成身体损害。

4.2.2.4 煤沥青与石油沥青的鉴别

煤沥青与石油沥青外观相似，使用时应注意区分，表 4.9 为简易鉴别方法。

表 4.9　　石油沥青和煤沥青的简易鉴别方法

鉴别方法	石油沥青	煤沥青
相对密度	接近 1.0	1.25～1.28
燃烧	烟少，无色，有松香味，无毒	烟多，黄色，臭味大，有毒
气味	常温下无刺激性气味	常温下有刺激性臭味

续表

鉴别方法	石油沥青	煤沥青
颜色	呈亮褐色	浓黑色
溶解试验	可溶于汽油或煤油	难溶于汽油或煤油
捶击	韧性较好，不易碎	韧性差，较脆
大气稳定性	较高	较低
抗腐蚀性	差	强

4.3 乳 化 沥 青

4.3.1 概述

乳化沥青是指石油沥青与水在乳化剂、稳定剂等的作用下经乳化加工制得的均匀沥青产品（亦称沥青乳液），其外观为茶褐色，在常温下具有较好的流动性。乳化沥青特点如下：

（1）可冷态施工。乳化沥青可以在常温下进行喷洒、贯入或拌和摊铺，现场无需加热，简化了施工程序，操作简便，节省了能源。

（2）与湿集料拌和，具有足够的黏结力。

（3）无毒、无臭，保护环境，减少污染，施工安全。

（4）稳定性差，储存期不能超过半年，储存温度在0℃以上。

（5）乳化沥青修筑路面，成型期较长。

基于以上的特点，乳化沥青不仅适用于铺筑路面，而且在路堤的边坡保护、层面防水、金属材料表面防腐等工程中得到广泛应用。

4.3.2 乳化沥青的组成材料

乳化沥青主要由沥青、乳化剂、稳定剂和水等组分组成。

1. 沥青

沥青是乳化沥青组成的主要材料，占55%～70%，沥青的质量直接关系到乳化沥青的性能。在选择作为乳化沥青用的沥青时，首先要考虑它的易乳化性。一般来说，相同油源和工艺的沥青，针入度较大者易于形成乳液。但针入度的选择，应根据乳化沥青在路面工程中的用途来决定。另外，沥青中活性组分的含量与沥青乳化难易性有直接关系，通常认为沥青中沥青酸总量大于1%的沥青，易于形成乳化沥青。对高速公路和一级公路应满足道路石油沥青A级、B级的要求，其他情况可采用C级沥青。

2. 乳化剂

乳化剂是乳化沥青形成的关键材料。沥青乳化剂是表面活性剂的一种类型，从化学结构上看，分子的一部分具有亲水性质，而另一部分具有亲油性质，这两个基团具有使互不相溶的沥青与水连接起来的特殊功能。在沥青、水分散体系中，沥青微粒被乳化剂分子的亲油基吸引，此时以沥青微粒为固体核，乳化剂包裹在沥青颗粒表面形成吸附层。乳化剂的另一端与水分子吸引，形成一层水膜，它可机械地阻碍颗粒的聚集。

乳化剂按其亲水基在水中是否电离而分为离子型和非离子型两大类。其分类如下：

- 乳化剂
  - 离子型
    - 阴离子型
    - 阳离子型
    - 两性离子型
  - 非离子型

（1）阴离子型乳化剂。在溶于水时，能电离为离子或离子胶束，且与亲油基相连的亲水基团带有阴（或负）电荷的乳化剂。

阴离子沥青乳化剂最主要的亲水基团有羧酸盐（如—COONa）、硫酸醋盐（如—OSO_3Na）、磺酸盐（如—SO_3Na）三种。

（2）阳离子型乳化剂。在溶于水中时，能电离为离子或离子胶束，且与亲油基相连接的亲水基团带有阳（或正）电荷的乳化剂。

阳离子型沥青乳化剂按其化学结构，主要有季铵盐类、烷基胺类、酰胺类、咪唑啉类、环氧乙烷二胺类和胺化木质素类等。

（3）两性离子型乳化剂。在水中溶解时，电离成离子或离子胶团，且与亲油基相连接的亲水基团，既带有阴电荷又带有阳电荷的乳化剂。

两性离子型沥青乳化剂按其两性离子的亲水基团的结构和特性，主要分为氨基酸型、甜菜型和咪唑啉型等。

（4）非离子型乳化剂。在水中溶解时，不能离解成离子或离子胶束，而是依赖分子所含的羟基（—OH）和醚链（—O—）等作为亲水基团的乳化剂。

非离子型沥青乳化剂根据亲水基团的结构可分为醚基类、酯基类、酰胺类和杂环类等，但应用最多的为环氧乙烷缩合物和一元醇或多元醇的缩合物。

3. 稳定剂

为使乳液具有良好的储存稳定性，以及在施工中喷洒或拌和机械作用下的稳定性，必要时加入适量的稳定剂。稳定剂可分为以下两类：

（1）有机稳定剂。常用的有聚乙烯醇、聚丙烯酰胺、羧甲基纤维素钠、糊精、MF废液等。这类稳定剂可提高乳液的储存稳定性和施工稳定性。

（2）无机稳定剂。常用的有氯化钙、氯化镁、氯化铵和氯化铬等。这类稳定剂可提高乳液的储存稳定性。

稳定剂对乳化剂协同作用必须通过试验来确定，并且稳定剂的用量不宜过多，一般以沥青乳液的0.10%～0.15%为宜。

4. 水

水是乳化沥青的主要组成部分。水在乳化沥青中起着润湿、溶解及化学反应的作用。所以要求乳化沥青中的水应当纯净，不含其他杂质，每升水中氧化钙含量不得超过80mg。水的用量一般为30%～70%。

4.3.3 乳化沥青的形成机理

根据乳状液理论，由于沥青与水的表面张力相差较大，将沥青分散于水中，则会因表面张力的作用使已分散的沥青颗粒重新聚集结成团块。欲使已分散的沥青能稳定均匀地存在（实际上是悬浮）于水中，必须使用乳化剂。沥青能够均匀稳定地分散在乳化剂水溶液中的主要原因如下。

1. 乳化剂降低界面能的作用

由于沥青与水的表面张力相差较大，在一般情况下是不能互溶的。当加入一定量的乳化剂后，乳化剂能规律地定向排列在沥青和水的界面上，由于乳化剂属表面活性物质，具有不对称的分子结构，分子一端是极性基因，是亲水的；另一端是非极性基因，是亲油的。所以当乳化剂加入沥青与水组成的溶液中，乳化剂分子吸附在沥青-水界面上，形成吸附层，从而降低了沥青和水之间的表面张力差，如图 4.15 所示。

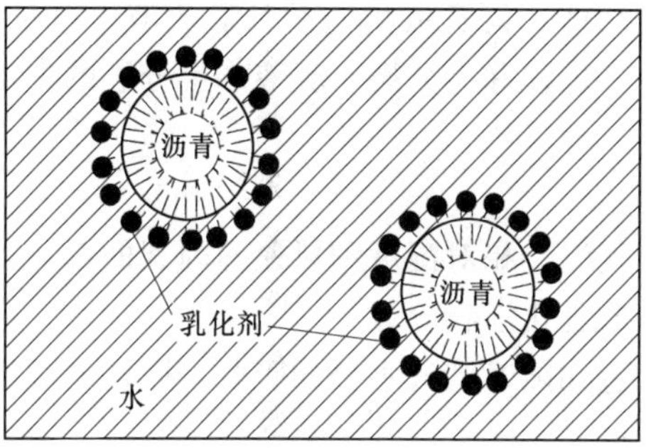

图 4.15 乳化剂在沥青微滴表面形成的界面膜

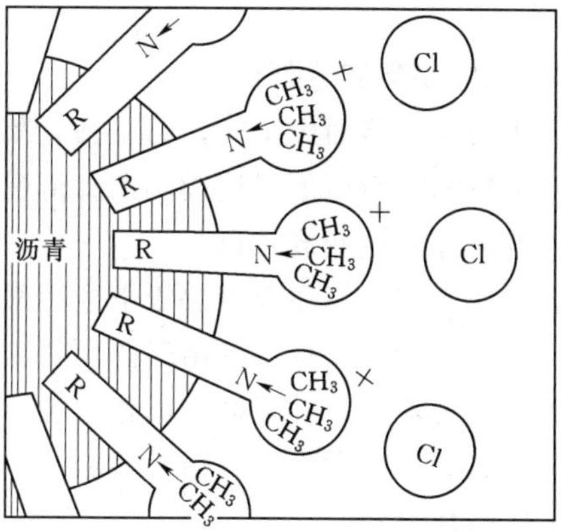

图 4.16 阳离子乳化沥青的界面电荷

2. 界面膜的保护作用

乳化剂分子的亲油基吸附在沥青微滴的表面，在沥青-水界面上形成界面膜，此界面膜具有一定的强度，对沥青微滴起保护作用，使其在相互碰撞时不易聚结，如图 4.16 所示。

3. 界面电荷稳定作用

乳化剂溶于水后发生离解，当亲油基吸附于沥青时，使沥青微滴带有电荷（阳离子乳化沥青带正电荷，图 4.16），此时在沥青-水界面上形成扩散双电层。由于每个沥青微滴都带相同电荷，且有扩散双电层的作用，故沥青-水体系成为稳定体系。

4.3.4 乳化沥青的生产

乳化沥青的制备可以采用各种设备，但其主要流程基本相同，如图 4.17 所示，一般由下列五个主要部分组成。

（1）乳化剂水溶液调制。在水中加入需要数量的乳化剂和稳定剂，将水温调节至乳化剂和稳定剂溶解所需要的温度，使其在水中充分溶解。

（2）沥青加热。沥青加热温度根据其品种、牌号、施工季节和地区而定，一般温度为 120～150℃。

（3）沥青与水比例控制。沥青与乳化液通过流量计，严格控制加入比例。

（4）乳化常用设备。胶体磨与其他同类设备。

（5）乳化成品储存。储运过程注意乳液稳定性，避免产生破乳。

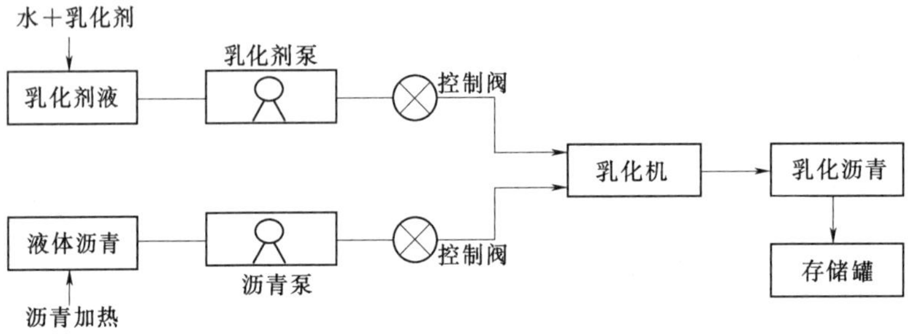

图 4.17 制备乳化沥青的工艺流程示意图

4.3.5 乳化沥青的分裂机理

乳化沥青在路面施工时，为发挥其黏结的功能，沥青液滴必须从乳化液中分裂出来，聚集在集料的表面而形成连续的沥青薄膜，这一过程称为分裂。乳液产生分裂的外观特征是其颜色由棕褐色变成黑色。

乳化沥青的分裂主要取决于下列因素：

(1) 水分的蒸发作用。由于路面施工环境气温、相对湿度和风速等因素的影响，乳化沥青中的水分蒸发，破坏乳液的稳定性，而造成乳化沥青分裂。

(2) 集料的吸收作用。由于集料的矿物构造孔隙对乳液水分的吸收，同样能破坏乳液的稳定性造成分裂。

(3) 集料物理-化学作用。乳化沥青中带电荷的微滴与不同化学性质的集料接触后产生复杂的物理-化学作用，而使乳化沥青分裂并在集料表面形成薄膜。

(4) 机械的激波作用。在施工过程中压路机的碾压和开放交通后汽车的行驶，各种机械力对路面的振颤而产生激波作用，也能促使乳化沥青稳定性的破坏和沥青薄膜结构的形成。

4.3.6 乳化沥青的性质与技术要求

乳化沥青的质量应符合表 4.10 的规定。在高温条件下宜采用黏度较大的乳化沥青，寒冷条件下宜使用黏度较小的乳化沥青。

表 4.10　　道路用乳化沥青技术要求（JTG F40—2004）

试验项目	单位	品种及代号										试验方法
		阳离子				阴离子				非离子		
		喷洒用			拌和用	喷洒用			拌和用	喷洒用	拌和用	
		PC－1	PC－2	PC－3	BC－1	PA－1	PA－2	PA－3	BA－1	PN－2	BN－1	
破乳速度		快裂	慢裂	快裂或中裂	慢裂或中裂	快裂	慢裂	快裂或中裂	慢裂或中裂	慢裂	慢裂	T 0658
粒子电荷		阳离子（＋）				阴离子（－）				非离子		T 0653
筛上残留物（1.18mm 筛）不大于	%	0.1				0.1				0.1		T 0652

续表

试验项目		单位	品种及代号										试验方法
			阳离子				阴离子				非离子		
			喷洒用			拌和用	喷洒用			拌和用	喷洒用	拌和用	
			PC－1	PC－2	PC－3	BC－1	PA－1	PA－2	PA－3	BA－1	PN－2	BN－1	
黏度	恩格拉黏度计 E_{25}		2—10	1—6	1—6	2—30	2—10	1—6	1—6	2—30	1—6	2—30	T 0622
	道路标准黏度计 $C_{25.3}$	s	10—25	8—20	8—20	10—60	10—25	8—20	8—20	10—60	8—20	10—60	T 0621
蒸发残留物	残留分含量不小于	%	50	50	50	55	50	50	50	55	50	55	T 0651
	溶解度不小于	%	97.5				97.5				97.5		T 0607
	针入度（25℃）	dmm	50—200	50—300	45—150		50—200	50—300	45—150		50—300	60—300	T 0604
	延度（15℃）不小于	cm	40				40				40		T 0605
与粗集料的黏附性，裹附面积不小于			2/3			—	2/3			—	2/3	—	T 0654
与粗、细粒式集料拌和试验			—			均匀	—			均匀	—		T 0659
水泥拌和试验的筛上剩余不大于		%	—				—				—	3	T 0657
常温储存稳定性	1d 不大于	%	1				1				1		T 0655
	5d 不大于		5				5				5		

注 1. P为喷洒型，B为拌和型，C、A、N分别表示阳离子、阴离子、非离子乳化沥青。
2. 黏度可选用恩格拉黏度计或沥青标准黏度计测定。
3. 表中的破乳速度、与集料的黏附性、拌和试验的要求与所使用的石料品种有关，质量检验时应采用工程上实际的石料进行试验，仅进行乳化沥青产品质量评定时可不要求此三项指标。
4. 储存稳定性根据施工实际情况选用试验时间，通常采用5d，乳液生产后能在当天使用时也可用1d的稳定性。
5. 当乳化沥青需要在低温冰冻条件下储存或使用时，尚需按T 0656进行－5℃低温储存稳定性试验，要求没有粗颗粒、不结块。
6. 如果乳化沥青是将高浓度产品运到现场经稀释后使用时，表中的蒸发残留物等各项指标指稀释前乳化沥青的要求。

4.3.7 乳化沥青的应用

乳化沥青在使用中，与砂石集料拌和成型后，在空气中逐渐脱水，水膜变薄，使沥青微粒靠拢，将乳化剂薄膜挤裂而凝成连续的沥青黏结膜层。成膜后的乳化沥青具有一定的耐热性、黏结性、抗裂性、韧性及防水性。

乳化沥青适用于沥青表面处治路面、沥青贯入式路面、冷拌沥青混合料路面，修补裂缝，喷洒透层、黏层与封层等。乳化沥青的品种和适用范围应符合表4.11的规定。

表4.11　　乳化沥青品种及适用范围

分　类	品种及代号	适　用　范　围
阳离子乳化沥青	PC-1	表处、贯入式路面及下封层用
	PC-2	透层油及基层养生用
	PC-3	黏层油用
	BC-1	稀浆封层或冷拌沥青混合料用
阴离子乳化沥青	PA-1	表处、贯入式路面及下封层用
	PA-2	透层油及基层养生用
	PA-3	黏层油用
	BA-1	稀浆封层或冷拌沥青混合料用
非离子乳化沥青	PN-2	透层油用
	BN-1	与水泥稳定集料同时使用（基层路拌或再生）

4.4 改 性 沥 青

4.4.1 概述

随着国民经济的高速发展，现代高等级沥青路面的特点是交通密度大、车辆轴载重、荷载作用间歇时间短以及高速和渠化。由于这些特点造成沥青路面高温出现车辙、低温产生裂缝，抗滑性很快衰降，使用年限不长，出现坑槽、松散等损坏以及局部龟裂等。为使沥青路面高温不淌、低温不裂、保证安全快速行车、延长使用年限，在沥青材料的技术性质方面，必须对沥青加以改性，亦即改善沥青的流变性能，改善沥青与集料的黏附性，改善沥青的耐久性，才能适应现代交通的要求。

改性沥青是采用各种措施使得沥青的性能得到改善的沥青。

4.4.2 改性沥青的分类及特性

改性沥青是指掺加橡胶、树脂、高分子聚合物，磨细的橡胶粉或其他填料等外掺剂（改性剂），或采取对沥青轻度氧化加工等措施，使沥青的性能得以改善而制成的沥青结合料。

改性剂是指在沥青中加入的天然或人工的有机或无机材料，可溶融分散在沥青中，改善或提高沥青路面性能（与沥青发生反应或裹覆在集料表面上）的材料。

从狭义来说，现在所指道路改性沥青一般是指聚合物改性沥青。按照改性剂的不同，一般分为以下几类。

1. 热塑性橡胶类改性沥青

热塑性橡胶改性剂主要是苯乙烯嵌段共聚物，如苯乙烯-丁二烯-苯乙烯（SBS）、苯乙烯-异戊二烯-苯乙烯（SIS）、苯乙烯-聚乙烯/丁基-聚乙烯（SE/BS）等。其中SBS常用于路面沥青混合料；SIS主要用于热熔黏结料；SE/BS则应用于抗氧化、抗高温变形要求高的道路。目前世界各国用于道路沥青改性使用最多的是SBS改性沥青。例如北京首都机场高速公路及八达岭高速公路用的就是SBS改性沥青。

SBS类改性沥青的最大特点是高温稳定性和低温抗裂性能都好，且有良好的弹性恢复性能，抗老化性能良好。SBS使沥青软化点提高，使5℃延度大幅度增大，且薄膜加热后的针入度比保留90%以上。

2. 橡胶类改性沥青

通常称为橡胶沥青，其中使用最多的是丁苯橡胶（SBR）和氯丁橡胶（CR）。它不仅是世界上最早出现并广泛应用的改性沥青品种，也是在我国较早得到研究和推广的品种。其中SBR是世界上应用最广泛的改性剂之一，尤其是其胶乳形式的使用越来越广泛。CR具有极性，常掺入煤沥青中使用，已成为煤沥青的改性剂。

SBR改性沥青最大特点是低温性能得到改善，所以主要适宜在寒冷气候条件下使用。例如青藏公路上就铺筑了橡胶沥青路面。

3. 热塑性树脂类改性沥青

聚乙烯（PE）、聚丙烯、聚氯乙烯、聚苯乙烯和乙烯-乙酸乙烯共聚物（EVA）等在道路沥青的改性中被使用，这类热塑性树脂的共同特点是加热后软化，冷却时硬化变硬。此类改性剂的最大特点是使沥青结合料在常温下黏度增大，从而使高温稳定性增加，遗憾的是并不能使沥青混合料的弹性增加，且加热后易离析，再次冷却时产生众多的弥散体。不过这些局限性一定程度上已被接受。例如浙江杭州钱江二桥就使用了ESSO公司的EVA改性沥青铺筑桥面铺装。

4. 掺加天然沥青的改性沥青

在沥青中通常可掺加天然沥青进行改性，如湖沥青（如特立尼达湖沥青TLA）、岩石沥青（如美国的Gilsonite）和海底沥青（如BMA）等。

掺加TLA的混合沥青有良好的高温稳定性及低温抗裂性能，耐久性好；掺加岩石沥青的沥青有抗剥离、耐久、高温抗车辙，抗老化等特点，参加BMA的沥青适用于重交通道路、飞机场跑道、抗磨耗层等，最小铺筑厚度可减薄到2cm，由此降低工程造价。

5. 其他改性沥青

（1）掺多价金属皂化物的改性沥青。多价金属与一元羧酸所形成的盐类称为金属皂。将一定的金属皂溶解在沥青中，可使延度增加、脆点降低，明显提高与集料的黏附性能，增加沥青混合料的强度，提高沥青路面的柔性和疲劳强度。

（2）掺炭黑的改性沥青。炭黑是由石油、天然气等碳氢化合物经高温不完全燃烧而生成的高含炭量粉状物质，在改性好的SBS改性沥青中混入炭黑综合改性，可使改性沥青的黏度增大，回弹性能提高。

（3）加玻璃纤维格栅的改性沥青。将一种自黏结型的玻璃纤维格栅，用一种专门的摊铺机铺设，铺在沥青混合料层中，耐热、黏结性好。这些格栅对提高高温抗车辙能力及低温抗裂性能都有良好的效果，同时还可防治沥青路面的反射性裂缝。

4.4.3 改性沥青的生产方法

改性沥青的加工制作，可分为以下几种方法：

（1）机械搅拌法。直接将改性剂加入到热沥青中，在机械产生的剪力、挤压及对流和热力的综合作用下，使改性剂不断变细，并均匀地分布于沥青当中。

（2）溶剂法。将聚合物溶于有机溶剂中，再掺入到热沥青中，搅拌均匀后，回收溶剂，聚合物就以细小颗粒分布于沥青中。

（3）胶磨粉法。将橡胶改性剂磨成粉状，然后制成橡胶改性沥青。

（4）胶体磨法。将聚合物改性剂与沥青一同加入胶体磨中混磨，从而形成均匀分布的改性沥青。

4.4.4 改性沥青的技术要求

道路改性沥青一般是指聚合物改性沥青，其技术要求见表4.12。其中 PI 值可作为选择性指标。当使用表4.12所列以外的聚合物及复合改性沥青时，可通过试验研究制定相应的技术要求。

表4.12　　聚合物改性沥青技术要求（JTG F40—2004）

指　标	单位	SBS类（Ⅰ类）				SBR类（Ⅱ类）			EVA、PE类（Ⅲ类）				试验方法①
		Ⅰ—A	Ⅰ—B	Ⅰ—C	Ⅰ—D	Ⅱ—A	Ⅱ—B	Ⅱ—C	Ⅲ—A	Ⅲ—B	Ⅲ—C	Ⅲ—D	
针入度25℃，100g，5s	dmm	>100	80～100	60～80	30～60	>100	80～100	60～80	>80	60～80	40～60	30～40	T 0604
针入度指数 PI 不小于	dmm	−1.2	−0.8	−0.4	0	−1.0	−0.8	−0.6	−1.0	−0.8	−0.6	−0.4	T 0604
延度5℃，5cm/min 不小于	cm	50	40	30	20	60	50	40	—				T 0605
软化点 $T_{R\&B}$ 不小于	℃	45	50	55	60	45	48	50	48	52	56	60	T 0606
运动黏度① 135℃ 不大于	Pa·s	3											T 0625 T 0619
闪点不小于	℃	230				230			230				T 0611
溶解度不小于	%	99				99			—				T 0607
弹性恢复25℃ 不小于	%	55	60	65	75	—			—				T 0662
黏韧性 不小于	N·m	—				5			—				T 0624
韧性 不小于	N·m	—				2.5			—				T 0624
储存稳定性②离析，48h软化点差 不大于	℃	2.5				—			无改性剂明显析出、凝聚				T 0661

续表

指标	单位	SBS类（Ⅰ类）				SBR类（Ⅱ类）			EVA、PE类（Ⅲ类）				试验方法①
		Ⅰ—A	Ⅰ—B	Ⅰ—C	Ⅰ—D	Ⅱ—A	Ⅱ—B	Ⅱ—C	Ⅲ—A	Ⅲ—B	Ⅲ—C	Ⅲ—D	
TFOT（或RTFOT）后残留物													
质量变化 不大于	%	1.0											T 0610 或 T 0609
针入度比25℃ 不小于	%	50	55	60	65	50	55	60	50	55	58	60	T 0604
延度5℃ 不小于	cm	30	25	20	15	30	20	10	—				T 0605

① 表中135℃运动黏度可采用JTJ 052—2000中的“沥青布氏旋转黏度试验方法（布洛克菲尔德黏度计法）”进行测定。若在不改变改性沥青物理力学性质并符合安全条件的温度下易于泵送和拌和，或经证明适当提高泵送和拌和温度时能保证改性沥青的质量，容易施工，可不要求测定。

② 储存稳定性指标适用于工厂生产的成品改性沥青。现场制作的改性沥青对储存稳定性指标可不作要求，但必须在制作后保持不间断的搅拌或泵送循环，保证使用前没有明显的离析。

4.4.5 改性沥青的应用与发展

改性沥青可用做排水或吸声磨耗层及其下面的防水层；在老路面上做应力吸收膜中间层，以减少反射裂缝，在重载交通道路的老路面上加铺薄层和超薄沥青面层，以提高耐久性；在老路面上或新建的普通公路上做表面处治，以恢复路面使用性能或减少养护工作量；等等。使用改性沥青时，应当特别注意路基、路面的施工质量，以避免产生路基沉降和其他早期损坏。否则，使用改性沥青就会达不到应有的效果。

SBS改性沥青无论在高温、低温、弹性等方面都优于其他改性剂，尤其是现在，SBS的价格比以前有了大幅度的降低，仅成本这一项，它就可以和PE、EVA竞争，所以我国改性沥青的发展方向应该以SBS作为主要方向。

复习思考题

1. 沥青的体膨胀系数与沥青的路用性能有何关系？
2. 石油沥青的主要技术性质是哪些？各用什么指标表示？
3. 石油沥青的四大组分或三大组分是什么？试述它们的存在形式。
4. 沥青中蜡的存在将对沥青性能有何影响？我国对沥青含蜡量有何限制？
5. 表征沥青黏滞性的试验方法有哪些？
6. 沥青的针入度、延度、软化点试验反映沥青的哪些性能？简述主要试验条件。
7. 沥青的低温性能可采用哪些方法来测试？
8. 沥青的感温性最常采用哪些指标来表征？
9. 什么是沥青的黏弹性，采用什么技术指标给以评价？
10. 什么是沥青的“老化”？老化后的沥青其性质有哪些变化？
11. 我国现行规范中道路用石油沥青有几个牌号？具体指标有哪些？
12. 如何鉴别煤沥青与石油沥青？

13. 什么是闪点？有何工程意义？

14. 何谓乳化沥青？简述乳化沥青的形成和分裂机理。

15. 何谓改性沥青？常用的聚合物改性沥青有哪几种？改性沥青有何特点？

习 题

1. 沥青在10℃和25℃下测定的针入度分别为24和79（0.1mm），求出沥青的针入度-温度敏感性系数 A，由此计算沥青的针入度指数 PI，并判断沥青的胶体结构类型。

2. 某工程需石油沥青25t，要求软化点不低于70℃。现有软化点分别为54℃、77℃、95℃的石油沥青各10t，问这三种沥青如何掺配？（提示：先将两种沥青等量掺配，计算其软化点，再与第三种沥青掺配计算各沥青掺量。）

3. 现有A、B、C三种石油沥青，气候分区为2～3区，其性能检测见表4.13，试计算针入度指数 PI，并确定其牌号及等级。

表4.13　　石油沥青性能检测表

性 能	A	B	C
25℃时针入度（0.1mm）	70	95	118
10℃延度	10	23	28
15℃延度	42	60	65
软化点	44	44	41
含蜡量（蒸馏法）（%）	5.0	2.0	3.0

第5章 沥青混合料

学习目标：了解沥青混合料的优越性，沥青混合料的强度理论，其他沥青混合料；理解沥青混合料的分类和技术标准，影响沥青混合料强度的因素，沥青混合料的各组成要素的功能及要求；掌握沥青混合料的主要技术性质，沥青混合料的配合比设计的主要思路，确定沥青最大用量的马歇尔实验方法。

5.1 沥青混合料的定义、分类与基本性质

据考古资料，印加帝国在15世纪已采用天然沥青修筑沥青碎石路。英国在1832～1838年，用煤沥青在格洛斯特郡修筑了第一段煤沥青碎石路；法国于1858年在巴黎用天然岩沥青修筑了第一条地沥青碎石路；到20世纪，使用量最大的铺路材料为石油沥青。中国上海在20世纪20年代开始铺设沥青路面。1949年以后随着中国自产路用沥青材料工业的发展，沥青路面已广泛应用于城市道路和公路干线。迄今为止，沥青路面已经成为目前中国铺筑面积最多的一种高级路面，因此深入开展对沥青混合料的研究，对我国公路建设的发展，具有重大的经济意义和现实意义。

5.1.1 沥青混合料的定义与分类

5.1.1.1 沥青混合料的定义

沥青混合料是由矿料与沥青结合料拌和而成的混合料的总称。将沥青混合料摊铺并碾压成型，就成为各种类型的沥青路面。

5.1.1.2 沥青混合料的分类

1. 按结合料分类

(1) 石油沥青混合料。以石油沥青为结合料的沥青混合料，包括黏稠石油沥青混合料、乳化石油沥青混合料及液体石油沥青混合料。

(2) 煤沥青混合料。以煤沥青为结合料的沥青混合料。

2. 按施工工艺分类

(1) 热拌沥青混合料。沥青与矿料在热态拌和、热态摊铺的混合料。

(2) 冷沥青混合料。以乳化沥青或稀释沥青与矿料在常温状态下拌制、摊铺的混合料。

3. 按矿质集料级配类型分类

(1) 连续级配沥青混合料。沥青混合料中的矿料按级配原则从大到小各级粒径都有，按比例相互搭配组成的混合料。

(2) 间断级配沥青混合料。矿料级配组成中缺少一个或几个粒径档次（或用量很少）

而形成的沥青混合料。

4. 按混合料密实度分类

（1）密级配沥青混合料。按密实级配原则设计组成的各种粒径颗粒的矿料与沥青结合料拌和而成，设计空隙率较小的密实式沥青混合料。

（2）开级配沥青混合料。矿料级配主要由粗集料嵌挤而成，细集料及填料较少，设计空隙率为18%的沥青混合料。

（3）半开级配沥青混合料。由适当比例的粗集料、细集料及少量填料（或不加填料）与沥青结合料拌和而成，经马歇尔标准击实成型后，试件的空隙率在6%～12%的半开式沥青混合料。

5. 按集料最大粒径分类

（1）特粗式沥青混合料。集料公称最大粒径大于或等于31.5mm的沥青混合料。

（2）粗粒式沥青混合料。集料公称最大粒径大于或等于26.5mm的沥青混合料。

（3）中粒式沥青混合料。集料公称最大粒径为16mm或19mm的沥青混合料。

（4）细粒式沥青混合料。集料公称最大粒径为9.5mm或13.2mm的沥青混合料。

（5）砂粒式沥青混合料。集料公称最大粒径小于或等于4.75mm的沥青混合料，也称为沥青石屑或沥青砂。

6. 其他分类

（1）沥青稳定碎石混合料。由矿料和沥青组成具有一定级配要求的混合料，按空隙率、集料最大粒径、添加矿粉数量的多少，分为密级配沥青碎石（ATB）、开级配沥青碎石（OGFC表面层或ATPB基层）、半开级配沥青碎石（AM）。

（2）沥青玛琋脂碎石混合料。由沥青结合料与少量的纤维稳定剂、细集料以及较多的填料（矿粉）组成的沥青玛琋脂填充于间断级配的粗集料骨架的空隙中，组成一体的沥青混合料，简称SMA。

5.1.2 沥青混合料的基本性能

沥青路面是许多国家目前最主要的路面形式，沥青混合料具有以下性能：

（1）良好的力学性能。沥青混合料是弹塑性黏性材料，它无须设置施工缝和伸缩缝，铺筑的路面平整且有弹性，减震吸声，行车舒适。

（2）良好的抗滑性能。路表具有一定的粗糙度，且无强烈反光，有利于行车安全。

（3）施工方便，速度快，养护期短。沥青路面可全部采用机械化施工，有利于施工质量控制，施工后即可开放交通。

（4）便于分期修建和再生利用。用沥青混合料铺筑的路面，随着道路交通量的增大，可以方便对原有路面进行加厚或拓宽。对于旧有或老化了的沥青混合料，可以运用再生技术对其进行再生利用，以节约资源。

（5）高温稳定性和低温抗裂性不足。

5.2 热拌沥青混合料

热拌沥青混合料（Hot—mix asphalt mixture，HMA）是经人工组配的矿料与黏稠沥青在专门设备中加热拌和而成，用保温运输工具运送至施工现场，并在热态下进行摊铺和压实的混合料，也称为热拌热铺沥青混合料。

热拌沥青混合料是沥青混合料中最典型的品种，适用于各种等级公路的沥青路面。热拌沥青混合料的分类见表 5.1。

表 5.1　　热拌沥青混合料分类

混合料类型	密级配			开级配		半开级配	公称最大粒径（mm）	最大粒径（mm）
	连续级配		间断级配	间断级配				
	沥青混凝土	沥青稳定碎石	沥青玛蹄脂碎石	排水式沥青磨耗层	排水式沥青碎石基层	沥青碎石		
特粗式	—	ATB-40	—	—	ATPB-40	—	37.5	53.0
粗粒式	—	ATB-30	—	—	ATPB-30	—	31.5	37.5
	AC-25	ATB-25	—	—	ATPB-25	—	26.5	31.5
中粒式	AC-20	—	SMA-20	—	—	AM-20	19.0	26.5
	AC-16	—	SMA-16	OGFC-16	—	AM-16	16.0	19.0
细粒式	AC-13	—	SMA-13	OGFC-13	—	AM-13	13.2	16.0
	AC-10	—	SMA-10	OGFC-10	—	AM-10	9.5	13.2
砂粒式	AC-5	—	—	—	—	AM-5	4.75	9.5
设计空隙率(%)	3～5	3～6	3～4	>18	>18	6～12	—	—

注　设计空隙率可按配合比设计要求适当调整。

5.2.1 沥青混合料的组成结构与强度理论

沥青混合料是一种复合材料，它由沥青、粗集料、细集料和填料以及外加剂组成。根据这些组成材料在混合料中的质量差异和数量的相对多少，可形成不同的组成结构，并表现为不同的力学性能。

5.2.1.1 沥青混合料的组成结构

1. 沥青混合料组成结构的现代理论

随着对沥青混合料组成结构研究的深入，研究人员对传统的理论提出了不同的看法。因此，对沥青混合料的组成结构有下列两种相互对立的理论。

(1) 表面理论。认为沥青混合料是由沥青分布于粗集料、细集料和填料经人工组配成的级配矿质骨架表面，而将它们胶结成为一个具有强度的整体（图 5.1）。

沥青混合料
- 矿质骨料
  - 粗集料
  - 细集料
  - 填料（如矿粉）
- 结合料——沥青

图 5.1　表面理论示意

(2) 胶浆理论。某些研究从胶浆理论出发，认为沥青混合料是一种多级空间网状结构的分散系。它是以粗集料为分散相而分散在沥青砂浆介质中的一种粗分散系；同样，砂浆是以细集料为分散相而分散在沥青胶浆介质中的一种细分散系；而胶浆又是以填料为分散相分散在高稠度的沥青介质中的一种微分散系（图 5.2）。

这三级分散系以沥青胶浆最为重要，它的组成结构决定沥青混合料的高温稳定性和低

- 沥青混合料（粗分散系）
  - 分散相——粗集料
  - 分散介质——砂浆（细分散系）
    - 分散相——细集料
    - 分散介质——沥青胶浆（微分散系）
      - 分散相——填料
      - 分散介质——沥青

图 5.2 胶浆理论示意

温变形能力。这一理论比较集中于研究填料的矿物成分、填料的级配以及沥青与填料颗粒表面的交互作用等因素对于混合料性能的影响等。

2. 沥青混合料的组成结构类型

通常沥青混合料有以下三种组成结构：

(1) 悬浮—密实结构。是指矿质集料由大到小组成连续型密级配的混合料结构。混合料中粗集料数量较少，不能形成骨架，细集料较多，足以填充空隙。这种沥青混合料黏结力（也称为黏聚力、内聚力）较大，内摩擦角较小，虽然可以获得很高的密实度，但是各级集料均被次级集料所隔开，不能直接靠拢而形成骨架，就像悬浮于次级集料与沥青胶浆之间，其结构组成如图 5.3 (a) 所示，因而高温稳定性差。

(2) 骨架—空隙结构。是指矿质集料属于开级配的混合料结构，如图 5.3 (b) 所示。矿质集料中粗集料较多，可形成矿质骨架，细集料较少，不足以填满空隙。这种结构虽然具有较大的内摩擦角，但黏结力较低，因而混合料空隙率大、耐久性差，沥青与矿料的黏结差，热稳定性较好。这种结构的沥青混合料，强度主要取决于内摩擦角。当沥青路面采用这种混合料时，沥青面层下必须铺筑下封层。

(3) 骨架—密实结构。是指结构具有较多数量的粗集料形成的空间骨架，同时又有足够的细集料填满骨架的空隙。这种结构不仅具有较高的黏结力，而且具有较大的内摩擦角，是沥青混合料中最理想的一种结构类型，如图 5.3 (c) 所示。

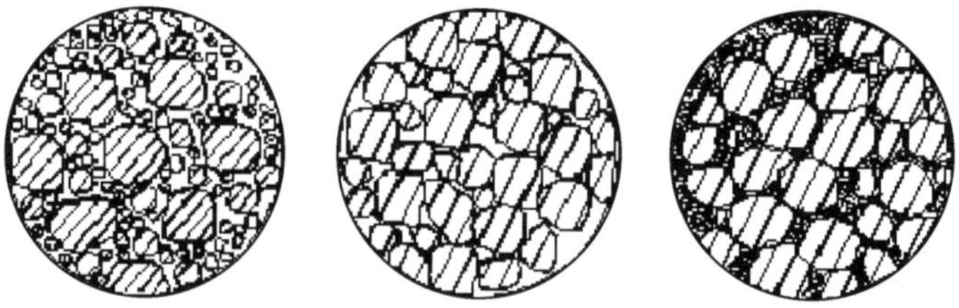

(a) (b) (c)

图 5.3 沥青混合料的典型组成结构

(a) 悬浮—密实结构；(b) 骨架—空隙结构；(c) 骨架—密实结构

5.2.1.2 沥青混合料的强度理论

沥青混合料在路面结构中产生破坏的情况，主要是发生于高温时由于抗剪强度不足或塑性变形过大而产生的推挤等现象，以及低温时抗拉强度不足或变形能力较差而产生的裂缝现象。

目前，对沥青混合料强度构成特性开展研究时，许多学者普遍采用了摩尔-库仑理论作为分析沥青混合料的强度理论，并引入了两个强度参数——黏结力 c 和内摩擦角 φ，作为其强度理论的分析指标。通过三轴剪切强度研究得出结论：沥青混合料的抗剪强度 τ 主要取决于沥青与矿质集料间的物理-化学作用而产生的黏结力 c，以及矿质集料在混合料中分散程度不同而产生的内摩擦角 φ，即：

$$\tau = c + \sigma\tan\varphi \tag{5.1}$$

式中 τ——沥青混合料的抗剪强度，MPa；

σ——正应力，MPa；

c——沥青混合料的黏结力，MPa；

φ——沥青混合料的内摩擦角，rad。

5.2.1.3 影响沥青混合料抗剪强度的因素

试验表明：沥青混合料的抗剪强度的内因决定于沥青混合料的内摩擦角和黏聚力，其值越大，抗剪强度越大。其外因决定于温度等因素。

1. 影响沥青混合料抗剪强度的内因

(1) 影响沥青混合料内摩擦角的因素。

1) 矿质集料。矿质集料的尺寸大，形状近似正方体，有一定的棱角，表面粗糙则内摩擦角较大。连续型开级配的矿料，粗集料的数量比较多，形成一定的骨架结构，内摩擦角也就大。

2) 沥青含量。沥青含量越少，矿料表面形成的沥青膜越薄，内摩擦角越大；反之亦然。

(2) 影响沥青混合料黏聚力的因素

1) 沥青材料的黏结性。沥青的黏度越大，混合料的黏滞阻力也越大，抵抗剪切变形的能力越强，则混合料的黏聚力就越大。特别是受到短暂瞬时荷载时，具有高黏度的沥青能赋予沥青混合料较大的黏滞阻力，因而具有较高的抗剪强度。

2) 沥青的用量。沥青的黏度越大，抵抗剪切变形的能力越强。适当增加沥青用量，将会改善混合料的胶结性能，但当沥青用量进一步增加时，就会出现塑性变形。因此，混合料中存在最佳沥青用量。

3) 矿粉的品种与用量。碱性矿粉（如石灰石）与沥青亲和性良好，能形成较强的黏结性能；而由酸性石料磨成的矿粉则与沥青亲和性较差。适量提高矿粉掺量，有利于提高沥青混合料的强度。一般来说，矿粉与沥青之比以 0.8～1.2 为宜。

沥青与矿料粉交互作用后，沥青在矿粉表面形成一定厚度的扩散溶剂化膜，在此膜厚度以内的沥青被称为“结构沥青”，在此膜厚度以外的沥青被称为“自由沥青”。矿料颗粒间的连接形式对黏聚力的影响，如果矿粉颗粒之间接触处是由结构沥青所连接的，这样促成沥青具有更高的黏度和更大的扩散溶化膜的接触面积，因而可以获得更大的黏聚力。

沥青与矿料之比是影响沥青混合料剪切强度的重要因素。当沥青用量过小时，沥青不足以形成结构沥青薄膜来黏结矿料颗粒，难以形成足够的黏聚力。随着沥青用量增加，黏聚力增加。但超过一定的值后，如图 5.4 所示超过 5%后，在矿料间形成自由沥青量增多，黏聚力随沥青用量增加而降低。另外，沥青在混合料中除起黏结剂的作用外，还起润滑剂的作用，沥青用量增加，混合料的内摩擦角下降。故需两方面综合考虑确定沥青的最

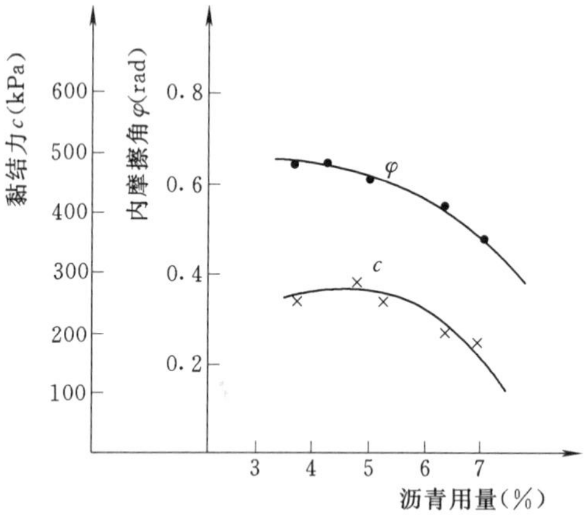

图 5.4 沥青用量与沥青混合料黏聚力及内摩擦角的关系

佳用量。

2. 影响沥青混合料抗剪强度的外因

(1) 温度的影响。沥青混合料是一种弹塑性材料，其抗剪强度随着温度的升高而降低。在沥青材料的实验中表明，沥青的黏聚力随着温度的升高而相应下降，但是其内摩擦角受温度变化的影响不大。

(2) 形变速度的影响。沥青混合料也是一种黏-弹性材料，其抗剪强度与变形速率有密切关系。在其他条件相同的情况下，变形速率和温度一样，对沥青的黏聚力影响较为明显，而对内摩擦角的影响较小。变形速率大，则黏聚力明显降低。

5.2.2 沥青混合料的技术性质

5.2.2.1 高温稳定性

沥青混合料的高温稳定性是指沥青混合料在夏季高温（通常指 60℃）条件下，经车辆荷载长期重复作用后不产生车辙和波浪等病害的性能。

沥青混合料具有流变性，它的强度和劲度模量随着温度的升高而降低。所以沥青混合料路面在夏季高温时，在重交通的重复作用下，由于交通的渠化，轮迹带会逐渐变形下凹，两辙鼓起所谓的车辙，这是现代高等级沥青路面最常见的病害之一。

我国现行标准规定，采用马歇尔稳定度试验来评价沥青混合料的高温稳定性质；对高速公路、一级公路、城市快速路、城市主干路所用的沥青混合料，还应通过动稳定度试验来检验其抗车辙能力。

1. 马歇尔稳定度

马歇尔稳定度的试验方法在半个多世纪前就已提出，经过许多学者的改进，目前普遍是通过测定马歇尔稳定度、流值并计算马歇尔模数来评价沥青混合料高温稳定性的。

稳定度是指标准尺寸的沥青混合料试件在规定温度和加荷速度下，在马歇尔仪中最大的破坏荷载（以 kN 计）；流值是达到最大破坏荷载时试件的垂直变形（以 mm 计）；通常用马歇尔稳定度与流值之比表示沥青混合料的视劲度，称为马歇尔模数，即：

$$T=\frac{MS}{FL} \tag{5.2}$$

式中 T——马歇尔模数，kN/mm；

MS——稳定度，kN；

FL——流值，mm。

2. 车辙试验

对于渠化交通的沥青混合料路面，高温稳定性不足主要表现为车辙。随着交通量不断增长以及车辆行驶的渠化，沥青路面在行车荷载的反复作用下，会由于永久变形的累积而导致路面出现车辙，从而影响路面的平整度；轮迹处沥青层厚度减薄，削弱了面层及路面结构的整体强度，从而诱发其他病害；雨天路表排水不畅，降低了路面的抗滑能力，甚至会由于车辙内积水而导致车辆漂滑，影响高速行车时的安全；车辆在超车或变更车道时方向失控，影响车辆操纵的稳定性。可见，车辙的产生严重影响了路面的使用寿命和服务质量。

车辙试验方法最早由英国道路研究所提出，后来许多国家的道路工作者进行了研究改进。JTG E20—2011 规定的车辙试验方法为：用标准成型方法，制成长 300mm、宽 300mm、厚 50～100mm 的沥青混合料试件，在 60℃±1℃的温度条件下，以一定荷载的轮子在同一轨迹上作一定时间的反复行走，形成一定的车辙深度，然后计算试件变形 1mm 所需试验车轮行走次数，即为动稳定度 DS。对高速公路和城市快速路不应小于 800 次/ mm，对一级公路及城市主干路不应小于 600 次/mm。

5.2.2.2 低温抗裂性

冬季，随着温度的降低，沥青材料的劲度模量变得越来越大，材料变得越来越硬，并开始收缩。由于沥青路面在面层和基层之间存在很好的约束，因而当温度大幅降低时，沥青面层中会产生很大的收缩拉应力或拉应变，一旦超过材料所能承受的极限拉应力或极限拉应变，沥青面层就会开裂。因此，沥青混合料不仅应具备高温稳定性，同时还要具有低温抗裂性，以保证路面在冬季低温时不产生裂缝。沥青混合料的低温抗裂性即沥青混合料在低温时抵抗断裂破坏的能力。

有研究认为，沥青混合料在低温时的裂缝与其抗疲劳性能有关，建议采用沥青混合料在一定变形条件下达到试件破坏时所需的荷载作用次数来表征沥青混合料的疲劳寿命，破坏时的作用次数称为柔度。研究认为，柔度与混合料纯拉伸试验时的延伸度有明显关系。

5.2.2.3 耐久性

沥青混合料在路面中长期受自然因素的作用，为保证路面具有较长的使用年限，沥青混合料必须具有较好的耐久性。

影响沥青混合料耐久性的因素很多，如沥青的化学性质、矿料的矿物成分、沥青混合料的组成结构等。

沥青的化学性质和矿料的矿物成分对耐久性的影响如前所述。就沥青混合料的组成结构而言，影响其耐久性的首要因素是沥青混合料的空隙率。空隙率的大小与矿质集料的级配、沥青用量以及压实程度等有关。从提高耐久性的角度看，希望沥青混合料空隙率尽量小，以防止水的渗入加快沥青的老化作用。但是一般沥青混合料中均应残留 3%～6%的空隙，以备夏季沥青材料膨胀。沥青混合料空隙率还与其水稳定性有关。空隙率大且沥青与矿料黏附性差的混合料，在饱水后石料易发生剥落，同时颗粒相互推移产生体积膨胀以及力学强度显著降低等现象，会引起路面早期破坏。

此外，沥青路面的使用寿命还与混合料中的沥青含量有很大的关系。当沥青混合料中沥青用量较正常用量少时，沥青膜变薄，混合料的延伸能力降低，脆性增加；混合料的空隙率增大，沥青膜暴露较多，加速了老化作用；渗水率增加，水对沥青的剥落作用加大。有研究认为，沥青用量较最佳用量少 0.5%的混合料能使路面使用寿命减少一半以上。

我国现行规范采用空隙率、饱和度（即沥青填隙率）和残留稳定度来表征沥青混合料的耐久性。

5.2.2.4 抗滑性

现代高等级公路的发展和行车速度要求的提高，对沥青混合料路面的抗滑性能也提出了更高的要求。沥青混合料路面的抗滑性与矿质集料的微表面性质、混合料的级配组成以及沥青用量等因素有关。为保证长期高速行车的安全，配料时要特别注意粗集料的磨光性，应选择硬质有棱角的集料。而硬质集料往往属于酸性集料，与沥青的黏附性差，为此，在沥青混合料施工时，应采用在硬质集料中掺加软质集料组成复合集料以及掺入抗剥落剂等措施。GB 50092—1996《沥青路面施工及验收规范》对抗滑层集料提出了磨光值、道端磨耗值和冲击值三项指标。

沥青用量对抗滑性的影响很大，沥青用量超过最佳用量的0.5%即可使抗滑系数明显降低。

含蜡量对沥青混合料的抗滑性也有明显影响。JTG F40—2004 规定，A 级沥青含蜡量应不大于2.2%，B级沥青含蜡量应不大于3.0%，C级沥青含蜡量应不大于4.5%。

5.2.2.5 施工和易性

要保证室内配料在现场施工条件下顺利地摊铺作业，沥青混合料除了应具备前述的技术要求外，还应具备适宜的施工和易性。影响沥青混合料施工和易性的因素很多，如施工时的气温、施工条件以及混合料性质等。

仅就混合料性质而言，影响沥青混合料施工和易性的首要因素是混合料的级配情况，如粗细集料的颗粒大小相差过大，缺少中间尺寸，混合料就容易分层层积（表现为粗粒集中于表面，细粒集中于下部）；如细集料太少，沥青层就不容易均匀地分布在粗颗粒表面；细集料过多则会使拌和困难。此外，当沥青用量过少，或矿粉质量不好，则容易使混合料黏结成团块，不易摊铺。

实际使用中对沥青混合料的工艺性能大多凭目力鉴定。有学者曾以流变学理论为基础提出过一些沥青混合料施工和易性的测定方法，但仍在试验研究阶段，尚未被广泛采纳。

5.2.3 沥青混合料的技术标准

JTG F40—2004 规定，热拌沥青混合料的马歇尔试验技术标准见表5.2和表5.3。

表5.2　密级配沥青混凝土混合料马歇尔试验技术标准

试验指标		单位	高速公路、一级公路				其他等级公路	行人道路
			夏炎热区（1-1、1-2、1-3、1-4区）		夏热区及夏凉区（2-1、2-2、2-3、2-4、3-2区）			
			中轻交通	重载交通	中轻交通	重载交通		
击实次数（双面）		次	75				50	50
试件尺寸		mm×mm	ϕ101.6×63.5					
空隙率 VV	深约90mm以内	%	3～5	4～6[注2]	2～4	3～5	3～6	2～4
	深约90mm以下	%	3～6		2～4	3～6	3～6	—
稳定度 MS	不小于	kN	8				5	3
流值 FL		mm	2～4	1.5～4	2～4.5	2～4	2～4.5	2～5

续表

试验指标		单位	高速公路、一级公路				其他等级公路	行人道路
			夏炎热区（1-1、1-2、1-3、1-4 区）		夏热区及夏凉区（2-1、2-2、2-3、2-4、3-2 区）			
			中轻交通	重载交通	中轻交通	重载交通		
矿料间隙率 *VMA*（%）不小于	设计空隙率（%）	相应于以下公称最大粒径（mm）的最小 *VMA* 及 *VFA* 技术要求（%）						
		26.5		19	16	13.2	9.5	4.75
	2	10		11	11.5	12	13	15
	3	11		12	12.5	13	14	16
	4	12		13	13.5	14	15	17
	5	13		14	14.5	15	16	18
	6	14		15	15.5	16	17	19
沥青饱和度 *VFA*（%）		55～70		65～75			70～85	

注 1. 对空隙率大于5%的夏炎热区重载交通路段，施工时提高压实度1%。

2. 当设计的空隙率不是整数时，由内插确定要求的 *VMA* 最小值。

3. 对改性沥青混合料，马歇尔试验的流值可适当放宽。

4. 本表适用于公称最大粒径不大于26.5mm的密级配沥青混凝土混合料。

表5.3　　沥青稳定碎石混合料马歇尔试验配合比设计技术标准

试验指标	单位	密级配基层（ATB）		半开级配面层（AM）	排水式开级配磨耗层（OGFC）	排水式开级配基层（ATPB）
公称最大粒径	mm	26.5	≥31.5	≤26.5	≤26.5	所有尺寸
马歇尔试件尺寸	mm×mm	ϕ101.6×63.5	ϕ152.4×95.3	ϕ101.6×63.5	ϕ101.6×63.5	ϕ152.4×95.3
击实次数（双面）	次	75	112	50	50	75
空隙率 *VV*	%	3～6		6～10	不小于18	不小于18
稳定度　不小于	kN	7.5	15	3.5	3.5	—
流值	mm	1.5～4	实测	—	—	—
沥青饱和度 *VFA*	%	55～70		40～70	—	—
密级配基层ATB的矿料间隙率 *VMA*（%）不小于	设计空隙率（%）			ATB-40	ATB-30	ATB-25
	4			11	11.5	12
	5			12	12.5	13
	6			13	13.5	14

注 在干旱地区，可将密级配沥青稳定碎石基层的空隙率适当放宽到8%。

5.2.4 沥青混合料组成材料的技术要求

为了保证沥青混合料的技术性质，首先要选择满足质量要求的各组成材料。

5.2.4.1 沥青材料

沥青路面所用的沥青材料有石油沥青、煤沥青、液体石油沥青和乳化沥青等。各类沥青路面所用的沥青材料的牌号，应根据路面类型、施工条件、地区气候特点、施工季节和矿料性质等因素确定，以确保拌制的沥青混合料具有较高的力学强度和较好的耐久性。

道路石油沥青适用于各类沥青面层，应视道路等级及地区气候条件、施工季节气温、路面类型、施工方法等选用，见表5.4。

表5.4 道路石油沥青的适用范围

沥青等级	适用范围
A级	所有等级道路的各个层次
B级	(1) 高速公路、一级公路沥青下面层及以下的层次，二级及二级以下公路的各个层次。 (2) 用作改性沥青、乳化沥青、改性乳化沥青、稀释沥青的基质沥青
C级	三级及三级以下公路的各个层次

沥青路面采用的沥青牌号，宜根据公路等级、气候条件、交通条件、路面类型及在结构层中的层位及受力特点、施工方法等，结合当地的使用经验，经技术论证后确定。

(1) 高速公路、一级公路，夏季温度高、高温持续时间长、重载交通、山区及丘陵区上坡路段、服务区、停车场等行车慢的路段、渠化交通的道路、尤其是汽车荷载剪应力大的路面层次，宜采用稠度大、黏度高的沥青，也可以提高高温气候分区的温度水平再选用沥青等级；冬季寒冷地区或交通量小的公路、旅游公路，宜选用稠度小、低温延度大的沥青；对日温差、年温差大的地区，宜选用针入度指数大的沥青。高温稳定性和低温抗裂性要求发生矛盾时，应优先考虑满足高温稳定性。

(2) 当缺乏所需牌号的沥青时，可采用不同牌号掺配的调和沥青，其掺配比例由试验确定。

在沥青的使用上，一般上面层宜用较稠的沥青，下层或联结层宜用较稀的沥青。煤沥青不得用于面层热拌沥青混合料。

5.2.4.2 粗集料

粗集料通常采用碎石、卵石及冶金矿渣等。沥青混合料的粗集料应洁净、干燥、无风化、无杂质，并具有足够的强度和较好的耐磨性，形状以接近正立方体为宜，针片状颗粒的含量应符合表5.5的规定，且要求表面粗糙，有一定的棱角。

表5.5 沥青混合料用粗集料质量技术要求

指标		单位	高速公路、一级公路		其他等级公路	试验方法
			表面层	其他层次		
石料压碎值	不大于	%	26	28	30	T 0316
洛杉矶磨耗损失	不大于	%	28	30	35	T 0317
表观相对密度	不小于	t/m^3	2.60	2.50	2.45	T 0304
吸水率	不大于	%	2.0	3.0	3.0	T 0304
坚固性	不大于	%	12	12	—	T 0314
针片状颗粒含量（混合料）	不大于	%	15	18	20	T 0312
其中粒径大于9.5mm	不大于	%	12	15	—	
其中粒径小于9.5mm	不大于	%	18	20	—	
水洗法小于0.075mm颗粒含量	不大于	%	1	1	1	T 0310
软石含量	不大于	%	3	5	5	T 0320

注 1. 坚固性试验可根据需要进行。
2. 用于高速公路、一级公路时，多孔玄武岩的表观相对密度可放宽至$2.45t/m^3$，吸水率可放宽至3%，但必须得到建设单位的批准，且不得用于SMA路面。
3. 对S14即3～5规格的粗集料，针片状颗粒含量可不予要求，小于0.075mm颗粒含量可放宽到3%。

路面抗滑表层的粗集料应选用坚硬、耐磨、抗冲击性能好的碎石或破碎砾石，不可使用矿渣或软质集料等。

由于碱性集料与沥青具有较好的黏附力，组成的沥青混合料可以得到较高的力学强度，所以应尽量选用碱性集料。不得已采用酸性集料时，必须对沥青或集料进行适当处理，如掺消石灰、水泥，或用饱和石灰水处理，以增加沥青混合料的黏结力，并应选用针入度较小的沥青。

5.2.4.3 细集料

热拌沥青混合料的细集料可使用天然砂、机制砂或石屑等。细集料同样应洁净、干燥、无风化、无杂质、质地坚硬、有棱角，并有适当的级配，且与沥青具有良好的黏附力。细集料、粗集料和填料配制成的矿料，其级配应符合要求。当一种细集料不能满足级配要求时，可采用两种或两种以上细集料掺合使用。热拌密级配沥青混合料中天然砂的用量通常不宜超过集料总质量的20%，细集料的技术要求见表5.6～表5.8。

表5.6　沥青混合料用细集料质量要求

项　目		单位	高速公路、一级公路	其他等级公路	试验方法
表观相对密度	不小于	t/m^3	2.50	2.45	T 0328
坚固性（大于0.3mm部分）	不小于	%	12	—	T 0340
含泥量（小于0.075mm的含量）	不大于	%	3	5	T 0333
砂当量	不小于	%	60	50	T 0334
亚甲蓝值	不大于	g/kg	25	—	T 0346
棱角性（流动时间）	不小于	s	30	—	T 0345

注　坚固性试验可根据需要进行。

表5.7　沥青混合料用天然砂规格

筛孔尺寸（mm）	通过各孔筛的质量百分率（%）		
	粗砂	中砂	细砂
9.5	100	100	100
4.75	90～100	90～100	90～100
2.36	65～95	75～90	85～100
1.18	35～65	50～90	75～100
0.6	15～30	30～60	60～84
0.3	5～20	8～30	15～45
0.15	0～10	0～10	0～10
0.075	0～5	0～5	0～5

表5.8　沥青混合料用机制砂或石屑规格

规　格	公称粒径（mm）	水洗法通过各筛孔的质量百分率（%）							
		9.5	4.75	2.36	1.18	0.6	0.3	0.15	0.075
S15	0～5	100	90～100	60～90	40～75	20～55	7～40	2～20	0～10
S16	0～3	100	100	80～100	50～80	25～60	8～45	0～25	0～15

注　当生产石屑采用喷水抑制扬尘工艺时，应特别注意含粉量不得超过表中要求。

5.2.4.4 填料

矿质填料通常是指矿粉。矿粉应采用碱性石料磨制的石粉，如石灰石、白云石等。也可以由石灰、水泥或粉煤灰代替，但用这些物质作为填料时，其用量不宜超过矿料总质量的2%，其中粉煤灰的用量不宜超过填料总质量的50%。

矿粉应具有足够的细度，粒径小于0.075mm的石粉应大于75%（质量分数），并要求石粉干净、疏松、不结团，含水率小于1%，亲水系数小于1。具体要求见表5.9。

表5.9　沥青混合料用矿粉质量技术要求

项　目		单位	高速公路、一级公路	其他等级公路	试验方法
表观相对密度	不小于	t/m^3	2.50	2.45	T 0352
含水量	不大于	%	1	1	T 0103，烘干法
粒度范围	＜0.6mm	%	100	100	T 0351
	＜0.15mm	%	90～100	90～100	
	＜0.075mm	%	75～100	70～100	
外观			无团粒结块		
亲水系数			＜1		T 0353
塑性指数			＜4		T 0354
加热安定性			实测记录		T 0355

5.2.5 沥青混合料配合比设计

沥青混合料配合比设计的内容就是确定粗集料、细集料、矿粉和沥青材料相互配合的最佳组成比例，使之既能满足混合料的技术要求，又符合经济性的原则，是施工过程中一项十分重要的工作。

沥青混合料配合比设计包括目标配合比设计（试验室配合比设计）、生产配合比设计和生产配合比验证三个阶段。

5.2.5.1 目标配合比设计

目标配合比设计可分为矿料配合比组成设计和沥青用量确定两部分，是沥青混合料配合比设计的重点。沥青混合料目标配合比设计流程如图5.5所示。

1. *矿料配合比组成设计*

矿料配合比组成设计的目的是选配一个具有足够密实度和较大内摩阻力的矿料，并根据级配理论，计算出需要的矿料级配范围。为了应用已有的研究成果和实践经验，通常采用规范推荐的矿料级配范围来确定，按下列步骤进行。

（1）确定沥青混合料类型。沥青混合料类型应根据道路等级、路面类型及所处的结构层位确定，参见表5.10。各层沥青混合料应满足所在层位的功能要求，便于施工，不易离析。

（2）确定矿料的公称最大粒径。沥青路面结构层厚度（h_i）和公称最大粒径（D）的比值与路面的耐久性有一定的关系，h_i/D增大，路面的耐疲劳性提高，但车辙量增大；相反，h_i/D减小，车辙量也减小，但耐久性降低。现有研究表明：$h_i/D \geqslant 3$时，路面具

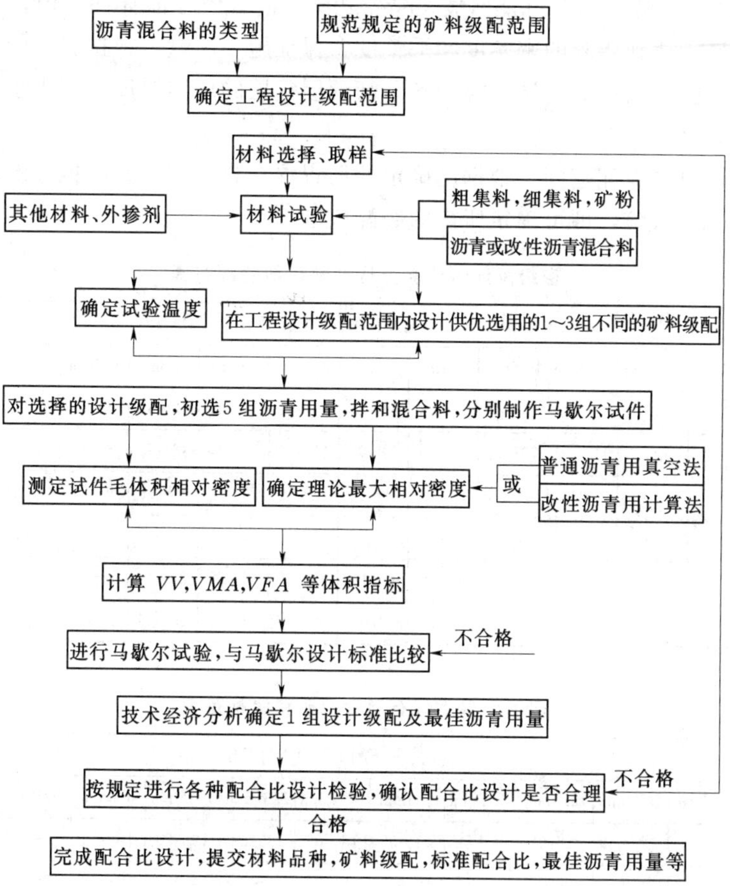

图 5.5 沥青混合料目标配合比设计流程图

表 5.10 **沥青混合料类型**

结构层次	高速公路、一级公路 城市快速路、主干路		其他等级公路		一般城市道路及其他道路工程	
	三层式沥青混凝土路面	两层式沥青混凝土路面	沥青混凝土路面	沥青碎石路面	沥青混凝土路面	沥青碎石路面
上面层	AC-13 AC-16	AC-13 AC-16	AC-13 AC-16	AM-13	AC-5 AC-10 AC-13	AM-5 AM-10
中面层	AC-20 AC-25	— —	— —	— —	— —	— —
下面层	AC-25 AC-30	AC-20 AC-30	AC-20 AC-25 AC-35	AM-25 AM-30	AC-20 AC-25	AC-25 AM-30 AM-40

有较好的耐久性和高温稳定性。如公称最大粒径 26.5mm 的粗粒式沥青混凝土，其结构层厚度应大于 8cm；公称最大粒径 19mm 的中粒式沥青混凝土，其结构层厚度应大于

6cm。只有控制了结构层厚度与公称最大粒径之比，混合料才能拌和均匀，易于摊铺。特别是在压实时易于达到要求的密实度和平整度，保证施工质量。根据我国的具体情况和实践经验，对于热拌热铺密级配沥青混合料，沥青层每层的压实厚度不宜小于集料公称最大粒径的 2.5～3.0 倍。

（3）确定矿料的级配范围。根据已确定的沥青混合料类型，查阅推荐的矿料级配范围表（表 5.11～表 5.16），即可确定所需的级配范围。

表 5.11　　密级配沥青混凝土混合料矿料级配范围

级配类型		通过下列筛孔的质量百分率（%）												
		31.5mm	26.5mm	19.0mm	16.0mm	13.2mm	9.5mm	4.75mm	2.36mm	1.18mm	0.6mm	0.3mm	0.15mm	0.075mm
粗粒式	AC-25	100	90～100	75～90	65～83	57～76	45～65	24～52	16～42	12～33	8～24	5～17	4～13	3～7
中粒式	AC-20		100	90～100	78～92	62～80	50～72	26～56	16～44	12～33	8～24	5～17	4～13	3～7
	AC-16			100	90～100	76～92	60～80	34～62	20～48	13～36	9～26	7～18	5～14	4～8
细粒式	AC-13				100	90～100	68～85	38～68	24～50	15～38	10～28	7～20	5～15	4～8
	AC-10					100	90～100	45～75	30～58	20～44	13～32	9～23	6～16	4～8
砂粒式	AC-5						100	90～100	55～75	35～55	20～40	12～28	7～18	5～10

表 5.12　　沥青玛𤧛脂碎石混合料矿料级配范围

级配类型		通过下列筛孔的质量百分率（%）											
		26.5mm	19.0mm	16.0mm	13.2mm	9.5mm	4.75mm	2.36mm	1.18mm	0.6mm	0.3mm	0.15mm	0.075mm
中粒式	SMA-20	100	90～100	72～92	62～82	40～55	18～30	13～22	12～20	10～16	9～14	8～13	8～12
	SMA-16		100	90～100	65～85	45～65	20～32	15～24	14～22	12～18	10～15	9～14	8～12
细粒式	SMA-13			100	90～100	50～75	20～34	15～26	14～24	12～20	10～16	9～15	8～12
	SMA-10				100	90～100	28～60	20～32	14～26	12～22	10～18	9～16	8～13

表 5.13　　开级配排水式磨耗层混合料矿料级配范围

级配类型		通过下列筛孔的质量百分率（%）										
		19.0mm	16.0mm	13.2mm	9.5mm	4.75mm	2.36mm	1.18mm	0.6mm	0.3mm	0.15mm	0.075mm
中粒式	OGFC-16	100	90～100	70～90	45～70	12～30	10～22	6～18	4～15	3～12	3～8	2～6
	OGFC-13		100	90～100	60～80	12～30	10～22	6～18	4～15	3～12	3～8	2～6
细粒式	OGFC-10			100	90～100	50～70	10～22	6～18	4～15	3～12	3～8	2～6

表 5.14　　密级配沥青碎石混合料矿料级配范围

级配类型		通过下列筛孔的质量百分率（%）														
		53.0mm	37.5mm	31.5mm	26.5mm	19.0mm	16.0mm	13.2mm	9.5mm	4.75mm	2.36mm	1.18mm	0.6mm	0.3mm	0.15mm	0.075mm
特粗式	ATB-40	100	90～100	75～92	65～85	49～71	43～63	37～57	30～50	20～40	15～32	10～25	8～18	5～14	3～10	2～6
	ATB-30		100	90～100	70～90	53～72	44～66	39～60	31～51	20～40	15～32	10～25	8～18	5～14	3～10	2～6
粗粒式	ATB-25			100	90～100	60～80	48～68	42～62	32～52	20～40	15～32	10～25	8～18	5～14	3～10	2～6

表 5.15　　半开级配沥青碎石混合料矿料级配范围

级配类型		通过下列筛孔的质量百分率（%）											
		26.5mm	19.0mm	16.0mm	13.2mm	9.5mm	4.75mm	2.36mm	1.18mm	0.6mm	0.3mm	0.15mm	0.075mm
中粒式	AM-20	100	90～100	60～85	50～75	40～65	15～40	5～22	2～16	1～12	0～10	0～8	0～5
	AM-16		100	90～100	60～85	45～68	18～40	6～25	3～18	1～14	0～10	0～8	0～5
细粒式	AM-13			100	90～100	50～80	20～45	8～28	4～20	2～16	0～10	0～8	0～6
	AM-10				100	90～100	35～65	10～35	5～22	2～16	0～12	0～9	0～6

表 5.16　　开级配沥青碎石混合料矿料级配范围

级配类型		通过下列筛孔的质量百分率（%）														
		53.0mm	37.5mm	31.5mm	26.5mm	19.0mm	16.0mm	13.2mm	9.5mm	4.75mm	2.36mm	1.18mm	0.6mm	0.3mm	0.15mm	0.075mm
特粗式	ATPB-40	100	70～100	65～90	55～85	43～75	32～70	20～65	12～50	0～3	0～3	0～3	0～3	0～3	0～3	0～3
	ATPB-30		100	80～100	70～95	53～85	36～80	26～75	14～60	0～3	0～3	0～3	0～3	0～3	0～3	0～3
粗粒式	ATPB-25			100	80～100	60～100	45～90	30～82	16～70	0～3	0～3	0～3	0～3	0～3	0～3	0～3

（4）矿料配合比计算。

1）组成材料的原始数据测定。根据现场取样，对粗集料、细集料和矿粉进行筛分试验，按筛分结果分别绘出各组成材料的筛分曲线，同时测出各组成材料的相对密度，以供计算物理常数之用。

2）计算组成材料的配合比。根据各组成材料的筛分试验资料，采用图解法或试算法，计算符合要求级配范围的各组成材料用量比例。

（5）调整配合比。计算的合成级配应根据下列要求进行必要的配合调整。

1）通常情况下，合成配合曲线宜尽量接近设计级配中限，尤其应使 0.075mm、2.36mm 和 4.75mm 筛孔的通过量尽量接近设计级配范围中限。

2）对于高速公路、一级公路、城市快速路和主干路等交通量大、车辆载重大的道路，宜偏向级配范围的下限（粗）；对于一般道路、中小交通量和人行道路等宜偏向级配范围的上限（细）。

3）合成配合曲线不得有过多的锯齿形交错，且在 0.3～0.6mm 内不出现“驼峰”。当经过反复调整不能满意时，宜更换原材料后重新设计。

2. 确定沥青混合料的最佳沥青用量

沥青混合料中沥青的最佳用量可以通过各种理论计算方法求得。但由于实际材料性质的差异，按理论公式计算得到的“最佳沥青用量”仍要按试验方法修正，或者说，理论计算只能得到一个供试验参考的数据。目前最常用的确定沥青最佳用量的试验方法有维姆法和马歇尔法。

JTG F40—2004 规定的方法是，在马歇尔方法的基础上，结合我国多年研究成果和生产实践总结发展起来的更为完善一些的方法。其步骤如下：

（1）制备试样。

1）按确定的矿料配合比，计算各种矿质材料的用量。

2）根据表 5.17，估算适宜的沥青用量或油石比。

表 5.17　沥青混合料矿料级配及沥青用量范围(GB 50092—1996)

级配类型			通过下列筛孔(方孔筛 mm)的质量百分数(%)															沥青用量(%)
			53.0	37.5	31.5	26.5	19.0	16.0	13.2	9.5	4.75	2.36	1.18	0.6	0.3	0.15	0.075	
沥青混凝土	粗粒	AC－30Ⅰ		100	90～100	79～92	66～82	59～77	52～72	43～63	32～52	25～42	18～32	13～25	8～18	5～13	3～7	4.0～6.0
		AC－30Ⅱ		100	90～100	65～85	52～70	45～65	38～58	30～50	18～38	12～28	8～20	4～14	3～11	2～7	1～5	3.0～5.0
		AC－25Ⅰ			100	95～100	75～90	62～80	53～73	43～63	32～52	25～42	18～32	13～25	8～18	5～13	3～7	4.0～6.0
		AC－25Ⅱ			100	90～100	65～85	52～70	42～62	32～52	20～40	13～30	9～23	6～16	4～12	3～8	2～5	3.0～5.0
	中粒	AC－20Ⅰ				100	95～100	75～90	62～80	52～72	38～58	28～46	20～34	15～27	10～20	6～14	4～8	4.0～6.0
		AC－20Ⅱ				100	90～100	65～85	52～70	40～60	26～45	16～33	11～25	7～18	4～13	3～9	2～5	3.5～5.5
		AC－16Ⅰ					100	95～100	75～90	58～78	42～63	32～50	22～37	16～28	11～21	7～15	4～8	4.0～6.0
		AC－16Ⅱ					100	90～100	65～85	50～70	30～50	18～35	12～26	7～19	4～14	3～9	2～5	3.5～5.5
	细粒	AC－13Ⅰ						100	95～100	70～88	48～68	36～53	24～41	18～30	12～22	8～16	4～8	4.5～6.5
		AC－13Ⅱ						100	90～100	60～80	34～52	22～38	14～28	8～20	5～14	3～10	2～6	4.0～6.0
		AC－10Ⅰ							100	95～100	55～75	38～58	26～43	17～33	10～24	6～16	4～9	5.0～7.0
		AC－10Ⅱ							100	90～100	40～60	24～42	15～30	9～22	6～15	4～10	2～6	4.5～6.5
	砂粒	AC－5Ⅰ								100	95～100	55～75	35～55	20～40	12～28	7～18	5～10	6.0～8.0
沥青碎石	特粗	AM－40	100	90～100	50～80	40～65	30～54	25～50	20～45	13～38	5～25	2～15	0～10	0～8	0～6	0～5	0～4	2.5～4.0
	粗粒	AM－30		100	90～100	50～80	38～65	32～57	25～50	17～42	8～30	2～20	0～15	0～10	0～8	0～5	0～4	2.5～4.0
		AM－25			100	90～100	50～80	43～73	38～65	25～55	10～32	2～20	0～14	0～10	0～8	0～6	0～5	3.0～4.5
	中粒	AM－20				100	90～100	60～85	50～75	40～65	15～40	5～22	2～16	1～12	0～10	0～8	0～5	3.0～4.5
		AM－16					100	90～100	60～85	45～68	18～42	6～25	3～18	1～14	0～10	0～8	0～5	3.0～4.5
	细粒	AM－13						100	90～100	50～80	20～45	8～28	4～20	2～16	0～10	0～8	0～6	3.0～4.5
		AM－10							100	85～100	35～65	10～35	5～22	2～16	0～12	0～9	0～6	3.0～4.5
抗滑表层		AK－13A						100	90～100	60～80	30～53	20～40	15～30	10～23	7～18	5～12	4～8	3.5～5.5
		AK－13B						100	85～100	50～70	18～40	10～30	8～22	5～15	3～12	3～9	2～6	3.5～5.5
		AK－16					100	90～100	60～82	45～70	25～45	15～35	10～25	8～18	6～13	4～10	3～7	3.5～5.5

3）沥青混合料试件的制作温度按现行规范规定的方法确定，并与施工实际温度相一致。

（2）测定物理指标。为确定最佳沥青用量，需测定和计算沥青混合料的下列物理指标。

1）沥青混合料的最大理论相对密度。对非改性的普通沥青混合料，在成型马歇尔试件的同时，可用真空法实测沥青混合料的最大理论相对密度 γ_t。对改性沥青或SMA混合料，宜按式（5.3a）或（5.3b）计算：

$$\gamma_t=\frac{100+P_a}{\dfrac{100}{\gamma_{se}}+\dfrac{P_a}{\gamma_b}} \tag{5.3a}$$

$$\gamma_t=\frac{100}{\dfrac{P_s}{\gamma_{se}}+\dfrac{P_b}{\gamma_b}} \tag{5.3b}$$

上二式中 γ_t——沥青混合料的最大理论相对密度；

P_a——沥青混合料中的油石比，%；

P_b——沥青混合料中的沥青用量，%，$P_b=P_a/(1+P_a)$；

P_s——沥青混合料中的矿料含量，%，$P_s=100-P_b$；

γ_{se}——矿料的有效相对密度，按式（5.4a）计算；

γ_b——沥青的相对密度（25℃）。

$$\gamma_{se}=C\gamma_{sa}+(1-C)\gamma_{sb} \tag{5.4a}$$

式中 C——合成矿料的沥青吸收系数，可根据矿料的合成吸水率按式（5.4b）计算；

γ_{sb}——矿料的合成毛体积相对密度，按式（5.5）计算；

γ_{sa}——矿料的合成表观相对密度，按式（5.6）计算。

$$C=0.033w_x^2-0.2936w_x+0.9339 \tag{5.4b}$$

式中 w_x——合成矿料的吸水率，$w_x=\left(\dfrac{1}{\gamma_{sb}}-\dfrac{1}{\gamma_{sa}}\right)\times100\%$，$\gamma_{sb}$、$\gamma_{sa}$ 按式（5.5）、式（5.6）计算。

$$\gamma_{sb}=\frac{100}{\dfrac{P_1}{\gamma_1}+\dfrac{P_2}{\gamma_2}+\cdots+\dfrac{P_n}{\gamma_n}} \tag{5.5}$$

式中 P_1、P_2、…、P_n——各种矿料成分的配合比，其和为100；

γ_1、γ_2、…、γ_n——各种矿料相应的毛体积密度。

$$\gamma_{sa}=\frac{100}{\dfrac{P_1}{\gamma_1'}+\dfrac{P_2}{\gamma_2'}+\cdots+\dfrac{P_n}{\gamma_n'}} \tag{5.6}$$

式中 γ_1'、γ_2'、…、γ_n'——各种矿料相应的表观相对密度。

2）测定压实沥青混合料试件的毛体积相对密度 γ_f。通常采用表干法测定毛体积相对密度，对吸水率大于2%的试件，宜改用蜡封法测定。

3）计算沥青混合料试件的空隙率、矿料间隙率、有效沥青的饱和度等体积指标，进行体积组成分析。

$$VV=\left(1-\frac{\gamma_f}{\gamma_t}\right)\times 100 \tag{5.7}$$

$$VMA=\left(1-\frac{\gamma_f}{\gamma_{sb}}P_s\right)\times 100 \tag{5.8}$$

$$VFA=\frac{VMA-VV}{VMA}\times 100 \tag{5.9}$$

式中 VV——试件的空隙率，%；

VMA——试件的矿料间隙率，%；

VFA——试件有效沥青的饱和度，%；

γ_f——试件的毛体积相对密度。

(3) 测定力学指标。为确定沥青混合料中的最佳沥青用量，应测定沥青混合料的马歇尔稳定度 MS、流值 FL，并计算马歇尔模数 T。

(4) 马歇尔试验结果分析。

1）绘制沥青用量与物理-力学指标关系图，以沥青用量为横坐标，以实测密度、空隙率、饱和度、稳定度和流值为纵坐标，如图 5.6 所示。

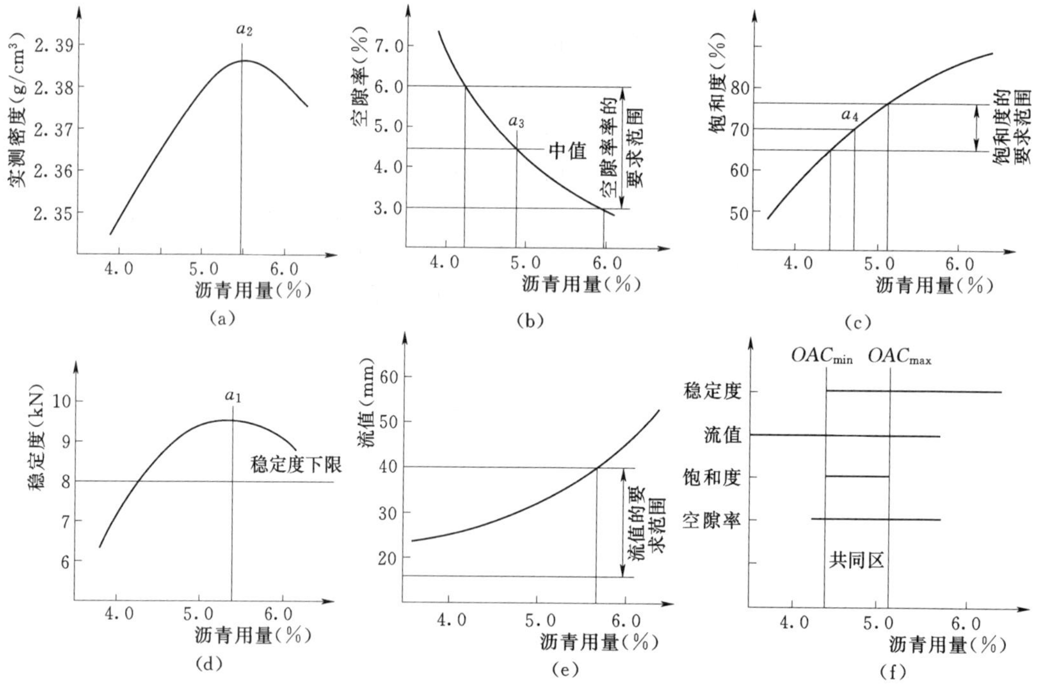

图 5.6 沥青用量与沥青混合料各种物理-力学指标关系图

(a) 沥青用量与密度关系曲线；(b) 沥青用量与空隙率关系曲线；(c) 沥青用量与饱和度关系曲线；(d) 沥青用量与稳定度关系曲线；(e) 沥青用量与流值关系曲线；(f) 沥青用量范围确定

2）根据稳定度、密度、空隙率和沥青饱和度确定最佳沥青用量初始值 OAC_1。初始值从图 5.6 中取相应于稳定度最大值的沥青用量 a_1，相应于实测密度最大值的沥青用量 a_2，相应于规定空隙率中值的沥青用量 a_3 和相应于规定沥青饱和度范围的中值沥青用量 a_4，求取四者的平均值作为最佳沥青用量的初始值 OAC_1，即：

$$OAC_1=\frac{a_1+a_2+a_3+a_4}{4} \tag{5.10}$$

如果选择试验的沥青用量范围未能涵盖沥青饱和度的要求范围，可按式（5.11）求 OAC_1：

$$OAC_1=\frac{a_1+a_2+a_3}{3} \tag{5.11}$$

对所选择试验的沥青用量范围，密度或稳定度没有出现峰值时，可直接以目标空隙率所对应的沥青用量作为 OAC_1，但 OAC_1 必须介于 OAC_{min} 和 OAC_{max} 之间，否则应重新进行配合比设计。

3）根据符合各项技术指标的沥青用量范围，确定最佳沥青用量初始值 OAC_2。按图 5.6 求出各项指标（不含矿料间隙率）均符合沥青混合料技术标准的沥青用量范围 $OAC_{min}\sim OAC_{max}$，其中值即为 OAC_2，即：

$$OAC_2=\frac{OAC_{min}+OAC_{max}}{2} \tag{5.12}$$

4）根据 OAC_1 和 OAC_2 综合确定最佳沥青用量 OAC。按最佳沥青用量初始值 OAC_1 在图中求取相应的各项指标值，检查其是否符合规范规定的马歇尔试验技术标准。如符合，由 OAC_1 和 OAC_2 综合决定最佳沥青用量 OAC。如不符合，应调整级配，重新进行配合比设计马歇尔试验，直到各项指标均符合要求为止。

通常情况下取 OAC_1 和 OAC_2 的中值作为计算的最佳沥青用量 OAC，即：

$$OAC=\frac{OAC_1+OAC_2}{2} \tag{5.13}$$

5）根据实践经验、道路等级、气候条件以及交通量等情况，调整确定最佳沥青用量 OAC。

①调查当地各项条件相接近工程的沥青用量及使用效果，论证适宜的最佳沥青用量。检查计算得到的最佳沥青用量是否接近，如相差甚远，应查明原因，必要时重新进行配合比设计。

②对炎热地区公路以及高速公路、一级公路的重载交通路段，山区公路的长、大纵坡路段，预计可能产生较严重车辙时，宜在空隙率符合要求的范围内将计算的最佳沥青用量减少 0.1%～0.5%。

③对寒冷地区公路、旅游公路、交通量很小的公路，最佳沥青用量可在原先计算最佳沥青用量的基础上增加 0.1%～0.3%，以适当减小设计空隙率，但不得降低压实度要求。

（5）配合比设计检验。

1）水稳定性检验。按最佳沥青用量 OAC 制作马歇尔试件进行浸水马歇尔试验和冻融劈裂试验，检验其残留稳定度和残留强度是否合格。如果最佳沥青用量 OAC 与两个初始值 OAC_1、OAC_2 相差甚大，宜将 OAC 与 OAC_1 或 OAC_2 分别制作试件，进行残留稳定度试验，根据试验结果调整 OAC 值。

JTG F40—2004 规定，对于高速公路和一级公路的密级配沥青混合料，必须在规定的试验条件下进行浸水马歇尔试验和冻融劈裂试验来检验沥青混合料的水稳定性。水稳定性应符合表 5.18 的要求。达不到要求时，必须按规范要求采取抗剥落措施，调整最佳沥青用量后再次试验。

表 5.18　　沥青混合料水稳定性检验技术要求

气候条件与技术指标		相应于下列气候分区的技术要求（%）				试验方法
年降雨量（mm）及气候分区		>1000	500～1000	250～500	<250	
		1. 潮湿区	2. 湿润区	3. 半干区	4. 干旱区	
浸水马歇尔试验残留稳定度（%），不小于						
普通沥青混合料		80		75		T 0709
改性沥青混合料		85		80		
SMA 混合料	普通沥青	75				
	改性沥青	80				
冻融劈裂试验的残留强度比（%），不小于						
普通沥青混合料		75		70		T 0729
改性沥青混合料		80		75		
SMA 混合料	普通沥青	75				
	改性沥青	80				

2）抗车辙能力检验。按最佳沥青用量 *OAC* 制作车辙试验试件，按 JTG E20—2011 的方法，用车辙试验机检验沥青混合料的动稳定度。如果最佳沥青用量 *OAC* 与两个初始值 OAC_1、OAC_2 相差甚大，宜将 *OAC* 与 OAC_1 或 OAC_2 分别制作试件，进行车辙试验，根据试验结果调整 *OAC* 值。

JTG F40—2004 规定，对于高速公路和一级公路的最大公称粒径小于或等于 19mm 的密级配沥青混合料及 SMA、OGFC 混合料，必须在配合比的基础上，在规定的试验条件下进行车辙试验，并符合表 5.19 的要求。不符合要求的沥青混合料，必须更换材料或重新进行配合比设计。二级公路参照此要求执行。

表 5.19　　沥青混合料车辙试验动稳定度技术要求

气候条件与技术指标		相应于下列气候分区所要求的动稳定度（次/mm）									试验方法
7 月平均最高气温（℃）及气候分区		>30				20～30				<20	
		1. 夏炎热区				2. 夏热区				3. 夏凉区	
		1－1	1－2	1－3	1－4	2－1	2－2	2－3	2－4	3－2	
普通沥青混合料	不小于	800		1000		600	800			600	T 0719
改性沥青混合料	不小于	2400		2800		2000	2400			1800	
SMA 混合料	非改性　不小于	1500									
	改性　不小于	3000									
OGFC 混合料		1500（一般交通路段）、3000（重交通量路段）									

注　1. 如果其他月份的平均最高气温高于 7 月，可使用该月平均最高气温。
2. 在特殊情况下，如钢桥面铺装、重载车特别多或纵坡较大的长距离上坡路段、厂矿专用道路，可酌情提高动稳定度的要求。
3. 对因气候寒冷确需使用针入度很大的沥青（如大于 100），动稳定度难以达到要求，或因采用石灰岩等不是很坚硬的石料，改性沥青混合料的动稳定度难以达到要求等特殊情况，可酌情降低要求。
4. 为满足炎热地区及重载车要求，在配合比设计时采取减少最佳沥青用量的技术措施时，可适当提高试验温度或增加试验荷载进行试验，同时增加试件的碾压成型密度和施工压实度要求。
5. 车辙试验不得采用二次加热的混合料，试验必须检验其密度是否符合试验规程的要求。
6. 如需要对公称最大粒径等于和大于 26.5mm 的混合料进行车辙试验，可适当增加试件的厚度，但不宜作为评定合格与否的依据。

3）低温抗裂能力检验。宜对密级配沥青混合料在温度－10℃±0.5℃、加载速度

50mm/min 的条件下进行弯曲试验，测定破坏强度、破坏应变、破坏劲度模量，并根据应力曲线的形状，综合评价沥青混合料的低温抗裂性能。

4）渗水系数检验。宜利用轮碾机成型的车辙试验试件，脱模架起进行渗水试验，渗水系数宜符合表 5.20 的要求。

表 5.20　　沥青混合料试件渗水系数技术要求

级配类型		渗水系数要求（mL/min）	试验方法
密级配沥青混凝土	不大于	120	T 0730
SMA 混合料	不大于	80	
OGFC 混合料		实测	

5）钢渣活性检验。对使用钢渣作为集料的沥青混合料，应按现行试验规程进行活性和膨胀性试验，钢渣沥青混凝土的膨胀量不得超过 1.5%。

6）确定矿料集配和沥青用量。经反复调整及综合分析以上试验结果，并参考以往工程经验，综合决定矿料级配和最佳沥青用量。

5.2.5.2 生产配合比设计

在目标配合比确定之后，应利用实际施工的拌和机进行试拌，以确定施工配合比。在试验前，应首先根据级配类型选择振动筛筛号，使几个热料仓的材料不致相差太多，最大筛孔应保证使超粒径料排出，各级粒径筛孔通过量符合设计范围要求。试验时，按试验室配合比设计的冷料比例上料、烘干、筛分，与目标配合比设计一样进行矿料级配计算，得出不同料仓及矿料用量比例，接着按此比例进行马歇尔试验。可取目标配合比设计的最佳沥青用量 OAC、$OAC\pm0.3\%$三个量进行马歇尔试验并试拌，通过室内试验及从拌和机取样试验，综合确定生产配合比的最佳沥青用量，由此确定的最佳沥青用量与目标配合比设计的结果之差，不宜超过 0.2%。

5.2.5.3 生产配合比验证

此阶段即试拌试铺阶段。施工单位进行试拌试铺时，应报告监理部门和工程指挥部，会同设计、监理、施工人员一起进行鉴别。用拌和机按照生产配合比设计结果进行试拌，首先在场人员对混合料级配及沥青用量发表意见，如有不同意见，应适当调整后再进行观察，力求意见一致。然后用此混合料在试验路段上试铺，进一步观察摊铺、碾压过程和成型混合料的表面情况，判断混合料的级配和油石比。如不满意应适当调整，重新试拌试铺，直至满意为止。另外，试验室密切配合现场指挥，在拌和厂或摊铺机房采集沥青混合料试样，进行马歇尔试验，检验是否符合标准要求。同时还应进行车辙试验、浸水马歇尔试验、水稳定性试验等。在试铺试验时，试验室还应在现场进行抽提试验，再次检验实际级配和油石比是否合适。同时按照规定的试验路铺设要求，进行各种试验。当全部满足要求时，便可进行沥青混合料的正常生产阶段。

5.2.6 沥青混合料配合比设计实例

试设计某高速公路沥青混凝土路面用沥青混合料的配合组成。

5.2.6.1 原始资料

（1）公路等级：高速公路。

(2) 路面类型：沥青混凝土。

(3) 结构层位：三层式沥青混凝土上面层（细粒式）。

(4) 气候条件：月最低平均气温－8℃，月最高平均气温28℃。

(5) 材料性能。

1) 沥青：可供应A级50号、70号和90号沥青，经检验，各项指标符合要求。

2) 矿料：石灰石轧制碎石，饱和抗压强度120MPa，磨耗率12%，黏附性Ⅰ级（水煮法），表观密度2.70g/cm^3；洁净中砂，含泥量小于1%，表观密度2.65g/cm^3；矿粉为磨细石灰石粉，粒度符合要求，无结块，密度2.58g/cm^3。

5.2.6.2 设计要求

(1) 根据道路等级、路面类型和所处结构层位确定矿料级配范围。根据现有各种矿质材料筛析结果，确定各种矿质材料配合比。

(2) 根据选定的矿料和拟采用的沥青用量范围，通过马歇尔试验，确定最佳沥青用量。

(3) 根据相关规范要求，调整矿料级配，按水稳定性和抗车辙能力校核沥青用量。

5.2.6.3 设计步骤

1. *矿料配合组成设计*

(1) 确定沥青混合料类型。根据原始资料，为使上面层具有较好的抗滑性，选用AC-13沥青混凝土混合料。

(2) 确定矿料级配与范围。按表5.11确定，节选于表5.21中。

表5.21　矿料级配范围

级配类型		通过下列筛孔的质量百分率（%）												
		31.5mm	26.5mm	19.0mm	16.0mm	13.2mm	9.5mm	4.75mm	2.36mm	1.18mm	0.6mm	0.3mm	0.15mm	0.075mm
细粒式	AC-13				100	90～100	68～85	38～68	24～50	15～38	10～28	7～20	5～15	4～8

(3) 矿料配合比计算。

1) 组成材料筛分试验。根据现场取样，将碎石、石屑、砂和矿粉等原材料的筛分结果列于表5.22中。

表5.22　组成材料筛分试验结果

材料名称	通过下列方孔筛的质量百分率（%）									
	16.0mm	13.2mm	9.5mm	4.75mm	2.36mm	1.18mm	0.6mm	0.3mm	0.15mm	0.075mm
碎石	100	94	26	0	0	0	0	0	0	0
石屑	100	100	100	80	40	17	0	0	0	0
砂	100	100	100	100	94	90	76	38	17	0
矿粉	100	100	100	100	100	100	100	100	100	83

2) 组成材料配合比计算。用图解法计算组成材料配合比（图5.7）。由图解法确定各种材料用量为碎石：石屑：砂：矿粉＝36%：37%：19%：8%。各种材料组成配合比见表5.23。将表5.23计算的合成级配绘于矿料级配范围（图5.8）中。

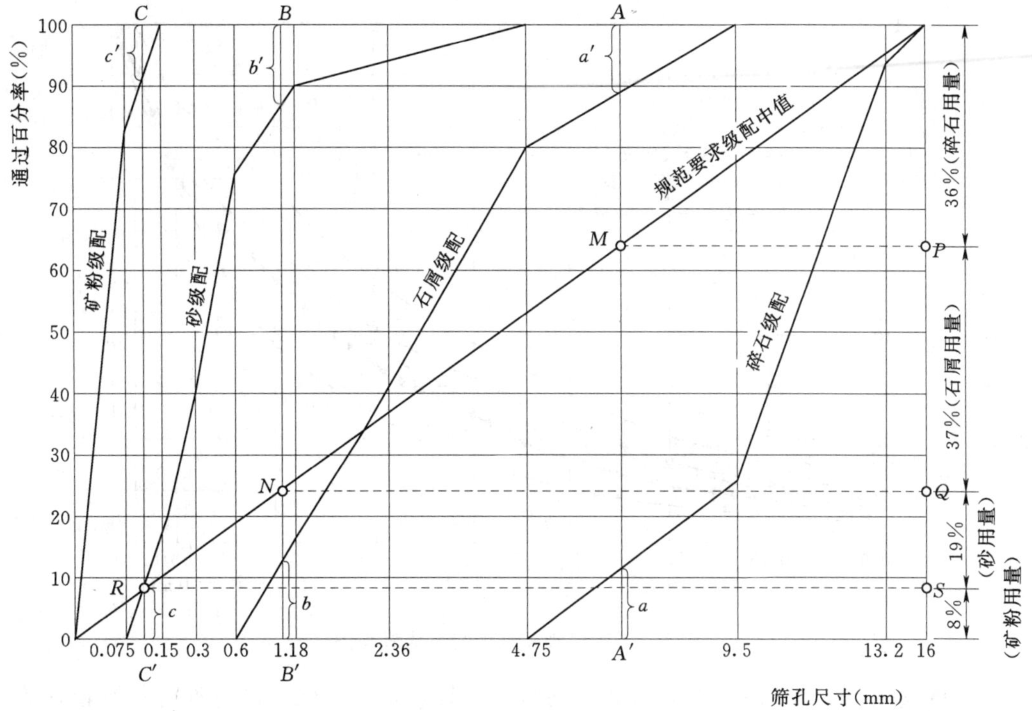

图 5.7 矿料配合比计算图

表 5.23 **矿料组成配合比计算表**

材料组成		通过下列方孔筛的质量百分率(%)									
		16.0mm	13.2mm	9.5mm	4.75mm	2.36mm	1.18mm	0.6mm	0.3mm	0.15mm	0.075mm
原材料级配	碎石 100%	100	94	26	0	0	0	0	0	0	0
	石屑 100%	100	100	100	80	40	17	0	0	0	0
	砂 100%	100	100	100	100	94	90	76	38	17	0
	矿粉 100%	100	100	100	100	100	100	100	100	100	83
各种矿料在混合料中的级配	碎石 36% (41%)	36 (41)	33.8 (38.5)	9.4 (10.7)	0 (0)	0 (0)	0 (0)	0 (0)	0 (0)	0 (0)	0 (0)
	石屑 37% (41%)	37 (41)	37 (41)	37 (41)	29.6 (32.8)	14.8 (16.4)	6.3 (7.0)	0 (0)	0 (0)	0 (0)	0 (0)
	砂 19% (12%)	19 (12)	19 (12)	19 (12)	19 (12)	17.9 (11.3)	17.1 (10.8)	14.4 (9.1)	7.2 (4.6)	3.2 (2.0)	0 (0)
	矿粉 8% (6%)	8 (6)	8 (6)	8 (6)	8 (6)	8 (6)	8 (6)	8 (6)	8 (6)	8 (6)	8 (5)
合成级配		100 (100)	97.8 (97.5)	73.4 (69.7)	56.6 (50.8)	40.7 (33.7)	31.4 (23.8)	22.4 (15.1)	15.2 (10.6)	11.2 (8.0)	6.6 (5.0)
级配范围		100	90~100	68~85	38~68	24~50	15~38	10~28	7~20	5~15	4~8
级配中值		100	95	77	53	37	26	19	14	10	6

注 括号内数字为级配调整后的各项相应数值。

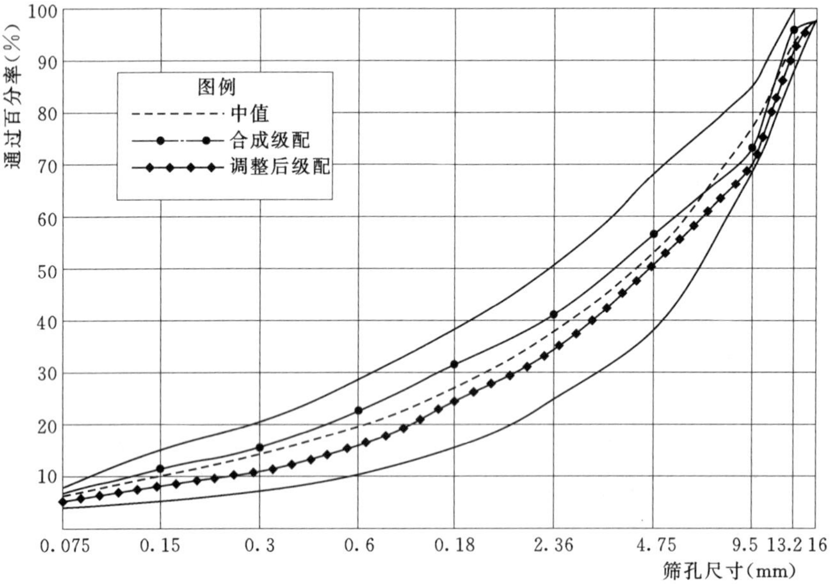

图 5.8 矿料级配范围与合成级配图

3）调整配合比。考虑到高速公路交通量大、轴载重，为保证沥青混合料有较好的高温稳定性，合成级配曲线应偏向级配曲线范围的下限，为此应调整配合比。

调整后，各种材料用量为碎石：石屑：砂：矿粉＝41%：41%：12%：6%。计算结果为表 5.23 中括号内数字。

2. 确定最佳沥青用量

(1) 试件成型。根据当地气候条件，采用 A 级 70 号沥青。初步拟定一个沥青用量范围，如 4.5%～6.5%。采用 0.5%间隔变化，以前述计算的矿料配合比制备 5 组试件，各击实 75 次成型。

(2) 马歇尔试验。

1）物理指标测定。试件成型 24h 后测定其毛体积相对密度、空隙率、矿料间隙率、沥青饱和度等物理指标。

2）力学指标测定。测定物理指标后的试件，在 60℃下测定马歇尔稳定度和流值，计算马歇尔模数。

马歇尔试验结果列于表 5.24 中，规范要求也同时列出，以供对照。

表 5.24　　马歇尔试验物理力学指标测定结果汇总

试件组号	沥青用量(%)	技术性质						
		实测密度 (g/cm^3)	空隙率 *VV* (%)	矿料间隙率 *VMA* (%)	沥青饱和度 *VFA* (%)	稳定度 *MS* (kN)	流值 *FL* (mm)	马歇尔模数 *T* (kN/mm)
01	4.5	2.328	5.9	16.6	63.6	7.3	2.1	2.9
02	5.0	2.346	4.7	16.0	70.5	8.7	2.3	2.6
03	5.5	2.354	4.0	15.7	75.1	8.9	2.5	2.8

续表

试件组号	沥青用量（%）	技术性质						
		实测密度（g/cm^3）	空隙率 VV（%）	矿料间隙率 VMA（%）	沥青饱和度 VFA（%）	稳定度 MS（kN）	流值 FL（mm）	马歇尔模数 T（kN/mm）
04	6.0	2.353	3.4	15.5	78.3	8.4	2.8	3.3
05	6.5	2.348	3.0	16.0	81.0	7.7	3.7	4.8
技术规范规定（JTG F40—2004）		—	3～6	≥15	65～75	≥8	2.0～4.0	—

（3）马歇尔试验结果分析。

1）绘制沥青用量与物理-力学指标关系图。根据表5.24，绘制沥青用量与密度、空隙率、饱和度、稳定度、流值等的关系图，如图5.9所示。

2）确定最佳沥青用量初始值 OAC_1。从图5.9可知：相应于稳定度最大值的沥青用量 $a_1=5.5\%$，相应于密度最大值的沥青用量 $a_2=5.5\%$，相应于规定空隙率范围中值的沥青用量 $a_3=5.3\%$，相应于规定沥青饱和度范围中值的沥青用量 $a_4=5.2\%$。则：

$$OAC_1=(5.5\%+5.5\%+5.3\%+5.2\%)/4\approx5.4\%$$

3）确定最佳沥青用量初始值 OAC_2。由图5.9可知，各指标符合沥青混合料技术要求的沥青用量范围为：

$$OAC_{min}=4.7\%;OAC_{max}=5.5\%$$

$$OAC_2=(4.7\%+5.5\%)/2=5.1\%$$

4）综合确定最佳沥青用量 OAC。按最佳沥青用量初始值 $OAC_1=5.4\%$ 检查各项指标均能符合要求，由 OAC_1 和 OAC_2 综合确定最佳沥青用量 $OAC=5.3\%$。

当地属于温区，考虑到高速公路渠化交通，预计有可能出现车辙，再在中限值 OAC_2 与下限值 OAC_{min} 之间选取一个沥青用量 $OAC'=5.0\%$。

（4）水稳定性检验。采用沥青用量为5.3%和5.0%制备试件，在浸水48h后测定马歇尔稳定度，试验结果列于表5.25中。

表5.25　沥青混合料水稳定性试验结果

沥青用量（%）	马歇尔稳定度 MS（kN）	浸水马歇尔稳定度 MS_1（kN）	浸水残留稳定度 MS_0（%）
$OAC=5.3$	8.9	8.2	92
$OAC'=5.0$	8.7	7.4	85

从表5.25可知，$OAC=5.3\%$ 和 $OAC'=5.0\%$ 两种沥青用量的浸水残留稳定度均大于75%，符合技术要求。

（5）抗车辙能力检验。同样以沥青用量为5.3%和5.0%制备试件，进行车辙试验，试验结果列于表5.26中。

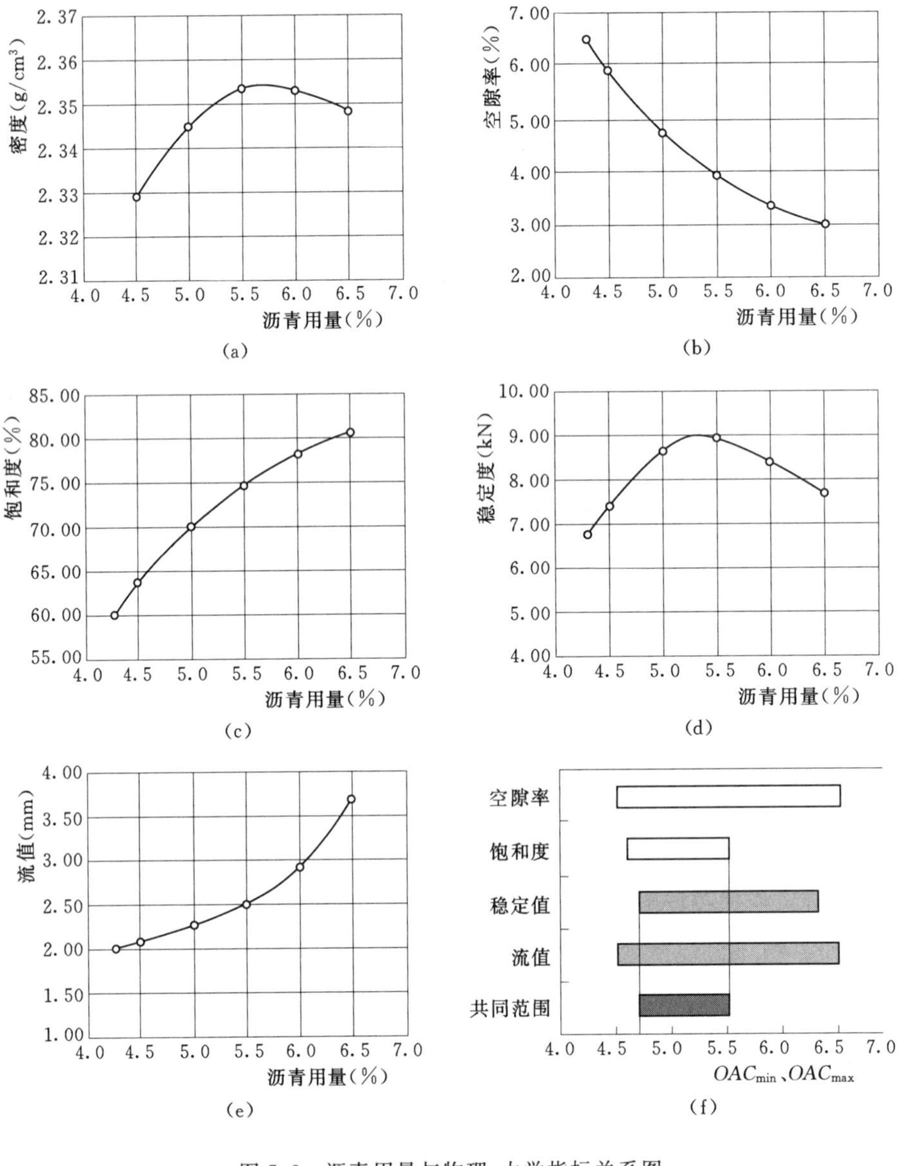

图 5.9 沥青用量与物理-力学指标关系图

(a) 沥青用量与密度关系曲线；(b) 沥青用量与空隙率关系曲线；(c) 沥青用量与饱和度关系曲线；(d) 沥青用量与稳定度关系曲线；(e) 沥青用量与流值关系曲线；(f) 沥青用量范围确定

表 5.26　　沥青混合料抗车辙试验结果

沥青用量（%）	试验温度 T（℃）	试验轮压 P（MPa）	试验条件	动稳定度 DS（次/mm）
OAC=5.3	60	0.7	不浸水	1150
OAC'=5.0	60	0.7	不浸水	1420

由表 5.26 可知，OAC=5.3%和 OAC'=5.0%两种沥青用量的动稳定度均符合高速公路抗车辙的要求，而沥青用量为 5.0%时，动稳定度较高。

综上所述，沥青用量为5.3%时耐久性较好，沥青用量为5.0%时抗车辙能力较高。应根据以往工程实践经验综合决定沥青用量。

5.3 其他道路工程材料

5.3.1 沥青玛琋脂碎石混合料

沥青玛琋脂碎石混合料（SMA）是一种起源于德国的新型沥青混合料。20世纪90年代初引入美国。1993年，SMA在我国首都机场高速公路首次应用。

SMA是一种由沥青、少量纤维稳定剂、细集料以及较多量的填料（矿粉）组成的沥青玛琋脂（也称为沥青砂胶）填充于间断级配的粗集料骨架间隙中组成的沥青混合料。

5.3.1.1 SMA的产生与发展

SMA最初是作为一种强度很高的沥青路面罩面，以抵抗带钉轮胎对路面的磨耗。后来，SMA被广泛应用于高速公路、通行载重汽车比例大的道路、站口、交叉口及机场跑道等。

20世纪90年代，美国高级考察团去欧洲学习先进技术和经验之后，于1991年7月在美国威斯康星州的94号州际公路上首次铺筑了SMA路面，由此开始了SMA路面在美国迅速发展的局面。

我国自20世纪90年代初引进SMA技术，在首都机场高速公路首次应用后，随即在江苏、河北、广东、辽宁等地推广，并将SMA列入了JTG D50—2006《公路沥青路面设计规范》中。

由于各国的具体情况不同，在引进德国SMA技术的同时，各国都结合本国气候及交通量等，对SMA的配合比设计指标及材料性质提出了不同的要求。德国的SMA来源于浇筑式沥青混凝土，加之德国夏天不太热，因此沥青用量普遍较高。美国与我国的沥青路面一直是传统的密级配沥青混凝土路面，而无论在欧洲还是美国，由于高速公路网已经建成，SMA主要用于沥青路面的表面罩面，但我国目前正处于高速公路的大力建设阶段，SMA主要作为高速公路的抗滑表层，且基础情况与国外也不尽相同，再加之气候的差异以及我国施工机械、材料、交通和经济条件等，使得我国的SMA路面在吸取欧洲、美国等经验的基础上，积累了一些设计和施工经验。

5.3.1.2 SMA的结构特点

沥青混合料是由矿质集料、沥青胶浆和空气组成的三相体系，其中矿质集料是由粗集料、细集料组成的不连续的分散相，而沥青胶浆是分散介质。根据沥青混合料内部结构特性，目前沥青混合料较通用的有两种类型：一种是根据连续级配原理组成的密级配沥青混合料，这种级配的混合料由于细集料的数量较多，矿料颗粒被自由沥青黏结，粗集料被细集料挤开，因此粗集料以悬浮状态存在于细集料之间，属于悬浮式密实结构，具有密度较高、稳定性较差的特点；另一种是连续开级配的沥青混合料，由于细集料的数量较少，粗集料之间不仅紧密相连，而且有较高的空隙，这种结构的沥青混合料的内摩擦力起重要作用，黏结力只起集料稳定作用，属于骨架空隙结构，具有受沥青材料的变化影响较小、稳定性较好的特点。

SMA属于间断级配的沥青混合料，是目前通用的两种形式的有机组合，属于骨架密实结构，它既有一定数量的粗集料形成骨架结构，又有足够的细集料填充到粗集料之间的空隙中去。其中4.75mm以上颗粒的粗集料含量为70%～80%，0.075mm筛孔的通过率为10%，粉胶比超过通常1.2的限制值。沥青结合料较普通混合料高1%以上。因沥青用量高而掺加纤维稳定剂，在配合比设计时，不完全靠马歇尔配比设计方法（表5.27），而主要由体积指标确定。施工中对材料要求高且拌和时间延长，施工温度也较高。由于SMA具有粗集料多、矿粉多、沥青结合料多、细集料少、掺加纤维稳定剂及材料要求高等特点，使得SMA既保持了大孔隙排水性路面表面功能好的优点，又克服了其耐久性差的缺点，兼具嵌挤型和密实型混合料的长处，即同时具有较高的黏结力和较高的内摩擦力。

表5.27 SMA混合料马歇尔试验配合比设计技术要求

试验项目		单位	技术要求		试验方法
			不使用改性沥青	使用改性沥青	
马歇尔试件尺寸		mm×mm	ϕ101.6×63.5		T 0702
马歇尔试件击实次数①			两面击实50次		T 0702
空隙率 *VV*②		%	3～4		T 0708
矿料间隙率 *VMA*②	不小于	%	17.0		T 0708
粗集料骨架间隙率 VCA_{mix}③	不大于		VCA_{DRC}		T 0708
沥青饱和度 *VFA*		%	75～85		T 0708
稳定度④	不小于	kN	5.5	6.0	T 0709
流值		mm	2～5	—	T 0709
谢伦堡沥青析漏试验的结合料损失	不大于	%	0.2	0.1	T 0732
肯塔堡飞散试验的混合料损失或浸水飞散试验	不大于	%	20	15	T 0733

① 对集料坚硬不易击碎，通行重载交通的路段，也可将击实次数增加为双面75次。

② 对高温稳定性要求较高的重交通路段或炎热地区，设计空隙率允许放宽到4.5%，*VMA*允许放宽到16.5%（SMA-16）或16%（SMA-19），*VFA*允许放宽到70%。

③ 试验粗集料骨架间隙率*VCA*的关键性筛孔，对SMA-19、SMA-16是指4.75mm，对SMA-13、SMA-10是指2.36mm。

④ 稳定度难以达到要求时，允许放宽到5.0kN（非改性）或5.5kN（改性），但动稳定度检验必须合格。

5.3.1.3 SMA的路用性能

（1）优良的高温稳定性。在SMA的组成中，粗集料骨架占到了70%以上，混合料中粗集料相互间的接触面较多，其空隙主要由高黏度玛琋脂填补。由于粗集料颗粒之间良好的相互嵌挤作用，传递荷载能力高，可以很快地把荷载传到下层，故能承担较大轴载和高压轮胎的作用；同时骨架结构增加了混合料的抗剪切能力，在高温条件下，即使沥青玛琋脂的黏度下降，对路面结构的抵抗能力影响也不大。因此，SMA具有较强的抗车辙能力及良好的高温稳定性。

在低温条件下，抗裂性能主要由结合料的延伸性能决定。由于SMA的集料之间填充了相当数量的沥青玛琋脂，沥青膜较厚，温度下降，混合料收缩变形使集料被拉开时，沥青玛琋脂有较好的黏结作用。利用其柔韧性，使得混合料能够抵抗低温变形。

(2) 良好的耐久性。沥青混合料的耐久性包括水稳定性、耐疲劳性和抗老化性能。SMA 混合料的空隙率为 3%～4%，受水的影响很小，沥青玛琋脂与石料黏结性能好，并且由于 SMA 不透水，对下层的沥青层和基层有较强的保护作用和隔水作用，使路面能保持较高的整体强度和稳定性，水稳定性较其他类型混合料有较大改善。

SMA 混合料内部被沥青结合料充分填充，使得沥青膜较厚且空隙率小，沥青与空气的接触少，抗老化、抗松散、耐磨耗，因而 SMA 混合料的耐老化性能好，耐疲劳性能大大优于密级配沥青混凝土。

(3) 优良的表面特性。沥青混凝土路面的减噪与抗滑能力直接影响环境保护和交通安全。SMA 混合料的集料要求采用坚硬、粗糙、耐磨的优质石料，在级配上采用间断级配，粗集料含量高，路面压实后表面的构造深度大，抗滑性能好；拥有良好的横向排水性能，雨天行车不会产生较大的水雾和溅水，能增加雨天行车的可见度；可减少夜间的路面反光；路面噪声可降低 3～5dB。

(4) 投资效益高。由于 SMA 结构能全面提高沥青混合料和沥青路面的使用性能，使得 SMA 路面的维修养护费用降低，使用寿命延长。尽管 SMA 路面初期费用比一般沥青混凝土路面高 20%～25%，使用期延长 2 年左右才能补偿其初期投资，但在 SMA 使用较早的欧洲，一般认为 SMA 路面使用寿命比普通密级配沥青混合料路面长 20%～40%。德国早期铺筑的 SMA 路面平均使用寿命为 17 年左右。因此，SMA 路面使用寿命的延长，增加了其投资效益，道路使用期间维修和养护工作减少，降低了维护费用，提高了社会效益。

5.3.2 冷拌沥青混合料

与热拌沥青混合料相对应，冷拌沥青混合料即在常温下拌和的沥青混合料。这类混合料的结合料可以采用液体沥青或乳化沥青。为了节约能源、保护环境，我国已较少采用液体沥青。

采用乳化沥青为结合料，可拌制乳化沥青混凝土混合料或乳化沥青碎石混合料。目前，我国常用的冷拌沥青混合料主要是用乳化沥青拌制的沥青碎石混合料。

5.3.2.1 冷拌沥青碎石混合料的组成和类型

1. 冷拌沥青碎石混合料的组成

集料与填料要求与热拌沥青混合料相同，结合料常采用乳化沥青。

2. 冷拌沥青碎石混合料的类型

冷拌沥青碎石混合料的类型由其所处的结构层位决定。通常，路面的面层为双层式时，下层采用粗式（或特粗式）沥青碎石 AM－25（或 AM－40），上层选用较密实的细粒式（或中粒式）沥青碎石 AM－10、AM－13（或 AM－40）。

5.3.2.2 冷拌沥青碎石混合料的配合组成设计

1. 矿料级配组成

乳化沥青碎石混合料的矿料级配组成与热拌沥青碎石混合料相同。

2. 沥青用量

乳化沥青碎石混合料的乳液用量，可参照热拌沥青碎石混合料的用量折算。实际的沥青用量通常可比同规格热拌沥青碎石混合料减少10%～20%。确定沥青用量时，应根据当地实践经验以及交通量、气候、石料情况、沥青标号、施工机械等情况综合考虑后确定。

5.3.2.3 冷拌沥青碎石混合料的应用

乳化沥青碎石混合料适用于三级及三级以下公路的沥青面层、二级公路的罩面层以及各级公路沥青路面的基层、联结层或整平层。冷拌改性沥青混合料还可用于沥青路面的坑槽冷补。此外，亦可用乳化沥青拌制稀浆封层和微表处混合料，读者可参阅其他资料和相关规范。

5.3.3 桥面铺装材料

桥面铺装又称车道铺装，其作用是保护桥面板，防止车轮或履带直接磨耗桥面，并用来分布车轮荷载。桥面铺装通常有水泥混凝土铺装和沥青混凝土铺装两种。此处介绍沥青混凝土桥面铺装。

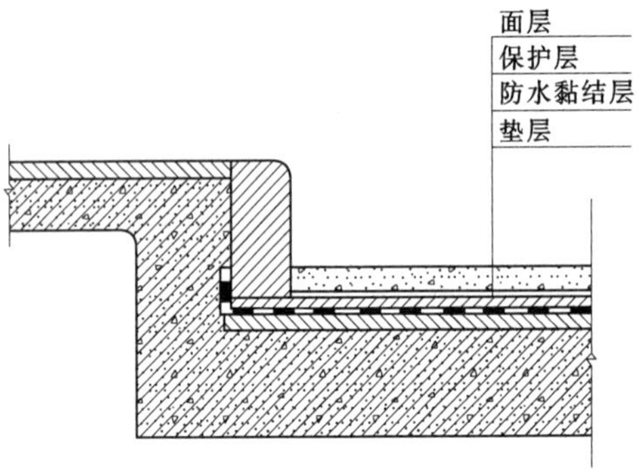

图5.10 桥面铺装构造

5.3.3.1 桥面铺装的基本要求

1. 钢筋混凝土桥

大、中型钢筋混凝土桥梁用沥青铺装层，应与混凝土桥面板黏结良好，并具有防止渗水、抗滑和抗振动变形等能力。对于小桥桥面铺装，只要求与相接路段的车行道路面面层结构一致即可。

2. 钢桥

钢桥的沥青面层除前述要求外，还应具有能承受较大变形、疲劳耐久性好以及抵抗永久流动性变形的能力。应采用新型材料如高聚物改性混合料、浇筑式沥青混合料等，以适应更高的要求。

5.3.3.2 桥面铺装的构造

桥面铺装的构造（图5.10）可分为下列层次：

1. 垫层

为使桥面横坡能够形成路拱的形状，可用贫混凝土作为三角垫层及整平层，厚度不小于6cm。垫层可防止水渗入桥面，并加强与桥面的黏结。

2. 防水黏结层

防水黏结层厚度为1.0～1.5mm，可采用下列形式之一：

(1) 沥青涂胶类防水黏结层。采用沥青或改性沥青，分两次洒布，总用量0.4～0.5kg/m^2，然后撒铺一层洁净中砂，经碾压后形成下封层。

(2) 高聚物涂胶类防水黏结层。采用聚氨酯胶泥、环氧树脂、各种高聚物（氯丁橡胶、丁苯橡胶等）胶乳与乳化沥青制成的改性沥青胶乳等。

(3) 沥青卷材防水黏结层。采用各种化纤胎的改性沥青卷材和改性沥青胶黏剂做成三毡四油或二毡三油等结构的防水层。

(4) 乳化沥青碎石防水黏结层。在桥面上先浇洒一层乳化沥青，再撒布不超过 1cm 厚的预拌沥青小石子。

3. 保护层

为保护防水黏结层免遭破坏，在其上应加铺保护层。保护层采用 AC-10（或 AC-5）型沥青混凝土（或沥青石屑，或单层表面处理），厚度约 1cm。

4. 面层

面层分承重层和抗滑层（或磨耗层）。承重层宜采用高温稳定性好的 AC-16（或 AC-20）型中粒式热拌沥青混凝土，厚度 4～6cm。抗滑层宜采用抗滑表层结构，厚度 2～2.5mm。为提高桥面铺装的高温稳定性，承重层和抗滑层结合料宜采用高聚物改性沥青。

复习思考题

1. 沥青混合料按其组成结构可分为哪些类型？各类型有何特点？
2. 试述沥青混合料的强度形成原理，并分析影响其强度的因素。
3. 路面用沥青混合料应具备哪些技术性能？
4. 热拌沥青混合料的质量评价指标有哪些？各指标分别表征沥青混合料的什么性质？
5. 简述我国热拌沥青混合料的配合比设计方法。
6. 什么是冷拌沥青混合料？通常由哪些材料组成？有何技术性能？

习　题

试设计高速公路沥青路面面层用细粒式沥青混凝土混合料的配合组成。

1. 原始资料

(1) 公路等级：一级公路。

(2) 路面类型：沥青混凝土。

(3) 结构层次：三层次沥青混凝土上面层。

(4) 气候条件：月平均最低气温-5℃，月平均最高气温 27℃。

(5) 材料性能：

1) 沥青。可提供 A 级 50 号、70 号和 90 号沥青，经检验，各项指标均符合要求。

2) 粗集料。为Ⅰ级石灰岩轧制碎石，单轴饱和抗压强度 150MPa，磨耗率 10%，黏附性Ⅰ级（水煮法），表观密度 2721kg/m³。

3) 细集料。洁净中砂，含泥量小于 1%，表观密度 2680kg/m³。

4) 矿粉。石灰石粉，各项指标符合要求，表观密度 2580kg/m³。

集料和矿粉的筛析试验结果见表 5.28。

2. 设计要求

(1) 根据原始资料，确定沥青混凝土的类型和矿料的级配范围。根据筛析结果，确定各种矿质材料的配合比。

(2) 根据沥青混凝土类型，通过马歇尔试验确定最佳沥青用量。

(3) 根据一级公路路用沥青混合料的要求，对矿料的级配进行调整，并通过水稳定性和抗车辙试验对最佳沥青用量进行校核。

表 5.28　　集料与矿粉筛分结果

材料名称	通过下列方孔筛的质量百分率（%）									
	16mm	13.2mm	9.5mm	4.75mm	2.36mm	1.18mm	0.6mm	0.3mm	0.15mm	0.075mm
碎石	100	96.4	20.2	2.0	0	0	0	0	0	0
石屑	100	100	100	80.3	45.3	18.2	3.0	0	0	0
砂	100	100	100	100	90.5	80.2	70.5	36.2	18.2	2.0
矿粉	100	100	100	100	100	100	100	100	100	85.2

此处为便于分析评定，将马歇尔试验结果汇总在表 5.29 中。

表 5.29　　马歇尔试验结果汇总表

试件组号	沥青用量（%）	技　术　性　质						
		实测密度（g/cm^3）	空隙率 *VV*（%）	矿料间隙率 *VMA*（%）	沥青饱和度 *VFA*（%）	稳定度 *MS*（kN）	流值 *FL*（mm）	马歇尔模数 *T*（kN/mm）
1	4.5	2.362	6.1	16.4	62.7	8.3	2.0	4.1
2	5.0	2.379	4.8	16.1	70.4	9.8	2.3	4.3
3	5.5	2.394	4.0	15.6	74.5	9.6	2.8	3.4
4	6.0	2.380	3.3	15.4	79.3	7.9	3.6	2.2
5	6.5	2.378	2.9	16.0	82.7	5.3	4.5	1.2

第6章　建　筑　钢　材

学习目标：了解钢的冶炼和钢材的主要种类，掌握钢材的主要技术性能（拉伸性能、冲击韧性、硬度、冷弯性能），同时对化学成分的影响有一定认识。掌握建筑中常用钢材的技术性能与选用。

钢桥和钢筋混凝土桥是现代桥梁的主要桥型，在钢结构和钢筋混凝土结构中，都要应用到钢材。钢材主要包括钢结构中使用的各种型钢、钢板、钢管以及钢筋混凝土结构所用的各种钢筋和钢丝。钢材在道路工程中起着非常重要的作用，尤其是在桥梁建造中起着举足轻重的作用。

建筑钢材是在严格的技术条件下生产的材料，具有品质均匀致密、强度高、塑性及韧性好、能承受冲击和振动荷载等优点；同时具有优良的可加工性能，可以锻压、焊接、铆接及切割，便于装配，适用于大跨度桥梁结构和高层建筑结构。钢筋混凝土结构和预应力混凝土结构在道路桥梁工程中得到了广泛的应用。但钢材易锈蚀，需定时维护，成本及维护费用大，耐火性差。

6.1　建筑钢材的冶炼与分类

6.1.1　建筑钢材的冶炼

钢铁的主要化学成分是铁和碳，此外还有少量的硅、锰、磷、硫、氧和氮等。钢和生铁的区别在于含碳量的高低，含碳量大于2.06%的铁碳合金称为生铁；含碳量小于2.06%的铁碳合金称为钢。生铁是把铁矿石中的氧化铁还原成铁而得到的。钢则是将铁水在熔融状态下，采取一定的措施如吹入空气或氧气，使生铁中的磷、硫等杂质含量和含碳量降低到规定标准要求，再经过脱氧处理得到的。为了改善钢的性能，必要时可掺入合金元素。

常用的炼钢方法有以下三种。

1. 转炉钢

以熔融的铁水为原料，由转炉的底部或侧面向转炉中吹入高压热空气（或氧气）进行冶炼而得到的钢，称为转炉钢。

2. 平炉钢

以固态或液态的生铁、铁矿石或废钢为原料，用煤气或重油为燃料在平炉中冶炼而得到的钢，称为平炉钢。

3. 电炉钢

用电热进行高温冶炼而得到的钢，称为电炉钢，一般用高压电弧作为热源，故熔炼的温度高，且温度可以自由调节，清除杂质容易得多，故电炉钢的质量最好。

6.1.2　建筑钢材的分类

6.1.2.1　按化学成分分类

1. 碳素钢

碳素钢其主要成分是铁和碳，还有少量的硅、锰、磷、硫、氧、氮等。碳素钢中的含碳量较高，且对钢的性质影响较大，故又称碳素钢。根据含碳量的不同，碳素钢又分为以下三种：

（1）低碳钢。含碳量小于0.25%。

（2）中碳钢。含碳量为0.25%～0.6%。

（3）高碳钢。含碳量大于0.6%。

2. 合金钢

合金钢是含有一定量合金元素的钢。合金钢中除含有铁、碳和少量不可避免的硅、锰、磷、硫外，还含有一定量的钛、钒、铬、镍、硼等一种或多种合金元素。其目的是改善钢的性能或使其获得某些特殊性能。合金钢按合金元素总含量分为以下三种：

（1）低合金钢。合金元素总含量小于5%。

（2）中合金钢。合金元素总含量为5%～10%。

（3）高合金钢。合金元素总含量大于10%。

6.1.2.2　按冶炼过程中脱氧程度分类

1. 沸腾钢（代号为F）

脱氧不充分的钢。脱氧后钢液中还剩余一定数量的氧化亚铁（FeO），氧化亚铁和碳继续作用放出CO气体，因此钢液在钢锭模内呈沸腾状态，故称沸腾钢。这种钢的抗腐蚀性、冲击韧性和可焊性差，特别是低温冲击韧性更差，但钢锭收缩孔减少，成品率较高，成本低。可广泛用于一般建筑结构，不宜用于重要结构。

2. 镇静钢（代号为Z）

脱氧充分的钢。采用锰铁、硅铁和铝进行脱氧，脱氧较完全，钢的质量好，具有较好的耐蚀性、可焊性及塑性，脆性和时效敏感性较小。钢锭缩孔大，成品率低，成本高。多用于承受冲击荷载及其他重要结构和焊接结构。

3. 半镇静钢（代号为b）

半镇静钢脱氧程度及材质介于沸腾钢与镇静钢之间，钢质较好。

4. 特殊镇静钢（代号为TZ）

特殊镇静钢比镇静钢脱氧更充分彻底，适用于特别重要的结构工程。

6.1.2.3　按用途分类

1. 结构钢

结构钢主要用于工程结构及机械零件，一般为低、中碳钢。

2. 工具钢

工具钢主要用于各种刀具、量具及模具，一般为高碳钢。

3. 特殊钢

特殊钢为具有特殊的物理、化学及力学性能的钢，如不锈钢、耐热钢、耐酸钢、耐磨钢、磁性钢等。

6.1.2.4　按有害杂质含量分类

按钢中有害杂质磷（P）和硫（S）含量的多少，分为普通钢、优质钢、高级优质钢。

目前桥梁结构用钢和钢筋混凝土用钢主要是碳素结构钢和低合金高强度结构钢。

6.2　建筑钢材的技术性质

建筑钢材的技术性质主要包括力学性质（拉伸性质、冲击韧性、疲劳强度、硬度等）、工艺性质（冷弯性质、可焊性质等）和化学性质等。

6.2.1　建筑钢材的力学性质

建筑钢材的力学性质又称机械性质。

6.2.1.1　拉伸性质

拉伸是建筑钢材的主要受力形式，所以拉伸性质是表示钢材性质和选用钢材的重要技术指标。由拉伸试验测得的屈服点、抗拉强度和伸长率是钢材的重要技术指标。

建筑钢材的拉伸性质，可由低碳钢（也称软钢）受拉的应力-应变图（$\sigma-\varepsilon$ 图）来说明，如图 6.1 所示。从图中可以看出，*OABCD* 曲线上的任一点都表示在一定荷载作用下，钢材的应力（σ）和应变（ε）的关系。低碳钢拉伸过程经历弹性阶段（*OA*）、屈服阶段（*AB*）、强化阶段（*BC*）和颈缩阶段（*CD*）四个阶段。

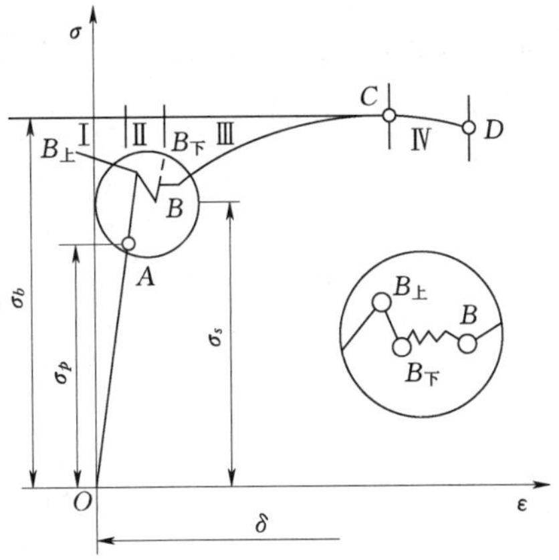

图 6.1　低碳钢拉伸应力-应变图

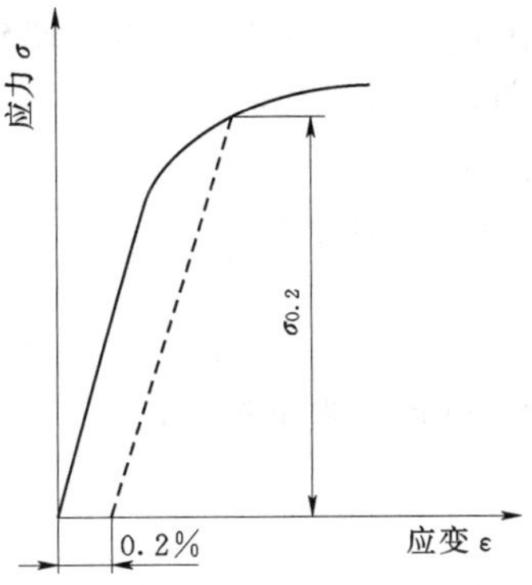

图 6.2　硬钢拉伸及条件屈服点

1. 弹性阶段（*OA*）

钢材主要表现为弹性。应力-应变曲线在 *OA* 段为一直线。在 *OA* 范围内应力和应变保持线性关系。曲线上和 *A* 点对应的应力称为弹性极限，常用 σ_p 表示。弹性阶段所产生的变形称为弹性变形。在 *OA* 线上任一点的应力与应变的比值为一常数，称为弹性模量，用 *E* 表示，即 $E=\sigma/\varepsilon$。弹性模量说明产生单位应变时所需应力的大小，它反映钢材的刚度大小。弹性模量是钢材在受力条件下计算结构变形的重要指标。建筑工程中常用的 Q235 钢的弹性模量为 $2.0\times10^5\sim2.1\times10^5$ MPa。

2. 屈服阶段（*AB*）

当应力超过 *A* 点以后，应力和应变不再成正比关系，*AB* 是一条复杂的曲线，由图

6.1看到，当应力达到 $B_{上}$ 点时，钢材暂时失去对外力的抵抗作用，在应力不增长的情况下，应变迅速增加，钢材内部发生“屈服”现象，直到 B 点为止。曲线上的 $B_{上}$ 点称为屈服上限，$B_{下}$ 点称为屈服下限。由于 $B_{下}$ 比较稳定，且较易测定，故一般以 $B_{下}$ 点对应的应力作为屈服点（又称屈服极限），用 σ_s 表示。钢材受力达到屈服点以后，塑性变形即迅速增长，尽管钢材尚未破坏，但因变形过大已不能满足使用要求，所以 σ_s 是钢材在工作状态下允许达到的应力值，即应力不超过 σ_s，钢材不会发生较大的塑性变形，故设计中一般以 σ_s 作为钢材强度取值的依据。

对于中碳钢、高碳钢（硬钢）没有明显的屈服现象，规范规定以发生残余变形为 $0.2\%l_0$ 时对应的应力作为屈服强度，称为条件屈服强度（或条件屈服点），用 $\sigma_{0.2}$ 表示。如图6.2所示。

3．强化阶段（BC）

应力超过 B 点后，由于钢材内部组织的变化，经过应力重分布以后，其抵抗塑性变形的能力又加强了，BC 曲线呈上升趋势，故称为强化阶段。对应于最高点 C 的应力称为抗拉强度（又称极限强度），用 σ_b 表示。

屈强比 σ_s/σ_b 在工程中很有意义，此值越小，表明结构的可靠性越高，即防止结构破坏的潜力越大；但此值太小时，钢材强度的有效利用率低。合理的屈强比一般为0.60～0.75。

4．颈缩阶段（CD）

应力超过 C 点以后，钢材抵抗塑性变形的能力大大降低，塑性变形急剧增加，在薄弱处断面显著减小，出现“颈缩”现象，并很快断裂。

5．钢材的拉伸性能指标

（1）强度指标。

1）屈服强度或屈服点：

$$R_{el}=\frac{F_s}{A_0} \tag{6.1}$$

2）抗拉强度或强度极限：

$$R_m=\frac{F_m}{A_0} \tag{6.2}$$

式中　R_{el}、R_m——钢材的屈服强度和抗拉强度，MPa；

F_s、F_m——钢材拉伸时的屈服荷载和极限荷载，N；

A_0——钢材试件的初始横截面积，mm^2。

（2）塑性指标。试件拉断后，将其拼合，测出标距内的长度 l_1，即可按式（6.3）计算其伸长率 δ_n：

1）伸长率：

$$\delta_n=\frac{l_1-l_0}{l_0}\times100\% \tag{6.3}$$

式中　l_0——试件原标距长度，mm；

l_1——试件拉断后的标距长度，mm；

n——试件原标距长度与其直径之比。

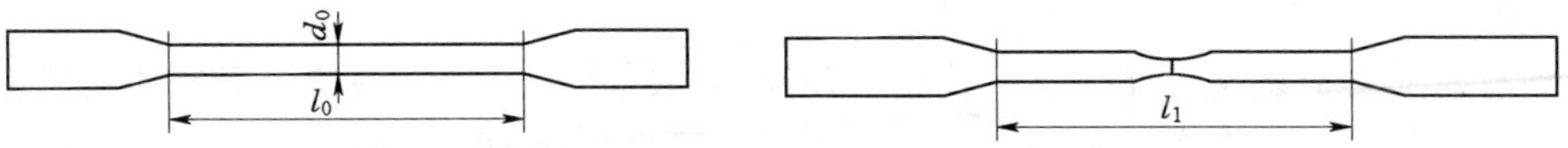

图 6.3 钢材拉伸前后示意图

d_0—试件直径；l_0—试件原始标距长度

由于出现颈缩，塑性变形在试件标距内的分布是不均匀的，而且颈缩处的伸长较大。因而原标距长度与直径之比越大，则颈缩处伸长值在整个伸长值中的比重越小，结果计算出的伸长率则小一些。通常以 δ_5 表示 $l_0=5d_0$（称为短试件）时的伸长率；以 δ_{10} 表示 $l_0=10d_0$（称为长试件）的伸长率。d_0 为试件的原直径。对于同一钢材，$\delta_5>\delta_{10}$。

2）断面收缩率 ψ。它是试件拉断后颈缩处横截面最大缩减量与原始横截面积的百分比，即：

$$\psi=\frac{A_0-A_1}{A_0}\times 100\% \tag{6.4}$$

式中 A_0——原始横截面积，mm^2；

A_1——断裂颈缩处的横截面积，mm^2。

断面收缩率 ψ 与伸长率 δ 反映钢材拉伸断裂前经受塑性变形的能力，同时也反映钢材的韧性、冷弯性能、焊接性能的好坏。ψ 与 δ 越大，说明钢材的塑性越好。

6.2.1.2 冲击韧性

冲击韧性是指钢材抵抗冲击荷载而不破坏的能力。规范规定冲击韧性的大小是用带有 V 形刻槽的标准试件的弯曲冲击韧性试验来确定的，如图 6.4 所示。在冲击试验机的摆锤作用下，以破坏后缺口处单位面积所消耗的功来表示，符号 α_k，单位为 J/cm^2。α_k 值越大，冲断试件消耗的功越多，或者说钢材断裂前吸收的能量越多，说明钢材的韧性越好，不容易产生脆性断裂，钢材的冲击韧性会随环境温度下降而降低。钢材的冲击韧性还受其化学成分、组织状态、轧制与焊接质量以及时间等因素的影响。

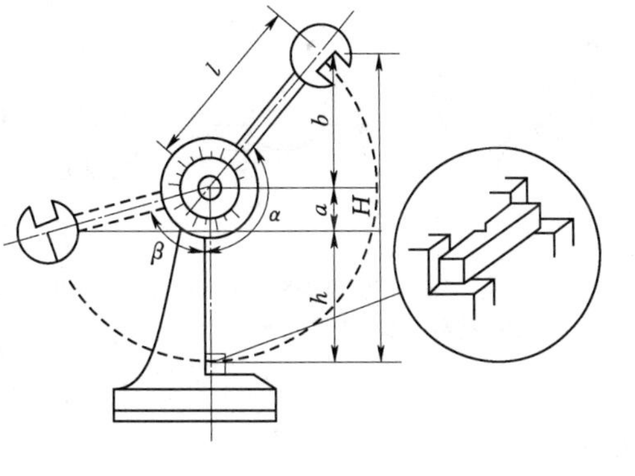

图 6.4 冲击韧性试验示意图

钢材的冲击韧性的计算公式：

$$\alpha_k=\frac{mg(H-h)}{A} \tag{6.5}$$

式中 m——摆锤质量，kg；

g——重力加速度，一般取 $9.8m/s^2$；

H、h——摆锤冲击前后的高度，m；

A——试件缺口处截面积，cm^2。

总之，对于直接承受动荷载而且可能在负温下工作的重要结构，必须按照有关规范要求进行钢材的冲击韧性检验。

6.2.1.3 疲劳强度

钢材在交变荷载反复作用下，往往会在应力远低于抗拉强度的情况下发生裂断，此现象称为疲劳破坏。在多次反复交变荷载的作用下不发生疲劳破坏时的最大应力称为疲劳强度，它是表明钢材耐疲劳性的指标。通常取交变应力循环次数 $N=10^7$ 时，试件不发生破坏的最大应力作为其疲劳极限。

试验证明，一般钢的疲劳破坏是由应力集中引起的。首先在应力集中的地方出现疲劳裂纹；然后在交变荷载的反复作用下，裂纹尖端产生应力集中而使裂纹逐渐扩大，直至突然发生瞬时疲劳断裂。由此可见，钢材的疲劳极限不仅与其化学成分、组织结构有关，而且与其截面变化、表面质量以及内应力大小等可能造成应力集中的各种因素有关。所以，在设计承受反复荷载作用且必须进行疲劳验算的钢结构时，应当了解所用钢材的疲劳极限。

6.2.1.4 硬度

硬度表示钢材表面局部体积内抵抗另一硬物体压入产生塑性变形的能力。一般硬度高时，耐磨性能好，但脆性亦大，金属产生塑性变形越困难。建筑钢材硬度测定方法有布氏硬度（HB）法、洛氏硬度（HR）法和维氏硬度（HV）法三种，建筑钢材常用布氏硬度指标表示。

布氏硬度法的测定原理是：用直径为 D（mm）的淬火钢球以 P（N）的荷载将其压入试件表面，经规定的持续时间后卸荷，即得直径为 d（mm）压痕，以压痕的表面积 F（mm^2）除荷载 P，所得的应力值即为试件的布氏硬度值（HB）。如图 6.5 所示。

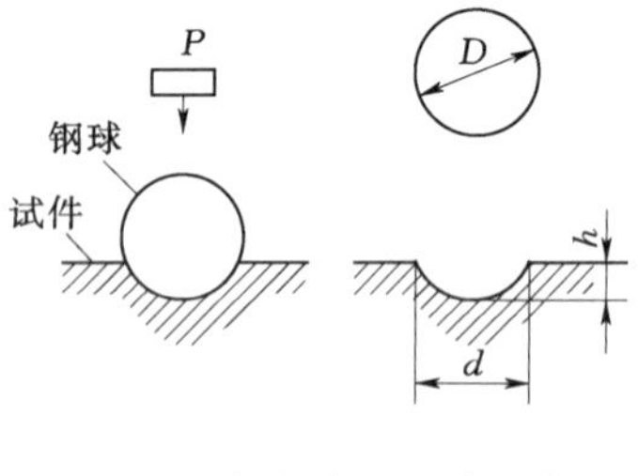

图 6.5 钢材布氏硬度测定
P—荷载；D—钢球直径

6.2.2 建筑钢材的工艺性质

建筑钢材不仅应有优良的力学性质，而且应有良好的工艺性质，以满足施工工艺的要求。其中冷弯、冷拔、冷拉及焊接性质是钢材的重要工艺性质。

6.2.2.1 冷弯性质

钢材在常温下承受弯曲变形的能力称为冷弯性质。钢材冷弯性质指标用试件在常温下所承受的弯曲程度表示。弯曲程度可以通过试件被弯曲的角度（90°、180°）和弯心直径 d 对试件厚度 a（或直径）的比值 d/a 来表示，如图 6.6 所示。试验时，采用的弯曲角度越大，弯心直径对试件厚度的比值越小，表明冷弯性能越好。按规定的弯曲角度和弯心直径进行试验，试件的弯曲处不产生裂缝、鳞落、起层或断裂，即为冷弯性能合格。

钢材的冷弯性质和伸长率一样，都反映钢材在静载下的塑性。但冷弯是钢材局部发生的不均匀变形下的塑性，而伸长率则反映钢材在均匀变形下的塑性，故冷弯试验是一种比较严格的检验，它比伸长率能更好地揭示钢材是否存在内部组织不均匀、内应力和夹杂物等缺陷。这些缺陷在拉伸试验中，常因塑性变形导致应力重分布而得不到反映。对于重要结构和弯曲成型的钢材，冷弯性质必须合格。

冷弯试验对焊接质量也是一种严格的检验，它能揭示焊件在受弯表面存在的未熔合、微裂纹和夹杂物等缺陷。

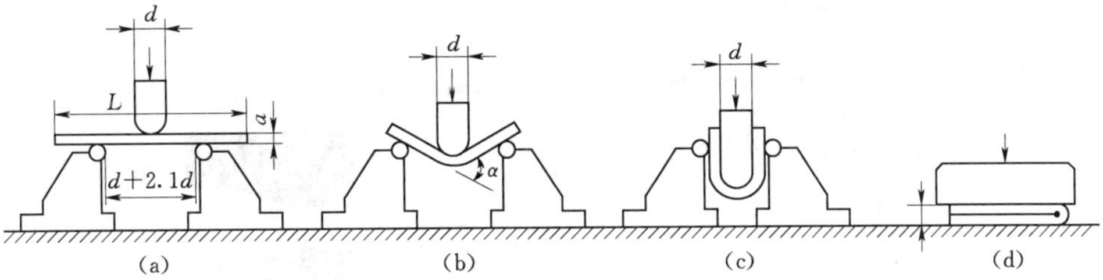

图 6.6 钢筋冷弯试验示意图

(a) 试件安装；(b) 弯曲 90°；(c) 弯曲 180°；(d) 弯曲至两面重合

6.2.2.2 焊接性质

焊接是把两个分离的金属进行局部加热，使其接缝部分迅速呈熔融或半熔融状态而牢固地连接起来的方法。在焊件中常发生复杂的、不均匀的反应和变化，使焊件易产生变形、内应力组织的变化和局部硬脆倾向等缺陷。对可焊性良好的钢材，焊接后焊缝处的性质应尽可能与母材一致，这样才能获得焊接牢固可靠、硬脆倾向小的效果。基本焊接方法主要有电弧焊和接触对焊两种。

可焊性主要受化学成分及含量的影响。含碳量高、含硫量高、合金元素含量高等因素，均会降低可焊性。含碳量小于 0.25%的非合金钢具有良好的可焊性。

焊接结构应选择含碳量较低的氧气转炉或平炉的镇静钢。当采用高碳钢及合金钢时，为了改善焊接后的硬脆性，焊接时一般要采用焊前预热及焊后热处理等措施。

钢筋的焊接方式主要有电阻电焊、闪光对焊、电弧焊、电渣压力焊、气压焊等。钢筋焊接要注意：钢筋在焊接之前，焊接部位应清理铁锈、熔渣、油污等，要尽量避免不同国家的进口钢筋之间或进口钢筋与国产钢筋之间的焊接。

6.2.2.3 冷加工强化与时效处理

1. 冷加工强化

冷加工强化是钢材在常温下，以超过其屈服点但不超过抗拉强度的应力对其进行的加工。建筑钢材常用的冷加工有冷拉、冷拔、冷轧、刻痕等。对钢材进行冷加工的目的，主要是利用时效提高强度，利用塑性节约钢材。

钢材在超过弹性范围后，产生明显的塑性变形，使强度和硬度提高，而塑性和韧性降低，即发生了冷加工强化。在一定范围内，冷加工导致的变形程度越大，屈服强度提高越多，塑性和韧性降低得越多。建筑工地或预制构件厂常利用冷加工强化，对热轧带肋钢筋、热轧光圆钢筋或低碳钢盘条按一定要求进行冷拉或冷拔加工，提高屈服点以达到节约钢材的目的。

(1) 冷拉。以超过钢筋屈服强度的应力拉伸钢筋，使之伸长，然后卸去荷载，如图 6.7 所示。钢材未经冷拉的应力-应变曲线为 $OBKCD$，经冷拉至 K 点后卸荷，则曲线回到 O'点，再受拉时其应力-应变曲线为 $O'K_1C_1D_1$，钢筋冷拉后，不仅可以提高屈服点和抗拉强度 20%～25%，而且还可以简化施工工艺；圆盘钢筋可使开盘、矫直、冷拉三道工序一次完成；直条钢筋则可使矫直、冷拉一次完成，并使钢筋锈皮自行脱落。

(2) 冷拔。是强力拉拔钢筋通过截面小于钢筋截面积的拔丝模，如图 6.8 所示。每次拉拔断面缩小应在10%以下。

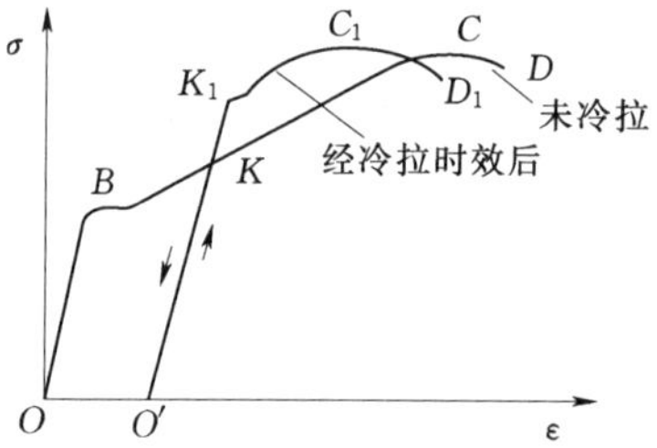

图6.7 钢材经冷拉时效后应力-应变曲线

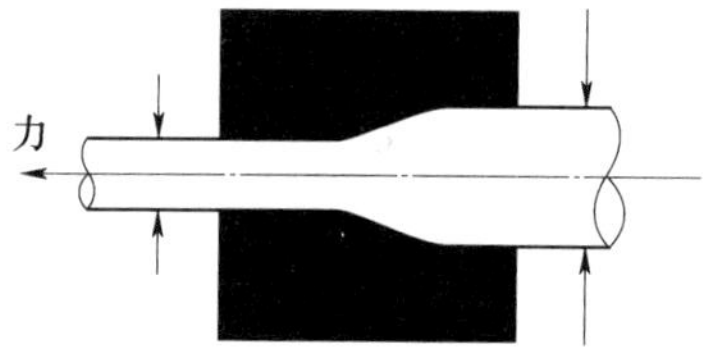

图6.8 钢材冷拔加工示意图

冷拔作用比纯拉伸作用强烈，钢筋不仅受拉，而且同时受到挤压作用。经过一次或多次冷拔后得到的冷拔低碳钢丝，其屈服点可提高40%～60%，但失去软钢的塑性和韧性，而具有硬质钢材的特点。

(3) 冷轧。是将光圆钢筋在轧钢机上轧成断面形状规则的钢筋，可提高其强度及与混凝土的黏结力。钢筋在冷轧时，纵向与横向同时产生变形，因而能较好地保持其塑性和内部结构的均匀性。

总之，冷加工强化钢筋的屈服点可提高20%～60%，因此可适当减小钢筋混凝土结构设计截面或减少混凝土中配筋数量，从而达到节约钢材的目的。

2. 时效处理

冷加工后的钢筋在常温下放置15～20d或加热至100～200℃保持2h左右，钢材的强度或硬度将进一步提高，而塑性、冲击韧性进一步降低的现象称为时效。前者称为自然时效，后者称为人工时效。对强度较低的钢材通常采用自然时效，对强度较高的钢材通常采用人工时效。经过时效处理后的钢材，其屈服强度、抗拉强度及硬度都将提高，而塑性和韧性降低。

6.3 桥梁建筑用钢材及其制品

6.3.1 桥梁建筑用钢的技术要求

根据道路桥梁工程使用条件和结构特点，用于道路桥梁工程使用的建筑钢材应具有下列技术要求：

1. 良好的综合力学性能

桥梁结构在长期使用过程中，不仅要在无遮盖的条件下经受大气各种严酷环境的考验，而且还要承受极其复杂的车辆载荷的作用，桥梁建筑用钢必须具有良好的综合力学性能。除要有较高的抗拉强度和屈服强度外，还应具有良好的塑性、韧性、冷弯性能和良好的抵抗振动应力的抗疲劳性能以及低温（－40℃）的冲击韧性。

2. 良好的焊接性能

由于近代焊接技术的迅速发展，桥梁钢结构逐渐趋向于采用焊接结构代替铆接结构，以加快施工速度和节约钢材，桥梁在焊接后不易整体热处理，因此要求桥梁用钢还应具有良好的焊接性能，以防止产生硬化脆裂和内应力过大等质量问题。

3. 良好的抗蚀性能

由于桥梁长期暴露于大气中，受到各种侵蚀介质的作用（如阳光、氧气、酸碱盐等），对建筑用钢产生各类侵蚀破坏，所以要求桥梁用钢应当具有良好的抵抗各种介质腐蚀的性能。

6.3.2 桥梁建筑用主要钢材

我国土木工程常用的钢种主要有钢结构用钢（普通碳素结构钢、低合金高强度结构钢）和钢筋混凝土用钢（热轧钢筋、冷拉钢筋、冷拔钢丝、热处理钢筋、高强钢丝和钢绞线）。

6.3.2.1 碳素结构钢（非合金钢）

1. 碳素结构钢的牌号及其表示方法

在各类钢中，碳素结构钢产量最大，用途最广，多轧制成型材、异型型钢和钢板等，可供焊接、铆接和螺栓连接。按其化学成分和力学性能（屈服点）划分为四个牌号。钢的牌号由代表屈服点的字母（Q）、屈服点数值（195MPa、215MPa、235MPa 和 275MPa）、质量等级符号（A、B、C、D）、脱氧方法符号（F、b、Z 和 TZ，其中 Z 和 TZ 在牌号中可省略）四个部分按顺序组成。例如：Q235AF 表示屈服点不小于 235MPa 的 A 级沸腾钢。

2. 碳素结构钢的技术性能

（1）力学性能。碳素结构钢的力学性能应符合表 6.1 的规定。

（2）工艺性能。碳素结构钢的工艺性能应符合表 6.2 的规定。

3. 碳素结构钢的选用

碳素结构钢的牌号越大，钢中含碳量越多，其强度、硬度也就越高，但塑性和韧性降低。

由于四个牌号钢的性能不同，其用途也不同。Q195、Q215 钢塑性高，易于冷弯和焊接，但强度较低，故多用于受荷较小及焊接构件中，以及制造铆钉和地脚螺钉等。

Q235 钢有较高的强度和良好的塑性、韧性，易于焊接，且在焊接及气割后机械性能也仍稳定，有利于冷热加工，故广泛地用于土建结构中，作钢结构的屋架、闸门、管道和桥梁及钢筋混凝土结构中的钢筋等，是目前应用最广的钢种。

Q275 钢的屈服强度较高，但塑性、韧性和可焊性较差，可用于钢筋混凝土结构中配筋及钢结构构件和制造螺栓。工程中应根据工程结构的荷载情况、焊接情况及环境温度等因素来选择钢的质量等级和脱氧程度。如受振动荷载作用的重要焊接结构，处于计算温度低于−20℃的环境下，宜选用质量等级为 D 的特种镇静钢。

6.3.2.2 低合金高强度结构钢

工程上使用的钢材要求强度高，塑性好，且易于加工，碳素结构钢的性能不能完全满足工程的需要。在碳素结构钢基础上掺入少量（掺量小于 5%）的合金元素（如锰、钒、钛、铌、镍等）即成为低合金高强度结构钢。

采用低合金高强度结构钢的主要目的是减轻结构质量，延长使用寿命。这类钢具有较高的屈服点和抗拉强度、良好的塑性和冲击韧性，具有耐锈蚀、耐低温性能，综合性能好。特别是大跨度、大柱网结构，采用较高强度的低合金结构钢，技术经济效果更显著。

表 6.1 碳素结构钢的力学性能(GB/T 700—2006)

牌号	质量等级	屈服强度 σ_s (MPa) 钢材厚度(或直径)(mm) 不小于						抗拉强度 σ_b (MPa)	断后伸长率(%) 钢材厚度(或直径)(mm) 不小于					冲击试验 温度(℃)	冲击试验 V型冲击吸收功(纵向)(J) 不小于
		≤16	>16~40	>40~60	>60~100	>100~150	>150~200		≤40	>40~60	>60~100	>100~150	>150~200		
Q195		195	185					315~390	33						
Q215	A	215	205	195	185	175	165	335~410	31	30	29	27	26		
	B													+20	27
Q235	A	235	225	215	205	195	185	370~500	26	25	24	22	21		
	B													+20	27
	C														
	D													−20	
Q275	A	275	265	255	245	235	225	410~540	22	21	20	18	17		
	B													+20	27
	C														
	D													−20	

表 6.2　　　　　　　　碳素结构钢的工艺性能（GB/T 700—2006）

牌号	试样方向	冷弯试验（$d=2d_0$，180°）	
		钢材厚度（或直径）d_0（cm）	
		≤60	>60～100
Q195	纵	0	
	横	$0.5d_0$	
Q215	纵	$0.5d_0$	$1.5d_0$
	横	d_0	$2d_0$
Q235	纵	d_0	$2d_0$
	横	$1.5d_0$	$2.5d_0$
Q275	纵	$1.5d_0$	$2.5d_0$
	横	$2d_0$	$3d_0$

注　1. d 为试样宽度；d_0 为试样厚度（或直径）。

2. 钢材厚度（或直径）大于 100mm 时，弯曲试验由双方协商确定。

低合金高强度结构钢按力学性能和化学成分分为 Q295、Q345、Q390、Q420、Q460 五个牌号，按硫、磷含量分 A、B、C、D、E 五个质量等级，其中 E 级质量最好。牌号按屈服点符号、屈服极限值和质量等级顺序排列。例 Q390A 的含义为：屈服极限为 390 MPa、质量等级为 A 的低合金高强度结构钢。

（1）Q295。钢中只含有极少量合金元素，强度不高，但有良好的塑性、冷弯、焊接及耐蚀性能。主要用于建筑工程中对强度要求不高的一般工程结构。

（2）Q345、Q390。综合力学性能好，焊接性能、冷热加工性能和耐蚀性能均好，C、D、E 级钢具有良好的低温韧性。主要用于工程中承受较高荷载的焊接结构。

（3）Q420、Q460。强度高，特别是在热处理后有较高的综合力学性能。主要用于大型工程结构及要求强度高、荷载大的轻型结构。

低合金高强度结构钢的化学成分和力学性能见表 6.3 和表 6.4。

表 6.3　　　　　　　低合金高强度结构钢的化学成分（GB/T 1591—2008）

牌号	质量等级	化学成分(质量百分率,%)										
		C(≤)	Mn	Si	P(≤)	S(≤)	V	Nb(≤)	Ti(≤)	Al(≥)	Cr(≤)	Ni(≤)
Q295	A	0.16	0.08～1.50	0.55	0.045	0.045	0.02～0.15	0.015～0.060	0.02～0.20	—		
	B	0.16	0.08～1.50	0.55	0.040	0.040	0.02～0.15	0.015～0.060	0.02～0.20	—		
Q345	A	0.02	1.00～1.60	0.55	0.045	0.045	0.02～0.15	0.015～0.060	0.02～0.20	—		
	B	0.02	1.00～1.60	0.55	0.040	0.040	0.02～0.15	0.015～0.060	0.02～0.20	—		
	C	0.20	1.00～1.60	0.55	0.035	0.035	0.02～0.15	0.015～0.060	0.02～0.20	0.015		
	D	0.18	1.00～1.60	0.55	0.030	0.030	0.02～0.15	0.015～0.060	0.02～0.20	0.015		
	E	0.18	1.00～1.60	0.55	0.025	0.025	0.02～0.15	0.015～0.060	0.02～0.20	0.015		
Q390	A	0.20	1.00～1.60	0.55	0.045	0.045	0.02～0.20	0.015～0.060	0.02～0.20	—	0.030	0.70
	B	0.20	1.00～1.60	0.55	0.040	0.040	0.02～0.20	0.015～0.060	0.02～0.20	—	0.030	0.70
	C	0.20	1.00～1.60	0.55	0.035	0.035	0.02～0.20	0.015～0.060	0.02～0.20	0.015	0.030	0.70
	D	0.20	1.00～1.60	0.55	0.030	0.030	0.02～0.20	0.015～0.060	0.02～0.20	0.015	0.030	0.70
	E	0.20	1.00～1.60	0.55	0.025	0.025	0.02～0.20	0.015～0.060	0.02～0.20	0.015	0.030	0.70

续表

牌号	质量等级	化学成分(质量百分率,%)										
		C(≤)	Mn	Si	P(≤)	S(≤)	V	Nb(≤)	Ti(≤)	Al(≥)	Cr(≤)	Ni(≤)
Q420	A	0.20	1.00～1.70	0.55	0.045	0.045	0.02～0.20	0.015～0.060	0.02～0.20	—	0.040	0.70
	B	0.20	1.00～1.70	0.55	0.040	0.040	0.02～0.20	0.015～0.060	0.02～0.20	—	0.040	0.70
	C	0.20	1.00～1.70	0.55	0.035	0.035	0.02～0.20	0.015～0.060	0.02～0.20	0.015	0.040	0.70
	D	0.20	1.00～1.70	0.55	0.030	0.030	0.02～0.20	0.015～0.060	0.02～0.20	0.015	0.040	0.70
	E	0.20	1.00～1.70	0.55	0.025	0.025	0.02～0.20	0.015～0.060	0.02～0.20	0.015	0.040	0.70
Q460	C	0.20	1.00～1.70	0.55	0.035	0.035	0.02～0.20	0.015～0.060	0.02～0.20	0.015	0.70	0.70
	D	0.20	1.00～1.70	0.55	0.030	0.030	0.02～0.20	0.015～0.060	0.02～0.20	0.015	0.70	0.70
	E	0.20	1.00～1.70	0.55	0.025	0.025	0.02～0.20	0.015～0.060	0.02～0.20	0.015	0.70	0.70

注 表中的 Al 为全铝含量。如化验酸溶铝时,其质量分数不小于 0.010%。

表 6.4　　低合金高强度结构钢的力学性能(GB/T 1591—2008)

牌号	质量等级	屈服强度 σ_s(不小于,MPa)				抗拉强度 σ_b(MPa)	断后伸长率 A_5(不小于,%)	冲击吸收能量 KV_2(不小于,J)				180°弯曲试验	
		厚度(直径,边长)(mm)										钢材厚度 a(mm)	
		≤15	>16～35	>35～50	>50～100			+20℃	0℃	−20℃	−40℃	≤16	16～100
Q295	A	295	275	255	235	390～570	23					$d=2a$ $d=2a$	$d=3a$
	B	295	275	255	235	390～570	23	34					$d=3a$
Q345	A	345	325	295	275	470～630	21					$d=2a$	$d=3a$
	B	345	325	295	275	470～630	21	34				$d=2a$	$d=3a$
	C	345	325	295	275	470～630	22		34			$d=2a$	$d=3a$
	D	345	325	295	275	470～630	22			34		$d=2a$	$d=3a$
	E	345	325	295	275	470～630	22				27	$d=2a$	$d=3a$
Q390	A	390	370	350	330	490～650	19					$d=2a$	$d=3a$
	B	390	370	350	330	490～650	19	34				$d=2a$	$d=3a$
	C	390	370	350	330	490～650	20		34			$d=2a$	$d=3a$
	D	390	370	350	330	490～650	20			34		$d=2a$	$d=3a$
	E	390	370	350	330	490～650	20				27	$d=2a$	$d=3a$
Q420	A	420	400	380	360	520～680	18					$d=2a$	$d=3a$
	B	420	400	380	360	520～680	18	34				$d=2a$	$d=3a$
	C	420	400	380	360	520～680	19		34			$d=2a$	$d=3a$
	D	420	400	380	360	520～680	19			34		$d=2a$	$d=3a$
	E	420	400	380	360	520～680	19				27	$d=2a$	$d=3a$
Q460	A	460	440	420	400	550～720	17		34			$d=2a$	$d=3a$
	B	460	440	420	400	550～720	17			34		$d=2a$	$d=3a$
	C	460	440	420	400	550～720	17				27		

注 d 为弯心直径;a 为试样厚度。

6.3.2.3 桥梁用结构钢

GB/T 714—2000《桥梁用结构钢》规定了桥梁结构钢的尺寸、外形、质量和允许偏差、技术要求、试验方法、检测规则等。

桥梁用结构钢的牌号由代表屈服强度的汉语拼音字母 Q、屈服强度数值、桥梁钢的汉语拼音首位字母 q、质量等级符号四个部分组成。例：Q345qc，其中 Q 表示屈服强度；345 代表屈服强度数值，单位 MPa；q 为桥梁钢的桥字汉语拼音首位字母；c 为质量等级为 C 级。

桥梁用结构钢中，为了改善钢材性能，可以加入钒、铌、钛、氮等微量元素。钢的力学性能与工艺性能应符合表 6.5 的规定。

表 6.5　　桥梁用结构钢的力学性能和工艺性能（GB/T 714—2008）

牌号	质量等级	厚度 (mm)	屈服点 δ_s (MPa)	抗拉强度 δ_b (MPa)	断后伸长率 δ_5 (%)	V型冲击吸收功（纵向）		V型时效冲击（纵向）(J)	180°弯曲试验 钢材厚度 (mm)	
						℃	J			
			不小于						≤16	>16
Q235q	C	≤16	235	390	26	0	27	27	$d=1.5a$	$d=2.5a$
		>16～35	225	380						
		>35～50	215	375						
		>50～100	205	375						
	D	≤16	235	390	26	−20				
		>16～35	225	380						
		>35～50	215	375						
		>50～100	205	375						
Q345q	C	≤16	345	510	21	0	34	34	$d=2a$	$d=3a$
		>16～35	325	490	20					
		>35～50	315	470	20					
		>50～100	305	470	20					
	D	≤16	345	510	21	−20				
		>16～35	325	490	20					
		>35～50	315	470	20					
		>50～100	305	470	20					
	E	≤16	345	510	21	−40				
		>16～35	325	490	20					
		>35～50	315	470	20					
		>50～100	305	470	20					
Q370q	C	≤16	370	530	21	0	41	41	$d=2a$	$d=3a$
		>16～35	355	510	20					
		>35～50	330	490	20					
		>50～100	330	490	20					
	D	≤16	370	530	21	−20				
		>16～35	355	510	20					
		>35～50	330	490	20					
		>50～100	330	490	20					
	E	≤16	370	530	21	−40				
		>16～35	355	510	20					
		>35～50	330	490	20					
		>50～100	330	490	20					

续表

牌号	质量等级	厚度（mm）	屈服点 δ_s（MPa）	抗拉强度 δ_b（MPa）	断后伸长率 δ_5（%）	V型冲击吸收功（纵向）		V型时效冲击（纵向）（J）	180°弯曲试验 钢材厚度（mm）	
						℃	J			
			不小于						≤16	>16
Q420q	C	≤16	420	570	20	0	47	47	$d=2a$	$d=3a$
		>16～35	410	550	19					
		>35～50	400	540	19					
		>50～100	390	530	19					
	D	≤16	420	570	20	−20				
		>16～35	410	550	19					
		>35～50	400	540	19					
		>50～100	390	530	19					
	E	≤16	420	570	20	−40				
		>16～35	410	550	19					
		>35～50	400	540	19					
		>50～100	390	530	19					

注 1. Q420qE级钢的−40℃冲击吸收功值由供需双方协议规定。
2. d 为弯心直径；a 为试样厚度（或直径）。

6.3.3 常用建筑钢材及选用

6.3.3.1 热轧钢筋

用加热钢坯轧成的条形钢筋，称为热轧钢筋。主要用于钢筋混凝土和预应力钢筋混凝土结构的配筋。热轧钢筋按表面形状可分为光圆钢筋和带肋钢筋；而带肋钢筋又分为月牙肋钢筋和等高肋钢筋。月牙肋钢筋的纵横肋不相交，而等高肋钢筋的纵横肋相交。

1. 热轧光圆钢筋

热轧光圆钢筋的牌号由HPB（Hot-rolled Plained Bars）和牌号的屈服强度最小值构成。热轧光圆钢筋分为HPB235、HPB300两个牌号。

2. 热轧带肋钢筋

热轧带肋钢筋的牌号由HRB（Hot-rolled Ribbed Bars）和牌号的屈服强度最小值构成。热轧带肋钢筋分为HRB335、HRB400、HRB500三个牌号。

带肋钢筋的横截面通常为圆形，且表面带肋的混凝土用钢材。

月牙肋钢筋的横肋的纵截面呈月牙形，且与纵肋不相交的钢筋（与老螺纹钢相比，有诸多优越性：强度高、敏感性小、耐疲劳性好、方便生产）。

纵肋是平行于钢筋轴线的均匀连续肋，横肋是与钢筋轴线不平行的其他肋。

6.3.3.2 冷轧带肋钢筋

热轧圆盘条经冷轧后，在其表面带有沿长度方向均匀分布的三面或两面横肋的钢筋，称为冷轧带肋钢筋。根据GB 13788—2008《冷轧带肋钢筋》规定，冷轧带肋钢筋按抗拉强度分为CRB550、CRB650、CRB800、CRB970，C、R、B分别为冷轧（Cool-rolled）、带肋（Ribbed）、钢筋（Bars）三个词的英文首位字母，数值为抗拉强度的最小值。与拉拔低碳钢丝相比，冷轧带肋钢筋具有强度高、塑性好、与混凝土黏结牢固、节约钢材、质量稳定等优点。CRB550 宜用于普通钢筋混凝土结构，其他牌号宜用于预应力钢筋混凝土结构中。

6.3.3.3 冷拉钢筋

冷拉钢筋是用热轧钢筋加工而成的。钢筋在常温下经过冷拉可达到除锈、调直、提高强度和节约钢材的目的。

钢筋在经冷加工产生一定塑性变形后，其屈服强度、硬度提高，而塑性和韧性降低，这种现象称为冷加工硬化。

钢筋由于冷加工和时效过程，屈服强度可提高 20%～30%，可节约钢材 10%～20%，但伸长率降低，变硬、变脆，容易产生断裂。为了不使冷拉钢筋因脆性过大而容易损坏，冷拉操作的重要问题是控制冷拉率和冷拉应力。

6.3.3.4 冷轧扭钢筋

冷轧扭钢筋是由普通低碳钢热轧盘圆钢筋经冷轧扭工艺制成的。其表面形状为连续的螺旋形，故它与混凝土的黏结性能很强，同时具有较高的强度和足够的塑性。如用它代替 HPB235 级钢筋可节约钢材 30%左右，可降低工程成本。冷轧扭钢筋一般用于预应力钢筋混凝土楼板和现浇钢筋混凝土楼板等。

6.3.3.5 预应力混凝土热处理钢筋

预应力混凝土热处理钢筋是指用热轧中碳低合金钢钢筋经淬火、回火调质处理的钢筋。按其螺纹外形分为纵肋和无纵肋两种。热处理钢筋在预应力混凝土结构中使用，具有与混凝土黏结性能好、应力松弛率低、施工方便等优点。

6.3.3.6 预应力混凝土用钢丝与钢绞线

1. 预应力混凝土用钢丝

预应力混凝土用钢丝是采用优质碳素钢或其他性能相应的钢种，经冷加工及时效处理或热处理而制得的高强度钢丝。按加工状态可分为冷拉钢丝（代号为 WCD）及消除应力钢丝两种，消除应力钢丝按松弛性能又分为低松弛级钢丝（代号为 WLR）和普通松弛级钢丝（代号为 WNR）。

预应力混凝土用钢丝按外形又可分为光面钢丝（代号为 P）、螺旋肋钢丝（代号为 H）和刻痕钢丝（代号为 I）三种。

按标准规定，产品标记应包括预应力钢丝、公称直径、抗拉强度等级、加工状态代号、外形代号、标准号。例如，直径为 4.00mm、抗拉强度为 1670MPa 的冷拉光圆钢丝，其标记为：预应力钢丝 4.00—1670—WCD—P—GB/T 5223—2002。

2. 预应力混凝土用钢绞丝

若将两根、三根或七根圆形断面的钢丝捻成一束，形成预应力混凝土用钢绞线（GB/T 5224—2003）。钢绞线的最大负荷随钢丝的根数不同而不同，七根捻制结构的钢绞线，整根钢绞线的最大负荷可达 300kN，屈服负荷可达 255kN，伸长率不大于 3.5%。1000h 应力松弛率不大于 2.5%～8%。

与其他配筋材料相比，钢绞线具有强度高、柔性好、松弛率低、抗腐蚀性强、无接头、质量稳定、成盘供应不需接头等优点，适用于作大型建筑、公路或铁路桥梁、大跨度吊车梁等大跨度预应力混凝土构件的预应力钢筋，广泛地应用于大跨度、重荷载的结构工程中。

6.3.3.7 钢结构用钢材

钢结构构件一般应直接选用各种型钢。型钢之间可直接连接或附加连接钢板进行连接，连接方式可铆接、螺栓连接或焊接。所以钢结构所用钢材主要是型钢和钢板。型钢有热轧及冷成型两种，钢板也有热轧和冷轧两种。

1. 热轧型钢

常用的热轧型钢有角钢（等边和不等边）、工字钢、槽钢、T 型钢、H 型钢、Z 型钢等。

钢结构用钢的钢种和钢号，主要根据结构与构件的重要性、荷载的性质（静载或动载）、连接方法（焊接、铆接或螺栓连接）、工作条件（环境温度及介质）等因素予以选择。对于承受动荷载的结构，处于低温环境的结构，应选择韧性好、脆性临界温度低、疲劳极限较高的钢材；对于焊接结构，应选择可焊性较好的钢材。

我国建筑用热轧型钢主要采用碳素结构钢和低合金钢。在碳素结构钢中主要采用Q235A[w(C)=0.14%～0.22%]，其强度较适中，塑性和可焊性较好，而且冶炼容易、成本低廉，适合土木工程使用。在低合金钢中主要采用 Q345 及 Q390，可用于大跨度、承受动荷载的钢结构。

2. 冷弯薄壁型钢

冷弯薄壁型钢通常用 2～6mm 薄钢板冷弯或模压而成，有角钢、槽钢等开口薄壁型钢及方形、矩形等空心薄壁型钢，可用于轻型钢结构。

3. 钢板和压型钢板

用光面轧辊轧制而成的扁平钢材称为钢板。按轧制温度的不同，钢板又可分热轧和冷轧两类。土木工程用钢板的钢种主要是碳素结构钢，大跨度桥梁等也采用低合金钢。

按厚度来分，热轧钢板可分为厚板（厚度大于 4mm）和薄板（厚度为 0.35～4mm）两种；冷轧钢板只有薄板（厚度 0.2～4mm）。厚板可用于型钢的连接与焊接，组成钢结构承力构件，薄板可用作屋面或墙面等围护结构，或作为薄壁型钢的原料。

薄钢板经辊压或冷弯可制成截面呈 V 形、U 形、梯形或类似形状的波纹，并可采用有机涂层、镀锌等表面保护层的钢板，称压型钢板，在建筑上常用作屋面板、楼板、墙板及装饰板等。还可将其与保温材料等复合，制成复合墙板等，用途十分广泛。

路桥工程中钢筋混凝土用钢材和钢结构用钢材，在选用时一般遵循下面原则：

（1）荷载性质。对于经常承受动力或振动荷载的结构，容易产生应力集中，从而引起疲劳破坏，需要选用材质高的钢材。

（2）使用温度。对于经常处于低温状态的结构，钢材容易发生冷脆断裂，特别是焊接结构更甚，因而要求钢材具有良好的塑性和低温冲击韧性。

（3）连接方式。对于焊接结构，当温度变化和受力性质改变时，焊缝附近的母体金属容易出现冷、热裂纹，促使结构早期破坏。所以焊接结构对钢材化学成分和机械性能要求应较严。

（4）钢材厚度。钢材的力学性能一般随厚度增大而降低，钢材经多次轧制后，钢的内部结晶组织更为紧密，强度更高，质量更好。故一般结构用的钢材厚度不宜超过 40mm。

(5) 结构重要性。选择钢材要考虑结构使用的重要性，如大跨度结构、重要的建筑物结构，须相应选用质量更好的钢材。

建筑钢材常用的氧气转炉钢或平炉钢，最少应保证具有屈服强度、抗拉强度、伸长率三项力学性能指标和硫、磷的质量分数两项化学成分的合格保证。对于较大型构件、直接承受动力荷载的结构，钢材还应具有冷弯试验的合格保证；对于大、重型结构和直接承受动力荷载的结构，根据冬季工作温度情况，钢材应具有常温或低温冲击韧性的合格保证。

高层建筑结构用钢宜采用 B、C、D 等级的 Q235 碳素结构钢和 B、C、D、E 等级的 Q345 低合金高强度结构钢。抗震结构钢材的屈强比不应小于 1.2，伸长率应大于 20%，且有良好的可焊性。Q235 沸腾钢不宜用于下列结构：重级工作制焊接结构，冬季工作温度不大于－20℃的轻、中级工作制焊接结构和中级工作制的非焊接结构，冬季工作温度不大于－30℃的其他承重结构。

6.3.4 钢材的锈蚀与防护

6.3.4.1 钢材的锈蚀

钢材表面与其周围介质发生化学反应而遭到的破坏，称为钢材的锈蚀。

1. 锈蚀的类型

(1) 化学腐蚀。钢材直接与周围介质发生化学反应产生锈蚀。多数是由氧化作用在钢材表面形成疏松氧化物。

(2) 电化学腐蚀。钢材本身组成和杂质的存在，在表面介质的作用下，各成分电极电位不同，形成微电池，铁元素失去了电子成为 Fe^{2+} 进入介质溶液，与溶液中的 OH^- 离子结合生 $Fe(OH)_2$，形成电极电位。

2. 锈蚀的结果

在钢材表面形成疏松的氧化物，使钢结构断面减小，降低钢材的性能，因而承载力降低。

6.3.4.2 钢材的防护

主要从改变钢材本身的易腐蚀性、隔离环境中的侵蚀性介质或改变钢材表面的电化学过程，以此来防护钢材。

(1) 采用耐候钢（耐大气腐蚀钢）。

(2) 金属覆盖。电镀或喷镀的方法覆盖在钢材表面。

(3) 非金属覆盖。在钢材表面用非金属材料作为保护膜，如喷涂涂料、搪瓷和塑料等。

(4) 混凝土用钢筋的防锈。提高混凝土密实度，增加钢筋混凝土保护层厚度，限制使用含 Cl^- 的外加剂，钢筋涂覆环氧树脂或镀锌。

复 习 思 考 题

1. 低碳钢拉伸过程经历了哪几个阶段？各阶段有何特点？低碳钢拉伸过程的指标如何？

2. 说明下列钢材牌号的含义：Q215B. b、Q235B. F、Q255A。

3. 什么是钢材的冷弯性能？怎样判定钢材的冷弯性能是否合格？对钢材进行冷弯试验的目的是什么？

4. 对钢材进行冷加工和时效处理的目的是什么？

5. 钢中含碳量的高低对钢的性能有何影响？

6. 为什么碳素结构钢中Q235钢在建筑钢材中得到广泛的应用？

7. 什么是钢材的锈蚀？钢材产生锈蚀的原因有哪些？防止锈蚀的方法有哪些？

习　　题

一、填空题

1. 按冶炼时脱氧程度分类钢可以分成________、________、________和特殊镇静钢。

2. 钢材冷弯试验的指标以________和________来表示。

3. 钢按照化学成分分为________和________。

4. 冷轧带肋钢筋按抗拉强度分为________，________，________，________和________五个牌号。

二、选择题

1. 钢材抵抗冲击荷载的能力称为________。

A. 塑性　B. 冲击韧性　C. 弹性　D. 硬度

2. 钢的含碳量为________。

A. 小于2.06%　B. 大于3.0%　C. 大于2.06%　D. 小于1.26%

3. 伸长率是衡量钢材的________指标。

A. 弹性　B. 塑性　C. 脆性　D. 耐磨性

4. 普通碳素结构钢随钢号的增加，钢材的________。

A. 强度增加、塑性增加　B. 强度降低、塑性增加

C. 强度降低、塑性降低　D. 强度增加、塑性降低

5. 在低碳钢的应力-应变图中，有线性关系的是________。

A. 弹性阶段　B. 屈服阶段　C. 强化阶段　D. 颈缩阶段

三、是非判断题

1. 一般来说，钢材硬度越高，强度也越大。(　　)

2. 屈强比越小，钢材受力超过屈服点工作时的可靠性越大，结构的安全性越高。(　　)

3. 一般来说，钢材的含碳量增加，其塑性也增加。(　　)

4. 钢筋混凝土结构主要是利用混凝土受拉、钢筋受压的特点。(　　)

四、计算题

一钢材试件，直径为25mm，原标距为125mm，做拉伸试验，当屈服点荷载为201.0kN，达到最大荷载为250.3kN，拉断后测的标距长为138mm，求该钢筋的屈服点、抗拉强度及断后伸长率。

第 7 章　工程高分子聚合物材料

学习目标： 了解土工布的种类与特点；掌握土工布在道路桥梁中的应用；掌握高分子聚合物在路桥工程中的应用。

7.1　概　　述

高分子聚合物材料按国际理论化学和应用化学协会（IUPAC）的定义是：组成单元相互多次重复连接而构成的物质。高分子化合物因其分子量很高而得名，它们的分子量远远高于人们所熟悉的低分子化合物，一般可达几万、几十万甚至上百万。不论哪种类型的高分子化合物，它们都是由千万个小分子化合物通过化学聚合反应联结而成的大分子化合物，故高分子化合物又可称为高分子聚合物或高聚物。

高分子聚合物可分成天然和合成两大类型。如自然界有淀粉、蛋白质、纤维和橡胶等聚合物，但工程中所使用的聚合物往往是指人工合成的聚合物，常见的有聚乙烯、聚苯乙烯、丁苯橡胶等。

尽管聚合物的分子量很大，但其化学结构却比较简单，大多是由一种或几种小分子物质聚合而成，所以聚合物分子结构是这些小分子物质结构的重复组合。如常见的日用工程塑料聚氯乙烯是由单个氯乙烯分子聚合在一起形成的。

$$n\underset{\textstyle\text{Cl}\ \ }{\text{CH}_2\!=\!\text{CH}} \xrightarrow{\text{加聚}} \left[\!-\underset{\textstyle\quad\ \text{Cl}}{\text{CH}_2\!-\!\text{CH}}-\!\right]_n$$

这里可以看出，聚合物的结构实际上是小分子结构的多次重复组合，将构成聚合物结构重复组合单元的小分子称为单体，众多单体聚合形成的每一个聚合物分子就是一个高分子链，每个分子链的最小结构单元称为链节，而将链节的数目称为聚合度，用 n 表示。

显然，当知道某一聚合物的聚合度，则很容易由构成聚合物单体物质的分子量计算出该聚合物的分子量。

聚合物具有一些特殊的性质，如高弹性、较好的耐候性以及良好的变形性等，之所以具有这些特性，关键在于聚合物具有特殊的结构特征。

聚合物在合成过程中，除了形成一维的线型链之外，在一定条件下还可形成带有支链的结构，甚至还能在链与链之间通过交联形成三维的立体型结构。对于线型或支链型聚合物，具有可塑化、熔融的特点，并能溶解于适当的溶剂；但立体型的聚合物无法溶解，也不能熔融。所以，前者呈现出较低的硬度、熔点及抗拉强度，但断裂伸长率较高；而后者具有较高的刚性和良好的尺寸稳定性。

由于聚合物的分子链很长，通常长链呈现卷曲状，在外力作用下分子链伸展开来，外力停止又重新收缩恢复卷曲状，从而表现出极好的弹性。同时在较长的分子链之间通过分子间力的相互影响、相互作用，可抵御较大的拉力作用。所以，在受拉时，即使分子链被拉断，聚合物的分子链也难以滑脱，与小分子等其他物质不同，高聚物可以呈现三种不同结构状态：玻璃态、高弹态和黏流态。在温度较低时，聚合物分子链之间的作用力很大，分子链只能在原有的位置上振动，受到外力时只能发生瞬时的微小形变，外力卸除形变立即恢复，这种状态就是玻璃态。当温度升高时，高分子链有了较大的活动能力，分子链变得柔软可以旋转，在外力作用下可以产生较大变形，外力卸除后会逐渐恢复原状，呈现显著的弹性特点，此时的状态称为高弹态。随温度进一步的升高，聚合物分子链达到可以相互滑动、整体迁移的状态，受力时极易变形，外力卸除后变形无法恢复，此时称为黏流态。

在三种状态变换过程中，存在两种温度：一种是从玻璃态到高弹态的玻璃化转变温度，简称玻璃化温度；另一种是从高弹态到黏流态的黏流温度。显然常温下，处于玻璃态的聚合物适宜作塑料或纤维使用，处于高弹态的聚合物适宜作橡胶使用，而利用聚合物的黏流态易于生产加工。所以，用做塑料和纤维的聚合物，希望其玻璃化温度要高一些，以保证在较宽的温度范围内使这两种材料具有良好的变形稳定性；而对于橡胶材料，却希望其玻璃化温度越低越好，这样可在严寒条件下，保持高弹态而具有优良的弹性。

高分子材料是指在工程建设中所应用的高分子物质，其主要种类有纤维、塑料、橡胶、涂料和胶黏剂。它们各自形成庞大的工业体系，并在此基础上形成了具有鲜明特色的专业。

（1）高聚物有如下优点：

1）质轻。工程高分子材料（以下称高聚物材料）的密度只有钢材的1/8～1/4，铝的1/2，可以大大减轻劳动强度，提高安装工效，而且能够在很大程度上减轻构筑物的自重。用高聚物做成的复合材料，其比强度（强度和密度的比值）甚至超过钢材，是极其重要且好的轻质高强材料。

2）优异的耐腐蚀性能。高聚物材料能够随多种腐蚀性介质的侵蚀，不霉不蛀，防腐蚀性能优于金属和无机材料，特别适合于潮湿、腐蚀环境或有白蚁地区。

3）具有优良的使用功能。高聚物材料种类本来就很多，还可以通过配方和改性改变它们的性能，因此应用广泛。如利用其弹性憎水的特性可以做成很好的防水材料；利用其热导率小的特性可制成很好的绝热、保温材料。再如隧道、矿坑发生裂缝、渗漏时，注入化学灌浆材料，即可形成隔断屏障，及时止水；铁路路基或房屋地基下陷，向缝中灌注此材料，能使地基强固，从而解决施工上的难题。

4）优良的加工性能。高聚物材料可以用各种方法成型，且加工性能优良。可加工成纤维、薄膜、板材、管材，尤其是易加工成断面复杂的异形板材和管材。

高分子材料同时还具有经济效益高，不受地域、气候限制等优点，目前被广泛应用于工程实际中。

（2）高聚物还存在以下缺点：

1）易老化。可以通过适当的配方技术和加工技术，在应用过程中采取适当措施来提高其使用寿命。

2）具有可燃性。高聚物不仅可燃，而且在燃烧时发烟量大，甚至产生有毒气体。但通过特殊的配方技术，如加入阻燃剂、无机填料等有可能使其符合防火要求。

3）刚性较小。由于高聚物是一种黏弹性材料，在应力作用下会发生蠕变。作为结构材料使用必须选择合适的材料制成特殊结构复合材料。

工程高分子聚合物材料，不仅可以直接作为道路与桥梁结构物构件或配件，而且更多的是作为水泥混凝土和沥青混合料的组分。只有掌握高分子聚合物的组成、性能，才能合理地选择和使用这种高分子材料。

7.2 土 工 布

土工合成材料是以高分子聚合物为原料的新型建筑材料，广泛应用于土工工程各个领域。它的种类很多，其中有一类具有透水性的布状织物，称为土工织物，俗称土工布。

7.2.1 土工布的种类和特点

土工布即土木工程建设所用之布，是20世纪60～70年代逐步发展起来的。它是将高聚物纤维通过机织或非织造的方法制成的，根据制造方法的不同，土工布可分为有纺织物、无纺织物、编织织物、复合织物土工布。

（1）有纺织物。是由经线和纬线相互交织而成的织物，与日用布相似，可分为平纹织物（经、纬线相互垂直）和斜纹织物。

（2）无纺织物。将纤维沿一定方向或随机地以某种方法相互结合而制成的织物，其价格较低，已广泛用做反滤、隔离和加筋材料。

（3）编织织物。由一股或多股纱线组成的线卷相互连锁而制成，又称针织物，其价格较低，但在工程领域中较少应用。

（4）复合织物。将编织织物、有纺织物和无纺织物等重叠在一起，用黏合或针刺等方法使其相互组合加工而成的织物。用于排水的复合织物由两层薄反滤层中间夹一厚透水层组成。

7.2.2 土工布在道路桥梁中的应用

20世纪80年代初，我国铁道部门开始试用无纺织物，自80年代中期，铁路、水利、机场、港口和公路部门开始推广使用。用涤纶长丝成网和固结的方法制成的土工布，其纤维排列成三维结构。除了具有良好的力学性能外，还具有良好的纵横向排水性能、延伸性能、渗透性能和过滤性能及较高的耐酸碱、耐老化等化学性能。

1. 反滤功能

反滤是指在使液体通过的同时，保持受渗透压力作用的土粒不流失。涤纶长丝纺粘针刺土工布可以代替传统的砂砾料反滤层，具有减少工程量、施工方便、速度快等优点。

（1）挡土墙及排水沟反滤。路基的护坡、护墙、挡土墙背后以及排水暗沟等均可用涤纶长丝纺粘针刺土工布作反滤层。

（2）堤坝及护坡的反滤。土石坝心墙或斜墙的上下游面、土石围堰、护坡等挡水结构的背面可用涤纶长丝纺粘针刺土工布作反滤层。

2. 排水功能

排水是指利用材料的渗透性，使水通过其透水通道从土体或土工结构物内排出。织物不仅可以沿垂直于其平面的方向排水，也可以沿其平面方向排水，即具有水平排水功能。

涤纶长丝纺粘针刺土工布可代替砂砾料或混凝土管等传统的排水体，施工方便，价格低廉，质量可靠。路基、路面排水（包括公路、铁路和路基、路面）用涤纶长丝纺粘针刺土工布结合工程措施，可以排除地表水，降低地下水位，以保持路基稳定。

3. 隔离功能

隔离是防止相邻的不同介质混合。采用涤纶长丝纺粘针刺土工布作不同介质之间的隔离，可以保持各介质结构的完整性和稳定性。

（1）海滩围堤、海港码头和防波堤的隔离。建筑海滩围堤、海港码头、防波堤等工程时，可用涤纶长丝纺粘针刺土工布铺在软土层上，然后填筑块石，以提高地基强度。

（2）垃圾填埋场隔离、防渗。垃圾填埋场可用涤纶长丝纺粘针刺土工布及土工膜的复合材料做隔离和防渗，防止垃圾中的有害液体渗入地下和有害气体扩散，减少环境污染，提高土地使用效率。

4. 加筋功能

加筋是把具有一定抗拉强度的材料置于土体内以改善土体的性能。采用涤纶长丝纺粘针刺土工布做筋材，可以达到提高土体强度和稳定性的目的，施工方便，效果较好。

（1）土坡加筋。公路、铁路等的边坡，采用涤纶长丝纺粘针刺土工布加筋可以提高边坡的稳定性，增大坡度，减少用地等。

（2）路基加筋。路基填土中，用涤纶长丝纺粘针刺土工布加筋可以提高路基承载力和稳定性。

5. 防渗功能

防渗是防止液体渗透流失。用涤纶长丝纺粘针刺土工布及土工膜的复合材料做防渗层，经济、耐久、无污染。

（1）堤坝防渗。堤坝斜墙、心墙、透水地基上堤坝的水平防渗铺盖和垂直防渗墙、混凝土坝及碾压混凝土坝的防渗层等，可使用涤纶长丝纺粘针刺土工布及土工膜的复合材料。

（2）渠道防渗。灌溉、引水的渠道，采用涤纶长丝纺粘针刺土工布及土工膜的复合材料做防渗层，施工方便。

在一项工程中，可要求织物发挥多种作用，见表7.1。

表7.1　织物在工程中的各种作用

主要作用	工　程	次要作用	主要作用	工　程	次要作用
分隔	道路和铁路路基	反滤、排水、加筋	加筋	沥青混凝土路面	—
	填土、预压稳定	排水、加筋		路面底基层	反滤
	边坡防护、运动场、停车场	反滤、排水、加筋		挡土结构	排水
排水	挡土墙、垂直排水	分隔、反滤		软土地基	分隔、排水、反滤
	横向排水（铺在薄膜下）	加筋		填土地基	排水
	土坝	反滤	反滤	沟渠、基层、结构和坡脚排水	分隔、排水
	铺在水泥板下	—		堤岸防护	分隔

7.3 高分子聚合物在路桥工程中的应用

在道路、桥梁工程中，随着路用性能要求的不断提高，对常用的筑路材料也有了更高的要求。在公路建设过程中使用聚合物或利用聚合物材料对现有路用材料进行改性，目前主要作为水泥混凝土或沥青混合料的一个组分，用以改善水泥混凝土或沥青混合料的某些性能。

7.3.1 高聚物改性水泥混凝土

由于普通水泥混凝土具有许多优良的技术性能，所以广泛应用于高等级路面和大型桥梁。但是，这种混凝土抗拉（抗弯）强度与抗压强度比值较低，相对延伸率较小，容易出现裂缝，是一种典型的强而脆的材料。如能借助高分子聚合物柔而韧的特性，采用高聚物改性水泥混凝土，则可弥补上述缺点，使水泥混凝土成为强而韧的材料。

高聚物改性水泥混凝土是指在普通水泥混凝土中加入聚合物材料改善原水泥混凝土技术性能而形成的一种新型材料，当前采用高聚物改性水泥混凝土主要有下列三种。

7.3.1.1 聚合物浸渍混凝土（PIC）

聚合物浸渍混凝土是以能聚合的单体浸渍硬化的混凝土制品使低黏度的单体填充混凝土内部的孔隙和裂缝，然后再用加热或辐射等方法使单体聚合。

1. 施工工艺

聚合物浸渍混凝土的施工工艺，主要包括干燥、浸渍和聚合等流程。

(1) 干燥。为使聚合物能渗填混凝土基材的孔隙，必须使基材充分干燥，通常干燥温度为100～150℃。

(2) 浸渍。浸渍是使配制好的浸渍物渗入混凝土孔隙中的工序。浸渍的方法可分为自然浸渍、真空浸渍和真空加压浸渍等。路面混凝土一般宜采用自然浸渍法。浸渍用的聚合物材料，常用的有机单体主要有甲基丙烯酸甲酯（MMA）、苯乙烯（S）、醋酸乙烯（VA）、乙烯（E）、丙烯腈（AN）、聚酯—苯乙烯等。目前最常用的是甲基丙烯酸甲酯和苯乙烯。

(3) 聚合。聚合是使浸渍在基体孔隙中的单体聚合固化的过程。聚合的方法有热聚合、辐射聚合和催化聚合等。目前采用较多的是掺加引发剂的热聚合法。

2. 技术性能

聚合物浸渍混凝土由于浸渍物充盈了混凝土毛细管孔和微裂缝所组成的孔隙系统，从而改变了混凝土的孔隙结构，使其物理-力学性质得到明显的改善。在一般情况下，聚合物浸渍混凝土的抗压强度为普通水泥混凝土的3～4倍，抗拉强度约提高3倍，抗弯强度提高2～3倍，弹性模量约提高1倍，抗冲击强度约提高0.7倍。此外，混凝土的徐变大大减少，其抗冻性、耐硫酸盐、耐酸和耐碱等性能也有很大改善。

聚合物浸渍混凝土的主要缺点是耐热性较差，高温时聚合物易分解，使聚合物浸渍混凝土的性能变差。

7.3.1.2 聚合物水泥混凝土（PCC）

聚合物水泥混凝土是以聚合物（或单体）和水泥共同起胶结作用的一种混凝土。此种混凝土在生产工艺上与聚合物浸渍混凝土不同，它是在拌和混凝土混合料时将聚合物（或单体）直接掺入。因此，其生产工艺简单，与普通混凝土相似，便于施工现场使用。

1. 材料组成

聚合物水泥混凝土材料组成基本上与普通混凝土相同，只是增加了聚合物组分。常用的聚合物有下列三类：

（1）橡胶乳液类。如天然胶乳（NR）、丁苯胶乳（SBR）和氯丁胶乳（CR）等。

（2）热塑性树脂类。如聚丙烯酸酯（PAE）、聚醋酸乙烯酯（PVAC）等。

（3）热固性树脂类。如环氧树脂（EP）等。

2. 技术性能

硬化后的聚合物水泥混凝土，与基准混凝土（不掺聚合物的相同组成混凝土）相比较，在技术性能上有以下特点：

（1）抗弯拉强度高。普通水泥混凝土掺加聚合物后，作为路面混凝土强度指标的抗弯拉强度，提高更为明显。

（2）抗冲击韧性好。在水泥混凝土中掺加了聚合物，其脆性显著降低，柔韧性增加，因而抗冲击能力也提高，这对作为承受动荷载的路面和桥梁用混凝土是非常有利的。

（3）耐磨性提高。聚合物对矿质集料具有优良的黏附性，因而可采用硬质耐磨的岩石作为混凝土的集料，这样就可提高路面混凝土的耐磨性和抗滑性。

（4）耐久性较好。聚合物掺入水泥混凝土后，在混凝土中能起到阻水和填充孔隙的作用，因而可提高混凝土的抗水性、耐冻性和耐久性。

以上各项性能的改善程度，与聚合物的性能、用量和制备工艺有关。聚合物水泥混凝土主要用于机场跑道、混凝土路面或桥梁面层等构造物。

7.3.1.3　聚合物胶结混凝土

聚合物胶结混凝土是完全以聚合物为胶结材料的混凝土，常用的聚合物为各种树脂或单体，所以也称树脂混凝土。

1. 材料组成

聚合物胶结混凝土的组成材料主要是胶结材、集料和填料。

（1）胶结材。用于拌制聚合物混凝土的树脂或单体，不仅应与集料有良好的黏附性，同时还要满足施工和易性的要求，以及结硬后能达到的强度和耐磨性等性能。最常用的聚合物树脂有环氧树脂（EP）、苯乙烯（S）等。

（2）集料。首先要选择高强度和耐磨性好的岩石，同时要考虑岩石的矿物成分与聚合物的黏附性。轧制成的集料要有良好的级配，集料最大粒径通常不大于20mm。

（3）填料。填料的重要作用是其具有较大的表面积与聚合物发生表面化学作用。因此，填料的细度、粒径分布和矿物成分等，很大程度地影响聚合物混凝土的物理—力学性能。

填料粒径宜控制在1～30μm，填料矿物成分常用的有碱性碳酸钙（$CaCO_3$）系，需根据聚合物特性而确定。

2. 技术性能

聚合物胶结混凝土是以聚合物为结合料的混凝土，由于聚合的特征，其具有如下特点：

（1）表观密度轻。由于聚合物的密度比水泥的密度小，所以聚合物胶结混凝土的表观密度亦较小，通常在 2000～2200kg/m³，如采用轻集料配制混凝土，更能减小结构断面和增大跨度，达到轻质高强的要求。

（2）力学强度高。聚合物胶结混凝土抗压、抗拉或抗折强度比基准水泥混凝土要高，特别是抗拉和抗折强度尤为突出，这对减薄路面厚度或减少桥梁结构断面都有明显的效果。

（3）与集料黏附性强。由于聚合物与集料的黏附性强，可采用硬质石料作为混凝土路面抗滑层，提高路面的抗滑性。此外，还可做成空隙式路面防滑层，以防止高速公路路面的飘滑和防噪声。

（4）结构比较密实。由于聚合物不仅可填充密集料的空隙，而且还可浸入集料的孔隙，使混凝土的结构密度增大，提高了混凝土的抗渗性、抗冻性和耐久性。

聚合物胶结混凝土由于具有以上优良的技术性能，所以除了应用于特殊要求的道路桥梁工程结构外，也可以用于路面与桥梁的修补工程。

7.3.1.4 其他应用

在公路工程中还可采用聚合物作为胶黏剂、裂缝修补与嵌缝材料和土工合成材料等形式使用，其中聚合物嵌缝材料已成为这一领域的最主要的应用材料，这类材料有环氧树脂、聚氨酯等。

7.3.2 高聚物改性沥青混合料

高聚物改性沥青混合料是将沥青经高聚物改性后，再与集料等材料配合而形成的混合料。

道路石油沥青自身一般存在一些缺点，如：其在高温抗变形能力、低温抗开裂性、与集料的黏附性和抗老化性上存在明显的不足，若在沥青中掺入聚合物，利用聚合物特有性能对沥青改性，可以有效地提高沥青路用性能。通常可在沥青中加入一定量的高聚物改性剂，使沥青自身固有的低温易脆裂、高温易流淌的劣性得到改善。改性后的沥青不但具有良好的高低温特性，而且具有良好的弹塑性、憎水性和黏结性等。

7.3.2.1 高分子聚合物改性沥青的性能

目前，应用于改善沥青性能的高分子聚合物，主要有树脂类、橡胶类和树脂—橡胶共聚物三类，各类常用聚合物的名称见表 7.2。

表 7.2　改善沥青性能常用的高分子聚合物

树脂类高聚物	橡胶类高聚物	树脂-橡胶共聚物
聚乙烯（PE） 聚丙烯（PP） 聚乙烯-乙酸乙烯酯共聚物（EVA）	丁苯橡胶（SBR） 氯丁橡胶（CR） 丁腈橡胶（NBR） 苯乙烯-异戊二烯橡胶（SLR） 乙丙橡胶（EPDR）	苯乙烯-丁二烯嵌段共聚物（SBS） 苯乙烯-异戊二烯嵌段共聚物（SIS）

1. 热塑性树脂类改性沥青

用做沥青改性的树脂主要是热塑性树脂。最常被采用的为聚乙烯（PE）和聚丙烯（PP）。它们所组成的改性沥青的性能，主要是提高沥青的黏度，改善高温抗流动性，同时还可增大沥青的韧性，所以它们对改善沥青高温性能效果明显，但是低温性能改善不太明显。

2. 橡胶类改性沥青

橡胶类改性沥青的性能，不仅取决于橡胶的品种和掺量，而且取决于沥青的性质，取决于橡胶在沥青中的存在状态，即取决于两者的相容性。

当前合成橡胶类改性沥青中，通常认为改性效果较好的是丁苯橡胶（SBR）。丁苯橡胶改性沥青的性能主要表现为：

（1）在常规指标上，针入度值减小，软化点升高，常温（25℃）延度稍有增加，特别是低温（5℃）延度有较明显的增加。

（2）不同温度下黏度均有增加，随着温度降低，黏度差逐渐增大。

（3）热流动性降低，热稳定性明显提高。

（4）韧度明显提高，黏附性亦有所提高。

3. 热塑性弹性体改性沥青

当前最常用的热塑性弹性体是苯乙烯-丁二烯嵌段共聚物（SBS）或苯乙烯-异戊二烯嵌段共聚物（SIS），以及它们的加氢改性体（SEBS或SIPS）。

热塑性弹性体由于兼有树脂和橡胶的特性，所以它对沥青性能的改善优于树脂和橡胶改性沥青。现以苯乙烯-丁二烯嵌段共聚物（SBS）为例，说明其改善沥青性能的优越性。以90号沥青为基料，掺入5%的SBS改性沥青的技术性能列于表7.3。

表7.3　SBS改性沥青的技术性能

沥青名称	高温指标		低温指标		耐久性指标
	绝对黏度 60℃ (Pa·s)	软化点 T_{ReB} (℃)	低温延度 5℃ (cm)	脆点 (℃)	TFOT前后黏度比 $A=\frac{\eta\ (60℃)\ b}{\eta\ (60℃)\ a}$
原始沥青 [针入度86 (0.1mm)]	115	48	3.8	−10.0	2.18
改性沥青 [针入度90 (0.1mm)]	224	51	36.0	−23.0	1.08

由表7.3可知，改性沥青较原始沥青在路用性能上主要有下列改善：

（1）提高了低温变形能力。改性沥青5℃时的延度增加，软化点提高。

（2）提高了高温使用的黏度。改性沥青60℃的黏度增加，软化点提高。

（3）提高了高温感应性。改性沥青在低温时的黏度较原始沥青降低（具有较好的变形能力），而高温（60℃）的黏度提高（具有较好的抗变形能力）。在更高温度（90℃以上），黏度与原始沥青相近（具有较好的易施工性）。

（4）提高了耐久性。掺加聚合物后，沥青的耐久性指标变化小，表明其耐久性有了提高，这主要取决于聚合物中助剂（防老剂）的作用。

7.3.2.2 改性沥青混合料的性能

采用不同高聚物的改性沥青，将其配制成沥青混合料，各种聚合物的沥青对沥青混合料的性能改善程度不同。聚合物改性沥青对混合料性能的改善：大多数树脂类改性沥青对提高混合料的稳定性有明显的效果；大多数橡胶类改性沥青对提高混合料的低温抗裂性都有一定的效果；只有树脂-橡胶共聚物能适当程度地兼顾高温稳定性和低温抗裂性两方面的性能。

现以SBS改性沥青为例，将该沥青配制沥青混合料，然后测定其技术性能，试验结果列于表7.4。

表7.4　SBS改性沥青混合料的技术性能

混合料名称	高温指标（$T=60℃$）		低温性能（$T=-10℃$）				
	稳定度 MS (kN)	流值 FL (0.1mm)	视劲度 T (kN/mm)	劈裂抗拉强度 σ_1 (MPa)	竖向应变 ε_b ($\times10^{-2}$mm/mm)	侧向应变 ε_L ($\times10^{-2}$mm/mm)	断裂能 E_g (N/mm)
原始沥青混合料	8.30	31	2.72	2.90	6.9	2.0	1.00
改性沥青混合料	8.45	29	2.87	2.75	16.0	9.0	2.19

由表7.4试验结果可以看出，SBS改性沥青混合料在技术性能上有以下几点改善：

(1) 提高了高温时的稳定性。表中SBS改性沥青混合料的马歇尔稳定度有所提高，流值有所减小。

(2) 提高了低温时的变形能力。从表中可以看出，SBS改性沥青混合料的抗拉强度稍有降低，变形量增大，断裂能增加，这就表明在低温下，它变得较原始沥青混合料更为柔韧，因此抵抗低温裂缝的能力也有所提高。

综上所述，随着高等级公路的迅速发展，对道路和桥梁用材料提出了更高的标准和要求。高聚物材料不仅可以替代某些传统的建筑材料，而且可以改善和提高现有材料的性能。它不但具有独特的组成结构，而且具有优异的力学性质。除了可直接作为道路与桥梁结构物构件或配件的材料外，更多的是作为改善水泥混凝土或沥青混合料性能的改性剂成分。

复习思考题

1. 什么是高分子材料？其主要品种有哪些？
2. 什么是土工布？简述土工布在道路工程中的作用。
3. 聚合物浸渍混凝土和聚合物胶结混凝土在材料组成和施工工艺上有什么不同？简述它们在道路和桥梁工程中的用途。
4. 高聚物改性沥青的优点是什么？常用高聚物改性沥青的品种有哪些？
5. SBS改性沥青混合料与原始沥青混合料相比，技术性能有何改善？

第8章 道路建筑材料检测

学习目标：掌握石灰、水泥、混凝土用集料、水泥混凝土与水泥砂浆、沥青与沥青混合料、钢筋等主要道路建筑材料的各技术性能的检测方法、检验规则、检测仪器的操作、试验数据的处理与报告的填写，理解试验原理，并具备对试验成果误差进行分析的技能。

8.1 石灰中有效氧化钙和氧化镁含量试验

8.1.1 石灰中有效氧化钙的测定

本试验的依据为 JTG E51 T08011—2009《石灰中有效氧化钙测定方法》。

8.1.1.1 试验目的和适用范围

石灰是道路路基施工中的主要材料，石灰的质量关键在于氧化钙和氧化镁的含量，这两种成分的含量愈高，则石灰的黏结力愈好。本方法适用于石灰中有效氧化钙的测定，作为评定各种路用石灰的工程性能的主要指标。

8.1.1.2 试验仪器设备和试剂

1. 试验仪器设备

(1) 烘箱。控制温度的范围应在 50～250℃，1 台。

(2) 分析天平。万分之一，1 台。

(3) 筛子。孔径为 2mm 和 0.15mm，各 1 个。

(4) 称量瓶。ϕ30mm×50mm，10 个。

(5) 干燥器。ϕ250mm，1 个，内盛干燥剂。

(6) 玻璃珠。ϕ3mm，1 袋 (0.25kg)。

(7) 滴定管。容积为 50mL 的酸式和碱式滴定管各 1 支。

(8) 量筒。容积 1000mL、500mL、250mL、50mL 和 10mL 的量筒各 1 个。

(9) 架盘天平。感量 0.1g，1 台。

(10) 具塞三角瓶。容积为 250mL，20 个。

(11) 容量瓶。容积为 500mL、250mL。

(12) 瓷研钵。ϕ12～13mm，1 个。

(13) 其他。试剂瓶、滴定台、滴定管夹等。

2. 试剂的配制标定

(1) 蔗糖（分析纯）。

(2) 酚酞指示剂。称取 0.5g 酚酞溶于 50mL 浓度为 95%的乙醇中。

(3) 0.1%甲基橙水溶液。称取 0.05g 甲基橙溶于 50mL 的蒸馏水中。

(4) 0.5mol/L 盐酸标准溶液。将 42mL 浓硫酸（相对密度 1.19）稀释至 1L，并按下述方法标定其物质的量浓度后备用。

称取 0.800～1.000g（精确至 0.2mg）已在 180℃烘箱中烘干 2h 的碳酸钠，置于 250mL 锥形瓶中，加 100mL 水使其完全溶解；然后加入 2～3 滴 0.1%甲基橙指示剂，用待标定的盐酸标准溶液滴定，至碳酸钠溶液由黄色变成橙红色；将溶液加热至沸，并保持 3min，然后放在冷水中冷却至室温，如果此时橙红色变成黄色，则再用盐酸标准液滴定，至溶液出现稳定橙红色为止。

盐酸标准溶液的物质的量浓度，可按式（8.1）进行计算：

$$C_{HCl}=\frac{m}{0.053V} \tag{8.1}$$

式中 C_{HCl}——盐酸标准溶液物质的量浓度，mol/L；

m——称取碳酸钠的质量，g；

V——滴定时消耗盐酸标准溶液的体积，mL。

8.1.1.3 取样方法

(1) 生石灰试样。将生石灰打碎使颗粒不大于 2mm，拌和均匀用四分法缩减至 200g 左右，放入研钵内研细，再缩分至 20g 左右。研磨后石灰通过 0.10mm 筛，置于烘箱烘干 1h（100℃），储存于干燥器内供试验用。

(2) 消石灰试样。用四分法将消石灰样品缩减至 10g 左右。置于烘箱内（105～110℃）烘干 1h，储存于干燥器中供试验用。

8.1.1.4 试验步骤

(1) 称取石灰试样 0.5g（精确至 0.0005g），置于干燥洁净的 250mL 具塞三角瓶中，取 5g 蔗糖覆盖其上，投入干玻璃珠 15 粒。迅速加入新制洁净水 50mL，立即加塞振荡 15min（如有试样结块或粘于瓶壁现象，则应重新取样）。

(2) 打开瓶塞，加入 2～3 滴酚酞指示剂，溶液即呈粉红色，然后置于滴定架上，用 0.5mol/L 盐酸滴定。

(3) 滴定时先记下滴管内盐酸初读数 V_1，以 2～3 滴/s 的速度滴定，至溶液的粉红色显著消失并在 30s 内不再出现为止。

(4) 读取中和后滴定管内盐酸终读数 V_2，计算盐酸消耗量 V，即 V_2-V_1。

8.1.1.5 结果整理

有效氧化钙的含量按式（8.2）计算：

$$CaO\%=\frac{0.028VM}{G}\times100\% \tag{8.2}$$

式中 V——滴定时消耗盐酸标准溶液的体积，mL；

M——盐酸标准溶液物质的量浓度，mol/L；

G——试样质量，g。

8.1.2 石灰中有效氧化镁的测定

本试验的依据为 JTG E51 T08011—2009《石灰中有效氧化镁测定方法》。

8.1.2.1 试验目的和适用范围

测定石灰中有效氧化镁的含量，按氧化镁含量可将石灰划分为钙质石灰和镁质石灰。本方法适用于各种石灰中有效氧化镁总含量的测定，作为评定各种路用石灰的工程性能的主要指标。

8.1.2.2 试验仪器设备和试剂

1. 试验仪器设备

（1）电炉。1500W，1个。

（2）石棉网。20cm×20cm，1块。

（3）三角瓶。300mL、250mL，各2个。

（4）容量瓶。250mL、1000mL，各1个。

（5）试剂瓶。250mL，1000mL，各5个。

（6）烧杯。50mL，5个；250mL（或300mL），10个。

（7）表面皿。7cm，10块。

（8）棕色广口瓶。60mL，4个；250mL，5个。

（9）滴瓶。60mL，3个。

（10）大肚移液管。25mL、50mL，各1支。

（11）洗耳球。大、小各1个。

（12）其他。玻璃棒、药勺、吸水管。

（13）其余与测定氧化钙所用试验仪器相同。

2. 试剂的配制

（1）浓度为1：10的盐酸配制。将1个体积的盐酸（相对密度1.19）以10倍体积的蒸馏水稀释。

（2）氨水-氯化铵缓冲溶液配制（pH=10）。将67.5g氯化铵溶于300mL新煮冷却后的蒸馏水中，加入氨水（相对密度0.90）570mL，然后用水稀释至1000mL。

（3）酸性铬蓝K-萘酚绿B（1：2.5）指示剂的配制。称取0.3g酸性铬蓝K和0.75g萘酚绿B，与50g已在105℃烘箱中烘干的硝酸钾混合研细，保存于棕色广口瓶内。

（4）Na_2EDTA标准溶液的配制。将10g Na_2EDTA溶于温热蒸馏水中，待全部溶解并冷却至室温后，用水稀释至1000mL。

（5）氧化钙标准溶液的配置。精确称取1.7848g在105℃烘箱中烘干的碳酸钙（优级纯），置于250mL的烧杯中，盖上表面皿，滴入1：10盐酸溶液100mL，加热溶解，待溶液冷却后，倒入1000mL的容量瓶中，用新煮沸冷却后的蒸馏水稀释至刻度摇匀，此溶液1mL相当于1mg氧化钙。

（6）20%氢氧化钠溶液。将20g氢氧化钠溶于80mL蒸馏水中。

（7）钙指示剂。将0.2g钙试剂羟酸钠和20g已在105℃烘干的硫酸钾混合研细，保存于棕色广口瓶中。

（8）10%酒石酸钾钠溶液。将10g酒石酸钾钠溶于90mL蒸馏水中。

（9）三乙醇胺（1：2）溶液。将1体积三乙醇胺用2体积蒸馏水稀释摇匀。

3. Na_2EDTA 钠标准溶液与氧化钙和氧化镁关系的标定

(1) 精确吸取 50mL 氧化钙标准溶液放入 300mL 三角瓶中，用水稀释至 100mL 左右，然后加入钙指示剂约 0.1g，以 20%氢氧化钠溶液调整溶液碱度至出现酒红色，再过量加 3～4mL。

(2) 以 Na_2EDTA 标准溶液滴定，直至溶液由酒红色变为纯蓝色为止，记录 Na_2EDTA 标准溶液消耗量。

Na_2EDTA 标准溶液对氧化钙滴定度可按式 (8.3) 计算：

$$T_{CaO}=\frac{CV_1}{V_2} \tag{8.3}$$

式中 T_{CaO}——Na_2EDTA 标准溶液对氧化钙滴定度，即 1mL 的 Na_2EDTA 标准溶液相当于氧化钙的毫克数；

C——1mL 氧化钙标准溶液含有氧化钙的毫克数，等于 1；

V_1——吸收氧化钙标准溶液的体积，mL；

V_2——消耗 Na_2EDTA 标准溶液的体积，mL。

Na_2EDTA 标准溶液对氧化镁滴定度 (T_{MgO})，即 1mL 的 Na_2EDTA 标准溶液相当于氧化镁的毫克数，按式 (8.4) 计算：

$$T_{MgO}=T_{CaO}\times\frac{40.31}{56.08}=0.72T_{CaO} \tag{8.4}$$

8.1.2.3 试验步骤

(1) 称取约 0.5g (精确至 0.0001g) 试样，放入 250mL 烧杯中，用蒸馏水润湿，加 30mL 1∶10 盐酸，用表面皿盖住烧杯，加热近沸并保持微沸 8～10min。用水洗净表面皿，冷却后把烧杯内的沉淀及溶液移入 250mL 容量瓶中，用水定容至刻度，摇匀。

(2) 待沉淀后，用移液管移取 25mL 溶液于 250mL 三角瓶中，加 50mL 水稀释后，加酒石酸钾钠溶液 1mL、三乙醇胺溶液 5mL，再加入氨水-氯化铵缓冲溶液 10mL、酸性铬蓝 K-萘酚绿 B 指示剂约 0.1g。用 Na_2EDTA 标准溶液滴定至溶液由酒红色变为纯蓝色时即为滴定终点，记下耗用 Na_2EDTA 标准溶液体积 V_1。

(3) 再从同一容量瓶中，用移液管吸取 25mL 溶液，置于 300mL 三角瓶中，加水 150mL 稀释后，加三乙醇胺溶液 5mL 及 20%氢氧化钠溶液 5mL (此时待测溶液的 pH≥12)，放入约 0.2g 钙指示剂。用 Na_2EDTA 标准溶液滴定，至溶液由酒红色变为纯蓝色时即为终点，记下消耗 Na_2EDTA 标准溶液体积 V_2。

8.1.2.4 结果整理

(1) 有效氧化镁的含量按式 (8.5) 计算：

$$MgO\%=\frac{10T_{MgO}(V_1-V_2)}{1000G}\times100\% \tag{8.5}$$

式中 T_{MgO}——Na_2EDTA 标准溶液对氧化镁滴定度；

V_1——滴定钙、镁含量消耗 Na_2EDTA 标准溶液体积，mL；

V_2——滴定钙消耗 Na_2EDTA 标准溶液体积，mL；

10——总溶液对分取溶液的体积倍数；

G——试样质量，g。

(2) 对同一石灰样品至少应取两个试样分别进行测定，并取两次结果的平均值作为测定值。

8.2 水泥技术性能检测

8.2.1 水泥试验的一般规定

8.2.1.1 编号和取样

以同一水泥厂、同品种、同强度等级编号和取样。编号根据水泥厂年生产能力规定（具体根据相关水泥标准），每一编号作为一取样单位。取样可以在水泥输送管道中、袋装水泥堆场和散装水泥卸料处或输送水泥运输机具上进行。取样应有代表性，可连续取，也可从20个以上不同部位抽取等量水泥样品，总数不少于12kg。

8.2.1.2 养护与试验条件

养护室温度应为（20±1)℃，相对湿度应大于90%；试验室温度应为（20±2)℃，相对湿度应大于50%。

8.2.1.3 对试验材料的要求

（1）试样要充分拌匀，通过0.9mm方孔筛并记录筛余物的百分数。

（2）试验室用水必须是洁净的饮用水。

（3）水泥试样、标准砂、拌和水及试模等温度均与试验室温度相同。

8.2.2 水泥细度检测（筛析法）

本试验的依据为JTG E30 T0505—2005《水泥细度检验方法》。

8.2.2.1 试验目的与适用范围

水泥细度是水泥的一个重要技术指标，水泥的许多性质都与细度有关，通过试验来检验水泥的粗细程度，作为评定水泥质量的依据之一；学会正确使用仪器与设备，并熟悉其性能。水泥细度检验有比表面积法和筛析法。比表面积法适用于硅酸盐水泥，筛析法适用于硅酸盐水泥、普通硅酸盐水泥、矿渣硅酸盐水泥、火山灰硅酸盐水泥、粉煤灰硅酸盐水泥以及指定采用本标准的其他品种水泥。筛析法可分为负压筛法、水筛法和手工干筛法，三种方法均以过筛后遗留0.080mm方孔筛上的筛余物的质量百分数来表示水泥样品的细度，鉴定结果发生争议时，以负压筛为准。

8.2.2.2 主要仪器设备

（1）负压筛。采用边长为0.080mm方孔铜筛网和圆形筛框组成（图8.1)，筛框直径为142mm，高为25mm，并附有透明的筛盖。

（2）负压筛析仪。它由筛座、负压筛、负压源及收尘器组成，其中筛座由转速为30r/min±2r/min的喷气嘴、负压表、控制板、微电机及壳体等构成（图8.2)，负压可调范围为4000～6000Pa，喷气嘴上口平面与筛网之间距离为2～8mm。

（3）天平。最大称量为200g，感量0.05g。

（4）水筛。由圆形筛框和筛网组成，其结构尺寸如图8.3所示。筛支座用于支撑筛布，并能带动筛子转动，转速为50r/min；喷头直径55mm，面上均匀分布90个孔，孔径0.5～0.7mm，喷头底面和筛布之间的距离为35～75mm，水筛架和喷头如图8.4所示。

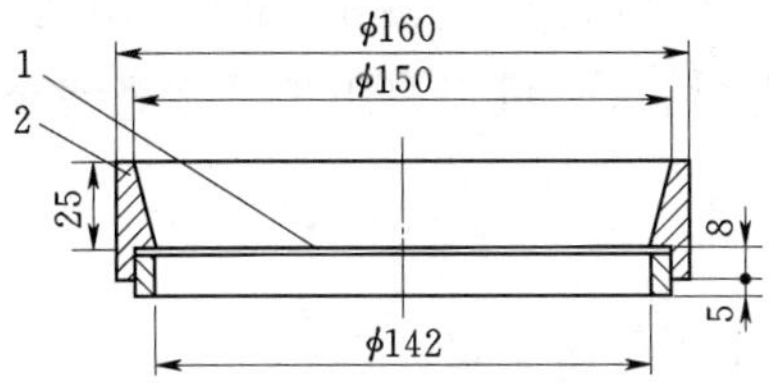

图 8.1 负压筛（单位：mm）

1—筛网；2—筛框

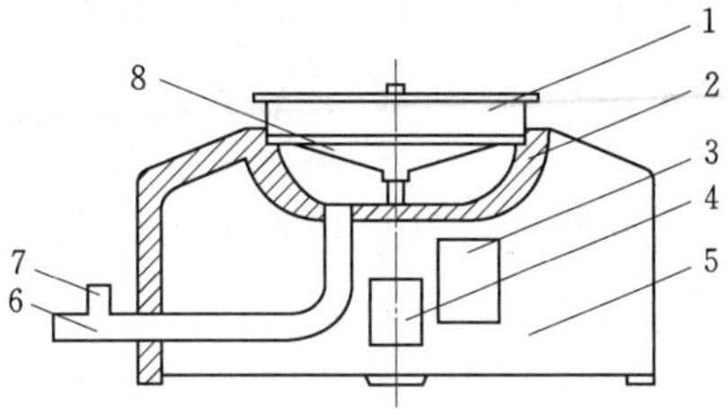

图 8.2 负压筛析仪示意图

1—0.080mm 方孔筛；2—橡胶垫圈；3—控制板；4—微电机；5—壳体；6—抽气口；7—风门（调节负压）；8—喷气嘴

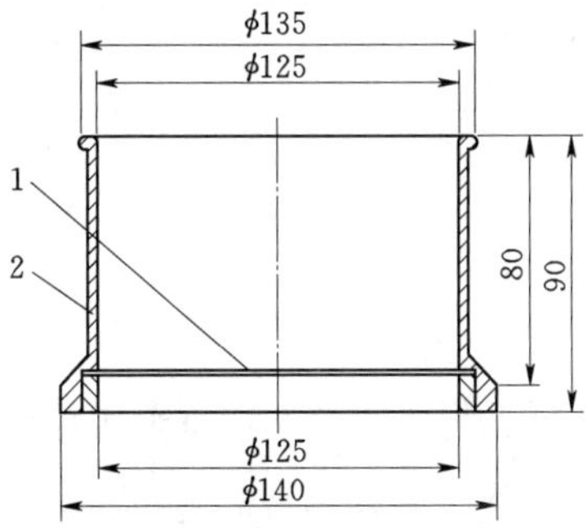

图 8.3 水筛（单位：mm）

1—筛网；2—筛框

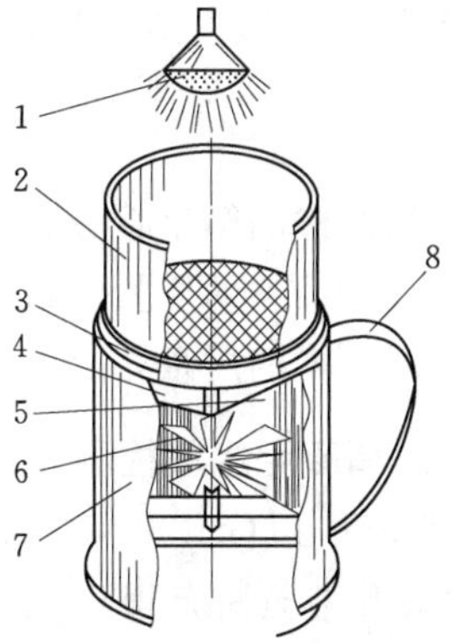

图 8.4 水筛法装置系统图

1—喷头；2—标准筛；3—旋转托架；4—集水斗；5—出水口；6—叶轮；7—外筒；8—把手

（5）其他。烘箱、料勺、搪瓷盘、毛刷等。

8.2.2.3 试验步骤

1. 负压筛法

（1）筛析实验前，应把负压筛放在筛座上，盖上筛盖，接通电源，检查控制系统，调节负压至 4000～6000 Pa。

（2）称取水泥试样 25g，置于洁净的负压筛中，盖上筛盖，放在筛座上，开动负压筛析仪连续筛析 2min。在此期间，如有试样附着在筛盖上，可轻轻地敲击，使试样落下。

（3）筛毕，用天平称量筛余物 R_s（精确到 0.05g），计算筛余百分数 F，结果精确至 0.1%。

（4）当工作负压小于 4000Pa 时，应清理吸尘器内水泥，使负压恢复正常。

2. 水筛法

（1）筛析试验前，应调整好水压及水筛架的位置，使其能正常运转。喷头底面和筛网之间距离为 35～75mm。

（2）称取水泥试样50g，置于洁净的水筛中，立即用淡水冲洗至大部分细粉通过后，放于水筛架上，用水压为（0.05±0.02）MPa的喷头连续冲洗3min。筛毕，用少量水把筛余物冲至蒸发皿中，等水泥颗粒沉淀后，小心倒出清水，烘干并用天平称量筛余物R_s，计算筛余百分数F，结果精确至0.1%。

3. 手工干筛法

在没有负压筛析仪和水筛的情况下，允许用手工干筛法测定。

（1）称取水泥试样50g倒入0.08mm方孔筛内。

（2）将水泥边筛边拍打，拍打速度约120次/min，每40次向同方向转动60°，直至每分钟通过的试样量不超过0.05g为止。

（3）称量筛余物R_s。计算筛余百分数F，结果精确至0.1%。

8.2.2.4　试验数据计算与评定

水泥试样筛余百分数按式（8.6）计算：

$$F=\frac{R_s}{m}\times 100\% \tag{8.6}$$

式中　F——水泥试样的筛余百分数，%；

R_s——水泥筛余物的质量，g；

m——水泥试样的质量，g。

8.2.3　水泥标准稠度用水量检测

本试验的依据为JTG E30 T0505—2005《公路工程水泥及水泥混凝土试验规程》。

8.2.3.1　试验目的与适用范围

水泥的凝结时间和安定性都与用水量有关，为了消除试验条件的差异而有利于比较，水泥净浆必须有一个标准的稠度。水泥达到标准稠度的净浆对标准试杆（或试锥）的沉入有一定的阻力。通过试验不同含水量水泥净浆的穿透性，以确定水泥标准稠度的净浆中所加水的量，以便为进行凝结时间和安定性试验做好准备。

本方法适用于硅酸盐水泥、普通硅酸盐水泥、矿渣硅酸盐水泥、粉煤灰硅酸盐水泥、火山灰质硅酸盐水泥、复合硅酸盐水泥、道路硅酸盐水泥以及指定采用本方法的其他品种水泥。

8.2.3.2　主要仪器设备

（1）标准法维卡仪（标准稠度与凝结时间测定仪）（图8.5）。锥体滑动部分的总质量为300g±2g，金属空心试锥锥底直径40mm，高50mm；锥模上口内径60mm，高75mm。

维卡仪上附有标准稠度测定用试杆［图8.5（c）］，其有效长度为50mm±1mm，由直径为10mm±0.05mm的圆柱形耐腐蚀金属制成。另有盛装水泥净浆的试模由耐腐蚀并有足够硬度的金属制成。盛装水泥净浆的试模［图8.5（b）］应由耐腐蚀的有足够硬度的金属制成。试模为深40mm±0.2mm，顶内径为65mm±0.5 mm，底内径为75mm±0.5 mm的截顶圆锥体。每只试模应配备一个大于试模、厚度不小于2.5mm的平板玻璃底板。

（2）代用法维卡仪。基本同标准法维卡仪，用试锥取代试杆［图8.5（b）］。

（3）水泥净浆搅拌机。由搅拌叶片、搅拌锅、传动机构和控制系统组成，如图8.6所示，搅拌叶片作旋转方向相反的公转和自转，控制系统可自动控制或手动控制。

（4）量水器。最小刻度0.1mL，精度1%。

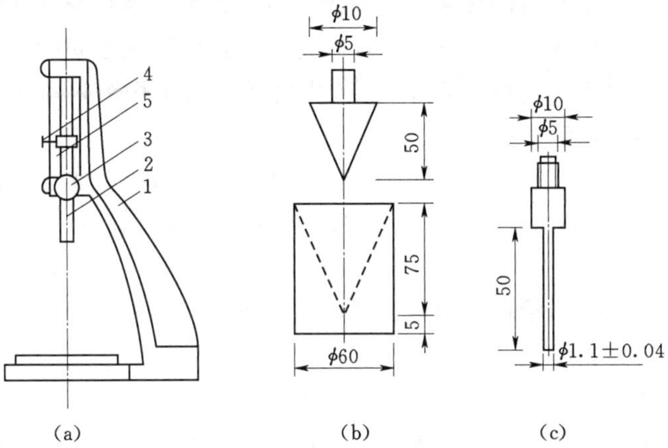

图 8.5　维卡仪（单位：mm）

(a) 试针支架；(b) 试锥和锥模；(c) 试针；(d) 圆模

1—铁座；2—金属圆棒；3—松紧螺钉；4—指针；5—标尺

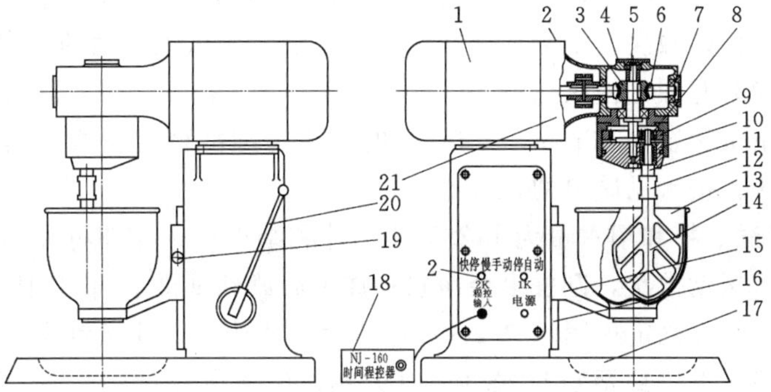

图 8.6　水泥净浆搅拌机示意图

1—双速电机；2—连接法兰；3—蜗轮；4、7—轴承盖；5—蜗杆轴；6—蜗轮轴；8—行星齿轮；9—内齿圈；10—行星定位套；11—叶片轴；12—调节螺母；13—搅拌锅；14—搅拌叶片；15—滑板；16—立柱；17—底座；18—时间控制器；19—定位螺钉；20—升降手柄；21—减速器

(5) 天平。最大称量不小于 1000g，能准确称量至 1g。

8.2.3.3　试验步骤

1. 标准法

(1) 试验前检查。仪器金属棒应能自由滑动，调整指针至试杆接触玻璃板时，指针应对准标尺的零点，搅拌机运转正常等。

(2) 水泥净浆制备。用湿布将搅拌锅和搅拌叶片擦一遍，将拌和用水倒入搅拌锅内，然后在 5～10s 内小心将称量好的 500g 水泥试样加入水中，防止水和水泥溅出；拌和时，先将搅拌锅放到搅拌机锅座上，升至搅拌位置，启动搅拌机，慢速搅拌 120s，停拌 15s，同时将叶片和锅壁上的水泥浆刮入锅中，接着快速搅拌 120s 后停机。

(3) 标准稠度用水量的测定。拌和完毕，立即将水泥净浆一次装入已置于玻璃板上的圆模内，用小刀插捣、轻轻振动数次，刮去多余净浆；抹平后迅速放到标准维卡仪上，并将其中心定在试杆下，降低试杆直至与水泥净浆表面接触，拧紧螺钉，然后突然放松，让试杆自由沉入净浆中。在试杆停止沉入或放松试杆 30s 时记录试杆距底板之间的距离，升起试杆后，立即擦净，整个操作过程应在搅拌后 1.5min 内完成。以试杆沉入净浆并距底板 6mm±1mm 的水泥净浆为标准稠度净浆。

当试杆距离玻璃板小于 5mm 时，应适当减水，重复水泥浆的拌制和上述过程；若试杆距离玻璃板大于 7mm 时，应适当加水，重复水泥浆的拌制和上述过程。

2. 代用法

（1）试验前必须检查测定仪的金属滑杆能否自由滑动，试锥降至锥模顶面位置时，指针应对准标尺的零点，搅拌机运转正常。

（2）水泥净浆的拌制同标准法。

（3）拌和用水量的确定。采用代用法测定水泥标准稠度用水量可用调整水量法和固定水量法中任一方法测定。采用调整水量法时，拌和水量按经验取值。采用固定水量法时，拌和水量用 142.5mL，水量精确至 0.5mL，如有争议时以调整水量法为准。

（4）标准稠度的测定。

1）调整水量法。拌和用水量按经验找水。拌和结束后，立即将拌和好的净浆装入锥模，用小刀插捣、振动数次，刮去多余净浆；抹平后放到试锥下面的固定位置上，调整金属棒使锥尖接触净浆并固定松紧螺钉 1～2s，然后突然放松，让试锥垂直自由地沉入水泥净浆中。当试锥下沉深度为 28mm±2mm 时的净浆为标准稠度净浆，其拌和用水量即为标准稠度用水量 P，按水泥质量的百分比计。

2）固定水量法。拌和用水量为 142.5mL。拌和结束后，立即将拌和好的净浆装入锥模，用小刀插捣、振动数次，刮去多余净浆；抹平后放到试锥下面的固定位置上，调整金属棒使锥尖接触净浆并固定松紧螺钉 1～2s，然后突然放松，让试锥垂直自由地沉入水泥净浆中。在试锥停止下沉或释放试锥 30s 时记录试锥下沉深度 S。整个操作应在搅拌后 1.5min 内完成。

8.2.3.4 试验数据计算与评定

1. 标准法

以试杆沉入净浆并距底板 6mm±1mm 的水泥净浆为标准稠度净浆。其拌和用水量为该水泥的标准稠度用水量 P，以水泥质量的百分比计，按式（8.7）计算：

$$P=\frac{W}{500}\times 100\% \tag{8.7}$$

式中 P——水泥的标准稠度用水量，%；

W——拌和用水量，g。

如超出范围，须另称试样，调整水量，重做实验，直至达到杆沉入净浆并距底板 6mm±1mm 时为止。

2. 代用法

（1）用固定水量法测定时，根据测得的试锥下沉深度 S(mm)，可从仪器上对应标尺读出标准稠度用水量（P）或按下面的经验公式计算其标准稠度用水量（P）（%）。

$$P=33.4-0.185S \tag{8.8}$$

当试锥下沉深度小于 13mm 时，应改用调整水量法测定。

（2）用调整水量法测定时，以试锥下沉深度为 28mm±2mm 时的净浆为标准稠度净浆，其拌和用水量为该水泥的标准稠度用水量（P）（%），以水泥质量百分数计，计算公式同标准法。

如下沉深度超出范围，须另称试样，调整水量，重新试验，直至达到 28mm±2mm 为止。

8.2.4 水泥凝结时间检测

本试验的依据为 JTG E30 T0505—2005《公路工程水泥及水泥混凝土试验规程》。

8.2.4.1 试验目的与适用范围

测定水泥加水后至开始凝结（初凝）以及凝结终了（终凝）所用的时间，用以评定水泥性质，并判定它是否符合技术标准要求，能否满足施工要求。本试验适合于硅酸盐水泥、普通硅酸盐水泥、矿渣硅酸盐水泥、火山灰硅酸盐水泥、粉煤灰硅酸盐水泥、复合硅酸盐水泥以及指定采用本方法的其他品种水泥的初凝时间和终凝时间的测定。

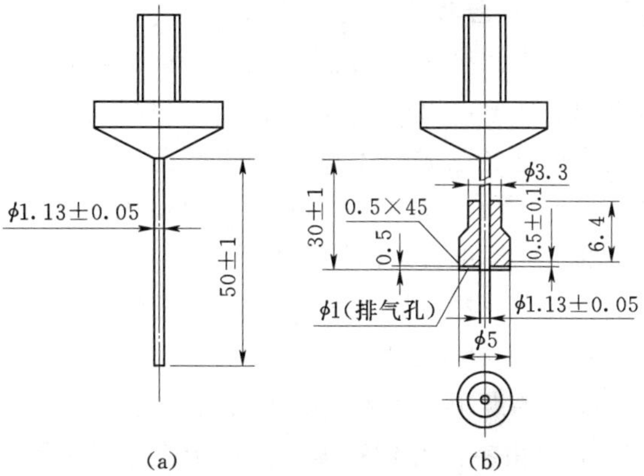

图 8.7 水泥凝结时间测定用试针与试环（单位：mm）

（a）初凝用试针；（b）终凝用试针

8.2.4.2 主要仪器设备

（1）凝结时间维卡仪。与测定标准稠度所用的测定仪相同，但试杆（试锥）应换成初凝用试针［图 8.7（a）］或终凝用试针［图 8.7（b）］，试模与测定标准稠度用的试模相同。

（2）水泥净浆搅拌机。与测定标准稠度时所用相同（图 8.6）。

（3）标准养护箱。温度为 20℃±1℃，相对湿度不低于 90%。

（4）量水器。最小刻度 0.1mL，精度 1%。

（5）天平。最大称量不小于 1000g，能准确称量至 1g。

8.2.4.3 试验步骤

（1）测定前，将圆模放在玻璃板上，在圆模的内侧涂上一层机油，调整凝结时间测定仪的试针接触玻璃板时，指针对准零点。

（2）称取水泥试样 500g，以标准稠度用水量加水，用水泥净浆搅拌机搅拌水泥净浆，方法同水泥标准稠度用水量试验，记录加水的时间作为凝结时间的起始时间 t_1。拌和结束后，立即将净浆一次装满圆模，振动数次后刮平，立即放入养护箱中。

（3）试体在养护箱中养护至加水后 30min 时，进行第一次测定。

（4）测定时，从养护箱中取出试模放到试针下，降低试针与水泥净浆表面接触。拧紧螺钉 1～2s 后，突然放松，试针垂直自由地沉入水泥净浆，观察试针停止下沉或释放试针 30s 时指针的读数。

（5）当试针沉至距底板 4mm±1mm 时，记下此时的时间为 t_2，为水泥达到初凝状态，由水泥全部加入水中至初凝状态的时间为水泥初凝时间，用“min”表示。

(6) 完成初凝时间测定后，立即将试模连同浆体以平移的方式从玻璃板取下，翻转180°，直径大端向上、小端向下放在玻璃板上，再放入养护箱中继续养护。临近终凝时间时，每隔 15min 测定一次，当试针沉入试体 0.5mm 时，即环形附件开始不能在试体上留下痕迹时，记下此时的时间为 t_3，为水泥达到终凝状态，由水泥全部加入水中至终凝状态的时间为水泥的终凝时间，用“min”表示。

8.2.4.4 试验数据计算与评定

(1) 计算时刻 t_1 至时刻 t_2 时所用时间，即初凝时间 $t_{初}=t_2-t_1$ (min)。

(2) 计算时刻 t_1 至时刻 t_3 时所用时间，即终凝时间 $t_{终}=t_3-t_1$ (min)。

8.2.5 水泥安定性检测

本试验的依据为《公路工程水泥及水泥混凝土试验规程》。

8.2.5.1 试验目的与适用范围

检验水泥浆在硬化过程中体积变化是否均匀，是否因体积变化不均匀而引起膨胀、裂缝或翘曲现象，以决定水泥是否可以使用。水泥安定性试验为沸煮法，用以检验水泥中游离氧化钙过多造成的体积安定性不良。沸煮法又分为雷氏法（标准法）和试饼法（代用法），当两者的试验结果不同时，以雷氏法为准。雷氏法是观测由两个试针的相对位移所指示的水泥标准稠度净浆体积膨胀的程度，即水泥净浆在雷氏夹中沸煮后的膨胀值。试饼法是观测水泥标准稠度净浆试饼的外形变化程度。

8.2.5.2 主要仪器设备

(1) 沸煮箱。沸煮箱的内层由不易锈蚀的金属材料制成。箱内能保证实验用水在（30±5）min 由室温升到沸腾，并可始终保持沸腾状态 3h 以上。整个实验过程无需增添实验水量。箱体有效容积为 410mm×240mm×310mm，一次可放雷氏夹试样 36 件或试饼30～40 个。篦板与电热管的距离大于 50mm。箱壁采用保温层以保证箱内各部位温度一致。

(2) 雷氏夹。由铜质材料制成，其结构如图 8.8 所示。当一根指针的根部悬挂在一根金属丝或尼龙丝上，另一根指针的根部再挂上 300g 质量的砝码时，两根指针的针尖距离增加应在 17.5mm±2.5mm 范围（图 8.9 的 $2X$ ）以内，当去掉砝码后针尖的距离能恢复到挂砝码前的状态。

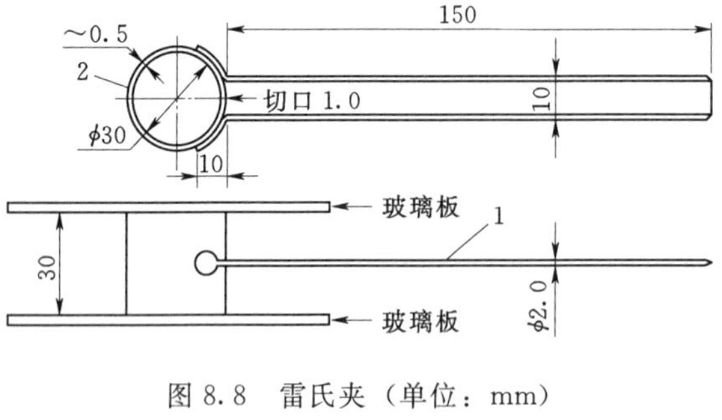

图 8.8 雷氏夹（单位：mm）

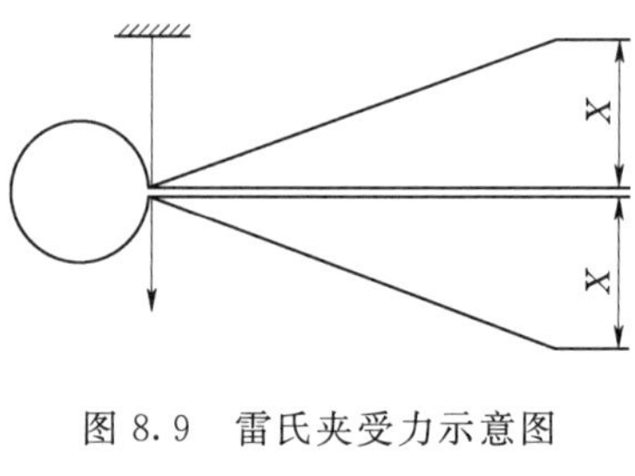

图 8.9 雷氏夹受力示意图

(3) 雷氏夹膨胀测定仪。如图 8.10 所示，雷氏夹膨胀测定仪标尺最小刻度为 0.5mm。

(4) 玻璃板。每个雷氏夹需配备质量 75～80g 的玻璃板两块。若采用试饼法（代用法）时，一个样品需准备两块约 100mm×100mm×4mm 的玻璃板。

（5）其他同标准稠度用水量试验。

8.2.5.3 试验步骤

称取 500g 水泥，以标准稠度用水量，用水泥净浆搅拌机搅拌水泥净浆。

1. 标准法（雷氏法）

（1）每个试样需成型两个试件，每个雷氏夹需配备质量 75～85g 的玻璃板两块，凡与水泥净浆接触的玻璃板和雷氏夹内表面都要稍稍涂上一层油。

（2）将预先准备好的雷氏夹放在已稍擦油的玻璃板上，并立即将已制好的标准稠度净浆一次装满雷氏夹，装浆时一只手扶持雷氏夹，另一只手用宽约 10mm 的小刀插捣数次，然后抹平，盖上稍涂油的玻璃板，接着立即将试件移至湿气养护箱内养护（24±2）h。

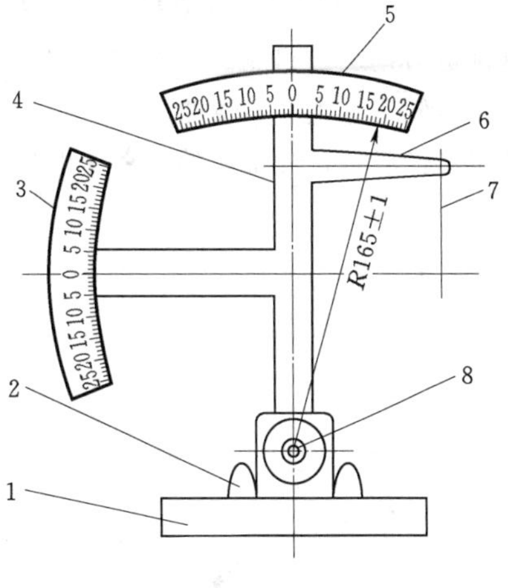

图 8.10 雷氏夹膨胀测定仪

1—底座；2—模子座；3—测弹性标尺；4—立柱；5—测膨胀标尺；6—悬臂；7—悬丝；8—弹簧顶钮

（3）调整好沸煮箱内的水位，使能保证在整个沸煮过程中都超过试件，不需中途添补试验用水，同时又能保证在（30±5）min 内升至沸腾。

（4）脱去玻璃板取下试件，先测量雷氏夹指针尖端间的距离 A，精确到 0.5mm，接着将试件放入沸煮箱水中的试件架上，指针朝上，然后在 30min±5min 内加热至沸并恒沸 180min±5min。

（5）结果判别：沸煮结束后，立即放掉沸煮箱中的热水，打开箱盖，待箱体冷却至室温，取出试件进行判别。测量雷氏夹指针尖端的距离 C，精确至 0.5mm，当两试件煮后增加距离 $C-A$ 的平均值不大于 5.0mm 时，即认为该水泥安定性合格，当两个试件的 $C-A$ 值相差超过 4.0mm 时，应用同一样品立即重做一次试验。再如此，则认为该水泥为安定性不合格。

2. 代用法（试饼法）

（1）每个样品需要准备两块约 100mm×100mm 的玻璃板，凡与水泥净浆接触的玻璃板都要稍稍涂上一层油。

（2）将制好的标准稠度净浆取出一部分分成两等份，每份约 75g，使之成圆形，放在预先准备好的玻璃板上。

（3）轻轻振动玻璃板并用湿布擦过的小刀由边缘向中央抹，做成直径 70～80mm、中心厚约 10mm、边缘渐薄、表面光滑的试饼。

（4）将试饼放入湿气养护箱内养护 24h±2h。

（5）调整好沸煮箱内的水位，使其能保证在整个沸煮过程中都超过试件，不需中途添补试验用水，同时能保证在 30min±5min 内加热至恒沸。

（6）脱去玻璃板取下试饼，在试饼无缺陷的情况下，将试饼放在沸煮箱内水中的篦板上，然后在 30min±5min 内加热至沸，并恒沸 180min±5min。

(7) 结果判别：沸煮结束后，即放掉沸煮箱中热水，打开箱盖，待箱体冷却至室温，取出试件进行判别。目测试饼未发现裂缝，用钢直尺检查也没有弯曲（使钢直尺和试饼底部紧靠，以两者间不透光为不弯曲）的试饼为安定性合格，反之为不合格（图 8.11）。当两个试饼判别结果有矛盾时，该水泥的安定性也为不合格。安定性不合格的水泥禁止在工程中使用。

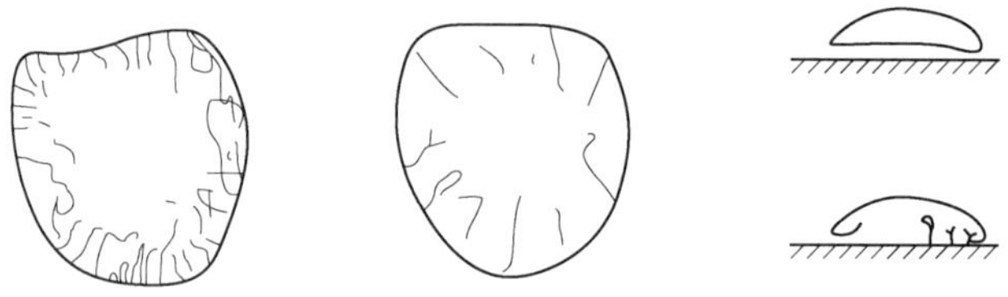

崩溃　　放射性龟裂　　弯曲

图 8.11　安定性不合格的试饼

8.2.6　水泥胶砂强度检测（ISO 法）

本试验的依据为 JTG E30 T0506—2005《公路工程水泥及水泥混凝土试验规程》。

8.2.6.1　试验目的与适用范围

通过检测不同龄期的抗压强度、抗折强度，确定水泥的强度等级或评定水泥强度是否符合标准要求。本方法适用于硅酸盐水泥、普通硅酸盐水泥、矿渣硅酸盐水泥、粉煤灰硅酸盐水泥、火山灰质硅酸盐水泥、复合硅酸盐水泥、道路硅酸盐水泥以及石灰石硅酸盐水泥的抗压强度和抗折强度的检测。

8.2.6.2　主要仪器设备

(1) 行星式水泥胶砂搅拌机（图 8.12）。应符合 GB/T 17671—1999《水泥胶砂强度检验方法（ISO 法）》要求。工作时搅拌叶片既绕自身轴线转动，又沿搅拌锅周边公转，运动轨道似行星式的水泥胶砂搅拌机。

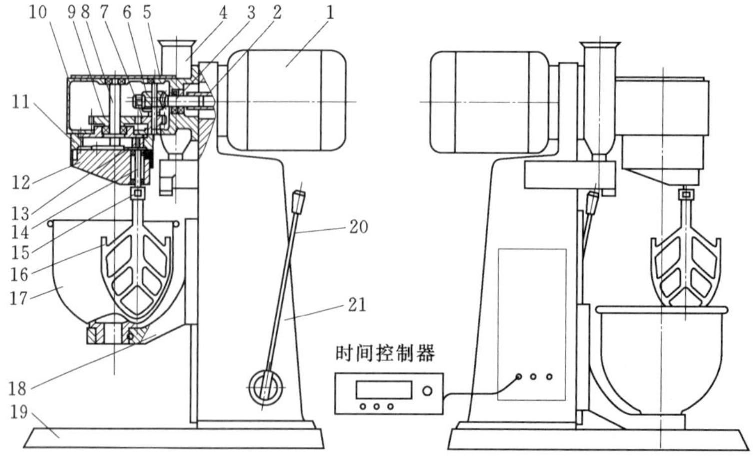

图 8.12　胶砂搅拌机结构示意图

1—电机；2—联轴套；3—蜗杆；4—砂罐；5—传动箱盖；6—蜗轮；7—齿轮Ⅰ；8—主轴；9—齿轮Ⅱ；10—传动箱；11—内齿轮；12—偏心座；13—行星齿轮；14—搅拌叶轴；15—调节螺母；16—搅拌叶片；17—搅拌锅；18—支座；19—底座；20—手柄；21—立柱

(2) 胶砂试体成型振实台。由可以跳动的台盘和使其跳动的凸轮等组成，如图 8.13 所示。振实台的振幅为 15mm±0.3mm，振动频率为 60 次/[(60±2) s]。

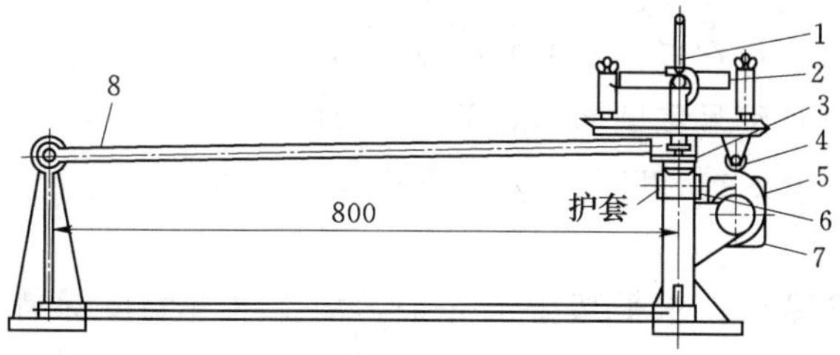

图 8.13 胶砂振实台

1—卡具；2—模套；3—突头；4—随动轮；5—凸轮；6—止动器；7—同步电机；8—臂杆

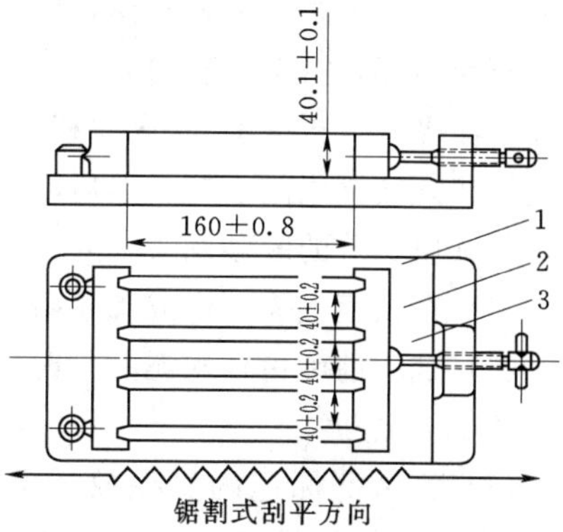

图 8.14 水泥胶砂强度检验试模（单位：mm）

1—隔板；2—挡板；3—底板

(3) 试模。试模为可装卸的三联模，由隔板、挡板、底板组成，如图 8.14 所示，组装后内壁各接触面应互相垂直。试模可同时成型三条为 40mm×40mm×160mm 的棱形实体。

(4) 抗折试验机及其抗折夹具。一般采用双杠杆的，抗折强度也可用抗压强度试验机来测定，抗折夹具的加荷与支撑圆柱直径均为 10mm±0.1mm，两个支撑圆柱中心距为 100mm±0.2mm。抗折强度实验机应符合 JC/T 724—2005《水泥胶砂电动抗折试验机》的要求。

(5) 抗压试验机及其抗压夹具。抗压试验机以 200～300kN 为宜，在接近 4/5 量程范围内使用时，记录的荷载应有±1%精度，并具有按（2400±200）N/s 速率的加荷能力。抗压夹具由硬质钢材制成，上、下压板长（40±0.1）mm，宽不小于 40mm，加压面必须磨平。

(6) 钢直尺、天平（精度为±1g）等。

8.2.6.3 试验步骤

1. 试件成型

(1) 成型前将试模擦净，四周的模板与底座的接触面上应涂黄干油，紧密装配，防止漏浆，内壁均匀刷一薄层机油。

(2) 按水泥试样、中国标准砂（ISO）、水，以质量计的配合比为 1∶3∶0.5，一次成型三条试体，需称量水泥（450±2）g、（ISO）标准砂（1350±5）g、用水量（225±1）mL。

(3) 使搅拌机处于待工作状态，先将水加入锅里，再加入水泥，把锅放在固定架上，上升至固定位置。然后立即开动机器，低速搅拌 30s 后，在第二个 30s 开始的同时均匀地将砂子加入。把机器转至高速再拌 30s，停拌 90s，在第一个 15s 内用一胶皮刮具将叶片和锅壁上的胶砂刮入锅中间。在高速下继续搅拌 60s。各个搅拌阶段，时间误差应在±1s

以内。停机后，将粘在叶片上的胶砂刮下，取下搅拌锅。

（4）在搅拌胶砂的同时，将试模和模套固定在振实台上。用一个适当的勺子直接从搅拌锅里将胶砂分两层装入试模，装第一层时，每个槽里约放300g胶砂，用大播料器垂直架在模套顶部，沿每个模槽来回一次将料层播平，接着振实60次。再装第二层胶砂，用小播料器播平，再振实60次。移走模套，从振实台上取下试模，用一钢直尺以近似90°的角度架在试模模顶的一端，然后沿试模长度方向以横向锯割动作慢慢向另一端移动，一次将超过试模部分的胶砂刮去，并用同一钢直尺在近乎水平的情况下将试体表面抹平。

（5）在试模上作标记或加字条表明试件编号和试件相对于振实台的位置。

（6）试验前和更换水泥品种时，搅拌锅、搅拌叶片等须用湿布抹擦干净。

2. 试件养护

（1）将做好标记的试模放入雾室或湿箱的水平架子上养护，湿空气（温度保持在20℃±1℃，相对湿度应不低于90%）应能与试模各边接触。一直养护到规定的脱模时间（对于24h龄期的，应在破型试验前20min内脱模，对于24h以上龄期的应在成型后20～24h脱模）脱模。脱模前用防水墨汁或颜料笔对试体进行编号和做其他标记，两个龄期以上的试体，在编号时应将同一试模中的三条试体分在两个以上龄期内。

（2）将做好标记的试件立即水平或竖直放在20℃±1℃水中养护，水平放置时刮平面应朝上；养护期间试件之间间隔或试体上表面的水深不得小于5mm，每个养护池只养护同类型的水泥试件。最初用自来水装满养护池，以后随时加水，保持适当的恒定水位，不允许在养护期间全部换水。

3. 强度试验

试件从水中取出后，在强度试验前应用湿布覆盖，各龄期试样强度测定的时间范围见表8.1。

表8.1　　各龄期试样强度测定的时间范围

龄　期	1d	2d	3d	7d	28d
时间范围	24h±15min	48h±30min	3d±45min	7d±2h	28d±8h

（1）抗折强度试验。

1）测定前须擦去试样表面的水分和砂粒，消除夹具上圆柱表面黏附的杂物。采用杠杆式抗折实验机进行抗折强度检测，在试样放入之前，应先将游动砝码移至零刻度线，调整平衡砣使杠杆处于平衡状态。试样放入后，调整夹具，使杠杆有一仰角，从而在试样折断时尽可能地接近平衡位置。然后，起动电机，丝杆转动带动游动砝码给试样加荷；加荷速度为（50±10）N/s。试样折断后从杠杆上可直接读出破坏荷载和抗折强度。

2）保持两个半截棱柱体处于潮湿状态直至抗压试验。

3）抗折强度值，可在仪器的标尺上直接读出强度值。也可在标尺上读出破坏荷载值，按式（8.9）计算（精确至0.1MPa）：

$$R_f=\frac{1.5F_fL}{b^3}=0.00234F_f \tag{8.9}$$

式中　R_f——抗折强度，MPa；

F_f——折断时施加于棱柱体中部的荷载，N；

L——支撑圆柱之间的距离，mm；

b——棱柱体正方形截面的边长，mm。

4）抗折强度的评定：以一组三个棱柱体抗折强度结果的平均值作为试验结果。当三个强度值中有超出平均值±10%时，应剔除后再取平均值作为抗折强度试验结果。

（2）抗压强度试验。

1）抗折试验后的两个断块应立即进行抗压试验，抗压试验必须用抗压夹具进行，试验体受压面为40mm×40mm。试验时以半截棱柱体的侧面作为受压面，试体的底面靠近夹具定位销，并使夹具对准压力机压板中心。

2）压力机加荷速度应控制在2400N/s±200N/s，均匀地加荷直至破坏。

3）抗压强度 R_c 按式（8.10）计算：

$$R_c=\frac{F_c}{A}=0.000625F_c \tag{8.10}$$

式中 R_c——抗压强度，MPa；

F_c——破坏时的最大荷载，N；

A——受压部分面积，即 $40\text{mm}\times40\text{mm}=1600\text{mm}^2$。

4）抗压强度的评定：以一组三个棱柱体上得到的六个抗压强度测定值的算术平均值作为试验结果。如六个测定值中有一个超出平均值的±10%，就应剔除这个结果，以剩下五个的平均数为结果，如果五个测定值中再有超过其平均数±10%的，则此组结果作废。

8.2.6.4 试验数据计算与评定

将试验及计算所得到的各标准龄期抗折和抗压强度值，对照国家规范所规定的水泥各标准龄期的强度值，来确定或验证水泥强度等级。要求各龄期的强度值均不低于规范所规定的强度值。

8.3 无机结合料稳定土的无侧限抗压强度检测

8.3.1 无机结合料稳定材料试件制作方法（圆柱形）

本试验的依据为JTG E51 T0843—2009《公路工程无机结合料稳定材料试验规程》。

8.3.1.1 试验目的与适用范围

本方法适用于无机结合料稳定材料的无侧限抗压强度、间接抗拉强度、室内抗压回弹模量、动态模量、劈裂模量等试验的圆柱形试件。

8.3.1.2 仪器设备

（1）方孔筛。孔径53mm、37.5mm、31.5mm、26.5mm、4.75mm和2.36mm的筛各1个。

（2）试模（圆柱形）。

1）细粒土。试模的直径×高＝ϕ50mm×50mm。

2）中粒土。试模的直径×高＝ϕ100mm×100mm。

3）粗粒土。试模的直径×高＝ϕ150mm×150mm。

(3) 电动脱模器。

(4) 反力架。反力为400kN以上。

(5) 液压千斤顶。200～1000kN。

(6) 钢直尺。量程200mm或300mm，最小刻度1mm。

(7) 游标卡尺。量程200mm或300mm。

(8) 电子天平。量程15kg，感量0.1g；量程4000g，感量0.01g。

(9) 压力试验机。可替代千斤顶和反力架，量程不小于2000kN，行程、速度可调。

8.3.1.3 试验准备

(1) 试件的径高比一般为1∶1，根据需要也可成型1∶1.5或1∶2的试件。试件的成型根据需要的压实度水平，按照体积标准，采用静力压实法制备。

(2) 将具有代表性的风干试料（必要时，也可以在50℃烘箱内烘干）用木锤和木碾碾碎，但应避免破碎粒料的原粒径。按照公称最大粒径的大一级筛，将土过筛并进行分类。

(3) 在预定做试验的前一天，取有代表性的试料测定其风干含水率。对于细粒土，试样应不少于100g；对于中粒土，试样应不少于1000g；对于粗粒土，试样应不少于2000g。

(4) 用击实试验法确定无机结合料混合料的最佳含水率和最大干密度。

(5) 根据击实结果，称取一定质量的风干土，其质量随试件大小而变。对于50mm×50mm的试件，1个试件需干土180～210g；对于ϕ100mm×100mm的试件，1个试件需干土1700～1900g；对于ϕ150mm×150mm的试件，1个试件需干土5700～6000g。

(6) 对于细粒土，一次可称取6个试件的土；对于中粒土，一次宜称取3个试件的土；对于粗粒土，一次只能称取1个试件的土。

(7) 将准备好的试料分别装入塑料袋中备用。

8.3.1.4 试验步骤

(1) 调试成型所需的各种设备，检查是否运行正常；将成型用的模具擦拭干净，并涂抹机油。成型中、粗粒土时，试模筒的数量应与每组试件的个数相配套。上下垫块应与试模筒相配套，上下垫块能够刚好放入试筒内上下自由移动（一般来说，上下垫块直径比试筒内径小约0.2mm）。且上下垫块完全放入试筒后，试筒内未被上下垫块占用的空间体积能满足径高比为1∶1的设计要求。

(2) 对于无机结合料稳定细粒土，至少应该制备6个试件，对于无机结合料稳定中粒土和粗粒土，至少应该分别制备9个和13个试件。

(3) 根据击实结果和无机结合料的配合比按式（8.11）计算每份料的加水量、无机结合料的质量。

(4) 将称好的土放在长方盘（约400mm×600mm×70mm）内。向土中加水拌料闷料。石灰稳定材料、水泥和石灰粉煤灰综合稳定材料，可将石灰或粉煤灰和土一起拌和，将拌和均匀的试料放在密闭容器内浸润备用。

对于细粒土（特别是黏性土），浸润时的含水率较最佳含水率小3%，对于中粒土和粗粒土按最佳含水率加水；对于水泥稳定类材料，加水量应比最佳含水率小1%～2%。

应加的水量可按式（8.11）计算：

$$m_w=\left(\frac{m_n}{1+0.01w_n}+\frac{m_c}{1+0.01w_c}\right)\times 0.01w-\frac{m_n}{1+0.01w_n}\times 0.01w_n-\frac{m_c}{1+0.01w_c}\times 0.01w_c \tag{8.11}$$

式中 m_w——混合料中应加的水量，g；

m_n——混合料中素土（或集料）的质量，g，其原始含水率为 w_n，即风干含水率，%；

m_c——混合料中水泥或石灰的质量，g，其原始含水率为 w_c，%，水泥的 w_c 通常很小，也可以忽略不计；

w——要求达到的混合料的含水率，%。

浸润时间：黏性土 12～24h；粉性土、砂砾土、红土砂砾、级配砂砾等可缩短到 4h 左右；含土很少的未筛分碎石、砂砾及砂可以缩短到 2h。浸润时间一般不超过 24h。

（5）在试件成型前 1h 内，加入预定数量的水泥并拌和均匀。在拌和过程中，应将预留的水（细粒土为 3%，水泥稳定类为 1%～2%）加入土中，使混合料达到最佳含水率。拌和均匀的加有水泥的混合料应在 1h 内按下述方法制成试件，超过 1h 的混合料应该作废。其他结合料稳定土的混合料虽不受此限，但也应尽快制成试件。

（6）用反力架和液压千斤顶，或采用压力试验机制件。将试模的下压柱放入试模的下部，但外露 2cm 左右。将称量的规定数量 m_2 的稳定材料混合料分 2～3 次灌入试模中，每次灌入后用夯棒轻轻均匀插实。如制的是 ϕ50mm×50mm 的小试件，则可以将混合料一次倒入试模中，然后将与试模配套的上垫块放入试模内，应使其也外露 2cm 左右（即上下垫块露出试模外的部分应该相等）。

（7）将整个试模（连同上下垫块）放到反力架内的千斤顶上（千斤顶下应放一扁球座）或压力机，以 1mm/min 的加载速率加压，直到上下垫块都压入试模为止。维持压力 2min。

（8）解除压力后，取下试模，并放到脱模器上将试件顶出。用水泥稳定有黏结性的材料（如黏质土）时，制件后可立即脱模；用水泥稳定无黏结性的细粒土时，最好过 2～4h 再脱模。对中、粗粒土的无机结合料稳定材料，也最好过 2～6h 再脱模。

（9）在脱模器上取试件时，应用双手抱住试件侧面的中下部，然后沿水平方向轻轻旋转，待感觉到试件移动后，再将试件轻轻捧起，放置到试验台上，切勿直接将试件向上拔起。

（10）称试件的质量 m_2，小试件精确到 0.01g，中试件精确到 0.01g，大试件精确到 0.1g。然后用游标卡尺量试件的高度，精确到 0.1mm。检查试件的高度和质量，不满足成型标准的试件作为废件。

（11）试件称量后应立即放在塑料袋中封闭，并用潮湿的毛巾覆盖，移放至养生室。

8.3.1.5 结果整理

（1）单个试件的标准质量：

$$m_0=V\rho_{max}(1+w_{opt})\gamma \tag{8.12}$$

考虑到试件成型过程中的质量损耗，实际操作过程中每个试件的质量可增加 0～

2%，即：

$$m_0' = m_0(1+\delta) \tag{8.13}$$

每个试件的干料（包括干土和无机结合料）总质量：

$$m_1 = \frac{m_0'}{(1+w_{opt})} \tag{8.14}$$

每个试件中的无机结合料质量：

外掺法
$$m_2 = m_1 \times \frac{\alpha}{1+\alpha} \tag{8.15}$$

内掺法
$$m_2 = m_1 \times \alpha \tag{8.16}$$

每个试件中的干土质量：

$$m_3 = m_1 - m_2 \tag{8.17}$$

每个试件中的加水量：

$$m_w = (m_2 + m_3) w_{opt} \tag{8.18}$$

验算：
$$m_0' = m_2 + m_3 + m_w \tag{8.19}$$

式中 V——试件体积，cm^3；

w_{opt}——混合料最佳含水率，%；

ρ_{max}——混合料最大干密度，g/cm^3；

γ——混合料压实度标准，%；

m_0、m_0'——混合料质量，g；

m_1——干料质量，g；

m_2——无机结合料质量，g；

m_3——干土质量，g；

δ——计算混合料质量的冗余量，%；

α——无机结合料的掺量，%；

m_w——加水质量，g。

（2）制作好的试件高度误差范围：小试件应为±0.1cm，中试件应为±（0.1～0.15）cm，大试件应为±（0.1～0.2)cm。

质量损失：小试件应不超过标准质量 5g，中试件应不超过 25g，大试件应不超过 50g。

8.3.2 无机结合料稳定材料养生试验方法

本试验的依据为 JTG E51 T0845—2009《公路工程无机结合料稳定材料试验规程》。

8.3.2.1 试验目的与适用范围

（1）本方法适用水泥稳定材料类和石灰、石灰粉煤灰稳定材料类的养生。

（2）标准养生方法是指无机结合料稳定材料在规定的标准温度和湿度环境下强度增长的过程。快速养生是为了提高试验效率，采用提高养生温度缩短养生时间的养生方法。

（3）本方法规定了无机结合料稳定材料的标准养生和快速养生的试验方法和步骤。在采用快速养生时，应建立快速养生条件下与标准养生条件下，混合料的强度发展的关系曲线，并确定标准养生的长龄期强度对应的快速养生短龄期。

8.3.2.2 仪器设备

(1) 标准养护室。标准养护室温度 (20±2)℃，相对湿度在95%以上。

(2) 高温养护室。能保持试件养生温度 (60±1)℃，相对湿度在95%以上。容积能满足试验要求。

8.3.2.3 试验步骤

1. 标准养生方法

(1) 试件从试模内脱出并量高度、称质量后，中试件和大试件应装入塑料袋内。试件装入塑料袋后，将袋内的空气排除干净，扎紧袋口，将包好的试件放入养护室。

(2) 标准养生的温度为 (20±2)℃，标准养生的湿度应不小于95%。试件宜放在铁架或木架上，间距为10～20mm。试件表面应保持一层水膜，并避免用水直接冲淋。

(3) 对无侧限抗压强度试验，标准养生龄期是7d，最后一天浸水。对弯拉强度、间接抗拉强度，水泥稳定材料类的标准养生龄期是90d，石灰稳定材料类的标准养生龄期是180d。

(4) 在养生期最后一天，将试件取出，观察试件的边角有无磨损和缺块，并量高度、称质量，然后将试件浸泡在 (20±2)℃的水中，应使水面在试件顶上约2.5cm。

2. 快速养生方法

(1) 快速养生龄期的确定。

1) 将一组无机结合料稳定材料，在标准养生条件下 [温度为 (20±2)℃，湿度不小于95%] 养生180d (石灰稳定类材料养生180d，水泥稳定类材料养生90d)，测试抗压强度值。

2) 将同样的一组无机结合料稳定材料，在高温养生条件下 [温度为 (60±1)℃，湿度不小于95%] 养生7d、14d、21d、28d等，进行不同龄期的抗压强度试验，建立高温养生条件下强度-龄期的相关关系。

3) 在强度-龄期关系曲线上，找出标准养生长龄期强度对应的高温养生短龄期，并以此作为快速养生的龄期。

(2) 快速养生试验步骤。

1) 将高温养护室的温度调至规定的温度 (60±1)℃，湿度保持在95%以上，并能自动控温控湿。

2) 将制备的试件量高度、称质量后，小心装入塑料袋内。试件装入塑料袋后，将袋内的空气排除干净，并将袋口扎紧，将包好的试件放入养护箱中。

3) 在养生期最后一天，将试件从高温养护室内取出，晾至室温 (约2h)，再打开塑料袋取出试件，观察试件有无缺损，量高度、称质量后，浸入 (20±2)℃恒温水槽中，水面高出试件顶2.5cm。浸水24h后，取出试件，用软布擦去可见自由水，称质量、量高度后，立即进行相关的试验。

8.3.2.4 结果整理

(1) 如养生期间有明显的边角缺损，试件应该作废。

(2) 对养生7d的试件，在养生期间，试件的质量损失符合下列规定：小试件不超过1g，中试件不超过10g，大试件不超过20g。质量损失超过此规定的试件，应予作废。

8.3.3 无机结合料稳定材料无侧限抗压强度试验方法

本试验的依据为 JTG E51 T0805—2009《公路工程无机结合料稳定材料试验规程》。

8.3.3.1 试验目的与适用范围

本方法适用于测定无机结合料稳定材料（包括稳定细粒土、中粒土和粗粒土）试件的无侧限抗压强度。

8.3.3.2 仪器设备

（1）标准养护室。

（2）水槽。深度应大于试件高度 50mm。

（3）压力机或万能试验机（也可用路面强度试验仪和测力计）。压力机应符合相应的要求，其测量精度为±1%，同时应具有加载速率指示装置或加载速率控制装置。上下压板平整并有足够刚度，可以均匀地连续加载卸载，可以保持固定荷载。开机停机均灵活自如，能够满足试件吨位要求，且压力机加载速率可以有效控制在 1mm/min（图 8.15）。

图 8.15 路面材料强度试验仪

（4）电子天平。量程 15kg，感量 0.1g；量程 4000g，感量 0.01g。

（5）量筒、拌和工具、漏斗、大小铝盆、烘箱等。

（6）球形支座。

（7）机油。若干。

8.3.3.3 试验准备

（1）试件制备。

1）细粒土。试模的直径×高＝ϕ50mm×50mm。

2）中粒土。试模的直径×高＝ϕ100mm×100mm。

3）粗粒土。试模的直径×高＝ϕ150mm×150mm。

（2）按照现行试验规程的方法成型径高比为 1：1 的圆柱形试件。

（3）按照现行试验规程的标准养生方法进行 7d 的标准养生。

（4）将试件两顶面用刮刀刮平，必要时可用快凝水泥砂浆抹平试件顶面。

（5）为保证试验结果的可靠性和准确性，每组试件的数目要求为：小试件不少于 6 个；中试件不少于 9 个；大试件不少于 13 个。

8.3.3.4 试验步骤

（1）根据试验材料的类型和一般的工程经验，选择合适量程的测力计和压力机，试件破坏荷载应大于测力量程的 20%且小于测力量程的 80%。球形支座和上下顶板涂上机油，使球形支座能灵活转动。

（2）将已浸水一昼夜的试件从水中取出，用软布吸去试件表面的水分，并称试件的质量 m_4。

（3）用游标卡尺量试件的高度 h，精确到 0.1mm。

（4）将试件放到路面材料强度试验仪或压力机上，并在升降台上先放一扁球座，进行抗压试验。试验过程中，应保持速率约为 1mm/min。记录试件破坏时的最大压力 P(N)。

（5）从试件内部取有代表性的样品（经过打破），按照现行试验规程的方法，测定其含水率 w。

8.3.3.5 结果整理

(1) 试件的无侧限抗压强度 R_c，按式（8.20）计算：

$$R_c = \frac{P}{A} \tag{8.20}$$

式中 R_c——试件的无侧限抗压强度，MPa；

P——试件破坏时的最大压力，N；

A——试件的截面面积，$A=\frac{\pi D^2}{4}$，mm^2；

D——试件的直径，mm。

(2) 数据处理。

1) 抗压强度保留 1 位小数。

2) 同一组试件试验中，采用 3 倍均方差方法剔除异常值，小试件可允许有 1 个异常值，中试件允许有 1～2 个异常值，大试件允许有 2～3 个异常值。异常值数量超过上述规定的应重做试验。

3) 同一组试验的变异系数 C_v（%）符合下列规定，方为有效试验：小试件 $C_v \leqslant 6\%$；中试件 $C_v \leqslant 10\%$；大试件 $C_v \leqslant 15\%$。如果不能保证试验结果的变异系数小于规定的值，则应按允许误差 10%和 90%概率重新计算所需的事件数量，增加试件数量并另做新试验。新试验结果与老试验结果一并重新进行统计评定；直到变异系数满足上述规定。

(3) 报告应包括以下内容：

1) 材料的颗粒组成。

2) 水泥的种类和等级或石灰等级。

3) 重型击实的最佳含水率（%）和最大干密度（g/cm^3）。

4) 无机结合料类型及剂量。

5) 试件干密度（保留 3 位小数，g/cm^3）或压实度。

6) 吸水量以及测抗压强度时的含水率（%）。

7) 若干个试验结果的最小值、最大值、平均值$\overline{R}$、标准差 S、偏差系数 C_v 和 95%概率的值 $R_{c0.95}$（$R_{c0.95}=\overline{R_c}-1.645S$）。

8.4 混凝土用集料性能检测

8.4.1 粗集料的表观密度、堆积密度和空隙率检测

本试验的依据为 JTG E42 T0304—2005《公路工程集料试验规程》。

8.4.1.1 粗集料表观密度试验

1. 试验目的与适用范围

本方法适用于测定各种粗集料的表观密度，即单位表观体积（含实体体积和闭口孔隙）的烘干质量，为水泥混凝土配合比设计提供依据。

2. 主要仪器设备

(1) 天平或浸水天平。可悬挂吊篮测定集料的水中质量，感量 1g。结构如图 8.16

所示。

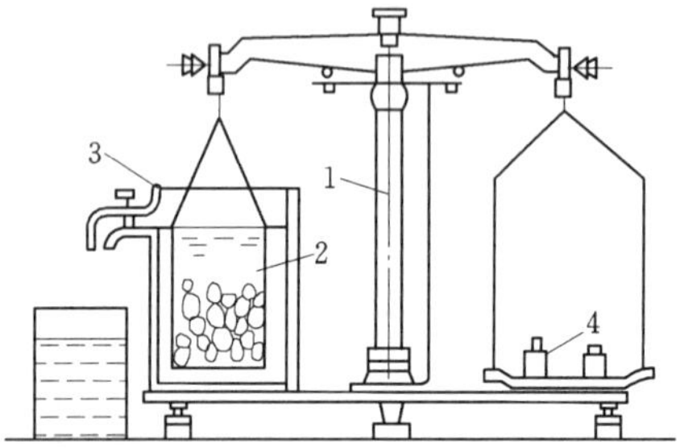

图 8.16 浸水天平示意图
1—天平；2—吊篮；3—盛水容器；4—砝码

(2) 吊篮。耐锈蚀材料做成，直径和高度为150mm左右，四周和底部用1～2mm的筛网编制或具有密集的孔眼。

(3) 溢流水槽。在称量水中质量时能保持水面高度一定。

(4) 烘箱。能控温在(105±5)℃。

(5) 毛巾。纯棉制，洁净，也可用纯棉布代替。

(6) 其他。温度计、标准筛、盛水容器、刷子、搪瓷盘等。

3. 试验准备

(1) 将试样用标准筛过筛除去其中的细集料，对较粗的粗集料可用4.75mm筛过筛，对2.36～4.75mm的集料，或者在4.75mm以下石屑中的粗集料，则用2.36mm标准筛过筛，用四分法或分料器法缩分至要求的质量，分两份备用。

(2) 缩分后供测定表观密度的粗集料质量应符合表8.2的规定。

表 8.2　　测定表观密度所需要的试样最小质量

公称最大粒径(mm)	4.75	9.5	16	19	26.5	31.5	37.5	63	75
每一份试样最小质量(kg)	0.8	1	1	1	1.5	1.5	2	3	3

(3) 将每一份集料试样浸泡在水中，并适当搅动，仔细洗去附在集料表面的尘土和石粉，经多次漂洗干净至水完全清澈为止。清洗过程中不得丧失集料颗粒。

4. 试验步骤

(1) 取试样一份装入干净的搪瓷盘中，注入洁净的水，水面至少应高出试样20mm，轻轻搅动石料，使附着在石料上的气泡完全逸出，在室温下保持浸水24h。

(2) 将吊篮挂在天平的吊钩上，浸入溢流水槽中，向溢流水槽中注水，水面高度至水槽的溢流孔，将天平调零。吊篮的筛网应保证集料不会通过筛孔流失。

(3) 调节水温在15～25℃，将试样移入吊篮中，溢流水槽中的水面由水槽的溢流孔控制，维持不变。称取集料的水中质量m_2。

(4) 提取吊篮，将试样至于浅盘中，放入(105±5)℃的烘箱中烘干至恒重(此时恒重系指相邻两次称量间隔时间大于3h的情况下，其前后两次称量之差小于该项试验所要求的称量精度，以下同)。取出放入带盖的容器中冷却至室温后，称出试验质量m_0。

(5) 称量吊篮在同样温度的水中的质量m_1。称量时的环境要求同水中称集料条件，并且保证加水静置的最后2h起至试验结束，水温之差不超过2℃。

粗集料的表观密度按式(8.21)计算：

$$\rho_a=\left(\frac{m_0}{m_0+m_1-m_2}-\alpha_T\right)\rho_w \tag{8.21}$$

式中　ρ_a——粗集料的表观密度，g/cm³；

m_0——烘干后试样质量，g；

m_1——吊篮在水中的质量，g；

m_2——吊篮及试样在水中的质量，g；

α_T——考虑称量时的水温对密度影响的修正系数，见表 8.3；

ρ_w——水的密度（设水在 4℃时的密度为 $1g/cm^3$）。

粗集料的表观密度计算精确至小数点后 3 位（g/cm^3）。以两次结果的平均值作为试验结果，其偏差不得大于 $0.02g/cm^3$。超出范围应重新取样进行试验。对颗粒材质不均匀，两次结果超出规定误差，可取四次的算术平均值作为试验结果。

表 8.3　不同水温下水的密度 ρ_T 及水温修正系数表 α_T

水温（℃）	15	16	17	18	19	20
修正系数 α_T	0.002	0.003	0.003	0.004	0.004	0.005
水的密度 ρ_T（g/cm^3）	0.99913	0.99897	0.99880	0.99862	0.99838	0.99822
水温（℃）	21	22	23	24	25	
修正系数 α_T	0.005	0.006	0.006	0.007	0.007	
水的密度 ρ_T（g/cm^3）	0.99802	0.99779	0.99756	0.99733	0.99702	

8.4.1.2 粗集料的堆积密度和空隙率试验

1. 试验目的与适用范围

本方法适用于测定各种粗集料的堆积密度，包括自然堆积状态、振实堆积状态、捣实堆积状态的堆积密度，以及堆积状态下的空隙率。

2. 主要仪器设备

（1）天平或台秤。感量不大于称量总量的 0.1%。

（2）容量筒。适用于粗集料堆积密度测定的容量筒应符合表 8.4 的要求。

表 8.4　容量筒的规格要求

粗集料公称最大粒径（mm）	容量筒容积（L）	容量筒规格（mm）			筒壁厚度（mm）
		内径	净高	底厚	
≤4.75	3	155±2	160±2	5.0	2.5
9.5～26.5	10	205±2	305±2	5.0	2.5
31.5～37.5	15	255±5	295±5	5.0	3.0
≥53	20	355±5	305±5	5.0	3.0

（3）平头铁锹。

（4）烘箱。能控温在（105±5)℃。

（5）振动台。频率为 3000 次/min，负荷下的振幅为 0.35mm，空载时的振幅为 0.5mm。

（6）捣棒。直径 16mm、长 600mm，一端为圆头的钢棒。

3. 试验准备

按表 8.5 要求取样，然后进行缩分，质量应满足试验要求，在（105±5)℃的烘箱中烘干，也可以摊在清洁的地面上风干，拌匀后分成两份备用。

表 8.5　　测定堆积密度所需要的试样最小质量

公称最大粒径（mm）	4.75	9.5	13.2	16	19	26.5	31.5	37.5	53	63	75
每一份试样最小质量（kg）	40	40	40	40	40	40	80	80	100	120	120

4. 试验步骤

(1) 自然堆积密度。取试样一份，置于平整干净的水泥地（或铁板）上，用平头铁锹铲起试样，使石子自由落入容量筒内。此时，从铁锹的齐口至容量筒上口的距离应保持为50mm左右，装满容量筒并除去凸出筒口表面的颗粒，并以合适的颗粒填入凹陷空隙，使表面稍凸起部分和凹陷部分的体积大致相等，称取试样和容量筒总质量 m_2。

(2) 振实密度。按堆积密度试样步骤，将装满试样的容量筒放在振动台上，振动3min，或者将试样分三层装入容量筒：装完一层后，在筒底垫放一根直径为25mm的圆钢筋，将筒按住，左右交替颠击地面各25下；然后装入第二层，用同样的方法颠实（但筒底所垫钢筋的方向应与第一层放置方向垂直）；然后再装入第三层，如上法进行颠实。待三层试样装填完毕后，加料填到试样超出容量筒口，用钢筋沿筒口边缘滚转，刮下高出筒口的颗粒，用合适的颗粒填平凹处，使表面稍凸起部分和凹陷部分的体积大致相等，称取试样和容量筒总质量 m_2。

(3) 捣实密度。根据沥青混合料的类型和公称最大粒径，确定起骨架作用的关键性筛孔（通常为4.75 mm或2.36mm等）。将矿料混合料中此筛孔以上颗粒筛出，作为试样装入符合要求规格容器中达1/3的高度，由边缘至中间用捣棒均匀捣实25次。再向容器中装入同样高度的试样，用捣棒均匀地捣实25次，捣实深度约至下层的表面。然后重复上一步骤，加最后一层，捣实25次，使集料与容器口齐平。用合适的集料填充表面的大空隙，用钢直尺大体刮平，目测表面凸起部分与凹陷部分的容积大致相等，称取容量筒与试样的总质量 m_2。

(4) 容量筒容积的标定。用水装满容量筒，测量水温，擦干筒外壁的水分，称取容量筒与水的总质量 m_W，并按水的密度对容量筒的容积作校正。

5. 结果处理

(1) 容量筒的容积按式（8.22）计算：

$$V=\frac{m_W-m_1}{\rho_\omega} \tag{8.22}$$

式中 V——容量筒的容积，L；

m_1——容量筒的质量，kg；

m_W——容量筒与水的总质量，kg；

ρ_ω——试验温度 T 时水的密度，g/cm³，按表8.3选用。

(2) 堆积密度（包括自然堆积状态、振实状态、捣实状态）按式（8.23）计算，精确至小数点后2位。

$$\rho=\frac{m_2-m_1}{V} \tag{8.23}$$

式中 ρ——与各种状态相对应的堆积密度，kg/m^3；

m_1——容量筒的质量，kg；

m_2——容量筒与试样的总质量，kg；

V——容量筒的容积，L。

（3）水泥混凝土用粗集料振实状态下的空隙率按式（8.24）计算：

$$V_C=\left(1-\frac{\rho}{\rho_a}\right)\times 100 \tag{8.24}$$

式中 V_C——水泥混凝土用粗集料的空隙率，%；

ρ_a——粗集料的表观密度，t/m^3；

ρ——粗集料的堆积表观密度，t/m^3。

（4）沥青混合料用粗集料骨架捣实状态下的间隙率按式（8.25）计算：

$$VCA_{DRC}=\left(1-\frac{\rho}{\rho_b}\right)\times 100 \tag{8.25}$$

式中 VCA_{DRC}——捣实状态下粗集料骨架间隙率，%；

ρ_b——粗集料的毛体积密度，t/m^3；

ρ——按捣实法测定的粗集料的堆积密度，t/m^3。

（5）以上试验均取两次平行试验结果的平均值作为测定值。

8.4.2 细集料的表观密度、堆积密度和空隙率检测

本试验的依据为JTG E42 T0304—2005《公路工程集料试验规程》。

8.4.2.1 细集料的表观密度试验

1. 试验目的与适用范围

本方法适用于测定细集料（天然砂、石屑、机制砂）在23℃时对水的表观密度。

2. 主要仪器设备

（1）天平。称量1kg，感量不大于1g。

（2）容量瓶。

（3）烘箱。能控温在105℃±5℃。

（4）烧杯。500mL。

（5）洁净水。

（6）其他。干燥器、浅盘、铝制料勺、温度计等。

3. 试验准备

将缩分至650g左右的试样在温度为（105±5)℃的烘箱中烘干至恒重，并在干燥器内冷却至室温，分成两份备用。

4. 试验步骤

（1）称取烘干的试样约300g（m_0），装入盛有半瓶洁净水的容量瓶中。

（2）摇转容量瓶，使试样在保温至（23±1.7)℃的水中充分搅动以排除气泡，塞紧瓶塞，在恒温条件下静置24h，然后用滴管添水，使水面与瓶颈刻度线平齐，再塞紧瓶塞，擦干瓶外水分，称其总质量m_2。

（3）倒出瓶中的水和试样，将瓶的内外表面洗净，再向瓶内注入同样温度的洁净水

（温度不超过 2℃）至瓶颈刻度线，塞紧瓶塞，擦干瓶外水分，称其总质量 m_1。

注意：在砂的表观密度试验过程中应测量并控制水的温度，试验期间的温差不得超过 1℃。

5. 结果处理

细集料的表观密度按式（8.26）计算，精确至小数点后 3 位。

$$\rho_a=\left(\frac{m_0}{m_0+m_1-m_2}-\alpha_T\right)\rho_w \tag{8.26}$$

式中　ρ_a——细集料的表观密度，g/cm³；

m_0——试样的烘干质量，g；

m_2——试样、水及容量瓶总质量，g；

m_1——水及容量瓶总质量，g；

ρ_w——水在 4℃时的密度，g/cm³；

α_T——试验时水温对水密度的影响修正系数，按表 8.3 取用。

以两次平行试验结果的算术平均值作为测定值，如两次结果之差值大于 0.01g/cm³ 时，应重新取样进行试验。

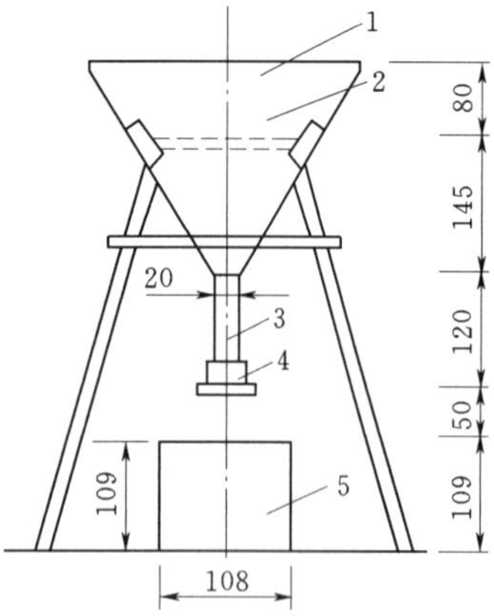

图 8.17　标准漏斗
1—漏斗；2—筛；3—ϕ20mm 管子；4—活动门；5—金属量筒

8.4.2.2　细集料的堆积密度、紧装密度和空隙率试验

1. 试验目的与适用范围

本方法适用于测定各种细集料在自然状态下的堆积密度、紧装密度及空隙率。

2. 主要仪器设备

（1）台秤。称量 5kg，感量 5g。

（2）容量筒。金属制，圆筒形，内径 108mm，净高 109mm，筒壁厚 2mm，筒底厚 5mm，容积约 1L。

（3）标准漏斗。如图 8.17 所示。

（4）烘箱。能控温在（105±5)℃。

（5）其他。小勺、直尺、浅盘等。

3. 试验准备

（1）试样准备。用浅盘装试样约 5kg，在温度为（105±5)℃的烘箱中烘干至恒重，取出并冷却至室温，分成大致相等的两份备用。

注意：试样烘干后如有结块，应在试验前先捏碎。

（2）容量筒容积的校正。以温度为 20℃±5℃的洁净水装满容量筒，用玻璃板沿筒口滑移，使其紧贴水面，玻璃板与水面之间不得有空隙。擦干筒外壁水分，然后称量，按式（8.27）计算筒的容积：

$$V=m_2'-m_1' \tag{8.27}$$

式中　V——容量筒的容积，mL；

m_1'——容量筒和玻璃板总质量，g；

m_2'——容量筒、玻璃板和水总质量，g。

4. 试验步骤

(1) 堆积密度。将试样装入漏斗中，打开底部的活动门，将砂流入容量筒中，也可直接用小勺向容量筒中装样，但漏斗出料口或料勺距容量筒筒口均应为 50mm 左右，试样装满并超出容量筒筒口后，用钢直尺将多余的试样沿筒口中心线向两个相反方向刮平，称取质量 m_1。

(2) 紧装密度。取试样一份，分两层装入容量筒。装完一层后，在筒底垫放一根直径约为 10mm 的钢筋，将筒按住，左右交替颠击地面各 25 下，然后装入第二层。第二层装满后用同样方法颠实（但筒底所垫钢筋的方向应与第一层放置方向垂直）。两层装完并颠实后，添加试样超出容量筒筒口，然后用钢直尺将多余的试样沿筒口中心线向两个相反的方向刮平，称其质量 m_2。

5. 结果处理

(1) 堆积密度及紧装密度分别按式 (8.28) 和式 (8.29) 计算，精确至小数点后 3 位。

$$\rho=\frac{m_1-m_0}{V} \tag{8.28}$$

$$\rho'=\frac{m_2-m_0}{V} \tag{8.29}$$

式中 ρ——砂的堆积密度，g/cm³；

ρ'——砂的紧装密度，g/cm³；

m_0——容量筒的质量，g；

m_1——容量筒和堆积砂的总质量，g；

m_2——容量筒和紧装砂的总质量，g；

V——容量筒的容积，mL。

(2) 砂的空隙率按式 (8.30) 计算，精确至 0.1%。

$$n=\left(1-\frac{\rho}{\rho_a}\right)\times 100 \tag{8.30}$$

式中 n——砂的空隙率，%；

ρ——砂的堆积密度或紧装密度，g/cm³；

ρ_a——砂的表观密度，g/cm³。

以两次试验结果的算术平均值作为测定值。

8.4.3 粗集料的压碎值检测

本试验的依据为 JTG E42 T0316—2005《粗集料的压碎值测定方法》。

8.4.3.1 试验目的与适用范围

集料压碎值用于衡量石料在逐渐增加的荷载下抵抗压碎的能力，是衡量石料力学性质的指标，以评定其在公路工程中的适用性。

8.4.3.2 主要仪器设备

(1) 石料压碎值试验仪。由内径 150mm，两端开口的钢制圆形试筒、压柱和底板组成，其形状和尺寸见图 8.18 和表 8.6。试筒内壁、压柱的地面及底板的上表面等与石料

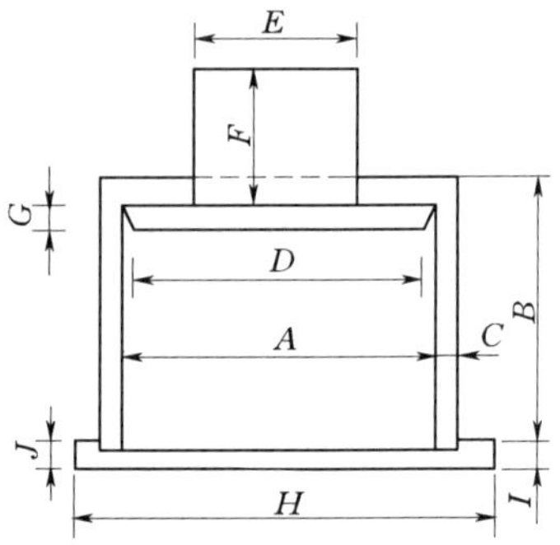

图 8.18　压碎值试验仪

接触的表面都应进行热处理，使表面硬化，达到 65 个维氏硬度并保持光滑状态。

（2）金属棒。直径 10mm，长 450～600mm，一端加工成半球形。

（3）天平。称量 2～3kg，感量不大于 1g。

（4）标准筛。筛孔尺寸 13.2mm、9.5mm、2.36mm 方孔筛各 1 个。

（5）压力机。500kN，应能在 10min 内达到 400kN。

（6）金属筒。圆柱形，内径 112.0 mm，高 179.4mm，容积 1767cm³。

表 8.6　　试筒、压柱和底板尺寸

部　位	符　号	名　称	尺　寸（mm）
试筒	*A*	内径	150±0.3
	B	高度	125～128
	C	壁厚	≥12
压柱	*D*	压头直径	149±0.2
	E	压杆直径	100～149
	F	压柱总长	100～110
	G	压头厚度	≥25
底板	*H*	直径	200～220
	I	厚度（中间部分）	6.4±0.2
	J	边缘厚度	10±0.2

8.4.3.3　试验准备

（1）采用风干的石料用 13.2mm 和 9.5mm 标准筛过筛，取 9.5～13.2mm 的试样 3 组各 3000g，供试验用。如过于潮湿需加热烘干时，烘箱温度不得超过 100℃，烘干时间不超过 4h。试验前，石料应冷却至室温。

（2）每次试验的石料数量应满足按下述方法夯击后石料在试筒内的深度为 100mm。在金属筒中确定石料数量的方法如下：将试样分 3 次（每次数量大体相同）均匀装入试模中，每次均将试样表面整平，用金属棒的半球面端从石料表面上均匀捣实 25 次。最后用金属棒作为直刮刀将表面仔细整平。称取量筒中试样的质量 m_0，以相同质量的试样进行压碎值的平行试验。

8.4.3.4　试验步骤

（1）将试筒安放在底板上。

（2）将要求质量的试样分 3 次（每次数量大体相同）均匀装入试模中，每次均将试样表面整平，用金属棒的半球面端从石料表面上均匀捣实 25 次。最后用金属棒作为直刮刀将表面仔细整平。

（3）将装有试样的试模放到压力机上，同时加压头放入试筒内石料表面上，注意使压头摆平，勿挤压试模侧壁。

(4) 开动压力机，均匀地施加荷载，在10min左右的时间内达到总荷载400kN，稳压5s，然后卸载。

(5) 将试模从压力机上取下，取出试样。

(6) 用2.36mm的标准筛筛分经压碎的全部试样，可分几次筛分，均需筛到在1min内无明显的筛出物为止。

(7) 称取通过2.36mm筛孔的全部细料质量m_1，精确至1g。

8.4.3.5 结果处理

石料压碎值按式(8.31)计算，精确至0.1%。

$$Q_a' = \frac{m_1}{m_0} \times 100 \tag{8.31}$$

式中 m_1——试验后通过2.36mm筛孔细料质量，g；

m_0——试验前试样质量，g；

Q_a'——石料压碎值，%。

以三个试样平行试验结果的算术平均值作为压碎值的测定值。

8.4.4 粗集料的磨耗值检测（洛杉矶法）

本试验的依据为JTG E42 T0317—2005《粗集料的磨耗值试验（洛杉矶法）》。

8.4.4.1 试验目的与适用范围

测定标准条件下粗集料抵抗摩擦、撞击和边缘剪切等联合作用的性能，与单轴抗压强度试验结果共同确定岩石等级和适用性。本方法适用于各种规格集料的磨耗试验。

8.4.4.2 主要仪器设备

(1) 洛杉矶磨耗试验机。结构如图8.19所示。圆筒内径(710±5)mm，内侧长(510±5)mm，两端封闭，投料口的钢盖通过紧固螺栓和橡胶垫与钢筒紧闭密封。钢筒的回转速率为30～33r/min。

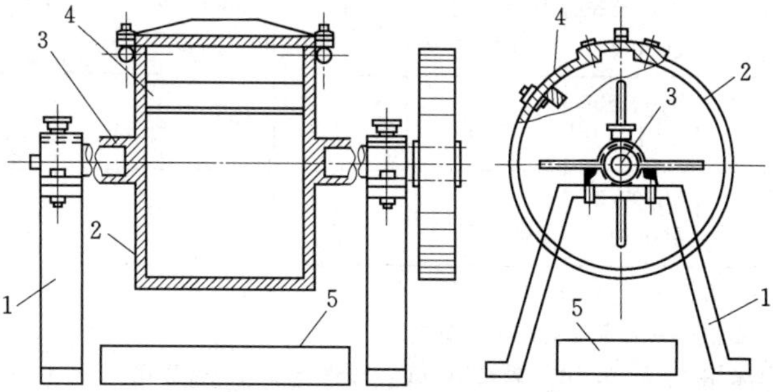

图8.19 洛杉矶磨耗试验机

1—支架；2—钢筒；3—筒轴；4—搁板；5—盛器

(2) 钢球。直径约46.8mm，质量为390～445g，大小稍有不同，以便按要求组合成符合要求的总质量。

(3) 标准筛。符合要求的标准筛系列，以及筛孔为1.7mm的方孔筛1个。

（4）烘箱。能控温在（105±5）℃。

（5）台秤。感量5g。

（6）容器。搪瓷盘等。

8.4.4.3 试验方法

（1）将不同规格的集料用水冲洗干净，置于烘箱中烘干至恒重。

（2）对所使用的集料，根据实际情况按照表8.7选择最近的粒级类别，确定相应的试验条件，按规定的粒级组成备料、筛分。其中水泥混凝土用集料宜采用A级粒度：沥青路面及各种基层、底基层的粗集料，表中的16mm筛孔也可用13.2mm筛孔代替。对非规格材料，应根据材料的实际粒度，从表8.7中选择最接近的粒级类别及试验条件。

表8.7　　粗集料洛杉矶试验条件（仅适用于水泥混凝土集料）

粒级类别	粒级组成（方孔筛）(mm)	试样质量(g)	试样总质量(g)	钢球数量(个)	钢球总质量(g)	回转次数(转)	适用的粗集料	
							规格	公称粒级
A	26.5～37.5 19.0～26.5 16.0～19.0 9.5～16.0	1250±25 1250±25 1250±10 1250±10	5000±10	12	5000±25	500		
B	19.0～26.5 16.0～19.0	2500±10 2500±10	5000±10	11	4850±25	500	S6 S7 S8	15～30 10～30 10～25
C	9.5～16.0 4.75～9.5	2500±10 2500±10	5000±10	8	3330±20	500	S9 S10 S11 S12	10～20 10～15 5～15 5～10
D	2.36～4.75	5000±10	5000±10	6	2500±15	500	S13 S14	3～10 3～5
E	63～75 53～63 37.5～53	2500±50 2500±50 5000±50	10000±100	12	5000±25	1000	S1 S2	40～75 40～60
F	37.5～53 26.5～37.5	5000±50 5000±25	10000±75	12	5000±25	1000	S3 S4	30～60 25～50
G	26.5～37.5 19～26.5	5000±25 5000±25	10000±50	12	5000±25	1000	S5	20～40

注　1.表中16mm也可用13.2mm代替。
2.A级适用于未筛碎石混合料及水泥混凝土用集料。
3.C级中S12可全部采用4.75～9.5mm颗粒5000g，S9及S10可全部采用9.5～16mm颗粒5000g。
4.E级中S2中缺63～75mm颗粒可用53～63mm颗粒代替。

（3）分级称量（精确至5g），称取总质量m_1，装入磨耗试验机的圆筒中。

（4）选择钢球，使钢球的数量及总质量符合表8.7中规定。将钢球加入钢筒中，盖好筒盖，紧固密封。

（5）将计数器调整到零位，设定要求的回转次数，对水泥混凝土集料，回转次数为500转；对沥青混合料集料，回转次数应符合表8.7的要求。开动磨耗机，以30～33r/

min 的转速转动至要求的回转次数为止。

(6) 取出钢球，将经过磨耗后的试样从投料口倒入接受容器中。

(7) 将试样用 1.7mm 的方孔筛过筛，筛去试样中被撞击磨碎的细屑。

(8) 用水冲干净留在筛上的碎石，置 (105±5)℃的烘箱中烘干至恒重（通常不少于 4h)，准确称量 m_2。

8.4.4.4 结果处理

按式 (8.32) 计算粗集料洛杉矶磨耗损失，精确至 0.1%。

$$Q=\frac{m_1-m_2}{m_1}\times 100\% \tag{8.32}$$

式中 Q——洛杉矶磨耗损失，%；

m_1——装入圆筒中试样质量，g；

m_2——试验后在 1.7mm 方孔筛上的洗净烘干的试样质量，g。

粗集料的磨耗损失取两次平均试验结果的算术平均值作为测定值，两次试验的差值应不大于 2%，否则需重做试验。

8.4.5 集料的含水率检测

本试验的依据为 JTG E42 T0304—2005《公路工程集料试验规程》。

8.4.5.1 粗集料含水率试验

1. 试验目的与适用范围

本方法适用于测定碎石或砾石等各种粗集料的含水率。

2. 主要仪器设备

(1) 烘箱。能控温在 (105±5)℃。

(2) 天平。称量 5kg，感量不大于 5g。

(3) 容器。浅盘等。

3. 试验步骤

(1) 根据最大粒径，按表 8.8 的方法取代表性试样，分成两份备用。

表 8.8 粗集料含水率测定最小取样质量

公称最大粒径 (mm)	4.75	9.5	13.2	16	19	26.5	31.5	37.5	53	63	75
每一份试样最小质量 (kg)	2	2	2	2	2	2	3	3	4	4	6

(2) 将试样置于干净的容器中，称量试样和容器的总质量 m_2，并在 105℃±5℃的烘箱中烘干至恒重。

(3) 取出试样，冷却后称取试样与容器的总质量 m_3。

4. 结果处理

含水率按式 (8.33) 计算，精确至 0.1%。

$$\omega=\frac{m_2-m_3}{m_3-m_1}\times 100 \tag{8.33}$$

式中 ω——粗集料的含水率，%；

m_1——容器质量，g；

m_2——烘干前试样与容器总质量，g；

m_3——烘干后试样与容器总质量，g。

以两次平行试验结果的算术平均值作为测定值。

8.4.5.2 细集料含水率试验

1. 试验目的与适用范围

本方法适用于测定各种细集料的含水率。

2. 主要仪器设备

(1) 烘箱。能控温在 (105±5)℃。

(2) 天平。称量 2kg，感量不大于 2g。

(3) 容器。浅盘等。

3. 试验步骤

取各约 500g 的代表性试样两份，分别放入已知质量为 m_1 的干燥容器中称量，记下每盘试样与容器的质量 m_2，将容器连同试样放入温度为 (105±5)℃的烘箱中烘干至恒重，称烘干后的试样与容器的总质量 m_3。

4. 结果处理

含水率同式 (8.33) 计算，精确至 0.1%。

以两次平行试验结果的算术平均值作为测定值。

8.4.6 细集料的筛分析（颗粒级配）检测

本试验的依据为 JTG E42 T0327—2005《细集料的筛分试验》。

8.4.6.1 试验目的与适用范围

本方法用于测定细集料（天然砂、人工砂、石屑）的颗粒级配及粗细程度。对水泥混凝土用细集料可采用干筛法，如果需要也可采用水洗法筛分；对沥青混合料及基层用细集料必须用水洗法筛分。

8.4.6.2 主要仪器设备

(1) 标准筛。

(2) 天平。称量 1000g，感量不大于 0.5g。

(3) 烘箱。能控温在 (105±5)℃。

(4) 摇筛机。

(5) 其他。浅盘和硬、软毛刷等。

8.4.6.3 试验方法

根据样品中最大粒径的大小，选用适宜的标准筛，通常为 9.5mm 筛（水泥混凝土用天然砂）或 4.75mm 筛（沥青路面及基层用天然砂、石屑、机制砂等）筛除其中的超粒径材料，然后在潮湿状态下充分拌匀，用四分法缩分至每份不少于 550g 的试样两份，在 (105±5)℃的烘箱中烘干至恒重，冷却至室温后备用。

1. 干筛法

(1) 准确称取烘干试样约 500g (m_1)，精确至 0.5g，置于套筛的最上面一只，即 4.75mm 筛上，将套筛装入摇筛机，摇筛约 10min，然后取出套筛，再按筛孔大小顺序，从最大的筛号开始，在清洁的浅盘上逐个进行手筛，直到每分钟的筛出量不超过筛上剩余量的 0.1%为止，将筛出通过的颗粒并入下一号筛，和下一号筛中的试样一起过筛，以此顺序进行，直到各号筛全部筛完为止。

（2）称量各筛筛余试样的质量，精确至 0.5g。所有各筛的分计筛余量和底盘中剩余量的总量与筛分前的试样总质量相比，其相差不得超过 1%。

2. 水筛法

（1）准确称取烘干试样约 500g（m_1），精确至 0.5g。

（2）将试样置于一洁净容器中，加入足够数量的洁净水，将集料全部淹没。

（3）用搅棒充分搅动集料，将集料表面洗涤干净，使细粉悬浮于水中，但不得有集料从水中溅出。

（4）用 1.18mm 筛和 0.075mm 筛组成套筛。仔细将容器中混有细粉的悬浮液徐徐倒出，经过套筛流入另一容器中，但不得将集料倒出。

（5）重复以上步骤，直至倒出的水洁净为止。

（6）将容器中的集料倒入搪瓷盘中，用少量水冲洗，使容器上黏附的集料颗粒全部进入搪瓷盘中，将筛子反扣过来，用少量的水将筛上的集料冲入搪瓷盘中。操作过程中不得有集料散失。

（7）将搪瓷盘连同集料一起置于（105±5）℃烘箱中烘干至恒重，称取干燥试样的总质量 m_2，精确至 0.1%。m_1 与 m_2 之差即为通过 0.075mm 筛的部分。

（8）将全部要求筛孔组成套筛（但不需 0.075mm 筛），将已经洗去小于 0.075mm 部分的干燥集料置于套筛上（一般为 4.75mm 筛），将套筛装入摇筛机，摇筛大约 10min，然后取出套筛，再按筛孔大小顺序，从最大的筛号开始，在清洁的浅盘上逐个进行手筛，直到每分钟的筛出量不超过筛上剩余量的 0.1%为止，将筛出通过的颗粒并入下一号筛，和下一号筛中的试样一起过筛，这样顺序进行，直到各号筛全部筛完为止。

（9）称量各筛筛余试样的质量，精确至 0.5g。所有各筛的分计筛余量和底盘中剩余量的总质量与筛分前的试样总质量 m_2 相比，其相差不得超过 1%。

8.4.6.4 结果处理

（1）分计筛余百分率。各号筛的分计筛余百分率为各号筛上的筛余量除以试样总量 m_1 的百分率，精确至 0.1%。对沥青路面细集料而言，0.15mm 筛下部分即为 0.075mm 的分计筛余，由上述步骤（7）所测得的 m_1 与 m_2 之差即为小于 0.075mm 的筛底部分。

（2）累计筛余百分率。各号筛的累计筛余百分率为该号筛及大于该号筛的各号筛的分计筛余百分率之和，精确至 0.1%。

（3）质量通过百分率。各号筛的质量通过百分率等于 100%减去该号筛累计筛余百分率，精确至 0.1%。

（4）根据各筛的累计筛余百分率或质量通过百分率，绘制级配曲线。

（5）天然砂的细度模数按式（8.34）计算：

$$M_x=\frac{(A_{0.15}+A_{0.3}+A_{0.6}+A_{1.18}+A_{2.36})-5A_{4.75}}{100-A_{4.75}} \tag{8.34}$$

式中　M_x——砂的细度模数；

$A_{0.15}$、$A_{0.3}$、…、$A_{4.75}$——0.15mm、0.3mm、…、4.75mm 各筛上的累计筛余百分率，%。

（6）筛分试验应进行两次平行试验，以其试验结果的算术平均值作为测定值。如两次试验所得的细度模数之差大于 0.2 时，应重新进行试验。

8.4.7 粗集料的筛分析（颗粒级配）检测

本试验的依据为 JTG E42 T0302—2005《粗集料的筛分试验》。

8.4.7.1 试验目的与适用范围

本方法适用于测定粗集料（碎石、砾石、矿渣等）的颗粒组成，对水泥混凝土用粗集料可采用干筛法筛分，对沥青混合料及基层用粗集料必须采用水洗法试验。

8.4.7.2 主要仪器设备

（1）试验筛。根据需要选用规定的标准筛。

（2）天平或台秤。感量不大于试样质量的 0.1%。

（3）其他。盘子、铲子、毛刷等。

8.4.7.3 试验方法

将来料用四分法缩分至表 8.9 要求的试样所需量，风干后备用。每种试样准备两份，分别供水洗法和干筛法筛分使用。根据需要可按要求的最大粒径的筛孔尺寸过筛，除去超粒径部分颗粒后，再进行筛分。对于水泥混凝土用粗集料，如果没有要求，也可不进行水洗，只进行干筛筛分。

表 8.9　　粗集料筛分析试验所需试样的最少质量

公称最大粒径（mm）	75	63	37.5	31.5	26.5	19	9.5	4.75
试样质量不小于（kg）	10	8	5	4	2.5	2	1	0.5

1. 干筛法

（1）取试样一份置于（105±5）℃烘箱中烘干至恒重，称取干燥试样的总质量 m_0，精确至 0.1%。

（2）用搪瓷盘作筛分容器，按筛孔大小排列顺序逐个将集料过筛，人工筛分时，需使集料在筛面上同时有水平方向及上下方向的不停顿运动，使小于筛孔的集料通过筛孔，直至 1min 内通过筛孔的质量小于筛上残余量的 0.1%为止。当采用摇筛机筛分时，应在摇筛机筛分后再逐个由人工补筛。将筛出通过的颗粒并入下一号筛，和下一号筛中的试样一起过筛，顺序进行，直至各号筛全部筛完为止。应确认 1min 内通过筛孔的质量确实小于筛上残余量的 0.1%为止。

（3）如果某个筛上的集料过多，影响筛分作业时，可以分两次筛分。当筛余颗粒的粒径大于 19mm 时，筛分过程中允许用手指轻轻拨动颗粒，但不得逐颗塞过筛孔。

（4）称取每个筛上的筛余量，精确至总质量的 0.1%。各筛分计筛余质量及筛底存量的总和 m_3 与筛分前试样的总质量 m_0 相比，其相差不得超过 m_0 的 0.5%。

2. 水洗法

（1）取一份试样，将试样置于（105±5）℃烘箱中烘干至恒重，称取干燥试样的总质

量 m_1，精确至0.1%。

(2) 将试样置于一洁净容器中，加入足够数量的洁净水，将集料全部淹没。

(3) 用搅棒充分搅动集料，使集料表面洗涤干净，使细粉悬浮于水中，但不得破碎集料或有集料从水中溅出。

(4) 根据集料粒径大小选择组成一组套筛，其底部为0.075mm标准套筛，上部为2.36mm或4.75mm筛。仔细将容器中混有细粉的悬浮液倒出，经过套筛流入另一容器中，尽量不将粗集料倒出，以免损坏标准筛筛面。

(5) 重复以上步骤，直至倒出的水洁净为止。

(6) 将套筛每个筛子上的集料和容器中的集料全部回收在一个搪瓷盘中，容器上不得有黏附的集料颗粒。

注：粘在0.075mm筛面上的细粉很难回收入搪瓷盘，此时需将筛子倒扣在搪瓷盘上用少量的水并助以毛刷将细粉刷落入搪瓷盘，并注意不要散失。

(7) 在确保细粉不散失的前提下，小心泌去搪瓷盘中的积水，将搪瓷盘连同集料一起置于(105±5)℃烘箱中烘干至恒重，称取干燥试样的总质量 m_2，精确至0.1%。以 m_1 和 m_2 之差作为0.075mm的筛下部分。

(8) 将回收的干燥集料按干筛法筛分出0.075mm筛以上各筛的筛余量，此时0.075mm筛下部分应为0，如果尚能筛出，则应将其并入水洗得到的0.075mm的筛下部分，且表示洗得不干净。

8.4.7.4 结果处理

1. 干筛法

(1) 分计筛余百分率。各号筛上的分计筛余百分率按式(8.35)计算，但0.075mm筛不计算分计筛余，精确至0.1%。

$$a_i=\frac{m_i}{m}\times 100\% \tag{8.35}$$

式中 a_i——各号筛上的分计筛余百分率，%；

m_i——各号筛上的分计筛余，g；

m——用于干筛的干燥集料总质量，g；

i——0.15mm、0.3mm、0.6mm、…至集料最大粒径。

(2) 累计筛余百分率。各号筛的累计筛余百分率为该号筛及大于该号筛的各号筛的分计筛余百分率之和。

(3) 各号筛的质量通过百分率。各号筛的质量通过百分率等于100减去该号筛累计筛余百分率，精确至0.1%。

(4) 根据需要，绘制集料筛分曲线。

2. 水洗法

(1) 集料中通过0.075的含量按式(8.36)计算，精确至0.1%。

$$P_{0.075}=\frac{m_1-m_2}{m_1}\times 100\% \tag{8.36}$$

式中 $P_{0.075}$——集料中小于0.075mm的含量(通过率)，%；

m_1——用于水洗后的干燥集料的总质量，g；

m_2——集料水洗后的干燥质量，g。

（2）其他各筛的分计筛余百分率、累计筛余百分率、质量通过百分率，计算方法与干筛法相同。

8.5　普通水泥混凝土性能检测

8.5.1　水泥混凝土拌和物的拌和及现场取样方法

本试验的依据为JTG E30 T0521—2005《公路水泥及水泥混凝土试验规程》。

8.5.1.1　试验目的与适用范围

本方法规定了在常温环境中室内水泥混凝土拌和物的拌和与现场取样方法。

轻质水泥混凝土、防水水泥混凝土、碾压水泥混凝土等其他特种水泥混凝土的拌和与现场取样方法，可以参照本方法进行，但因其特殊性所引起的对试验设备及方法的特殊要求，均应遵照对这些水泥混凝土的有关技术规定进行。

8.5.1.2　主要仪器设备

（1）搅拌机。自由式或强制式。

（2）振动台。标准振动台，符合JG/T 245—2009《混凝土试验用振动台》的要求。

（3）磅秤。感量满足称量总量1%的磅秤。

（4）天平。感量满足称量总量0.5%的天平。

（5）其他。铁板、铁铲等。

8.5.1.3　试验准备

（1）所有材料均应符合有关要求，拌和前材料应放置于温度（20±5）℃的室内。

（2）为防止粗集料的离析，可将集料按不同粒径分开，使用时再按一定比例混合。试样从抽取至试验完毕过程中，不要风吹日晒，必要时应采取保护措施。

8.5.1.4　试验步骤

1. 水泥混凝土拌和物的拌和

（1）拌和时保持室温（20±5）℃。

（2）拌和物的总量至少应比所需量高20%以上。拌制混凝土的材料用量应以质量计，称量的精确度：集料为±1%，水、水泥、掺合料和外加剂为±5%。

（3）粗集料、细集料均以干燥状态为基准，计算用水量时应扣除粗集料、细集料的含水率。

注意：干燥状态是指含水率小于0.5%的细集料和含水率小于0.2%的粗集料。

（4）外加剂的加入。对于不溶于水或难溶于水且不含潮解型盐类，应先和一部分水泥拌和，以保证充分分散。对于不溶于水或难溶于水但含潮解型盐类，应先和细集料拌和。对于水溶性或液体，应先加水拌和。其他特殊外加剂，应遵守有关规定。

（5）拌制混凝土所用各种用具（如铁板、铁铲、抹刀）应预先用水润湿，使用完后必须清洗干净。

（6）使用搅拌机前，应先用少量砂浆进行涮膛，再刮出涮膛砂浆，以避免正式拌和混凝土时水泥砂浆黏附筒壁的损失。涮膛砂浆的水灰比及砂灰比，应与正式的混凝土配合比相同。

(7) 用搅拌机拌和时，拌和量宜为搅拌机公称容量的1/4～3/4。

(8) 搅拌机搅拌。按规定称好原材料，往搅拌机内顺序加入粗集料、细集料、水泥。开动搅拌机，将材料拌和均匀，在拌和过程中徐徐加水，全部加料时间不宜超过2min。水全部加入后，继续拌和约2min，然后将拌和物倾出在铁板上，再经人工翻拌1～2min，务必使拌和物均匀一致。

(9) 人工拌和。采用人工拌和时，先用湿布将铁板、铁铲润湿，再将称好的砂和水泥在铁板上拌匀，加入粗集料，再混合搅拌均匀。然后将此拌和物堆成长堆，中心扒成长槽，将称好的水倒入约一半，将其与拌和物仔细拌匀，再将材料堆成长堆，扒成长槽，倒入剩余的水，继续进行拌和，来回翻拌至少6遍。

(10) 从试样制备完毕到开始做各项性能试验不宜超过5min（不包括成型试件）。

2. 现场取样

(1) 新混凝土现场取样。凡由搅拌机、料斗、运输小车以及浇制的构件中采取新拌混凝土代表性样品时，均须从三处以上的不同部位抽取大致相同分量的代表性样品（不要抽取已经离析的混凝土），集中用铁铲翻拌均匀，之后立即进行拌和物的试验。拌和物取样量应多于试验所需数量的1.5倍，其体积不小于20L。

(2) 为使取样具有代表性，宜采用多次取样的方法，最后集中用铁铲翻拌均匀。

(3) 从第一次取样到最后一次取样不宜超过15min。取回的混凝土拌和物应经过人工再次翻拌均匀，而后进行试验。

8.5.2 水泥混凝土拌和物和易性检测

本试验的依据为JTG E30 T0523—2005《公路水泥及水泥混凝土试验规程》。

8.5.2.1 试验目的与适用范围

本方法适用于测定混凝土拌和物的和易性，为混凝土配合比设计、混凝土拌和物质量评定提供依据。

8.5.2.2 主要仪器设备

1. 坍落度法

(1) 坍落度筒。底部内径（200±2）mm，顶部内径（100±2）mm，高度（300±2）mm的截圆锥形金属筒，内壁必须光滑，如图8.20和图8.21所示。

(2) 其他。捣棒：直径16mm、长650mm的钢棒，端部应磨圆；钢直尺、小铲、泥抹及漏斗。

2. 维勃稠度法（V·B法）。

(1) 维勃稠度仪。由振动台、容器、坍落度筒、旋转架四部分组成，如图8.22所示。

(2) 其他。同坍落度法。

8.5.2.3 试验方法

1. 坍落度法

(1) 试验目的。坍落度为表示混凝土拌和物稠度的一种指标，测定的目的是判定混凝土稠度是否满意要求，同时为混凝土配合比设计提供依据；本试验适用于集料最大粒径不大于37.5mm、坍落度不小于10mm的混凝土。

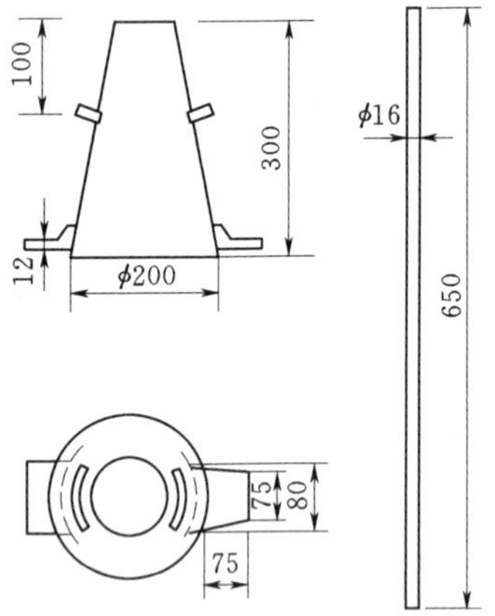

图8.20 坍落度筒及捣棒（单位：mm）

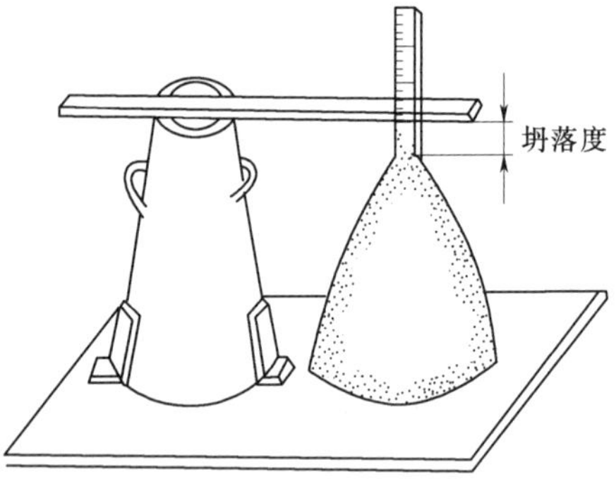

图8.21 坍落度测定

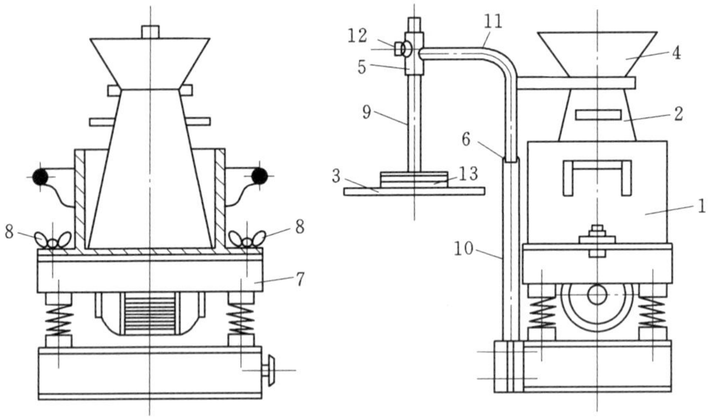

图8.22 混凝土拌和物维勃稠度测定仪

1—容量筒；2—坍落度筒；3—圆盘；4—漏斗；5—套筒；6—定位螺钉；7—振动台；8—固定螺钉；9—测杆；10—支柱；11—旋转架；12—测杆螺钉；13—荷重块

（2）试验步骤。

1）润湿坍落度筒及其他用具，把筒放在不吸水的刚性水平底板上，双脚踩住脚踏板，使坍落度筒在装料时保持位置固定。

2）用小铲将试样分三层装入筒内，捣实后每层高度为筒高的1/3左右。每层用捣棒在截面上沿螺旋方向由外向中心均匀插捣25次。插捣底层时，捣棒应贯穿整个深度；插捣第二层和顶层时，捣棒应插捣至下一层10～20mm。顶层装填应灌至高出筒口，插捣过程中，如混凝土沉落至低于筒口，应随时添加。顶层插捣完后，刮去多余的混凝土并用抹刀抹平。

3）清除筒边混凝土并垂直平稳地提起坍落度筒（提离过程应在5～10s完成），将筒放在拌和物试件一旁，量测筒高与坍落后混凝土试体顶部中心点之间的高度差（mm），即为坍落度值，精确至1mm。从开始装料至提起坍落度筒的整个过程应不间断进行，并应在 2～3min 完成。

4）坍落度筒提离后，如混凝土发生崩坍或一边剪坏现象，则应重新取样再测。若第二次仍出现上述现象，则表示该混凝土和易性不好，应予记录。

5）观察黏聚性。用捣棒在已坍落的混凝土锥体侧面轻轻敲打，若锥体逐渐下沉，表示黏聚性良好；若锥体倒坍、部分崩裂或出现离析现象，则表示黏聚性不好。

6）观察保水性。保水性以混凝土拌和物中稀浆析出程度来评定（分多量、少量、无三级）。多量指提起坍落筒后，有较多水分从底部析出；少量指提起坍落筒后，有少量水分从底部析出；无指提起坍落筒后，没有水分从底部析出。

7）评判插捣时的棍度（分上、中、下三级），以综和判定黏聚性。上：表示容易插捣；中：表示插捣时稍有阻滞感觉；下：表示很难插捣。

8）评定镘刀抹平程度（分多、中、少三级），综合判定含砂情况。少：用镘刀抹混凝土拌和物时，抹 1～2 次就可使混凝土表面平整无蜂窝。中：抹 4～5 次就可使混凝土表面平整无蜂窝。多：抹面困难，抹 8～9 次后混凝土表面仍不能消除蜂窝。

（3）结果计算及注意事项。

1）混凝土拌和物坍落度以 mm 计，结果精确至 5mm。

2）在测定新拌混凝土工作性时，实测坍落度若与要求坍落度不符，要求调整材料组成，重新拌和，重新测定，直至符合要求为止，提出基准配合比。

2. 维勃稠度法

（1）试验目的。本试验是用维勃时间来测定混凝土拌和物的稠度，适用于集料最大粒径不大于 37.5mm、维勃稠度为 5～30s 的干硬性混凝土的稠度测定。

（2）试验步骤。

1）用湿布润湿容器、坍落度筒等用具。

2）装试样同坍落度法。

3）提起坍落度筒，将维勃稠度仪上的透明圆盘转至混凝土锥体试样顶面。

4）开启振动台并起动秒表，在透明圆盘底面被试样布满的瞬间停表计时，关闭振动台。

5）记录秒表上的时间（精确至 1s），即为该混凝土拌和物的维勃值。

（3）结果处理。秒表所表示时间即为混凝土拌和物稠度的维勃时间，以两次试验结果平均值为结果。路面混凝土的稠度对照分级，见表 8.10。

表 8.10　　路面混凝土的稠度对照分级表

级　别	维勃时间（s）	坍落度（mm）	级　别	维勃时间（s）	坍落度（mm）
特干硬	18～32	—	低塑	3～5	25～75
很干稠	10～18	—	塑性	0～3	75～125
干稠	5～10	0～25	液态	—	>125

8.5.3 水泥混凝土的力学强度检测

本试验的依据为 JTG E30 T0553—2005、JTG E30 T0558—2005《公路水泥及水泥混

凝土试验规程》。

8.5.3.1　水泥混凝土的抗压强度试验

1. 试验目的与适用范围

本方法主要用于测定混凝土立方体抗压强度，评定混凝土的质量。

2. 主要仪器设备

（1）压力试验机。精度不低于±2%，其量程应能使试件的预期破坏荷载值不少于安全值。

（2）试模。由铸铁和钢制成，应具有足够的刚度并便于拆装。试模尺寸应根据集料最大粒径确定。

（3）捣实设备。可选用下列两种之一：①振动台：频率为50Hz±3Hz，空载时振幅约为0.5mm；②捣棒：直径16mm，长650mm，一端为弹头形。

（4）养护室。标准养护室温度应为（20±3)℃，相对湿度在95%以上。

3. 试验方法

（1）制作试件前检查试模，拧紧螺栓并清刷干净。在其内壁涂上一薄层矿物油脂。一般以三个试件为一组。

（2）依混凝土设备条件、现场施工方法及混凝土稠度可采用下列两种方法之一进行成型。

①振动台成型（坍落度小于90mm）。将拌和物一次装入试模，振动应持续到表面呈现水泥浆为止。

②人工插捣（坍落度大于90mm）。每层装料厚度不应大于100mm，用捣棒按螺旋方向从边缘向中心均匀进行插捣。每层插捣次数依试件截面而定，一般每100cm不少于12次。

（3）试件成型后，在混凝土初凝前1～2h需将表面抹平。用湿布或塑料布覆盖，在(20±5)℃室内静置1d（不得超过2d)，然后编号拆模。拆模后的试件，应立即送养护室养护，试件之间应保持10～20mm的距离，并应避免用水直接冲淋试件。

（4）破型

1）试件从养护地点取出后，应尽快试验，以免试件内部的温度和湿度发生变化。

2）试压前应先擦拭表面，测量尺寸（精确至1mm）并检查其外观。

3）将试件安放在试验机下压板上，试件中心与下压板中心对准，试件承压面应与成型时的顶面垂直。开动试验机，当上压板与试件接近时，调整球座，均衡接触，以0.3～0.5MPa/s的速度连续而均匀地加荷，当试件接近破坏而开始迅速变形时，应停止调整油门，直至破坏，然后记录破坏荷载。

4. 结果计算与评定

（1）混凝土立方体抗压强度，按式（8.37）计算，精确至0.1MPa。

$$f_{cu}=\frac{P}{A} \tag{8.37}$$

式中　P——试件破坏荷载，N；

A——时间受压面积，mm^2。

(2) 以三个试件测值的算术平均值作为该组试件的抗压强度值。三个测值中的最大值或最小值，若有一个与中间值的差值超过中间值的15%时，则把最大值及最小值一并舍去，取中间值作为该组试件的抗压强度值。若有两个测值与中间值的差值超过中间值的15%，则该组试件的试验结果无效。

(3) 混凝土强度等级小于C60时，取150mm×150mm×150mm试件的抗压强度为标准值，非标准试件的抗压强度应乘以尺寸换算系数，换算系数见表8.11。

表8.11　　立方体抗压强度尺寸换算系数

试件尺寸（mm×mm×mm）	尺寸换算系数	试件尺寸（mm×mm×mm）	尺寸换算系数
100×100×100	0.95	200×200×200	1.05

8.5.3.2 混凝土抗弯拉强度试验

1. 试验目的与适用范围

本试验规定了测定混凝土抗弯拉（抗折）极限强度的方法，以提供设计参数，检查混凝土施工品质和确定抗折弹性模量试验加荷标准，适用于道路混凝土的直角小梁试件。

2. 主要仪器设备

(1) 试验机。50～300kN抗折试验机或万能试验机。

(2) 抗折试验装置。即三分点处双点加荷和三点自由支承式混凝土抗折强度与抗折弹性模量试验装置。

3. 试验准备

混凝土抗折强度试件为直角棱柱体小梁，标准试件尺寸为150mm×150mm×550mm，集料粒径应不大于37.5mm，如确有必要，容许采用100mm×100mm×400mm试件，集料粒径应不大于26.5mm。

混凝土抗弯拉强度试件应取同龄期者为一组，每组为同条件制作和养护的试件三个。

4. 试验步骤

(1) 试验前先检查试件，如试件中部1/3长度内有蜂窝（如大于ϕ7mm×2mm），该试件应立即作废，否则应在记录中注明。

(2) 在试件中部量出其宽度和高度，精确至1mm。

(3) 调整两个可移动支座，将试件安装在支座上，试件成型时的侧面朝上，几何对中后，务必使支座及承压面与活动船型垫块的接触面平稳、均匀，否则应垫平。

(4) 加荷时，应保持均匀、连续。当混凝土的强度等级小于C30时，加荷速度为0.02～0.05MPa/s；当混凝土的强度等级大于等于C30且小于C60时，加荷速度为0.05～0.08MPa/s；当混凝土的强度等级大于等于C60时，加荷速度为0.08～0.10MPa/s。当试件接近破坏而开始迅速变形时，不得调整试验机油门，直至试件破坏，记下破坏极限荷载F(N)。

5. 结果整理

(1) 当断面发生在两个加荷点之间时，抗折强度按式（8.38）计算：

$$f_f=\frac{FL}{bh^2} \tag{8.38}$$

式中 f_f——抗折强度，MPa；

F——试件破坏荷载，N；

L——支座间距，mm；

b——试件宽度，mm；

h——试件高度，mm。

（2）以三个试件测值的算术平均值为测定值。三个试件中最大值或最小值中如有一个与中间值之差超过中间值的 15%，则把最大值和最小值舍去，以中间值作为试件的抗弯拉强度；如果最大值和最小值与中间值之差值均超过中间值的 15%，则该组试验结果无效。

三个试件中如有一个断裂面位于加荷点外侧，则混凝土抗弯拉强度按另外两个试件的试验结果计算。如果这两个测值的差值不大于这两个测值中较小值的 15%，则以两个测值的平均值作为测试结果。否则结果无效。

如果有两根试件均出现断裂面位于加荷点外侧，则该组结果无效。

注意：断面位置在试件断块短边一侧的底面中轴线上量得。

抗弯拉强度计算精确到 0.01MPa。

采用 100mm×100mm×400mm 非标准试件时，在三分点加荷的试验方法同前，但所取得的抗折强度值应乘以尺寸换算系数 0.85。当混凝土强度等级大于等于 C60 时，应采用标准试件。

8.5.4 水泥混凝土的表观密度检测

8.5.4.1 试验目的与适用范围

本方法适用于测定混凝土拌和物的表观密度，计算 1m³ 混凝土的实际材料用量。同时，作为混凝土试验室配合比计算的依据。

8.5.4.2 主要仪器设备

（1）容量筒。其容积及尺寸见表 8.12。

表 8.12　容量筒选择

集料粒径（mm）	内　　径（mm）	高　　度（mm）	体　　积（L）
40	186±2	186±2	5
80	267	267	15
150（120）	467	467	80

（2）其他。振动台、捣棒、台秤等。

8.5.4.3 试验方法

（1）用湿布擦净筒内外，称出筒重，精确至 50g。

（2）根据拌和物稠度确定装料及捣实方法。坍落度大于 70mm 时，用捣棒捣实为宜。用 5L 容量筒时，分两层装入，每层插捣 15 次。用 15L、80L 容量筒时，每层高度不应大于 150mm，分别为 35 次、72 次。对坍落度不大于 70mm 的混凝土，以振动台振实为宜。一次将拌和物灌到高出容量筒口，装料时可用捣棒稍加插捣，振动过程中如混凝土沉落到低于筒口，应随时加混凝土，振动直至表面出浆为止。

(3) 用刮刀刮平筒口，表面若有凹陷应填平。将容量筒外壁擦净，称出混凝土与容量筒总质量，精确至50g。

8.5.4.4 结果计算

混凝土拌和物在捣实状态下的表观密度按式（8.39）计算，精确至10kg/m³。

$$\rho_h=\frac{m_2-m_1}{V} \tag{8.39}$$

式中 ρ_h——混凝土表观密度，kg/m³；

m_1——容量筒的质量，kg；

m_2——捣实或振实后混凝土和容量筒总质量，kg；

V——容量筒的体积，L。

8.6 建筑砂浆性能检测

本试验的依据为JTJ /T 70—2009《建筑砂浆基本性能试验方法标准》。

8.6.1 建筑砂浆的取样及试样制备

8.6.1.1 建筑砂浆的取样

(1) 砂浆试验用料应根据不同要求，可从同一盘搅拌机或同一车运送的砂浆中取出，取样量不应少于试验所需量的4倍；或在试验室用机械或人工单独拌制。

(2) 施工中取样进行砂浆试验时，其取样方法和原则按相应的施工验收规范执行。一般应在使用地点的砂浆槽中、运送车内或搅拌机出料口，从不同部位，至少取3处，取样数量应是试验用量的1～2倍。

(3) 砂浆拌和物取样后，应尽快进行试验。现场取来的试样，试验前应经人工略翻拌，使其质量均匀。

(4) 从取样完毕到开始进行各项性能试验，不宜超过15min。

8.6.1.2 建筑砂浆的试样制备

(1) 拌和用的材料应提前运入室内，室温应保持在（20±5)℃（需要模拟施工条件下所用的砂浆时，试验室原材料的温度宜保持与施工现场一致）。

(2) 试验用水泥和其他原料应与现场使用材料一致。水泥如有结块应通过0.9mm筛过筛。采用中砂为宜，其最大粒径小于4.75mm。

(3) 材料用量以质量计，称量的精确度：水泥、外加剂等为±0.5%；砂、石灰膏、黏土膏、粉煤灰和磨细生石灰粉为±1%。

(4) 在试验室搅拌砂浆时应采用机械搅拌，搅拌机应符合JG/T 3033—1996《试验用砂浆搅拌机》的规定，搅拌量不宜少于搅拌机容量的30%～70%。搅拌时间：对水泥砂浆和水泥混合砂浆，不得小于120s；对掺用粉煤灰和外加剂的砂浆，不宜小于180s。

8.6.2 建筑砂浆的稠度试验

8.6.2.1 试验目的与适用范围

本方法主要用于检验砂浆配合比，评定和易性；施工过程中控制砂浆的稠度，以达到控制用水量的目的。

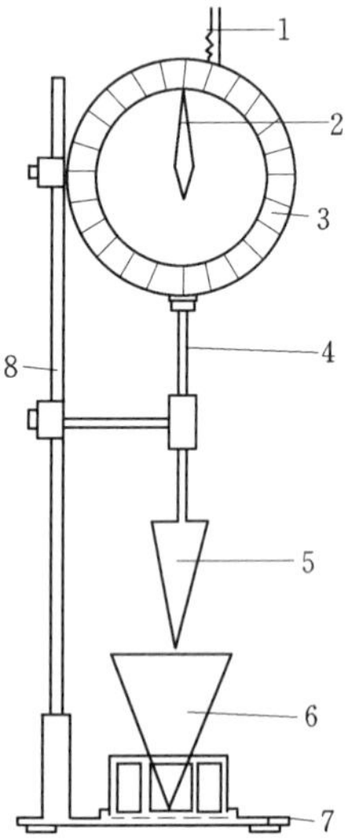

图 8.23 砂浆稠度测定仪
1—齿条测杆；2—指针；3—刻度盘；4—滑杆；5—圆锥体；6—圆锥桶；7—底座；8—支架

8.6.2.2 主要仪器设备

（1）砂浆稠度测定仪。主要构造有支架、底座、齿条测杆、带滑杆的圆锥体，如图 8.23 所示。带滑杆的圆锥体质量为 300g，圆锥体高度为 145mm，锥底直径为 75mm；刻度盘及盛砂浆的圆锥形金属筒，筒高为 180mm，锥底内径为 150mm。

（2）钢制捣棒。直径 10mm、长 350mm。

（3）其他。秒表等。

8.6.2.3 试验方法

（1）盛浆容器和试锥表面用湿布擦干净，并用少量润滑油轻擦滑杆滑动，使滑杆能自由。

（2）将砂浆拌和物一次装入金属筒内，砂浆表面约低于筒口 10mm。

（3）用捣棒自筒边向中心插捣 25 次，然后轻轻地将筒摇动和敲击 5～6 下，使砂浆表面平整，然后将筒移至测定仪底座上。

（4）拧开试锥杆的制动螺钉，向下移动滑杆，当试锥尖端与砂表面接触时，拧紧制动螺钉，使齿条测杆下端刚接触滑杆上端，并将指针对准零点上。

（5）拧开制动螺钉，同时记时间。待 10s 后立即固定螺钉，将齿条测杆下端接触滑杆上端，从刻度盘上读出下沉深度（精确至 1mm）即为砂浆稠度值。

（6）圆锥筒内砂浆只允许测定一次稠度，重复测定时应重新取样。如测定的稠度值不符合要求，可酌情加水或石灰膏，经重新拌和后再测定，直至稠度满足要求为止，但自拌和加水时算起，不得超过 30min。

8.6.2.4 结果处理

（1）取两次试验结果的算术平均值，计算精确至 1mm。

（2）两次试验值之差如大于 10mm，则应另取砂浆搅拌后重新测定。

8.6.3 建筑砂浆的分层度试验

8.6.3.1 试验目的与适用范围

本方法主要用于测定砂浆拌和物在运输或停放时内部组分的稳定性，用来评定和易性。

8.6.3.2 主要仪器设备

（1）砂浆分层度测定仪。由上、下两层金属圆筒及左右两根连接螺栓组成。圆筒内径为 150mm，上节高度为 200mm，下节带底净高为 100mm。上、下层连接处需加宽到 3～5mm，并设有橡胶垫圈，如图 8.24 所示。

（2）水泥胶砂振动台。SI－085 型，频率为 50Hz±3Hz。

（3）其他。稠度仪、木锤等。

8.6.3.3 试验方法

分层度试验一般采用标准法（也称为静置法），也可采用快速法，但如有争议时，则以标准法为准。

1. 标准法

（1）将砂浆拌和物按稠度试验方法测其稠度（沉入度）K_1。

（2）将砂浆拌和物一次装入分层度筒内，待装满后，用木锤在容器周围距离大致相等的四个不同位置分别轻轻敲击 1～2 下，如砂浆沉落到低于筒口，则应随时添加，然后刮去多余砂浆并用抹刀抹平。

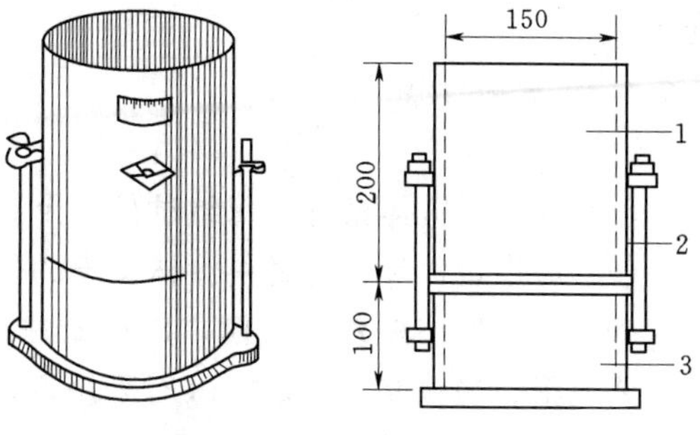

图 8.24 砂浆分层度测定仪（单位：mm）
1—无底圆筒；2—连接螺栓；3—有底圆筒

（3）静置 30min 后，去掉上节 200mm 砂浆，将剩余的 100mm 砂浆倒出放在拌和锅内拌 2min，按上述稠度测定方法测其稠度 K_2。

2. 快速法

（1）按稠度试验方法测其稠度 K_1。

（2）将分层度筒预先固定在振动台上，砂浆一次装入分层度筒内，振动 20s。去掉上节 200mm 砂浆，剩余 100mm 砂浆倒出放在拌和锅内拌 2min，再按稠度试验方法测其稠度 K_2。

8.6.3.4 结果处理

（1）两次测得的稠度之差，为砂浆分层度值，以 mm 计，即 $\Delta = K_1 - K_2$。

（2）取两次试验结果的算术平均值作为该砂浆的分层度值。

（3）两次分层度试验值之差如果大于 10mm，应重做试验。

8.6.4 建筑砂浆立方体抗压强度试验

8.6.4.1 试验目的与适用范围

通过砂浆的抗压强度试验，检测砂浆配合比和强度等级是否满足设计要求、施工要求。

8.6.4.2 主要仪器设备

（1）砂浆试模。尺寸为 70.7mm×70.7mm×70.7mm 的带底试模，由铸铁或钢制成，应具有足够的刚度并拆装方便。试模的内表面应机械加工，其不平度应为每 100mm 不超过 0.05mm，组装后各相邻面的不垂直度不应超过±0.5°。

（2）钢制捣棒。直径为 10mm，长为 350mm，端部应磨圆。

（3）压力试验机。精度为 1%，试件破坏荷载应不小于压力机量程的 20%，且不大于全量程的 80%。

（4）垫板。试验机上、下压板及试件之间可垫以钢垫板，垫板的尺寸应大于试件的承压面，其平面度应为每 100mm 不超过 0.02mm。

（5）振动台。空载中台面的垂直振幅应为 0.5mm±0.05mm，空载频率应为 50Hz±3Hz，空载台面振幅均匀度不大于 10%，一次试验至少能固定（或用磁力吸盘）三个试模。

8.6.4.3 试验方法

1. 试件制作

(1) 采用立方体试件，每组试件三个。

(2) 应用黄油等密封材料涂抹试模的外接缝，试模内涂刷薄层机油或脱模剂，将拌制好的砂浆一次性装满砂浆试模，成型方法根据稠度而定。当稠度不小于 50mm 时采用人工振捣成型，当稠度小于 50mm 时采用振动台振实成型。

1) 人工振捣。用捣棒均匀地由边缘向中心按螺旋方式插捣 25 次，插捣过程中如砂浆沉落低于试模口，应随时添加砂浆，可用油灰刀插捣数次，并用手将试模一边抬高 5～10mm 各振动 5 次，使砂浆高出试模顶面 6～8mm。

2) 机械振动。将砂浆一次装满试模，放置到振动台上，振动时试模不得跳动，振动 5～10s 或持续到表面出浆为止，不得过振。

(3) 待表面水分稍干后，将高出试模部分的砂浆沿试模顶面刮去并抹平。

2. 试件养护

(1) 试件制作后应在室温为 (20±5)℃的环境下静置 (24±2) h，当气温较低时，可适当延长时间，但不应超过两昼夜，然后对试件进行编号、拆模。

(2) 试件拆模后应立即放入温度为 (20±2)℃，相对湿度为 90%以上的标准养护室中养护。养护期间，试件彼此间隔不小于 10mm，混合砂浆试件上面应覆盖以防有水滴在试件上。

3. 立方体试件抗压强度试验

(1) 试件从养护地点取出后应及时进行试验。试验前将试件表面擦拭干净，测量尺寸，并检查其外观。并据此计算试件的承压面积，如实测尺寸与公称尺寸之差不超过 1mm，可按公称尺寸进行计算。

(2) 将试件安放在试验机的下压板（或下垫板）上，试件的承压面应与成型时的顶面垂直，试件中心应与试验机下压板（或下垫板）中心对准。

(3) 开动试验机，当上压板与试件（或上垫板）接近时，调整球座，使接触面均衡受压。承压试验应连续而均匀地加荷，加荷速度应为 0.25～1.5kN/s（砂浆强度不大于 5MPa 时，宜取下限；砂浆强度大于 5MPa 时，宜取上限），当试件接近破坏而开始迅速变形时，停止调整试验机油门，直至试件破坏，然后记录破坏荷载。

8.6.4.4 结果计算与评定

砂浆立方体抗压强度应按式 (8.40) 计算：

$$f_{m,cu}=\frac{N_u}{A} \tag{8.40}$$

式中 $f_{m,cu}$——砂浆立方体试件抗压强度，MPa，精确至 0.1MPa；

N_u——破坏荷载，N；

A——试件承压面积，mm^2。

砂浆立方体试件抗压强度应精确至 0.1MPa。

以三个试件测值的算术平均值的 1.35 倍作为该组试件的砂浆立方体试件抗压强度平

均值（精确至0.1MPa）。

当三个测值的最大值或最小值中如有一个与中间值的差值超过中间值的15%时，则把最大值及最小值一并舍除，取中间值作为该组试件的抗压强度值；如有两个测值与中间值的差值均超过中间值的15%时，则该组试件的试验结果无效。

8.7 沥青性能检测

8.7.1 石油沥青的针入度检测

本试验的依据为JTG E20 T0604—2011《石油沥青针入度测定法》。

8.7.1.1 试验目的与适用范围

本方法适用于测定道路石油沥青、聚合物改性沥青针入度以及液体石油沥青蒸馏或乳化沥青蒸发后残留物的针入度。其标准试验条件为25℃，荷重100g，针入度贯入时间为5s，以0.1mm计。

针入度指数用以描述沥青的温度敏感性，宜在15℃、25℃、30℃三个或三个以上温度条件下测定针入度后按规定的方法计算得到，若30℃时的针入度值过大，可采用5℃代替。

8.7.1.2 主要仪器设备

(1) 针入度仪（图8.25）。凡能保证针和针连杆在无明显摩擦下垂直运动，并能指示标准针垂直贯入试样深度及精确至0.1mm的仪器均可使用。针和针连杆组合件总质量为(50±0.05)g，另附(50±0.05)g砝码一只，以供试验时适合总质量(100±0.05)g的需要。仪器设有放置平底玻璃保温皿的平台，并有调节水平的装置，针连杆应与平台相垂直。仪器设有针连杆制动按钮，使针连杆可自由下落。针连杆易于装卸，以便检查其质量。仪器还设有可自由转动与调节距离的悬臂，其端部有一面小镜或聚光灯泡，借以观察针尖与试样表面接触情况。当为自动针入度仪时，基本要求与此项相同。温度采用温度传感器测定，针入度值采用位移计测定，并能自动显示和记录，对附有计时装置的，应对其准确性经常校验，以提高测试精密度。

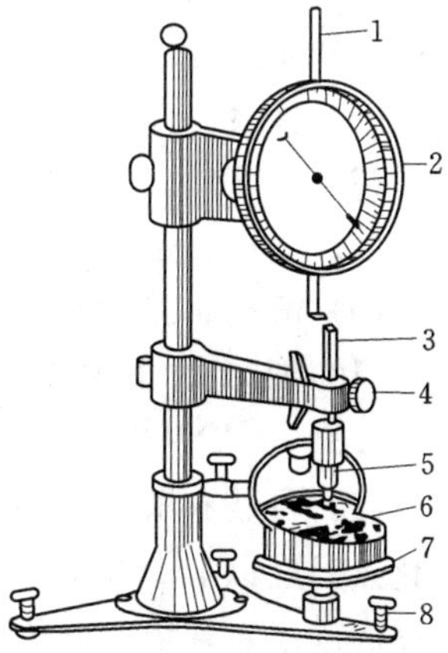

图8.25 沥青针入度仪

1—齿杆；2—度盘；3—连杆；4—按钮；5—镜；6—试样；7—转盘；8—地脚螺钉

(2) 标准针。由硬化回火的不锈钢制成，洛氏硬度为54～60HRC，表面粗糙度Ra0.2～0.3μm，针及针连杆总质量为(2.5±0.05)g，针连杆上应打印有号码标志。针应设有固定用装置盒（筒），以免碰撞针尖，每根针必须附有计量部门的检验单，并应定期进行检验，其形状及尺寸如图8.26所示。

(3) 盛样皿。金属制，圆柱形平底；小盛样皿的内径55mm，深35mm（适用于针入度小于200）；大盛样皿内径70mm，深45mm（适用于针入度200～350）；对针入度大于350的试样需使用特殊盛样皿，其深度不小于60mm，试样体积不少于125mL。

(4) 恒温水浴。容量不少于10L，控制温度±0.1℃。水中应备有一带孔的搁板

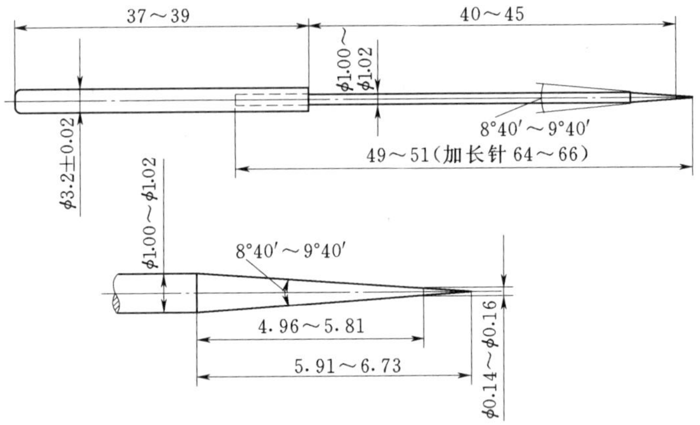

图 8.26 针入度试验用标准针

(台)，位于水面下不小于 100mm，距水浴底不少于 50mm 处。

(5) 平底玻璃皿。容量不少于 1L，深度不少于 80mm。内设有一个不锈钢三脚支架，能使盛样皿稳定。

(6) 秒表。分度 0.1s。

(7) 温度计。0～50℃，分度 0.1℃。

(8) 盛样皿盖。平板玻璃，直径不小于盛样皿开口尺寸。

(9) 溶剂。三氯乙烯等。

(10) 其他。电炉或砂浴、石棉网、金属锅或瓷把坩埚等。

8.7.1.3 试验方法

(1) 将装有试样的盛样皿带盖放入恒温烘箱中，若石油沥青中无水分，烘箱温度宜在软化点温度以上 90℃，通常为 135℃左右；若石油沥青中含有水分，将盛样皿放在可控制温度的砂浴、油浴、电热套上加热脱水，当采用电炉、煤气炉脱水时，必须加放石棉垫。时间不超过 30min，加热时应用玻璃棒轻轻搅拌，以防局部过热。在沥青温度不超过 100℃的条件下仔细脱水至无泡沫为止，最后的加热温度不超过软化点以上 100℃（石油沥青）或 50℃（煤沥青），用筛孔为 0.6mm 的筛过滤出杂质。

(2) 将试样注入盛样皿中，试样高度应超过预计针入度值 10mm，并遮盖盛样皿，以防落入灰尘。盛有试样的盛样皿在 15～30℃空气中冷却 1～1.5h（小盛样皿）、1.5～2h（大盛样皿）或 2～2.5h（特殊盛样皿）后，移入保持规定试验温度±0.1℃的恒温水浴中 1～1.5h（小盛样皿）、1.5～2h（大盛样皿）或 2～2.5h（特殊盛样皿）。

(3) 调整针入度仪使之水平，检查针连杆和导轨，以确认无水和其他外来物，无明显摩擦。用三氯乙烯或其他溶剂清洗标准针，并用棉花拭干。将标准针插入针连杆，用螺钉紧固。按试验条件，放好附加砝码。

(4) 取出达到恒温的盛样皿，放入水温控制在试验温度±0.1℃（可用恒温水浴中的水）的平底玻璃皿中的三脚支架上，试样表面以上的水层深度不少于 10mm。

(5) 将盛有试样的平底玻璃皿置于针入度仪的平台上，慢慢放下针连杆，用放置于适当位置的反光镜或灯光反射观察，使针尖恰好与试样表面接触。拉下刻度盘的拉杆，使其与针连杆顶端轻轻接触，调节刻度盘或深度指示器的指针指示为零。

（6）开动秒表，在指针正指 5s 的瞬间，用手紧压按钮，使标准针自动下落贯入试样，经规定时间，停压按钮使针停止移动。

注：当采用自动针入度仪时，计时与标准针落下贯入试样同时开始，至 5s 时自动停止。

（7）拉下刻度盘拉杆与针连杆顶端接触，读取刻度盘指针或深度指示器的读数，精确至 0.5（0.1mm）。

（8）同一试样平行试验至少做三次，各测试点之间及与盛样皿边缘的距离不应少于 10mm。每次试验后，应将盛有盛样皿的平底玻璃皿放入恒温水浴，使平底玻璃皿中水温保持试验温度。每次试验应换一根干净的标准针或将标准针取下，用蘸有三氯乙烯溶剂的棉花或布洗净，再用干棉花或布擦干。

（9）测定针入度大于 200 的沥青试样时，至少用三支标准针，每次试验后将针留在试样中，直至三次平行试验完成后，才能把标准针从试样中取出。

8.7.1.4 结果处理

同一试样三次平行试验结果的最大值和最小值之差在允许偏差范围内时，见表 8.13。计算三次试验结果的平均值，取至整数作为针入度试验结果，以 0.1mm 为单位。当试验结果不符合表 8.13 的要求时，应重新进行试验。

表 8.13　针入度试验值允许偏差

针入度（0.1mm）	允许差值（0.1mm）	针入度（0.1mm）	允许差值（0.1mm）
0～49	2	150～249	12
50～149	4	250～500	20

当试验结果小于 50（0.1mm）时，重复性试验精度的允许差为 2（0.1mm），再现性试验精度的允许差为 4（0.1mm）。当试验结果等于或大于 50（0.1mm）时，重复性试验精度的允许差为平均值的 4%，再现性试验精度的允许差为平均值的 8%。

8.7.2 石油沥青的延度检测

本试验的依据为 JTG E20 T0605—2011《石油沥青延度测定法》。

8.7.2.1 试验目的与适用范围

本方法适用于测定道路石油沥青、聚合物改性沥青、液体石油沥青蒸馏或乳化沥青蒸发后残留物等材料的延度。

沥青的延度是指规定形状的试样在规定温度下，以一定速度拉伸至断开时的长度，以 cm 表示。

沥青延度通常采用的试验温度为 25℃、15℃、10℃或 5℃，拉伸速度（5±0.25）cm/min。当低温采用（1±0.05）cm/min 拉伸速度时，应在报告中注明。

8.7.2.2 主要仪器设备

（1）延度仪：将试件浸没于水中，能保持规定的试验温度及按照规定拉伸速度拉伸试件且试验时无明显振动的延度仪均可使用，其形状及组成如图 8.27 所示。

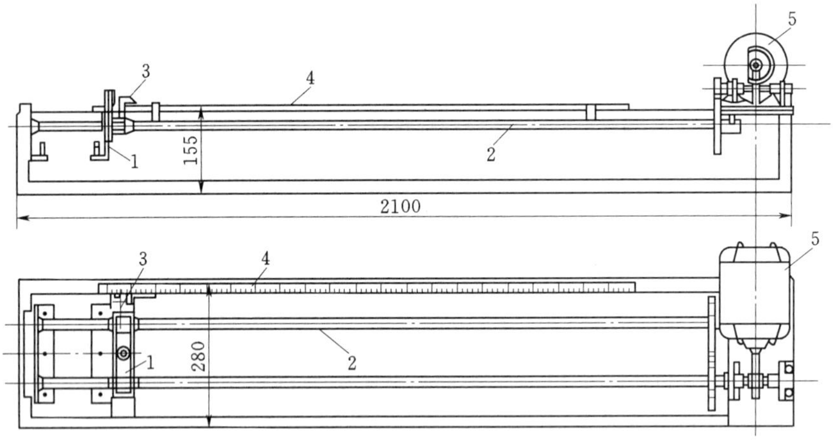

图 8.27　沥青延度仪（单位：mm）

1—滑动器；2—螺旋杆；3—指针；4—标尺；5—电动机

（2）试模：黄铜制，由两个端模和两个侧模组成，试模内侧表面粗糙度 $Ra0.2\mu m$，当装配完好后可浇注成表 8.14 尺寸的试件。

表 8.14　　**延度试样尺寸**　　单位：mm

总　　长	74.5～75.5	最小横断面宽	9.9～10.1
中间颈部长度	29.7～30.3	厚度（全部）	9.9～10.1
端部开始缩颈处宽度	19.7～20.3		

（3）试模底板：玻璃板或磨光的铜板、不锈钢板（表面粗糙度 $Ra0.2\mu m$）。

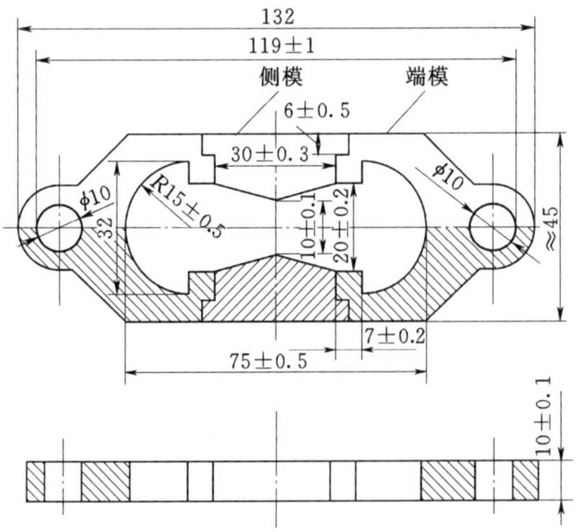

图 8.28　沥青延度试模（单位：mm）

（4）恒温水浴：容量不少于 10L，控制温度的准确度为 0.1℃，水浴中设有带孔搁架，搁架距水浴底不得少于 50mm，试件浸入水中的深度不小于 100mm。

（5）砂浴或其他加热炉具。

（6）温度计：0～50℃，分度 0.1℃。

（7）甘油滑石粉隔离剂（甘油与滑石粉的质量比 2∶1）。

（8）其他：平刮刀、石棉网、酒精、食盐等。

8.7.2.3　试验方法

（1）将隔离剂拌和均匀，涂于清洁干燥的试模底板和两个侧模的内侧表面，并将试模在试模底板上装妥，沥青延度试模如图 8.28 的示。

（2）将沥青试样仔细地自模的一端至另一端往返数次缓缓注入模中，最后略高出试模，灌模时应注意勿使气泡混入。

（3）试件在室温中冷却30～40min，然后置于规定试验温度±0.1℃的恒温水浴中；保持30min后取出，用热刮刀刮除高出试模的沥青，使沥青面与试模面齐平。沥青的刮法应自试模的中间刮向两端，且表面应刮得平滑。将试模连同底板再浸入规定试验温度的水浴中1～1.5h。

（4）检查延度仪延伸速度是否符合规定要求，然后移动滑板使其指针正对标尺的零点。将延度仪注水，并保温达试验温度±0.5℃。

（5）将保温后的试件连同底板移入延度仪的水槽中，然后将盛有试样的试模自玻璃板或不锈钢板上取下，将试模两端的孔分别套在滑板及槽端的金属柱上，并取下侧模，水面距试件表面应不小于25mm。

（6）开动延度仪，并注意观察试样的延伸情况。此时应注意，在试验过程中，水温应始终保持在试验温度规定范围内，且仪器不得有振动，水面不得有晃动。当水槽采用循环水时，应暂时中断循环，停止水流。

在测定时，如发现沥青细丝浮于水面或沉入槽底时，则应在水中加入酒精或食盐，调整水的密度至与试样相近后，重新试验。

（7）试件拉断时，读取指针所指标尺上的读数，以cm表示。在正常情况下，试件延伸时应成锥尖状，拉断时实际断面接近于零。如不能得到这种结果，则应在报告中注明。

8.7.2.4 结果处理

同一试样，每次平行试验不少于三个，如三个测定结果均大于100cm，试验结果记作“>100cm”；特殊需要也可分别记录实测值，如三个测定结果中，有一个以上的测定值小于100mm时，若最大值或最小值与平均值之差满足重复性试验精度要求，则取三个测定结果的平均值的整数作为延度试验结果；若平均值大于100cm，记作“>100cm”；若最大值或最小值与平均值之差不符合重复性试验精度要求时，试验应重新进行。

当试验结果小于100cm时，重复性试验精度的允许差为平均值的20%，再现性试验精度的允许差为平均值的30%。

8.7.3 石油沥青的软化点检测

本试验的依据为JTG E20 T0606—2011《石油沥青软化点测定法》。

8.7.3.1 试验目的与适用范围

本方法适用于测定道路石油沥青、聚合物改性沥青的软化点，也适用于测定液体石油沥青、煤沥青蒸馏物或乳化沥青蒸发残留物的软化点。

沥青的软化点是试样在规定尺寸的金属环内，上置规定尺寸和质量的钢球，放于水（或甘油）中，以（5±0.5）℃/min的速度加热，至钢球下沉达规定距离（25.4mm）时的温度，以℃表示。

8.7.3.2 主要仪器设备

（1）沥青环与球软化点试验仪（图8.29），由下列附件组成：

1）钢球。直径9.53mm，质量（3.5±0.05）g。

2）试样环。黄铜或不锈钢等制成，形状和尺寸如图 8.30 所示。

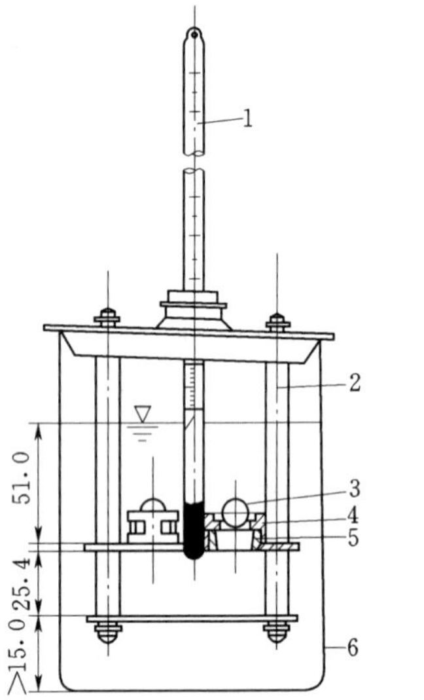

图 8.29 软化点试验仪（单位：mm）

1—温度计；2—立杆；3—钢球；4—钢球定位环；5—金属杯；6—烧杯

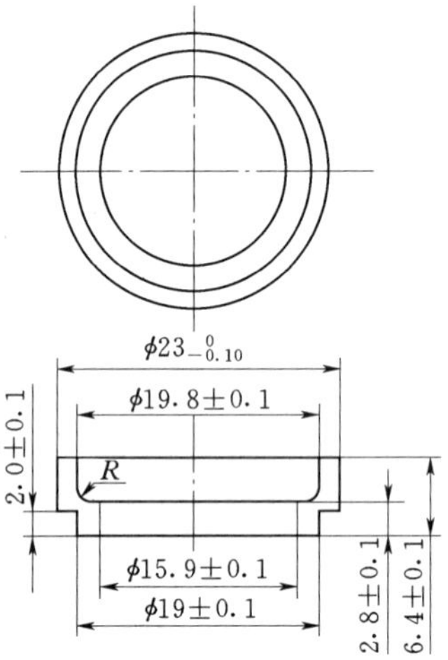

图 8.30 试样环（单位：mm）

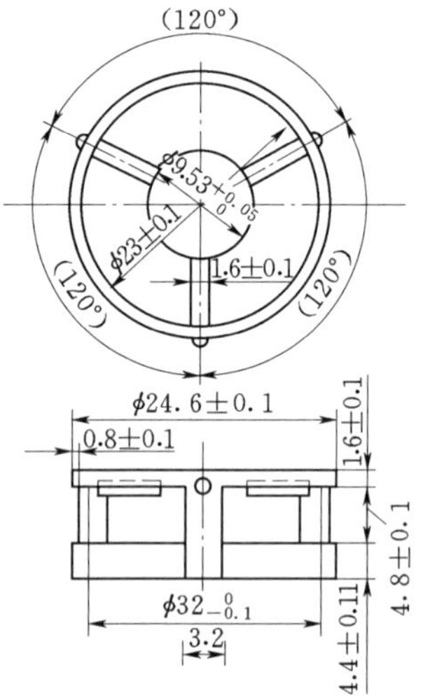

图 8.31 钢球定位环（单位：mm）

3）钢球定位环。黄铜或不锈钢制成，形状和尺寸如图 8.31 所示。

4）金属支架。由两根主杆和三层平行的金属板组成。上层为一圆盘，直径略大于烧杯直径。中间有一圆孔，用以插放温度计。中层板形状尺寸如图 8.32 所示，板上有两个孔，以供放置金属环，中间有一小孔可支持温度计的测温端部。一侧立杆距环上面 51mm 处刻有水高标记。环下面距下层底板为 25.4mm，而下底板距烧杯底不少于 12.7mm，也不得大于 19mm。三层金属板和两个主杆由两螺母固定在一起。

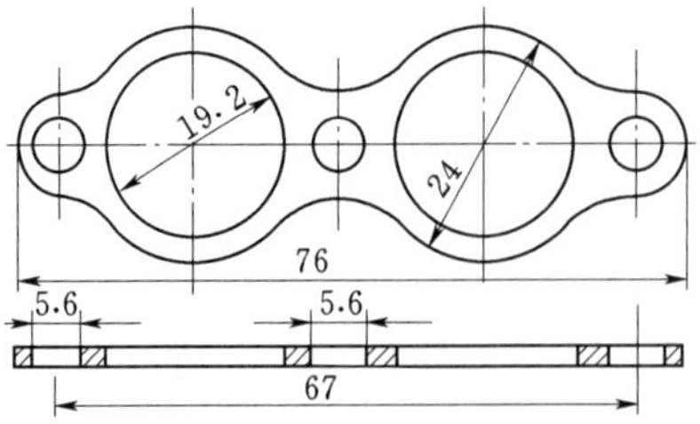

图 8.32 中层板（单位：mm）

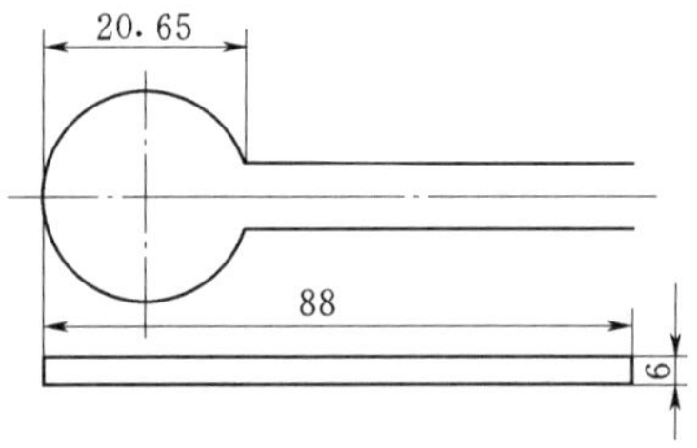

图 8.33 环夹（单位：mm）

5）烧杯。容量为 800～1000mL，直径不少于 86mm，高度不小于 120mm。

6）温度计。0～80℃，分度 0.5℃。

（2）环夹。由薄钢条制成，用以夹持金属环，以便刮平表面，形状和尺寸如图 8.33 所示。

（3）装有温度调节器的电炉或其他加热炉具。应采用带有振荡搅拌器的加热电炉，振荡子置于烧杯底部。

(4) 试样底板。金属板（表面粗糙度应达 $Ra0.8\mu m$）或玻璃板。

(5) 恒温水槽。控温的准确度为 0.5℃。

(6) 平直刮刀。

(7) 甘油滑石粉隔离剂（甘油与滑石粉的比例为质量比 2∶1)。

(8) 新煮沸过的蒸馏水。

(9) 其他。石棉网等。

8.7.3.3 试验方法

(1) 将试样环置于涂有甘油滑石粉隔离剂的试样底板上，与针入度试验相同的方法制备沥青试样，将准备好的沥青试样徐徐注入试样环内至略高出环面为止，如估计试样软化点高于 120℃，则试样环和金属板均应预热至 80～100℃。

(2) 试样在室温冷却 30min 后，用环夹夹着试样环并用热刮刀刮去高出环面上的试样，使之与环面齐平。

1) 试样软化点在 80℃以下者：

①将装有试样的试样环连同试样底板置于装有 (5±0.5)℃的恒温水槽水中至少 15min；同时将金属支架、钢球、钢球定位环等也置于相同水槽中。

②烧杯内注入新煮沸并冷却至 5℃的蒸馏水，水面略低于立杆上的深度标记。

③从恒温水槽中取出盛有试样的试样环放置在支架中层板的圆孔中，并套上钢球定位环，然后将整个环架放入烧杯中，调整水面至深度标记，并保持水温为 (5±0.5)℃。注意，环架上任何部分不得附有气泡。将 0～80℃的温度计由上层板中心孔垂直插入，使水银球底部与试样环下面齐平。

④将装有试样和环架的烧杯移至放有石棉网的加热炉具上，然后将钢球放在定位环中间的试样中央，立即开动振荡搅拌器，使水微微振荡，并开始加热，使杯中水温在 3min 内调节至维持每分钟上升 (5±0.5)℃。在加热过程中，应记录每分钟上升的温度值，如温度上升速度超出此范围时，则应重做试验。

⑤试样受热软化逐渐下坠，至与下层底板表面接触时，立即读取温度，精确至 0.5℃。

2) 试样软化点在 80℃以上者：

①将装有试样的试样环连同试样底板置于装有 (32±1)℃甘油的恒温槽中至少 15min；同时将金属支架、钢球、钢球定位环等也置于甘油中。

②在烧杯内注入预先加热至 32℃的甘油，其液面略低于立杆上的深度标记。

③从恒温槽中取出装有试样的试样环按上述 1) 的方法进行测定，精确至 1℃。

8.7.3.4 结果处理

同一试样平行试验两次，当两次测定值的差值符合重复性试验精度要求时，取其平均值作为软化点试验结果，精确至 0.5℃。

当试样软化点小于 80℃时，重复性试验精度的允许差为 1℃，再现性试验精度的允许差为 4℃。当试样软化点等于或大于 80℃时，重复性试验精度的允许差为 2℃，再现性试验精度的允许差为 8℃。

8.7.4 沥青的黏附性试验

8.7.4.1 试验目的与适用范围

沥青黏附性试验是根据沥青黏附在粗集料表面的薄膜，在一定温度下，受水的作用产生剥离的程度，以判断沥青与集料表面的黏附性能。根据沥青混合料的最大集料粒径，对于大于13.2mm及小于（或等于）13.2mm的集料分别选用水煮法或水浸法进行试验。对同一种料源既有大于又有小于13.2mm不同粒径的集料时，取大于13.2mm水煮法试验为标准，对细粒式沥青混合料以水浸法试验为标准。

8.7.4.2 主要仪器设备

（1）天平。称量500g，感量不大于0.01g。

（2）恒温水槽。能保持温度（80±1)℃。

（3）拌和用小型容器。500mL。

（4）烧杯。1000mL。

（5）试验架。

（6）细线。尼龙线或棉线、铜丝线。

（7）铁丝网。

（8）标准筛。9.5mm、13.2mm、19mm各1个。

（9）烘箱。装有自动温度调节器。

（10）电炉、燃气炉。

（11）搪瓷盘。300mm×400mm左右。

（12）玻璃板。200mm×200mm左右。

（13）其他。拌和铲、石棉网、纱布、手套等。

8.7.4.3 试验方法

1. 水煮法（适用于大于13.2mm粗集料的试验方法）

（1）将集料过13.2mm、19mm筛，取粒径13.2～19mm形状接近立方体的规则集料5个，用洁净水洗净，置于温度为（105±5)℃的烘箱中烘干，然后放在干燥器中备用。

（2）将大烧杯盛水，并置于加热炉的石棉网上煮沸。

（3）将集料逐个用细线在中部系牢，再置入（105±5)℃烘箱内1h。

（4）逐个取出加热的矿料颗粒用线提起，浸入预先加热的沥青（石油沥青130～150℃，煤沥青100～110℃）试样中45s后，轻轻拿出，使集料颗粒完全为沥青膜所裹覆。

（5）将裹覆沥青的集料颗粒悬挂于试验架上，下面垫一张纸，使多余的沥青流掉，并在室温下冷却15min。

（6）待集料颗粒冷却后，逐个用线提起，浸入盛有沸水的大烧杯中央，调整加热炉，使烧杯中的水保持微沸状态，但不允许有沸开的泡沫。

（7）浸煮3min后，将集料从水中取出，观察集料颗粒上沥青膜的剥落程度，并按表8.15评定其黏附性等级。

表 8.15 沥青与集料黏附性等级

试验后石料表面上沥青膜剥落情况	黏附性等级
沥青膜完全保存，剥离面积百分率接近于0	5
沥青膜少部为水所移动，厚度不均匀，剥离面积百分率少于10%	4
沥青膜局部明显地为水所移动，基本保留在石料表面上，剥离面积百分率少于30%	3
沥青膜大部为水所移动，局部保留在石料表面上，剥离面积百分率大于30%	2
沥青膜完全为水所移动，石料基本裸露，沥青全浮于水面上	1

(8) 同一试样应平行试验5个集料颗粒，并由两名以上经验丰富的试验人员分别评定后，取平均等级作为试验结果。

2. 水浸法（适用于小于13.2mm粗集料的试验方法）

(1) 将集料过9.5mm、13.2mm筛，取粒径9.5～13.2mm形状规则的集料200g用洁净水洗净，并置温度为（105±5)℃的烘箱烘干，然后放在干燥器中备用。

(2) 将煮沸过的热水注入恒温水浴中，维持（80±1)℃恒温。

(3) 按四分法称取集料颗粒（9.5～13.2mm）100g置于搪瓷盘中，连同搪瓷盘一起放入已升温至沥青拌和温度以上5℃的烘箱中持续加热1h。

(4) 按每100g矿料加入沥青（5.5±0.2)g的比例称取沥青，精确至0.1g，放入小型拌和容器中，一起置入同一烘箱中加热15min。

(5) 将搪瓷盘中的集料倒入拌和容器的沥青中后，从烘箱中取出拌和容器，立即用金属铲均匀拌和1～1.5min，使集料完全被沥青薄膜裹覆。然后，立即将裹有沥青的集料取20个，用小铲移至玻璃板上摊开，并置室温下冷却1h。

(6) 将放有集料的玻璃板浸入温度为（80±1)℃的恒温水浴中，保持30min，并将剥离及浮于水面的沥青，用纸片捞出。

(7) 从水中小心取出玻璃板，浸入水槽内的冷水中，仔细观察裹覆集料的沥青薄膜的剥离情况。由两名以上经验丰富的试验人员分别目测，评定剥离面积的百分率，评定后取平均值表示。

(8) 由剥离面积百分率按表8.15评定沥青与集料黏附性等级。

8.8 沥青混合料性能检测

8.8.1 沥青混合料的制备

本试验的依据为JTG E20 T0702—2011《公路工程沥青及沥青混合料试验规程》。

8.8.1.1 试验目的与使用范围

本方法适用于标准击实法或大型击实法制作沥青混合料试件，以供试验室进行沥青混合料物理力学性质试验使用。

标准击实法适用于标准马歇尔试验、间接抗拉试验（劈裂法）等所使用的ϕ101.6mm×63.5mm圆柱体试件的成型。大型击实法适用于ϕ152.4mm×95.3mm的大型圆柱体试件的成型。大型马歇尔试验和ϕ152.4mm×95.3mm大型圆柱体试件的成型。

(1) 当集料公称最大粒径小于或等于 26.5mm 时，采用标准击实法。一组试件的数量不少于 4 个。

(2) 当集料公称最大粒径大于 26.5mm 时，采用大型击实法。一组试件数量不少于 6 个。

8.8.1.2 主要仪器设备

(1) 击实仪。由击实锤、直径为 98.5mm 的平圆形压实头及带手柄的导向棒组成。用人工或机械将压实锤举起从 (457.2±1.5)mm 高度沿导向棒自由落下击实，标准击实锤质量为 (4536±9)g。

大型击实仪由击实锤、ϕ(149.5±0.1)mm 平圆形压实头及带手柄的导向棒（直径 15.9mm）组成。用机械将压实锤举起从 (457.2±2.5)mm 的高度沿导向棒自由落下击实，大型击实锤质量为 (10210±10)g。

(2) 标准击实台。用以固定试模，在 200mm×200mm×457mm 的硬木墩上面有一块 305mm×305mm×25mm 的钢板，木墩用四根型钢固定在下面的水泥混凝土板上。木墩采用青冈杆、松或其他干密度为 0.673～0.77g/cm^3 的硬木制成。人工击实或机械击实必须有此标准击实台。

自动击实仪是将标准击实锤及标准击实台安装一体，并用电力驱动使击实锤连续击实试件且可自动记数的设备，击实速度为 (60±5)次/min。大型击实法电动击实的功率不小于 250W。

(3) 试验室用沥青混合料拌和机。能保证拌和温度并充分拌和均匀，可控制拌和时间，容量不少于 10L，搅拌叶自转速度为 70～80r/min，公转速度为 40～50r/min。

(4) 脱模器。电动或手动，可无破损地推出圆柱体试件，备有标准圆柱体试件及大型圆柱体试件尺寸的推出环。

(5) 试模。由高碳钢或工具钢制成，每组包括内径 (101.6±0.2)mm，高约 87mm 的圆柱形金属筒、底座（直径约 120.6mm）和套筒（内径 101.6mm，高约 70mm）各 1 个。大型圆柱体试件的试模与套筒：套筒外径 165.1mm，内径 (155.6±0.3)mm，总高 83mm。试模内径 (152.4±0.2)mm，总高 115mm，底座板厚 12.7mm，直径 172mm。

(6) 烘箱。大、中型各一台，装有温度调节器。

(7) 天平或电子秤。用于称量矿料的感量不大于 0.5g，用于称量沥青的感量不大于 0.1g。

(8) 沥青运动黏度测定设备。毛细管黏度计、赛波油黏度计或布洛克菲尔德黏度计。

(9) 插刀或大螺丝刀。

(10) 温度计。分度为 1℃，宜采用有金属插杆的热电偶沥青温度计，金属插杆的长度不小于 300mm，量程 0～300℃。

(11) 其他。电炉或煤气炉、沥青熔化锅、拌和铲、标准筛、滤纸（或普通纸）、胶布、秒表、卡尺、棉纱、粉笔等。

8.8.1.3 试验方法

(1) 确定制作沥青混合料试件的拌和与压实温度。

1) 用毛细管黏度计测定沥青的黏度，绘制黏温曲线，当使用石油沥青（含改性沥青）

时，以运动黏度为（170±20）mm^2/s 时的温度为拌和温度；以（280±30）mm^2/s 时的温度为压实温度。亦可用赛波特黏度计测定赛波特黏度，以（85±10）s 时的温度为拌和温度；以（140±15）s 时的温度为压实温度。

2）当缺乏运动黏度测定条件时，试件的拌和与压实温度可按表 8.16 选用，并根据沥青品种和标号作适当调整。针入度小，稠度大的沥青取高限；针入度大，稠度小的沥青取低限，一般取中值。

表 8.16　沥青混合料的拌和与压实温度　单位：℃

沥青种类	拌和温度	压实温度	沥青种类	拌和温度	压实温度
石油沥青	130～160	120～150	改性沥青	160～175	140～170
煤沥青	90～120	80～110			

3）常温沥青混合料的拌和及压实在常温下进行。

（2）将各种规格的矿料置于（105±5）℃的烘箱中烘干至恒重（一般不少于 4～6h）。根据需要，粗集料可先用水冲洗干净后烘干，也可将粗细集料过筛后，用水冲洗再烘干备用。

（3）按规定试验方法分别测定不同粒径粗、细集料规格及填料（矿粉）的各种密度，并测定沥青的密度。

（4）将烘干分级的粗、细集料，按每个试件设计级配要求称其质量，在一金属盘中混合均匀，矿粉单独加热，置烘箱中预热至沥青拌和温度以上约 15℃（石油沥青通常为 163℃，改性沥青通常为 180℃）备用。一般按一组试件（每组 4～6 个）备料，但进行配合比设计时宜对每个试件分别备料。当采用替代法时，对粗集料中粒径大于 26.5mm 的部分，以 13.2～26.5mm 粗集料等量代替。常温沥青混料的矿料不应加热。

（5）将沥青试样，用恒温烘箱或电热套熔化加热至规定的沥青混合料拌和温度备用，但不得超过 175℃。当不得已采用燃气炉或电炉直接加热进行脱水时，必须使用石棉垫隔开。

（6）用沾有少许黄油的棉纱擦净试模、套筒及击实座等置于 100℃左右烘箱中加热 1h 备用。常温沥青混合料的试模不加热。

8.8.1.4　沥青混合料拌制

（1）将沥青混合料拌和机预热至拌和温度以上 10℃左右备用。

（2）将每个试件预热的粗、细集料置于拌和机中，用小铲子适当混合，然后再加入需要数量的已加热至拌和温度的沥青，开动拌和机，一边搅拌一边将拌和叶片插入混合料中拌和 1～1.5min，然后暂停拌和，加入单独加热的矿粉，继续拌和至均匀为止，并使沥青混合料保持在要求的拌和温度范围内，标准的总拌和时间为 3min。

8.8.1.5　试件成型

马歇尔标准击实法的成型步骤如下：

（1）将拌好的沥青混合料，均匀称取一个试件所需的用量（标准试件约 1200g，大型试件约 4050g）。当已知沥青混合料的密度时，可根据试件的标准尺寸计算并乘以 1.03 得到要求的混合料数量。当一次拌和几个试件时，宜将其倒入经预热的金属盘中，用小铲拌和均匀分成几份，分别取用。试件制作过程中，为防止混合料温度下降，应连盘放于烘箱中保温。

（2）从烘箱中取出预热的试模及套筒，用沾有少许黄油的棉纱擦拭套筒、底座及击实锤底面，将试模装在底座上，垫一张圆形的吸油性小的纸，按四分法从四个方向用小铲将混合料铲入试模中，用插刀沿周边插捣15次，中间10次。插捣后将沥青混合料表面整平成凸圆弧面。对大型马歇尔试件，混合料分两次加入，每次插捣次数同上。

（3）插入温度计，至混合料中心附近，检查混合料温度。

（4）待混合料温度符合要求的压实温度后，将试模连同底座一起放于击实台上固定，在装好的混合料上面垫一张吸油性小的圆纸，再将装有击实锤及导向棒的压实头插入试模中，然后开启电动机（或人工）将击实锤从457mm的高度自由落下击实规定的次数（75次、50次或35次）。对大型马歇尔试件，击实次数为75次（相应于标准击实50次的情况）或112次（相应于标准击实75次的情况）。

（5）试件击实一面后，取下套筒，将试模掉头，装上套筒，然后用同样的方式和次数击实另一面。

（6）试件击实结束后，应立即用镊子取掉上下面的纸，用卡尺量取试件离试模上口的高度并由此计算试件高度，如高度不符合要求时，试件应作废，并按式（8.41）调整试件的混合料数量，使高度符合（63.5±1.3）mm（标准试件）或（95.3±2.5）mm（大型试件）的要求。

$$q=q_0\times\frac{63.5}{h_0} \tag{8.41}$$

式中 q——调整后沥青混合料用量，g；

q_0——原用混合料用量，g；

h_0——所得试件的高度，mm。

（7）卸去套筒的底座，将装有试件的试模横向放置冷却至室温后（不少于12h），置脱模机上脱出试件。将试件仔细置于干燥洁净的平面上，供试验用。

8.8.2 沥青混合料物理指标的检测

本试验的依据为JTG E20 T0705—2011《公路工程沥青及沥青混合料试验规程》。

8.8.2.1 试验目的与适用范围

测定压实沥青混合料试件的毛体积相对密度和毛体积密度（表干法），并按组成材料原始数据计算其空隙率、沥青体积百分率、矿料间隙率和沥青饱和度等物理指标，结合稳定度、流值，根据沥青混合料技术标准确定沥青最佳用量。

8.8.2.2 主要仪器设备

（1）浸水天平或电子秤。当最大称量在3kg以下时，感量不大于0.1g；最大称量在3kg以上时，感量不大于0.5g；最大称量在10kg以上时，感量不大于5g，应有测量水中重的挂钩。

（2）网篮。

（3）溢流水箱。如图8.34所示。使用洁净水，有水位溢流装置，保持试件和网篮浸入水中后的水位一定。试验时的水温为室温。

(4) 试件悬吊装置。天平下方悬吊网篮及试件的装置，吊线应采用不吸水的细尼龙线，并有足够的长度，对轮碾成型机成型的板块状试件可用铁丝悬挂。

(5) 秒表、毛巾、电扇或烘箱。

8.8.2.3 试验方法

(1) 选择适宜的浸水天平（或电子秤），最大称量应不小于试件质量的 1.25 倍，且不大于试件质量的 5 倍。

(2) 除去试件表面的浮粒，称取干燥试件在空气中的质量 m_a，根据选择天平的感量读数，精确至 0.1g、0.5g 或 5g。

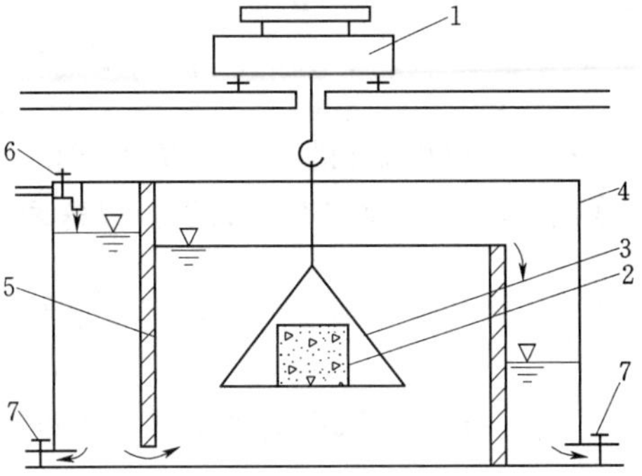

图 8.34 溢流水箱及下挂法水中重称量方法示意图

1—浸水天平或电子秤；2—试件；3—网篮；4—溢流水箱；5—水位搁板；6—注入口；7—放水阀门

(3) 挂上网篮浸入溢流水箱的水中，调节水位，将天平调平或复零，把试件置于网篮中（注意不要使水晃动）浸水 3～5min，待天平稳定后称取水中质量 m_w。

(4) 从水中取出试件，用洁净柔软且拧干的湿毛巾轻轻擦去试件的表面水，称取试件的表干质量 m_f。

(5) 对从路上钻取的非干燥试件，可先称取水中质量 m_w，然后用电风扇将试件吹干至恒重（一般不少于 12h，当不需进行其他试验时，也可用 (60±5)℃ 的烘箱烘干至恒重），再称取试件在空气中的质量 m_a。

8.8.2.4 结果处理

(1) 计算试件的毛体积相对密度和毛体积密度，取三位小数。密实的（吸水率<2%）沥青混合料试件的毛体积相对密度和毛体积密度分别按式 (8.42) 和式 (8.43) 计算，取 3 位小数。

$$r_f = \frac{m_a}{m_f - m_w} \tag{8.42}$$

$$\rho_f = \frac{m_a}{m_f - m_w}\rho_w \tag{8.43}$$

式中 r_f——试件的毛体积相对密度，无量纲；

ρ_f——试件的毛体积密度，g/cm^3；

m_a——干燥试件在空气中的质量，g；

m_w——试件在水中的质量，g；

m_f——试件的表干质量，g；

ρ_w——常温水的密度，取 1g/cm^3。

(2) 理论密度。

1) 当已知试件的油石比 P_a 时，试件的理论最大密度 ρ_t 按式 (8.44) 计算，取 3 位小数。

$$\rho_t=\frac{100+P_a}{\dfrac{P_1}{\gamma_1}+\dfrac{P_2}{\gamma_2}+\cdots+\dfrac{P_n}{\gamma_n}+\dfrac{P_a}{\gamma_a}}\rho_w \tag{8.44}$$

2）当已知试件的沥青含量 P_b 时，试件的理论最大密度 ρ_t 按式（8.45）计算。在稳定度仪上测定其稳定度和流值，以这两项指标来表征其高温时的稳定性和抗变形能力。

$$\rho_t=\frac{100+P_b}{\dfrac{P_1'}{\gamma_1}+\dfrac{P_2'}{\gamma_2}+\cdots+\dfrac{P_n'}{\gamma_n}+\dfrac{P_a}{\gamma_a}}\rho_w \tag{8.45}$$

式中　ρ_t——试件的理论最大密度，g/cm^3；

P_1，…，P_n——各种矿料的配合比$\left(\text{矿料总和为 }\sum_1^n P_i=100\right)$；

P_1'，…，P_n'——各种矿料的配合比$\left(\text{矿料与沥青之和为 }\sum_1^n P'_i+P_b=100\right)$；

γ_1，…，γ_n——各种矿料与水的相对密度；

P_a——油石比（沥青与矿料的质量比），%；

P_b——沥青含量（沥青质量占沥青混合料总质量的百分率），%；

γ_a——沥青的相对密度$\left(\gamma_a=\dfrac{m_a}{m_a-m_w}\text{，无量纲}\right)$。

（3）空隙率。试件的空隙率按式（8.46）计算，取1位小数。

$$VV=\left(1-\frac{r_f}{r_t}\right)\times 100 \tag{8.46}$$

式中　VV——试件的空隙率，%；

r_f——试件的毛体积相对密度，无量纲；

r_t——实测沥青混合料的最大相对密度，无量纲。

（4）沥青体积百分率。试件中沥青的体积百分率按式（8.47）或式（8.48）计算，取1位小数。

$$VA=\frac{P_b r_f}{\gamma_a} \tag{8.47}$$

或

$$VA=\frac{100P_a r_f}{(100+P_a)\gamma_a} \tag{8.48}$$

式中　VA——沥青混合料试件的体积百分率，%。

（5）矿料间隙率。试件的矿料间隙率按式（8.49）计算，取1位小数。

$$VMA=VA+VV \tag{8.49}$$

式中　VMA——沥青混合料试件的矿料间隙率，%。

（6）沥青饱和度。沥青混合料试件饱和度按式（8.50）计算，取1位小数。

$$VFA=\frac{VA}{VA+VV}\times 100 \tag{8.50}$$

式中　VFA——沥青混合料试件的沥青饱和度，%。

8.8.3　沥青混合料马歇尔稳定度的检测

本试验的依据为JTG E20 T0709—2011《公路工程沥青及沥青混合料试验规程》。

8.8.3.1 试验目的与适用范围

本方法适用于马歇尔稳定度试验和浸水马歇尔稳定度试验，以进行沥青混合料的配合比设计或沥青路面施工质量检验。浸水马歇尔稳定度试验（根据需要，也可进行真空饱水马歇尔试验）供检验沥青混合料受水损害时抵抗剥落的能力时使用，通过测试其水稳定性检验配合比设计的可行性。

沥青混合料稳定度试验是将沥青混合料制成标准的马歇尔试件或大型马歇尔试件，在稳定度仪上测定其稳定度和流值，以这两项指标来表征其高温时的稳定性和抗变形能力。根据沥青混合料的力学指标（稳定度和流值）和物理常数（密度、空隙率和沥青饱和度等），以及水稳性（残留稳定度）和抗车辙（动稳定度）检验，即可确定沥青混合料的配合组成。

8.8.3.2 主要仪器设备

（1）沥青混合料马歇尔试验仪。符合《沥青混合料马歇尔试验仪》技术要求的产品，对用于高速公路和一级公路的沥青混合料宜采用自动马歇尔试验仪，用计算机或 X－Y 记录仪记录荷载-位移曲线，并具有自动测定荷载与试件垂直变形的传感器、位移计，能自动显示和打印试验结果。对 ϕ63.5mm 的标准马歇尔试件，试验仪最大荷载不小于 25kN，读数准确度为 100N，加荷速率应保持在（50±5）mm/min。钢球直径 16mm，上下压头曲率半径为 50.8mm。当采用 ϕ152.4mm 的大型马歇尔试件时，试验仪最大荷载不得小于 50kN，读数准确度为 100N。上下压头曲率内径为（152.4±0.2)mm，上下压头间距为(19.05±0.1)mm。

（2）恒温水槽。控温准确度为 1℃，深度不少于 150mm。

（3）真空饱水容器。由真空泵和真空干燥器组成。

（4）烘箱。

（5）天平。感量不大于 0.1g。

（6）温度计。分度为 1℃。

（7）卡尺。

（8）其他。黄油、棉纱。

8.8.3.3 试验方法

1. 标准马歇尔试验方法

（1）将测定密度后的试件置于（60±1)℃（黏稠石油沥青混合料）或（33.8±1)℃（煤沥青混合料）的恒温水槽中，保温时间对标准的马歇尔试件需 30～40min，对大型的马歇尔试件需 45～60min。试件之间应有间隔，底部应架起，离水槽底部不小于 5cm。

（2）将马歇尔试验仪的上下压头放入水槽或烘箱中达到同样温度。将上下压头从水槽或烘箱中取出擦拭干净内表面。为使上下压头滑动自如，可在上下压头的导棒上涂少许黄油。再将试件取出置于下压头上，盖上上压头，然后装在加载设备上。

（3）在上压头的球座上放妥钢球，并对准荷载测定装置的压头。

（4）当采用自动马歇尔试验仪时，将自动马歇尔试验仪的压力传感器、位移传感器与计算机或 X－Y 记录仪正确连接，调整好适宜的放大比例。调整好计算机程序或将 X－Y 记录仪的记录笔对准原点。

(5) 当采用压力环和流值计时，将流值计安装在导棒上，使导向套管轻轻压住上压头，同时将流值计读数调零。调整压力环中的百分表，对零。

(6) 起动加载设备，使试件承受荷载，加载速度为（50±5)mm/min。计算机或X－Y记录仪自动记录传感器压力和试件变形曲线并将数据自动存入计算机。

(7) 当试验荷载达到最大值的瞬间，取下流值计，同时读取应力环中百分表或荷载传感器读数及流值计的流值读数。

(8) 从恒温水槽中取出试件至测出最大荷载值的时间，不得超过30s。

2. *浸水马歇尔试验方法*

浸水马歇尔试验方法是将沥青混合料试件，在规定温度的恒温水槽中保温48h，然后测定其稳定度，其余方法与标准马歇尔试验方法相同。

8.8.3.4 结果计算

(1) 当采用自动马歇尔试验仪时，将计算机采集的数据绘制成压力和试件变形曲线，或由X－Y记录仪自动记录的荷载-变形曲线，按图8.35所示的方法在切线方向延长曲线与横坐标相交于O_1，将O_1作为修正原点，从O_1起量取相应于荷载最大值时的变形作为流值（*FL*），以mm计，精确至0.1mm。最大荷载即为稳定度（*MS*），以kN计，精确至0.01kN。

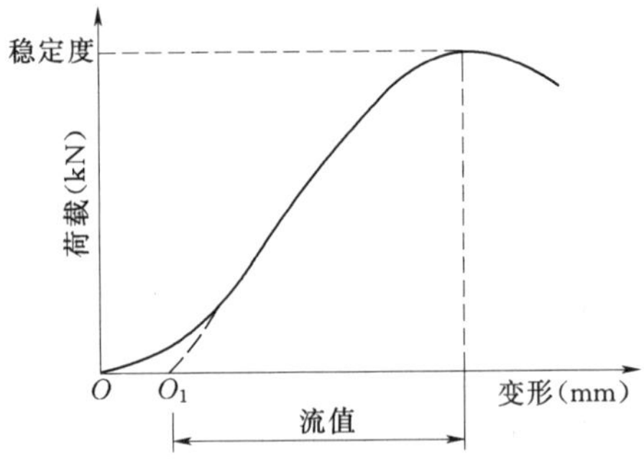

图8.35 马歇尔试验结果的修正方法

(2) 当用应力环和流值计测定时，根据压力环标定曲线，将压力环中百分表的读数换算为荷载值，或由荷载测定装置读取的最大值即为试件的稳定度（*MS*），以kN计，精确至0.01kN。由流值计及位移传感器试测装置读取的试件垂直变形，即为试件的流值（*FL*），以mm计，精确至0.1mm。

(3) 根据试验所得结果与不同沥青用量（每隔0.5%）绘制下列关系曲线。

1) 密度与沥青用量。

2) 稳定度与沥青用量。

3) 流值与沥青用量。

4) 空隙率与沥青用量。

5) 饱和度与沥青用量。

按上述关系曲线图，对照规范要求确定最佳沥青用量。

(4) 根据试件的浸水马歇尔稳定度和标准马歇尔稳定度，按式（8.51）计算试件的马歇尔模数。

$$T=\frac{MS}{FL} \tag{8.51}$$

式中 T——试件的马歇尔模数，kN/mm；

MS——试件按标准试验方法的稳定度，kN；

FL——试件的流值，mm。

按式（8.52）计算试件的浸水残留稳定度。

$$MS_0=\frac{MS_1}{MS}\times 100 \tag{8.52}$$

式中 MS_0——试件的浸水残留稳定度，%；

MS_1——试件浸水 48h 后的稳定度，kN；

MS——试件按标准试验方法的稳定度，kN。

根据浸水马歇尔试验结果，检验其残留稳定度是否合格以确定沥青混合料的沥青最佳用量。

8.8.4 沥青混合料的车辙性能检测

本试验的依据为 JTG E20 T0719—2011《公路工程沥青及沥青混合料试验规程》。

8.8.4.1 车辙试验用试件的制作

1. 试验目的与适用范围

本方法主要适用于制备尺寸为 300mm×300mm×50mm 的板块状试件，以供车辙试验用。

2. 主要仪器设备

（1）轮碾成型机。轮碾成型机具有圆弧形碾压轮，轮宽 300mm，压实线荷载为 300N/cm，碾压行程等于试件的长度，碾压后试件可达到马歇尔试验标准击实密度的 100%±1%。当无轮碾成型机时，可用手动碾代替，手动碾轮与试件同宽，备有 10kg 砝码各 5 个，以调整载重。

（2）试验室用沥青混合料拌和机。能保证拌和温度并充分拌和均匀，可控制拌和时间。宜采用容量大于 30L 的大型沥青混合料拌和机，也可采用容量小于 10L 的小型拌和机。

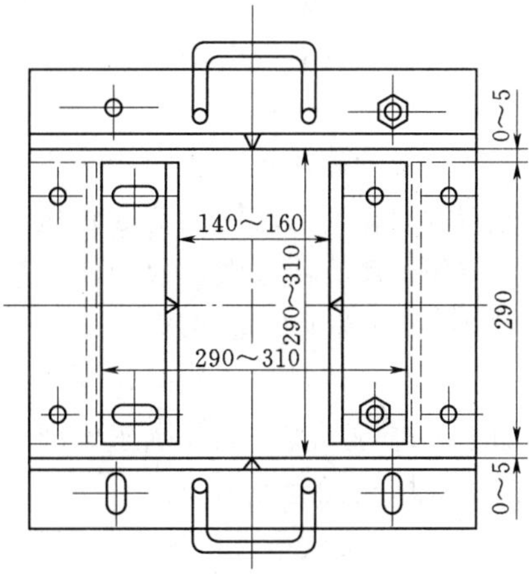

图 8.36 标准试模（单位：mm）

（3）试模。由高碳钢或工具钢制成（图 8.36），内部平面尺寸为 300mm×300 mm，高为 50mm。根据需要，试模深度及平面尺寸可以调节，以制备不同尺寸的板块状试件。

（4）手动碾压成型车辙试件的试模框架。钢板制作，内部尺寸为 300mm×300mm×50mm，平面能与试模边缘平齐。

（5）烘箱。大、中型各一台，装有温度调节器。

（6）台秤。天平或电子秤，称量 5kg 以上的感量不大于 1g；称量 5kg 以下时，用于称量矿料的感量不大于 0.5g，用于称量沥青的感量不大于 0.1g。

（7）沥青运动黏度测定设备。毛细管黏度计或赛波特黏度计。

（8）小型击实锤。钢制端部断面为 80mm×80mm，厚为 10mm，带手柄，总质量 0.5kg 左右。

（9）温度计。分度值为 1℃。宜采用有金属插杆的热电偶沥青温度计，金属插杆的长度不小于 300mm，量程 0～300℃。

（10）其他。电炉或煤气炉、沥青熔化锅、拌和炉、标准筛、胶布、滤纸、秒表、卡尺、垫木、粉笔、棉纱等。

3. 试验方法

（1）按马歇尔稳定度试件成型方法，确定沥青混合料的拌和温度和压实温度。

（2）将金属试模及小型击实锤等置于约100℃的烘箱中加热1h备用。

（3）称取制作一块试件所需要的各种材料的用量。先按一块试件体积（V）乘以马歇尔标准击实密度（ρ_s）再乘以系数1.03，即得材料总用量（$m=V\rho_s\times1.03$），再按配合比计算出各种材料用量，分别将各种材料放入烘箱中预热备用。

（4）将预热的试模从烘箱中取出，装上试模框架，在试模中铺好一张裁好的普通纸（可用报纸），使底面及侧面均被纸隔离，将拌和好的全部沥青混合料，用小铲稍加拌和后均匀地沿试模由边至中央按顺序装入试模，中部要略高于四周。

（5）取下试模框架，用预热的小型击实锤由边缘至中间压实一遍，整平成凸圆弧形。

（6）插入温度计，待混合料冷却至规定的压实温度（为使冷却均匀，试模底部可用垫木支起）时，在表面铺一张裁好的普通纸。

（7）当用轮碾机碾压时，宜先将碾压轮预热至100℃左右（如不加热，应铺牛皮纸）。然后，将盛有沥青混合料的试模置于轮碾机的平台上，轻轻放下碾压轮，调整总荷载为9kN（线荷载300N/cm）。

（8）起动碾压机，先在一个方向碾压2个来回（4次），卸荷，再抬起碾压轮，将试件掉转方向，再加相同的荷载碾压至马歇尔标准密实度100%±1%为止。试件正式压实前，应经试压，决定碾压次数，一般12个来回（24次）左右可达到要求。如试件厚度大于100mm时必须分层碾压。

（9）当用手动碾碾压时，先用空碾碾压，然后逐渐增加砝码荷载，直至将5个砝码全部加上，进行压实，至马歇尔标准密实度100%±1%为止，碾压方法与次数也应由试压决定，并压至无轮迹为止。

（10）压实成型后，揭去表面的纸，用粉笔在试件表面上标明碾压方向。

（11）将盛有压实试件的试模，置室温下冷却，至少12h后方可脱模。

8.8.4.2 沥青混合料车辙试验

1. 试验目的与适用范围

本方法适用于测定沥青混合料的高温抗车辙能力，供沥青混合料配合比设计的高温稳定性检验使用，也可适用于现场沥青混合料的高温稳定性检验。

沥青混合料车辙试验是用一块经碾压成型的板块试件（300mm×300mm×50mm），在规定的温度条件（通常为60℃）下，以一个轮压力0.7MPa的实心橡胶轮胎在其上往返行走，测定试件在变形稳定期时，每产生1mm变形需要行走的次数，即称为动稳定度，以次/mm表示。

动稳定度是评价沥青混凝土路面高温稳定性的一个指标，也是沥青混合料配合比设计时的一个辅助性检验指标。

2. 主要仪器设备

（1）车辙试验机。主要由以下部分组成：

1）试件台。可牢固地安装两种宽度（300mm 及 150mm）的规定尺寸试件的试模。

2）试验轮。橡胶制的实心轮胎。外径 ϕ220mm，轮宽 50mm，橡胶层厚 15mm。橡胶硬度（国际标准硬度）20℃时为 84±4；60℃时为 78±2，试验轮行走距离为（230±10）mm，往返碾压速度为（42±1）次/min（21 次往返/min），允许采用曲柄连杆驱动试验台运动（试验轮不移动）或链驱动试验轮运动（试验台不动）的任一种方式。

3）加载装置。使试验轮与试件的接触压强在 60℃时为 0.7MPa±0.05MPa，施加的总荷重为 78kg 左右，根据需要可以调整。

4）试模。钢板制成，由底板及侧板组成，试模内侧尺寸长为 300mm，宽为 300mm，厚为 50mm。

5）变形测量装置。自动检测车辙变形并记录曲线的装置，通常用 LVDT、电测百分表或非接触位移计。

6）温度检测装置。自动检测并记录试件表面及恒温室内温度的温度传感器、温度计（精密度 0.5℃）。

（2）恒温室。车辙试验机必须整机安放在恒温室内，装有加热器、气流循环装置及装有自动温度控制设备，能保持恒温室温度在（60±1)℃［试件内部温度（60±0.5)℃］，根据需要亦可为其他需要的温度。用于保温试件并进行检验。温度应能自动连续记录。

（3）台秤。称量 15kg，感量不大于 5g。

3. 试验方法

（1）试验轮接地压强测定［应符合（0.7±0.05)MPa］，将试件装于原试模中。

（2）将试件连同试模一起，置于达到试验温度（60±1)℃的恒温室中，保温不少于 5h，也不得多于 24h，在试件的试验轮不行走的部位上，粘贴一个热电偶温度计，控制试件温度稳定在（60±0.5)℃。

（3）将试件连同试模移置于车辙试验机的试验台上，试验轮在试件的中央部位，其行走方向须与试件碾压方向或行车方向一致。开动车辙变形自动记录仪，然后起动试验机，使试验轮往返行走，时间约 1h，或最大变形达到 25mm 为止。试验时，记录仪自动记录变形曲线（图 8.37）及试件温度。

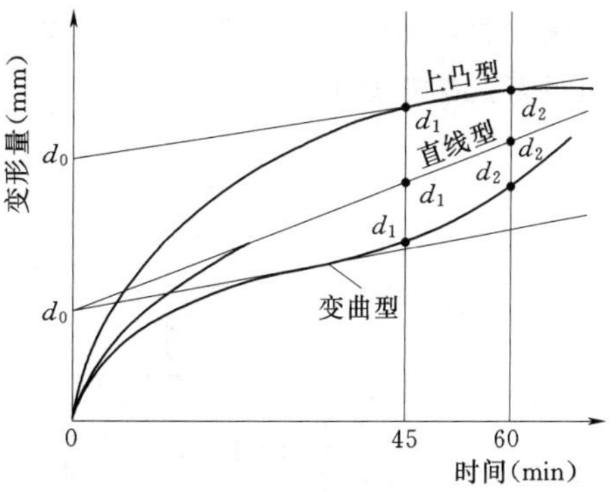

图 8.37　车辙试验变形曲线

4. 结果处理

（1）从图 8.37 上读取 45min（t_1）及 60min（t_2）时的车辙变形 d_1 及 d_2，精确至 0.01mm，如变形过大，在未到 60min 变形已达到 25mm 时，则以达到 25mm（d_2）时的时间为 t_2，将其前 15min 为 t_1，此时的变形量为 d_1。

（2）沥青混合料试件的动稳定度按式（8.53）计算：

$$DS=\frac{(t_2-t_1)N}{d_2-d_1}C_1C_2 \tag{8.53}$$

式中 DS——沥青混合料的动稳定度，次/mm；

d_1——时间 t_1（一般为45min）的变形量，mm；

d_2——时间 t_2（一般为60min）的变形量，mm；

C_1——试验机类型修正系数，曲柄连杆驱动试件的变速行走方式为1.0，链驱动试验轮的等速方式为1.5；

C_2——试件系数，试验室制备的宽300mm的试件为1.0，从路面切割的宽150mm的试件为0.8；

N——试验轮往返碾压速度，通常为42次/min。

同一沥青混合料或同一路段的路面，至少平行试验三个试件，当三个试件动稳定度变异系数小于20%时，取其平均值作为试验结果。变异系数大于20%时应分析原因，并追加试验。如计算动稳定值大于6000次/mm时，记作“>6000次/mm”。

8.9 建筑钢材性能检测

8.9.1 金属材料弯曲性能检测

本试验的依据为GB/T 232—2010《金属材料 弯曲试验方法》。

8.9.1.1 试验目的与适用范围

本方法用以检验金属承受规定歪曲程度的弯曲变形性能，并显示其缺陷。但不适用于金属管材和金属焊接接头的弯曲试验。

8.9.1.2 主要仪器设备

应在配备下列弯曲装置之一的试验机或压力机上完成试验。

(1) 支辊式弯曲装置（图8.38）支辊长度和弯曲压头的宽度应大于试样宽度或直径。弯曲压头的直径由产品标准规定。支辊和弯曲压头应具有足够的硬度。除非另有规定，支辊间距离 l 应按式（8.54）确定：

$$l=(d+3a)\pm a/2 \tag{8.54}$$

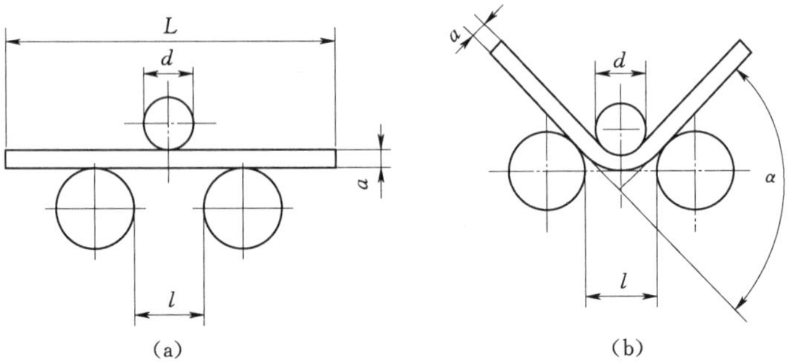

图8.38 支辊式弯曲装置

此距离在试验期间应保持不变。

注：此距离在试验前期保持不变，对于180°弯曲试样，此距离会发生变化。

(2) V形模具式弯曲装置。模具的V形槽其角度应为（180°－α）（图8.39），弯曲角度仪应在相关产品标准中规定。模具的支承棱边应倒圆，其倒圆半径应为1～10倍试样厚度。模具和弯曲压头宽度应大于试样宽度或直径，并应具有足够的硬度。

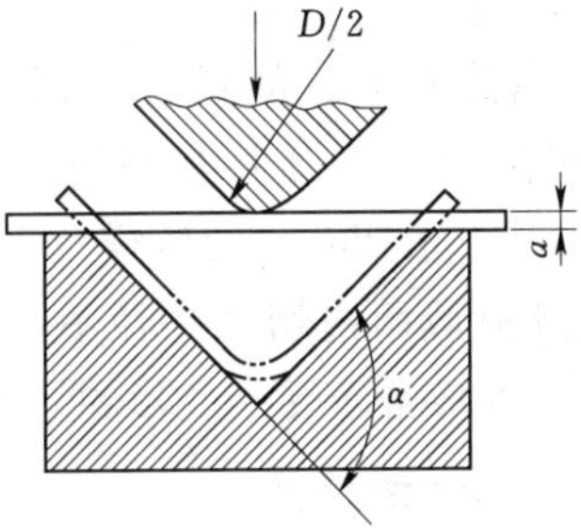

图 8.39　V形模具式弯曲装置

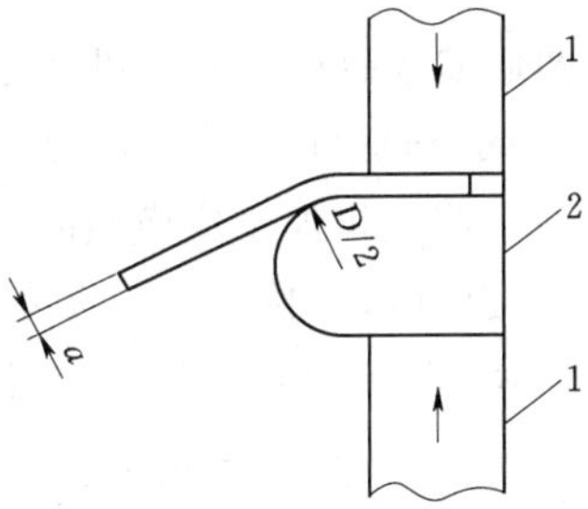

图 8.40　虎钳式弯曲装置

1—虎钳；2—弯曲压头

（3）虎钳式弯曲装置。装置由虎钳及有足够硬度的弯曲压头组成（图 8.40），可以配置加力杠杆。弯曲压头直径应按照相关产品标准要求，弯曲压头宽度应大于试样宽度或直径。

由于虎钳左端面的位置会影响测试结果，因此，虎钳的左端面（图 8.40）不能达到或者超过弯曲压头中心垂线。

（4）符合弯曲试验原理的其他弯曲装置（例如翻板式弯曲装置等）亦可使用。

8.9.1.3 试验准备

（1）试验使用圆形、方形、矩形或多边形横截面的试样。样坯的切取位置和方向应按照相关产品标准的要求。如未具体规定，对于钢产品，应按照 GB/T 2975—1998《钢及钢产品　力学性能试验取样位置及试样制备》的要求。试样应去除由于剪切或火焰切割或类似的操作而影响了材料性能的部分。如果试验结果不受影响，允许不去除试样受影响的部分。

（2）矩形试样的棱边。试样表面不得有划痕和损伤。方形、矩形和多边形横截面试样的棱边应倒圆，倒圆半径不能超过以下数值：

1）1mm，当试样厚度小于 10mm。

2）1.5mm，当试样厚度大于或等于 10mm 且小于 50mm。

3）3mm，当试样厚度不小于 50mm。

棱边倒圆时不应形成影响试验结果的横向毛刺、伤痕等。如果试验结果不受影响，允许试样的棱边不倒圆。

（3）试样的宽度。试样宽度应按照相关产品标准的要求，如未具体规定，应按照以下要求：

1）当产品宽度不大于 20mm 时，试样宽度为原产品宽度。

2）当产品宽度大于 20mm 时：①当产品厚度小于 3mm 时，试样宽度为（20±5）mm；②当产品厚度不小于 3mm 时，试样宽度为 20～50mm。

（4）试样的厚度。试样厚度或直径应按照相关产品标准的要求，如未具体规定，应按照以下要求：

1）对于板材、带材和型材，试样厚度应为原产品厚度。如果产品厚度大于25mm，试样厚度可以机加工减薄至不小于25mm，并保留一侧原表面。弯曲试验时，试样保留的原表面应位于受拉变形一侧。

2）直径（圆形横截面）或内切圆直径（多边形横截面）不大于30mm的产品，其试样横截面应为原产品的横截面。对于直径或多边形横截面内切圆直径超过30mm但不大于50mm的产品，可以将其机加工成横截面内切圆直径不小于25mm的试样。直径或多边形横截面内切圆直径大于50mm的产品，应将其机加工成横截面内切圆直径不小于25mm的试样，如图8.41所示。试验时，试样未经机加工的原表面应置于受拉变形的一侧。

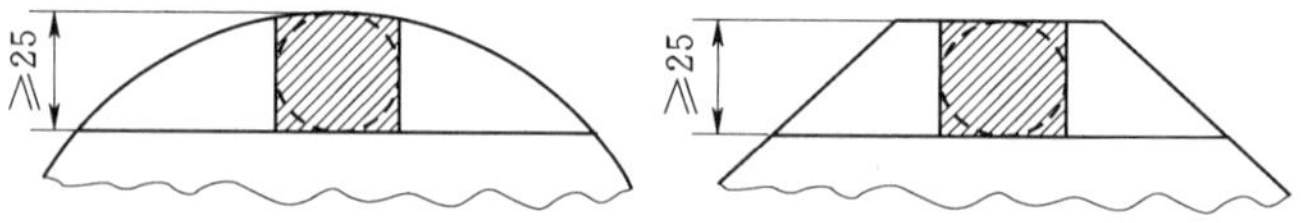

图8.41　试样（单位：mm）

（5）锻材、铸材和半成品的试样。对于锻材、铸材和半成品，其试样尺寸和形状应在变货要求或协议中规定。

（6）大厚度和大宽度试样。经协议，可以使用大于第（3）条规定宽度和第（4）条规定厚度的试样进行试验。

（7）试样的长度。试样长度应根据试样厚度（或直径）和所使用的试验设备规定。

8.9.1.4　试验步骤

特别提示：试验过程中应采取足够的安全措施和防护装置。

（1）试验一般在10～35℃的室温范围内进行。对温度要求严格的试验，试验温度应为（23±5）℃。

（2）按照相关产品标准规定，采用下列方法之一完成试验：

1）试样在给定的条件和力作用下弯曲至规定的弯曲角度，如图8.38～图8.40和图8.42所示。

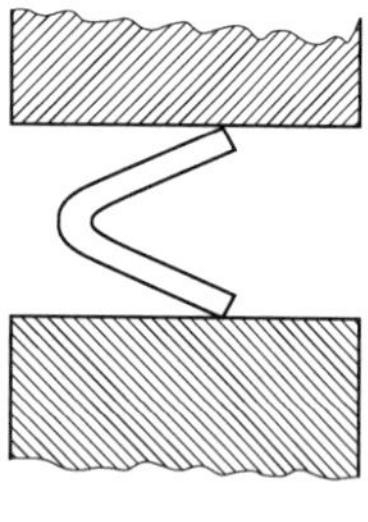

图8.42　试样置于两平行压板之间

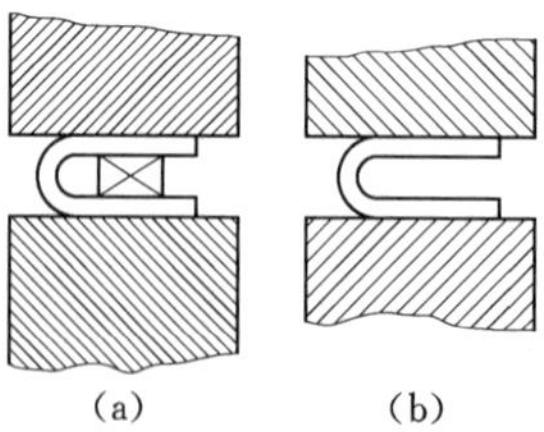

图8.43　试样弯曲至两臂平行

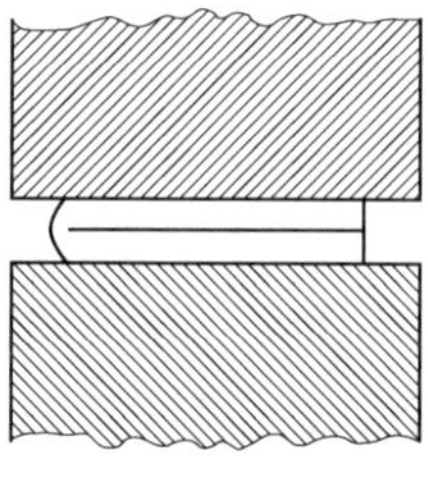

图8.44　试样弯曲至两臂直接接触

2）试样在力作用下弯曲至两臂相距规定距离且相互平行，如图8.43所示。

3）试样在力作用下弯曲至两臂直接接触，如图8.44所示。

（3）试样弯曲至规定弯曲角度的试验，应将试样放于两支棍（图8.38）或V形模具（图8.39）上，试样轴线应与弯曲压头轴线垂直，弯曲压头在两支座之间的中点处对试样连续施加力使其弯曲，直至达到规定的弯曲角度。弯曲角度 α 可以通过测量弯曲压头的位移计算得出。

可以采用图 8.40 所示的方法进行弯曲试验。试样一端固定，绕弯曲压头进行弯曲，可以绕过弯曲压头，直至达到规定的弯曲角度。

弯曲试验时，应当缓慢地施加弯曲力，以使材料能够自由地进行塑性变形。

当出现争议时，试验速率应为（1±0.2）mm/s。

使用上述方法如不能直接达到规定的弯曲角度，可将试样置于两平行压板之间（图 8.42），连续施加力压其两端使进一步弯曲，直至达到规定的弯曲角度。

（4）试样弯曲至两臂相互平行的试验，首先对试样进行初步弯曲，然后将试样置于两平行压板之间（图 8.42），连续施加力压其两端使进一步弯曲，直至两臂平行（图 8.43）。试验时可以加、也可不加内置垫块，垫块厚度等于规定的弯曲压头直径，除非产品标准中另有规定。

（5）试样弯曲至两臂直接接触的试验，首先对试样进行初步弯曲，然后将试样置于两平行压板之间，连续施加力压其两端使进一步弯曲，直至两臂直接接触（图 8.44）。

8.9.1.5 结果整理

（1）应按照相关产品标准的要求评定弯曲试验结果。如未规定具体要求，弯曲试验后不使用放大仪器观察，试样弯曲外表面无可见裂纹，应评定为合格。

（2）以相关产品标准规定的弯曲角度作为最小值；若规定弯曲压头直径，以规定的弯曲压头直径作为最大值。

8.9.2 金属材料室温拉伸性能检测

本试验的依据为 GB/T 228.1—2010《金属材料　室温拉伸试验方法》。

8.9.2.1 试验目的与适用范围

本方法规定金属室温拉伸试验方法，用以测定本方法所规定的一项或几项力学性能。

8.9.2.2 主要仪器设备

（1）各种类型拉力试验机（图 8.45）均可使用。试验机应按照相应的标准进行检验，并应为 1 级或优于 1 级准确度。

图 8.45　拉力试验机

（2）各种类型的引伸计均可用以测定试样的伸长。测定上屈服强度、下屈服强度、规定非比例延伸强度等的验证试验，应使用不劣于 1 级准确度的引伸计；测定其他具有较大延伸率的性能，例如抗拉强度、断后伸长率等，应使用不劣于 2 级准确度的引伸计。

8.9.2.3 试验准备

1. 试样

（1）试样分为比例试样和非比例试样两种。试样原始标距与原始横截面面积有 $L_0=K\sqrt{S_0}$ 关系者为比例试样。国际上的比例系数的值 K 为 5.65。原始标距应不小于 15mm。当试样横截面面积太小时，比例系数可优先采用 11.3 的值或非比例试样。非比例试样的

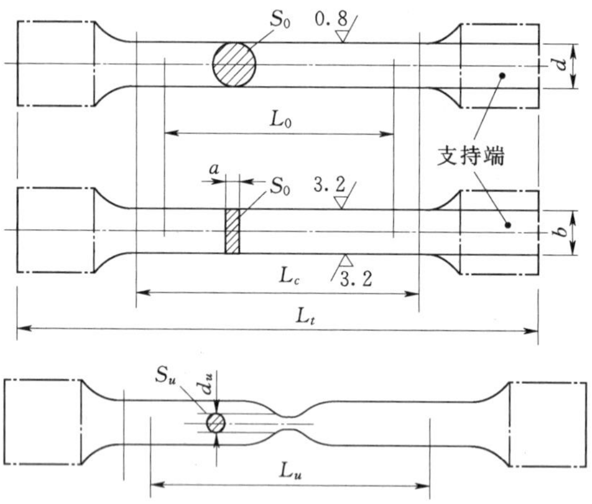

图 8.46 比例试样

原始标距与其原始横截面面积无关。

比例试样如图 8.46 所示。试样横截面可以为圆形、矩形、多边形、环形，特殊情况下可以为其他形状。

(2) 样坯截取的部位、数量以及试样的纵轴方向（沿材料的纵向、横向、放射方向或切向方向）按有关标准、技术条件或双方协议之规定执行。由金属材料和制品中截取样坯时，一般应在切削机床上进行，必要时允许用烧割、冷剪或其他方法截取；必要时对样坯及不加工试样允许校直或校平，但在操作中必须保证不显著影响金属的性能。

2. 原始横截面积（S_0）的测定

宜在试样平行长度中心区域以足够的点数测量试样的相关尺寸。原始横截面面积 S_0 是平均横截面面积，应根据测量的尺寸计算。

原始横截面面积的计算准确度依赖于试样本身特性和类型。下面给出了不同类型试样原始横截面面积 S_0 的评估方法，并提供了测量准确度的详细说明。

(1) 厚度 0.1～3mm 薄板和薄带使用的试样类型。原始横截面面积应根据试样的尺寸测量值计算得到。

原始横截面面积的测定准确到±2%。当误差的主要部分是由于试样厚度的测量所引起时，宽度的测量误差不应超过 0.2%。

为了减小试验结果的测量不确定度，建议原始横截面面积就准确至或优于±1%。对于薄片材料，需要采用特殊的测量技术。

(2) 直径或厚度小于 4mm 的线材、棒材和型材使用的试样类型。原始横截面面积的测定准确到±1%。

对于圆形横截面的产品，应在两个相互垂直方向测量试样的直径，取其算术平均值计算横截面面积。

可以根据测量的试样长度、试样质量和材料密度，按式（8.55）确定其原始横截面面积：

$$S_0 = \frac{1000m}{\rho L_t} \tag{8.55}$$

式中 m——试样质量，g；

L_t——试样的总长度，mm；

ρ——试样材料密度，g/cm^3。

(3) 厚度等于或大于 3mm 的板材和扁材以及直径或厚度等于或大于 4mm 的线材、棒材和型材使用的试样类型。对于圆形横截面和四面机加工的矩形横截面试样，如果试样的尺寸公差和形状公差均满足要求，可以用名义尺寸计算原始横截面面积。对于所有其他类型的试样，应根据测量的原始试样尺寸计算原始横截面面积 S_0，测量每个尺寸应准确到±0.5%。

（4）管材使用的试样类型。试样原始横截面面积的测定应准确到±1%。

管段试样、不带头的纵向或横向试样的原始横截面面积可以根据测量的试样长度、试样质量和材料密度，也按式（8.55）计算。

3. 原始标距（L_0）的标记

应用小标记、细滑线或细墨线标记原始标距，但不得用引起过早断裂的缺口作标记。对于比例试样，应将原始标距的计算值修约至最接近 5mm 的倍数，中间数值向较大一方修约。原始标距的标记应准确到±1%。如平行长度 L_c 比原始标距长许多，例如不经机加工的试样，可以标记一系列套叠的原始标距，有时可以在试样表面画一条平行于试样纵轴的线，并在此线上标记原始标距。

8.9.2.4 试验步骤

1. 上屈服强度（R_{eH}）和下屈服强度（R_{eL}）的测定

（1）上屈服强度是试样发生屈服而力首次下降前的最高应力；下屈服强度是在屈服期间，不计初始瞬时效应时的最低应力。呈现明显屈服（不连续屈服）现象的金属材料，相关产品标准应规定测定上屈服强度或下屈服强度或两者都测定。

对于上、下屈服强度位置判定的基本原则如下：

1）屈服前的第一个峰值应力（第一个极大值应力）判为上屈服强度，不管其后的峰值应力比它大或比它小。

2）屈服阶段中如呈现两个或两个以上的谷值应力，舍去第一个谷值应力（第一个极值应力）不计，取其余谷值应力中之最小者判为下屈服强度。如只呈现一个下降谷，此谷值应力判为下屈服强度。

3）屈服阶段中呈现屈服平台，平台应力判为下屈服强度；如呈现多个而且后者高于前者的屈服平台，判第一个平台应力为下屈服强度。

4）正确的判定结果应是下屈服强度一定低于上屈服强度。

为提高试验效率，可以选择在上屈服强度之后延伸率为 0.25%范围以内的最低应力为下屈服强度，不考虑任何初始瞬时效应。

注：此规定仅仅用于呈现明显屈服的材料和不测定屈服点延伸率的情况。

（2）图解方法。试验时记录力-位移曲线。从曲线图读取力首次下降前的最大力和不计初始瞬时效应时屈服阶段中的最小力或屈服平台的恒定力。将其分别除以试样原始横截面面积（S_0）得到上屈服强度和下屈服强度（图 8.47）。仲裁试验采用图解方法。

（3）指针方法。试验时，读取测力度盘指针首次回转前指示的最大力和不计初始瞬时效应时屈服阶段中指示的最小力或首次停止转动指示的恒定力。将其分别除以试样原始横截面面积（S_0）得到上屈服强度和下屈服强度。

（4）可以使用自动装置（例如微处理机等）或自动测试系统测定上屈服强度和下屈服强度，可以不绘制拉伸曲线图。

2. 抗拉强度（R_m）的测定

（1）抗拉强度是相应最大力（F_m）的应力。按照定义可采用图解方法或指针方法

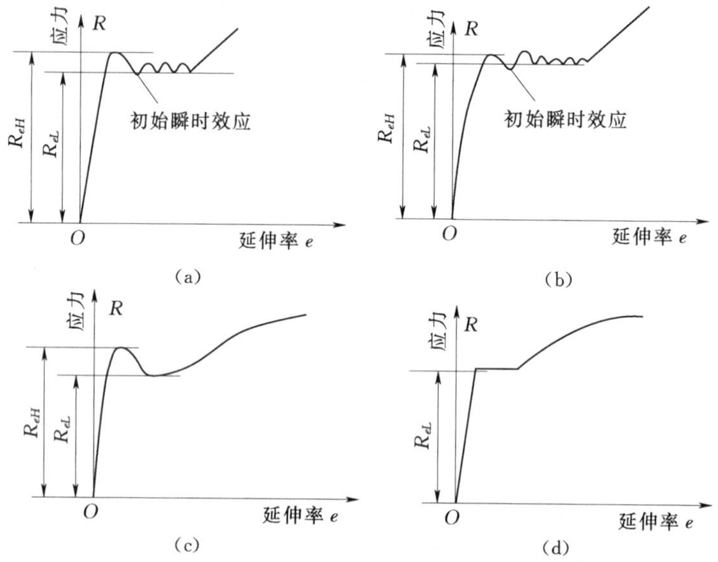

图 8.47　不同类型曲线的上屈服强度和下屈服强度

测定。

(2) 对于呈现明显屈服（不连续屈服）现象的金属材料，从记录的力-延伸或力-位移曲线图，或从测力度盘，读取过了屈服阶段之后的最大力（图 8.48）；对于无明显屈服（连续屈服）现象的金属材料，从记录的力-延伸或力-位移曲线图，或从测力度盘，读取试验过程中的最大力。最大力除以试样原始横截面面积（S_0）得到抗拉强度。

(3) 可以使用自动装置（例如微处理机等）或自动测试系统测定抗拉强度，可以不绘制拉伸曲线图。

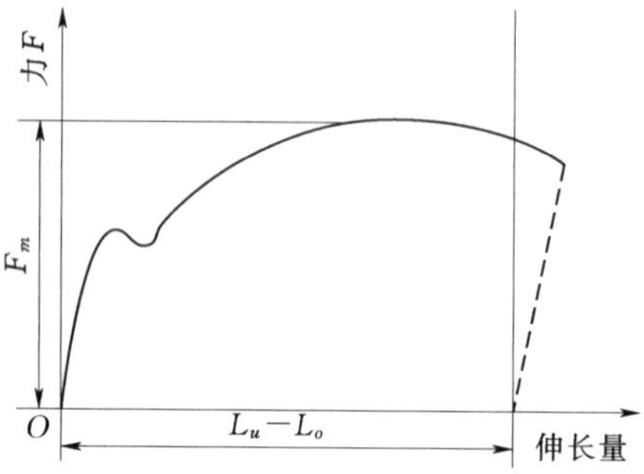

图 8.48　最大力（F_m）

3. 断后伸长率（A）的测定

(1) 断后伸长率（A）是指断后标距的残余伸长（L_u-L_0）与原始标距（L_0）之比的百分率。

按照定义测定断后伸长率。为了测定断后伸长率，应将试样断裂的部分仔细地配接在一起，使其轴线处于同一直线上，并采取特别措施确保试样断裂部分适当接触后测量试样断后标距。这对小横截面试样和低伸长率试样尤为重要。

应使用分辨力优于 0.1mm 的量具或测量装置测定断后标距（L_u），准确到±0.25mm。如规定的最小断后伸长率小于 5%，建议采用特殊方法进行测定。

原则上只有断裂处与最接近标距标记的距离不小于原始标距的 1/3 情况方为有效。但断后伸长率大于或等于规定值，不管断裂位置处于何处，测量均为有效。

(2) 能用引伸计测定断裂延伸的试验机，引伸计标距（L_e）应等于试样原始标距

(L_0)，无需标出试样原始标距的标记。以断裂时的总延伸作为伸长测量时，为了得到断后伸长率，应从总延伸中扣除弹性延伸部分。原则上，断裂发生在引伸计标距以内方为有效，但断后伸长率等于或大于规定值，不管断裂位置处于何处，测量均为有效。

注：如产品标准规定用一固定标距测定断后伸长率，引伸计标距应等于这一标距。

4. 断面收缩率（Z）的测定

（1）断面收缩率（Z）。是断裂后试样横截面面积的最大缩减量（S_0-S_u）与原始横截面面积（S_0）之比的百分率。按照定义测定断面收缩率。断裂后最小横截面面积的测定应准确到±2%。

（2）测量时，如需要将试样断裂部分仔细地配接在一起，使其轴线处于同一直线。对于圆形横截面试样，在缩颈最小处相互垂直方向测量直径，取其算术平均值计算最小横截面面积；对于矩形横截面试样，测量缩颈处的最大宽度和最小厚度（图 8.49），两者之乘积为断后最小横截面面积。

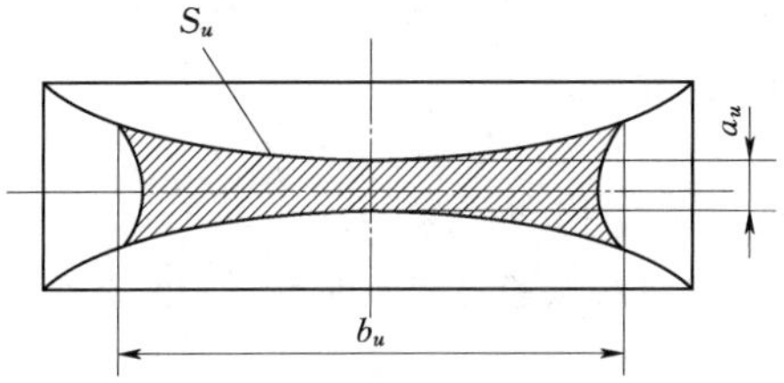

图 8.49 巨形横截面试样缩颈处最大宽度和最小厚度

原始横截面面积（S_0）与断后最小横截面面积（S_u）之差除以原始横截面面积的百分率得到断面收缩率。

（3）薄板和薄带试样、管材全截面试样、圆管纵向弧形试样和其他复杂横截面试样及直径小于 3mm 试样，一般不测定断面收缩率。如要求，应双方商定测定方法，断后最小横截面面积的测定准确度亦符合 1）的要求。

8.9.2.5 结果整理

试验测定的性能结果数值应按照相关产品标准的要求进行修约。如未规定具体要求，应按照如下要求进行修约：

（1）强度性能值修约至 1MPa。

（2）屈服点延伸率修约至 0.1%，其他延伸率和断后伸长率修约至 0.5%。

（3）断面收缩率修约至 1%。

参 考 文 献

[1] 姜志青．道路建筑材料．北京：人民交通出版社，2013.

[2] 孙凌，吴辰龙．道路建筑材料．北京：机械工业出版社，2006.

[3] 韩冰玉，尹红莲．道路建筑材料．郑州：黄河水利出版社，2008.

[4] 傅凌云．建筑材料．北京：中国水利水电出版社，2005.

[5] 张思梅．道路建筑材料．郑州：黄河水利出版社，2012.

[6] 伍必庆．道路建筑材料试验．北京：人民交通出版社，2007.

[7] 蒋玲．道路建筑材料．北京：机械工业出版社，2007.

[8] 现行建筑材料规范大全（增订本）．北京：中国建筑工业出版社，2002.

[9] 中华人民共和国行业标准．JTG E42—2005．公路工程集料试验规程．北京：人民交通出版社，2005.

[10] 交通部公路科学研究院．JTG E30—2005 公路工程水泥及水泥混凝土试验规程．北京：人民交通出版社，2011.

[11] 廖克俭，从玉凤．道路沥青生产与应用技术．北京：化学工业出版社，2004.

[12] 交通部公路科学研究所．JTG F40—2004．公路沥青路面施工技术规范．北京：人民交通出版社，2004.

[13] 交通运输部公路科学研究院．JTG E20—2011．公路工程沥青及沥青混合料试验规程．北京：人民交通出版社，2011.

[14] 中华人民共和国标准．GB 50092—1996．沥青路面施工及验收规范．北京：中国计划出版社，2006.

[15] 张超，等．路基路面试验检测技术．北京：人民交通出版社，2004.

[16] 中交公路规划设计院．JTG D50—2006．公路沥青路面设计规范．北京：人民交通出版社，2006.

[17] 中华人民共和国行业标准．JGJ 55—2011．普通混凝土配合比设计规程．北京：中国建筑工业出版社，2011.